o Novo Palco da Economia
Global

Kenichi Ohmae é um dos principais estrategistas mundiais em negócios e corporações. Nascido em 1943, fez seu doutorado em engenharia nuclear no Massachusetts Institute of Technology. Trabalhou como engenheiro de projetos sênior na Hitachi. Na McKinsey & Company, tornou-se um dos principais sócios, desenvolvendo e dirigindo as operações da empresa no Japão por muitos anos.

Muitos de seus livros foram traduzidos para o inglês, como *The Mind of the Strategist* (McGraw-Hill), *Triad Power* (Free Press), *The Borderless World* (Harper Business), *The End of the Nation State* (Free Press) e *The Invisible Continent* (HarperCollins). Ohmae freqüentemente escreve artigos para os principais jornais e revistas do mundo. Leciona empreendedorismo na Attacker's Business School, a qual fundou no Japão.

É o fundador e diretor administrativo de muitos negócios florescentes no Japão, como a Business Breakthrough Television (um canal sobre negócios), a Ohmae & Associates, a EveryD.com Inc., a Ohmae Business Developments Inc. e a General Services Inc., uma empresa de BPO internacional na China.

Como cientista e consultor, Ohmae sempre esteve atento ao papel que a tecnologia pode desempenhar na quebra de barreiras e às implicações disso para os negócios e a sociedade. Ele também desenvolveu uma série de plataformas em áreas como educação a distância, tele-entrega de alimentos e um banco de dados de agenda de endereços. Dentre essas plataformas, temos o "Air Campus", que facilita o estudo a distância, e a "Everyday dot-com", que entrega alimentos usando microcódigos de barras na Internet ou em telefones móveis. Seus conselhos e *insights* singulares são constantemente solicitados tanto por líderes governamentais quanto por empresários.

O38n   Ohmae, Kenichi
           O novo palco da economia global : desafios e oportunidades em um mundo sem fronteiras / Kenichi Ohmae ; tradução Werner Loeffler. – Porto Alegre : Bookman, 2006.
           308 p. ; 23 cm.
           ISBN 85-363-0673-4

           1. Economia global. I. Título.

                               CDU 339

Catalogação na publicação: Júlia Angst Coelho – CRB 10/1712

KENICHI OHMAE

O Novo Palco da Economia
Global

Tradução:
Werner Loeffler

Consultoria, supervisão e revisão técnica desta edição:
Gustavo Severo de Borba
Doutor em Engenharia da Produção pelo PPEG-UFRGS
Professor da Unisinos

2006

Obra originalmente publicada sob o título
The Next Global Stage: Challenges and Opportunities in Our Borderless World
© 2005 Pearson Education, Inc., sob o selo Wharton School Publishing.

ISBN 0-13-147944-X

Capa: *Gustavo Macri*

Leitura final: *Sandro Waldez Andretta*

Supervisão editorial: *Arysinha Jacques Affonso*

Editoração eletrônica: *New Book Editoração Ltda.*

Reservados todos os direitos de publicação, em língua portuguesa, à
ARTMED® EDITORA S.A.
(BOOKMAN® COMPANHIA EDITORA é uma divisão da ARTMED® EDITORA S.A.)
Av. Jerônimo de Ornelas, 670 – Santana
90040-340 – Porto Alegre – RS
Fone: (51) 3027-7000   Fax: (51) 3027-7070

É proibida a duplicação ou reprodução deste volume, no todo ou em parte, sob quaisquer formas ou por quaisquer meios (eletrônico, mecânico, gravação, fotocópia, distribuição na Web e outros), sem permissão expressa da Editora.

SÃO PAULO
Av. Angélica, 1.091 – Higienópolis
01227-100 – São Paulo – SP
Fone: (11) 3665-1100   Fax: (11) 3667-1333

SAC 0800 703-3444

IMPRESSO NO BRASIL
PRINTED IN BRAZIL

*Para Ron Daniel, que me mostrou o palco
global quando eu era um jovem e
ambicioso consultor.*

Apresentação à Edição Brasileira

Em mais uma de suas obras originais, o renomado estrategista Kenichi Ohmae apresenta evidências e reflexões de alto impacto sobre o rumo das organizações, das nações e da humanidade. Utilizando a metáfora do palco global, o autor afirma que as regras econômicas, políticas, sociais, corporativas e pessoais que se aplicam hoje têm pouca relação com aquelas de duas décadas atrás. Nesse palco global, em que o mundo sem fronteiras é a arena principal, os cenários apresentam-se diferentes e novos roteiros são exigidos. Ohmae, já conhecido no meio acadêmico e empresarial brasileiro por suas inestimáveis contribuições (*Triad Power*, *The Invisible Continent* e *The End of the Nation State*), apresenta nesta obra uma síntese de mais de duas décadas de pesquisas e teorizações sobre as oportunidades e os desafios de um mundo crescentemente globalizado.

O autor indica que há 20 anos a globalização era apenas um termo, um conceito teórico, e hoje é uma realidade. Por meio de seus relatos, exemplos, questionamentos e teorizações, conduz o leitor a uma visão ampliada dos papéis que os líderes (executivos, políticos, gestores e demais profissionais) deverão exercer no palco global. Aponta para determinadas áreas de crescimento econômico explosivo e identifica algumas das características, das tendências e das oportunidades da economia global, e como tais mudanças irão impactar os governos, as corporações e os indivíduos. Seguindo sua metáfora, Ohmae salienta os desafios e as habilidades em atuar em um palco global, em que os projetos são complexos, envolvem participantes de vários lugares do mundo, demandam sensibilidade cultural, exigem financiamento global e, freqüentemente, estão voltados para economias emergentes.

Para Ohmae, a problemática maior que os debates políticos e empresariais deverão considerar não é o fato de ser a favor ou contra a globalização, mas sim como as empresas, os países e a sociedade em geral poderão tirar proveito das inúmeras oportunidades da economia global. O autor descreve uma série de exemplos de países que estão atuando efetivamente na economia global, dentre eles a China, que possui a segunda maior reserva de capital estrangeiro (432 bilhões de dólares) do mundo (encabeçada pelo Japão, com 817 bilhões de dólares) e uma poupança doméstica de 2,5 trilhões de dólares; a Irlanda, que até 1980 apresentava uma competitividade baixa e uma infra-estrutura deficitária, mas que em pouco mais de uma década criou milhares de empregos na área financeira e de TI para o mercado global; e a Finlândia, que por meio das oportunidades no ramo das tecnologias de comunicação tornou-se um dos países mais competitivos do mundo. Mas existem também aqueles países que continuam jogando o velho jogo, como é o caso da Nova Zelândia, acomodando-se em uma base de agricultura e indústrias a ela relacionadas.

Ohmae enfatiza em sua obra que a economia global tem sua própria dinâmica e lógica. Ela não é mais uma teoria, mas uma realidade. É irresistível e está destinada a ter um impacto sobre todos – homens de negócios, políticos e burocratas. Mas o impacto mais importante será nos cidadãos em geral. Muitas pessoas, e mesmo alguns países, poderão estar determinados a lutar contra a realidade da economia global, usando da mentalidade antiga e de velhos paradigmas. No entanto, o custo em termos econômicos, e especialmente humanos, serão enormes. O autor chama a atenção para o Brasil nesse cenário e para as medidas para se adaptar às mudanças e usufruir das oportunidades do palco global.

Diante da riqueza dos exemplos, das evidências e das implicações decorrentes, a presente obra constitui leitura obrigatória para aqueles que atuam no palco global e que almejam obter um papel principal em sua peça. Os atores, os cenários, os roteiros e as estratégias são descritos em detalhes por Ohmae. Cabe aos gestores escolher o papel que suas empresas irão desempenhar.

Alsones Balestrin
Doutor em Administração PPGA/UFRGS
Professor da Unisinos

Gustavo Severo de Borba
Doutor em Engenharia da Produção PPGEP/UFRGS
Professor da Unisinos

Agradecimentos

Primeiramente, gostaria de agradecer a Stuart Crainer por sua inestimável ajuda no desenvolvimento de meu roteiro para o palco global.

Pelo lado editorial, Yoram Wind, da Wharton, foi um apoiador inspirador e entusiasta deste livro, desde o começo. Seus comentários, à medida que o texto preliminar progredia, foram de grande valor.

Pelo lado comercial da Wharton Publishing, o editor-chefe Tim Moore foi um incentivador a cada etapa. Russ Hall aprimorou a linguagem e Martin Litkowski ajudou a tornar a mensagem inteligível para o mundo.

Em casa, em Tóquio, tenho a felicidade de estar cercado por pessoas incrivelmente brilhantes, entusiastas e prestativas. Em especial, gostaria de registrar meus agradecimentos às Sras. Taniguchi, Kyou e Tashiro, do Business Breakthrough Research Institute.

Introdução

Nenhuma idéia surge perfeitamente formada. Elas são amálgamas desajeitados da experiência, do *insight*, das esperanças e da inspiração. Chegam ao palco piscando sob as fortes luzes, hesitantes, inseguras quanto à possível reação da platéia. Então evoluem e desenvolvem-se, alertas às reações e às circunstâncias que se alteram.

Ensaiei os argumentos que formam a espinha dorsal deste livro por mais de duas décadas. Meus livros anteriores, especialmente *The Borderless World* e *The Invisible Continent*, examinaram muitas das questões que ainda estou explorando. Como disse no início, nenhuma idéia surge perfeitamente formada.

A origem de *O novo palco da economia global* foi moldada por duas forças.

Primeiramente, ele é testemunha das mudanças nas circunstâncias. Nos últimos 20 anos, o mundo mudou substancialmente. As regras econômicas, políticas, sociais, corporativas e pessoais que se aplicam hoje têm pouca relação com aquelas de duas décadas atrás. *Épocas diferentes exigem um novo roteiro.*

O problema é que, muitas vezes, não conseguimos nos desvencilhar dos roteiros antigos. Com a expansão da economia global, surgiu uma visão mais unificada do mundo dos negócios. Hoje ele é visto como uma totalidade em si mesmo, não restrito por barreiras nacionais. Essa visão foi adquirida não pelo caminho cognitivo tradicional da leitura de livros-texto ou de artigos eruditos. Antes, veio diretamente da exposição ao mundo, de viagens freqüentes e do contato com muitos homens de negócio. Paradoxalmente, isso talvez tenha gerado uma similaridade de pontos de vista. Compartilham-se opiniões e perspectivas; e também os tipos de desenvolvimentos nos mundos político e econômico que são considerados importantes. Com pontos de vista compartilhados, vêm soluções compartilhadas. Mas uma visão comum do mundo não produzirá as soluções e as respostas não-ortodoxas exigidas pelo palco global.

Ao longo dos últimos 30 anos viajei como consultor, palestrante e turista para 60 países. Alguns deles, como os Estados Unidos, visitei mais de 400 vezes; a Coréia e Taiwan, 200 vezes cada; e a Malásia, 100 vezes. Ultimamente, tenho feito uma média de seis visitas por ano à China e abri uma empresa em Dalian, bem como tenho produzido 18 horas de programas de televisão tentando explicar o que realmente está acontecendo lá, nos negócios e na política. Também tenho passado bastante tempo na Costa Dourada, na Austrália, e em Whistler, no Canadá. Naturalmente, como cidadão japonês, moro em Tóquio e viajo muito pelo Japão.

Assim, como se pode ver, creio que nada é mais importante do que visitar cada lugar, conhecer empresas e conversar com seus CEOs, empregados e clientes. É dessa maneira que se consegue desenvolver uma percepção do que está acontecendo. Em algumas de minhas visitas, levei junto grupos de 40 a 60 executivos japoneses, para que eles pudessem ver pessoalmente regiões que estão atraindo dinheiro do restante do mundo. Tenho levado muita gente à Irlanda para mostrar como o processo internacional de BPO está remodelando a economia do país. Outro ponto de parada nessas viagens são as pequenas cidades italianas que estão atuando proativamente no palco global. Os países escandinavos também entram no roteiro, para mostrar por que despontaram como as nações mais competitivas do mundo; e a Europa oriental, para ficar claro como seus países podem estar posicionados numa União Européia estendida de 25 membros. Nossos grupos já visitaram a China e os Estados Unidos duas vezes, bem como a Índia, o Vietnã, a Malásia, Cingapura, as Filipinas, a Coréia e a Austrália.

Os executivos que me acompanham nessas viagens mudam seu ponto de vista a respeito do mundo. Mesmo na época da Internet e das notícias globais por cabo, caminhar por aí, ouvir e fazer perguntas ainda é a melhor maneira de aprender. Ver pessoalmente o que está acontecendo no mundo muda suas perspectivas. Depois de ver o palco global, os executivos começam a ler jornais e assistir à televisão com outros olhos. Aos poucos, sua visão vai se ampliando e eles se sentem bem em seus papéis como atores do palco global. Isso não é fácil, novas habilidades são exigidas.

A segunda força definidora por trás de *O novo palco da economia global* é que, ao longo dos últimos 20 anos, conheci pessoalmente alguns dos pioneiros da economia mundial.

Um dos primeiros líderes de negócios a apreciar a noção de uma verdadeira economia global foi o ex-CEO da Smith Kline Beecham, Henry Wendt. Ele percebeu as alianças internacionais como potenciais salvadoras da indústria farmacêutica norte-americana e reconheceu que as alianças estratégicas internacionais tornariam-se não apenas importantes, mas, em muitos casos, vitais.

Wendt percebeu também que havia três mercados dominantes no mundo: os Estados Unidos, o Japão e o Extremo Oriente, e a Europa. Nenhuma empresa poderia, *sozinha*, negociar e atender todos esses mercados eficazmente, por mais poderosa e dominante que se sentisse. Nenhuma corporação poderia ter esperanças de cobrir um mercado de 700 milhões de pessoas com uma renda *per capita* de mais de 10 mil dólares.

As empresas tradicionalmente sempre se valeram de uma estratégia de mercado que dependia de uma penetração seqüencial em cada mercado, fosse uma região ou um país. Quando uma empresa estabelecia a si e a seu produto no mercado A, então (e somente então) se movia para o mercado B. Mas Henry Wendt propôs que, quando se tem um bom produto, é preciso adotar um modelo de aspersão, penetrando em vários mercados *simultaneamente*. Uma maneira de se conseguir isso é por meio de alianças internacionais estratégicas.[1]

Henry Wendt entrou em negociações com a Beecham, uma empresa com alta reputação em P&D e forte presença na Europa; essas negociações acabaram levando a uma fusão. Mas ele não parou por aí e fez algo extremamente simbólico: mudou a sede da empresa de Pittsburg para Londres.

Henry Wendt tinha presciência e visão. Sua noção de alianças e fusões internacionais era verdadeiramente inovadora. Naquela época, esse tipo de coisa era muito difícil de se fazer, pois todas as grandes empresas estavam fixadas em seus mercados domésticos e também sob a influência de seus governos locais, com os quais estavam estreitamente vinculadas e identificadas. É difícil abandonar o lar. (Vejam-se, por exemplo, os mais recentes protestos contra a terceirização.) Por um lado, pode haver resistência por parte dos governos (como já vimos em tentativas de negociação de fusões entre a Alemanha e a França). Por outro, uma mídia retrógrada, que anuncia tais atitudes como não-patrióticas e sem princípios. Sua tendência é informar que apenas um dos lados saiu lucrando, como aconteceu no caso da Daimler Chrysler.

Em um mundo no qual as fronteiras estavam se enfraquecendo, as alianças internacionais eram a única maneira de uma empresa sobreviver e prosperar. No ramo farmacêutico, por exemplo, os remédios estavam se tornando mais padronizados e os compostos e as fórmulas importantes e potencialmente rentáveis, menos distintos. Isso foi acompanhado de um aumento astronômico no custo de P&D. Novas regras aumentaram, além dos custos, os prazos. Entretanto, o dinheiro investido em P&D só tinha um vínculo indireto com o nível de sucesso que podia ser atingido. Uma empresa podia contar com os melhores laboratórios e as melhores equipes de trabalho e pesquisa que, mesmo assim, isso não era garantia de sucesso. Havia ainda um elemento de sorte determinando se as perspectivas de venda corretas seriam buscadas e as descobertas, transformadas em lucros.

O dilema é que, quando a P&D é bem-sucedida e um ótimo medicamento é criado, pode-se não ter a força de vendas adequada nos mercados-chave do mundo. Assim, a amortização do dinheiro de P&D é menor e, concomitantemente, pode-se ter de manter um pessoal caro no ramo mesmo sem remédios para vender. Esse é o problema de algumas indústrias, como a farmacêutica, em que altos custos fixos exigem tamanho para justificá-los. É por isso que é preciso buscar alianças estratégicas e, às vezes, dar um passo adiante, realizando fusões internacionais completas. Em meados da década de 1980, os exemplos eram poucos e com grandes intervalos de tempo entre si. Hoje, porém, vemos exemplos de alianças internacionais e M&As (fusões) quase que diariamente entre os mais variados tipos de negócios, como bancos, empresas aéreas, empresas de varejo, de geração de energia, de automóveis, de eletrônica (de consumo e comercial), de maquinaria e de semicondutores.

O tamanho e a capitalização realmente tiveram sua importância. Uma empresa farmacêutica de tamanho médio pode muito bem gastar 1 bilhão de dólares em P&D e não ter resultados, mas uma empresa maior pode ser capaz de investir 3 bilhões de dólares em P&D. Além disso, pode suportar não ter acertado o alvo mais vezes e ainda assim permanecer lucrativa. As alianças internacionais permitiram que mais empresas fizessem o mesmo. No entanto, isso só foi possível uma vez que elas viram além de seus mercados domésticos. Hoje, o conceito de alianças internacionais não é mais uma novidade. O papel de Henry, de abrir o caminho, merece reconhecimento.

Outro pioneiro da economia global foi Walter Wriston, ex-presidente do Citibank. Ele viu a globalização como algo imperativo, não em função de teorias de gerenciamento ou de negócios, mas por causa das invenções tecnológicas. Ele profetizou que a concorrência entre os bancos deixaria de ser baseada nos serviços bancários, passando a ocorrer no âmbito das melhores tecnologias. De fato, as empresas capazes de tomar decisões mais rapidamente, muitas vezes em fração de nanossegundos, deveriam ser as vencedoras.

Walter Wriston entendeu a forma futura dos negócios bancários – e da economia global. Ela seria baseada em um mundo sem fronteiras, espalhando-se por decisões tomadas em fração de segundos, às vezes não por pessoas. A tecnologia seria a chave para o sucesso nos negócios bancários, de modo que quem estivesse na direção do Citibank teria de conhecê-la. Mas sua visão foi compartilhada por poucos. Há 20 anos, a maioria dos principais banqueiros era tradicionalista. Eles viam os relacionamentos de confiança e confidencialidade forjados entre as empresas e as hierarquias governamentais como a chave para o sucesso, não a tecnologia. Esta até poderia ser boa, mas para os jovens gênios, não para banqueiros.

John Reid, o sucessor de Wriston, por este escolhido em 1984, para liderar o Citibank, não era um produto do sistema bancário tradicional da costa leste. Reid era um homem da tecnologia. Formado no Massachusetts Institute of Technology, ele trabalhava no Citibank em aplicativos de caixas automáticos e outros projetos bancários eletrônicos. Quando foi escolhido, era virtualmente um desconhecido dentro da corporação. Alguns até mesmo acolheram sua nomeação com a pergunta: "John o quê?".

Walter Wriston defendeu sua decisão argumentando que era muito difícil ensinar tecnologia a um banqueiro consolidado, mas relativamente fácil ensinar negócios bancários a um especialista em tecnologia. Quanto aos relacionamentos, estes iriam se desenvolver ao longo do tempo. Sob a direção de Reid, o Citibank tornou-se o maior banco do mundo, ao mesmo tempo em que foi diligentemente conduzido em meio à crise financeira na América Latina.

Outro líder de negócios que estava à frente de seu tempo foi Akio Morita, cofundador da Sony. A empresa original se chamava Tokyo Tsushin Kogyo ou Totsuko (TTK). Esse nome, mesmo em sua forma abreviada, era difícil demais para os mercados ocidentais. Assim, Morita rebatizou-o para *Sony*, com apenas quatro letras, para representar a qualidade de som de seus rádios transistorizados. Para Morita, o mundo era um só grande mercado com poucas ou nenhuma barreira. Ele pensava grande, mas não era megalomaníaco. Seu conselho para as empresas é famoso: "Pense globalmente, mas aja localmente". Essa filosofia foi batizada de *glocal* pela revista japonesa *Nikkei Business* e levou a uma nova palavra, *glocalização*.

Esses visionários compartilhavam muitas de minhas visões sobre a então emergente economia global, explicadas nos livros *Triad Power* e *The Borderless World*. Tive a felicidade de trocar idéias com todos eles e com muitos outros em meados da década de 1980 e depois. Entretanto, as discussões sobre a importância do estado-região mostraram-se mais obscuras e problemáticas. Tive de esperar até que o desenvolvimento na China, após 1998, ganhasse algum tipo de perspectiva prática sobre essa questão.

ALGUMAS INSTRUÇÕES PARA O PALCO

Com esses antecedentes intelectuais, o livro inicia com uma abordagem do estado do mundo e de como nós o entendemos. A Parte I, "O palco", aponta para determinadas áreas de crescimento explosivo (Capítulo 1, "A viagem pelo mundo") e identifica algumas das características da economia global. Então, o foco se volta para o nascimento dessa nova era (Capítulo 2, "A noite da abertura"). Essa parte termina com uma análise do fracasso da economia tradicional – e de seus economistas – em entender a economia global (Capítulo 3, "O fim da economia").

Na Parte II, "Instruções para o palco", são analisadas as principais tendências que estão surgindo no palco global. Na seção de abertura do Capítulo 4, "Armadores de jogadas", são explorados o desenvolvimento do estado-nação e a dinâmica do que chamo de estado-região, o mais útil e poderoso meio de organização econômica na economia global. No Capítulo 5, "Plataformas para o progresso", é introduzida a idéia de plataformas, tais como o uso do inglês, do Windows, das marcas e do dólar americano, como meios globais de comunicação, entendimento e comércio. Por fim, são analisadas quais partes dos negócios têm de mudar, de acordo com a economia emergente. Isso inclui sistemas e processos de negócios (Capítulo 6, "Saindo em todas as direções") e produtos, pessoas e logística (Capítulo 7, "Quebrando os grilhões").

Na Parte III, "O roteiro", é feita uma análise de como essas mudanças e tendências irão impactar os governos (Capítulo 8, "Reinventando o governo"), as corporações e os indivíduos (Capítulo 9, "Os diferentes eixos do mercado futuro"). São analisadas algumas regiões que podem ser os dínamos econômicos que moldarão o mundo além do palco global (Capítulo 10, "O próximo palco"). Na seção final, meu livro *The Mind of the Strategist* é revisitado e é definida a necessidade de mudanças nas estruturas que usamos para desenvolver estratégias corporativas no palco global.

Esta obra explica o mundo como o vejo. Há 20 anos, a globalização era apenas um termo, um conceito teórico. Hoje, é uma realidade. *O novo palco da economia global* é parte de um processo de entendimento das novas regras que se aplicam a esse novo mundo – e, com freqüência, não há regras para explicar adequadamente o que experimentamos no dia-a-dia. Não é um ponto final, tampouco um início, mas espero que seja um importante passo à frente para empresas e indivíduos, bem como para líderes regionais e nacionais.

Kenichi Ohmae

NOTA

1. Explorei este assunto em *Triad Power: The Coming Shape of Global Competition* (New York: Simon & Schuster, 1985).

Sumário

A TRAMA 23

PARTE I: O PALCO 27

1 A VIAGEM PELO MUNDO 29
    As cortinas se abrem 29
    O mundo como um palco 31
    Uma rápida viagem global 32
        Enquanto isso, na Irlanda... 36
        Finlândia: o sucesso que vem do frio................................. 39
    O que é a economia global? 43
        Sem fronteiras 45
        Invisível 48
        Conectada ciberneticamente.. 48
        Medida em múltiplos 49

2 A NOITE DE ABERTURA 51
    O mundo d.G.. 51
    Conduzindo o dinossauro 52
    A vista do hotel: Detroit 54
    Estourando o orçamento 57

Portões para o futuro 59
14 d.G.: China 61
Colocando um "e" no Natal 66

3 O FIM DA ECONOMIA 69

Reinventando a economia 69
Teorias econômicas que já foram adequadas a seu tempo 73
    Novos fundamentos exigem uma nova maneira
    de pensar 77
    Abrindo e fechando as torneiras 78
    A deflação e o deflator do PIB 79
Taxas de juros e chamarizes 80
    A física pode ajudar? 81
Um mundo complexo 82
    A curva 85
    Oscilando violentamente 86
Paradigma II 88
    O poder da política 89
    A dificuldade de mudar hábitos 91
    Os Estados Unidos entram na era global 94
    O novo paradigma econômico 99

PARTE II: INSTRUÇÕES PARA O PALCO 103

4 ARMADORES DE JOGADAS 105

Encontre seu caminho no palco global 105
Como os estados-nação retardam o
desenvolvimento econômico 110
    O fetiche do estado-nação 111
    Estados fortes 114
    O surgimento da região 115
A definição do estado-região 117
    Verões indianos 119
    Entusiasmo com a China 121

Nem todas as regiões foram criadas iguais............... 125
A surpreendente China 126
Microrregiões 127
Flexibilidade 129
O tamanho e a escala são importantes, mas não da maneira tradicional 131
As regiões estão ganhando seu merecido reconhecimento 132
Considerações práticas 133
O que uma região de sucesso deve fazer 135
Transformar lugares em marcas 136
A vontade de ter sucesso 137
A organização das regiões 138
Outras uniões 142
Área de livre comércio ou fortaleza? 144

5 PLATAFORMAS PARA O PROGRESSO 147
Avançar continuamente 147
Desenvolvendo plataformas tecnológicas 149
A língua como plataforma 154
Inglês S/A 156
A profusão de plataformas 158
Outras plataformas 160

6 SAINDO EM TODAS AS DIREÇÕES 167
Cruzando fronteiras 167
Tecnologia: a fada-madrinha 170
BPO: a Índia como plataforma de lançamento 171
A Índia adormecida 175
Mais do que uma maravilha de um único país 179
A BPO como plataforma 183
Lar, doce lar 185

Mitos e meias-verdades 186
O ponto de vista a partir da Índia 189
Colhendo os benefícios 193
A BPO em um mundo sem fronteiras 194

7 QUEBRANDO OS GRILHÕES 197
A revolução dos portais 197
A busca 198
Você foi *googleado* recentemente? 199
Pagando a conta: a revolução nos pagamentos 202
Nos trilhos 203
Entrega: a revolução na logística 204
A chegada da etiqueta inteligente 207
Esteiras frias e comida fresca 209
Entregas 211
Usando a logística para resolver problemas maiores 212
Para o jantar 214

PARTE III: O ROTEIRO 215

8 REINVENTANDO O GOVERNO 217
O poder desvanecente 217
Além da distribuição 220
    O tamanho é importante 221
    Downsizing e adequação do tamanho 223
Uma visão para mudanças 224
A visão japonesa 225
O mapeamento do futuro 226
Visões *versus* miragens 228
    A visão do governo 228
    Ser percebido 229
    Apenas educar 229
    Aproximando distâncias 231

Um novo papel para o governo 233
    China: governando o ingovernável 234
    Os corredores de poder da Malásia 237
    O apetite de Cingapura pela reinvenção 238
    A rapsódia sueca 240
    O *estalo* dos irlandeses 243

9 OS DIFERENTES EIXOS DO MERCADO FUTURO 247

Escopo das mudanças 247

O futuro tecnológico 247
    O progresso tecnológico significa que a morte é um fato da vida no mundo dos negócios 248
    O surgimento do VoIP e seu impacto nas empresas de telecomunicações 257
    Junte-se rapidamente à marcha 259

O futuro pessoal 262
    Ocupe a liderança 262
    Valorize informações e inovações 264
    Seja flexível 266

O futuro corporativo 267
    A corporação sem nacionalidade 269
    Inovação S/A 270
    A corporação adaptativa 273
    Indo além da hierarquia 274

10 O PRÓXIMO PALCO 279

O futuro regional 279

A ilha de Hainan 280

Petropavlosk-Kamchatsily, Rússia 281

Vancouver e British Columbia 283

Estônia 284

O canto báltico 285

A cidade de Ho Chi Minh, Vietnã 287

Khabarovsk, Província Marítima (Primorye) e Ilha de Sakhalin, Rússia 289

São Paulo, Brasil 290
Kyushu, Japão 291

11 PÓS-ESCRITO 293
Abrindo a mente do estrategista 293
Além da fantasia 295

ÍNDICE 297

A trama

Vivemos em um mundo realmente em rede e interdependente, unido por uma economia global. No passado, o comércio e a economia eram como peças (talvez do mesmo autor) apresentadas em teatros separados, para platéias distintas. Seus atores e atrizes eram diferentes, e a maneira de atuarem freqüentemente era influenciada pela tradição do teatro. Agora o drama é representado em um enorme palco global. Os atores às vezes estão competindo pela atenção do público, mas os movimentos nesse palco fluem livremente, não sendo mais obstruído por móveis obsoletos. O palco global está em um estado de movimento perpétuo. *O novo palco da economia global* fornece um roteiro das várias linhas da trama que você pode seguir.

Isso só se tornou possível graças aos avanços tecnológicos. Informações circulam livremente ao redor do mundo por meio de cabos de fibra óptica ou via satélite. A informação desafia barreiras físicas e políticas. Isso é facilitado pelo estabelecimento de plataformas para organizar a aplicação da tecnologia em tarefas definidas. Mecanismos de busca poderosos, como o Google, tornam possível encontrar e combinar fragmentos de informação não-relacionados no labirinto digital. Na sociedade analógica, pedaços discretos de informação tinham de ser juntados por pessoas para que seu significado fosse descoberto. Agora, robôs rodando por milhões de computadores interconectados são capazes de juntar as informações sintetizadas e identificar as implicações do assunto em questão de milissegundos. As informações de 8 bilhões de páginas da Web (em janeiro de 2005) são amalgamadas para gerar uma perspectiva e um conhecimento sintetizados em uma fração de segundo. No passado, era preciso um sábio ou um jornalista experiente para relacionar um pedaço de informação a outro, mas agora qualquer um pode encontrar relações entre muitos eventos e incidentes aparentemente não-relacionados, jogando várias palavras em um mecanismo de busca.

No passado, os químicos pesquisavam artigos relevantes no *Chemical Abstract*, uma grande e renomada coleção de todo o trabalho dos profissionais da área espalhados pelo mundo. Os compradores de ações e os negociantes pesquisavam informações importantes usando a Bloomberg, a Reuters, a Telerate, a Nikkei ou outras fontes influentes de seu próprio país. Agora, o Google e outros mecanismos de busca semelhantes são o portal comum. As chances são de que a maioria das informações que você está procurando – ou, pelo menos, a dica para que as encontre – existe em formato digital. Assim, a humanidade migrou para o mundo sem fronteiras e digital sem uma cerimônia de abertura oficial no novo teatro global.

O teatro global tem muitas implicações que alteram o mundo, algumas das quais já estão sendo postas em prática em países como a China, a Finlândia e a Irlanda. A economia global ignora quaisquer barreiras, mas, caso estas não sejam devidamente removidas, haverá distorções. O estado-nação centralizado tradicional é outra fonte de atritos. Ele está mal equipado para desempenhar um papel significativo no palco global, enquanto as regiões que o compõem são freqüentemente as melhores unidades para atrair e reter a prosperidade. O estado-região é a melhor unidade de prosperidade no palco global, mas isso ainda pode ser aprimorado se ocorrer sob guarda-chuvas maiores, como a União Européia, a qual pode intensificar o livre-comércio, a consistência das leis governantes e a integração do mercado.

A revolução na tecnologia de transferência de dados já causou um impacto na natureza do dinheiro e no movimento do capital. O dinheiro pode fluir irrestritamente para áreas de maiores retornos. As velhas noções sobre os valores corporativos são desafiadas pela crescente influência de múltiplos e derivativos. Muito do pensamento tradicional sobre economia dependia das políticas nacionais. Em países onde o mundo externo exerce forte influência sobre a economia doméstica, as velhas teorias econômicas não se sustentam mais.

Vamos analisar, por exemplo, as duas e bem distintas crises econômicas da Argentina na década passada. A primeira colocou todo o país, bem como outros, em pânico. A segunda, não. Quando esta ocorreu, a maioria das pessoas ligadas à Argentina, fossem argentinos ou estrangeiros, dependia menos de sua moeda doméstica, o *nuevo peso*, porque tinha convertido seus ativos para dólar, um padrão global para poupanças e acordos.

Se, como acredito, a economia global está equipada com o motor da tecnologia, então o conhecimento é o seu metal precioso. A força da Índia, por exemplo, pode ser substancialmente atribuída ao seu aumento de quantidade de Ph.Ds em ciência. As nações emergentes podem impulsionar seu crescimento econômico por meio da educação. Uma região não precisa mais ter riquezas minerais ou uma grande população, ou mesmo um exército forte, para se tornar um participante importante no palco da economia global. Ela pode adquirir sua riqueza e seu *know-how* por meio de investimentos do restante do mundo. Isso não deve mais ser visto como uma ameaça, mas, antes, como uma fonte de grandes oportunidades.

Embora a economia global apresente oportunidades, há também desafios a serem enfrentados pelos governos, pelas empresas e também por cada indivíduo. Esses desafios só poderão ser vencidos por meio da flexibilidade e do pragmatismo.

Parte I: O Palco

Capítulo 1:   A viagem pelo mundo 29

Capítulo 2:   A noite de abertura 51

Capítulo 3:   O fim da economia 69

A viagem pelo mundo 1

AS CORTINAS SE ABREM

O Grande Salão do Povo, na Praça da Paz Celestial, em Pequim, está acostumado a coreografias. Por mais de quatro décadas, o vasto auditório ressoou aos discursos bem ensaiados dos governantes comunistas da China, instando seus compatriotas a fazerem sacrifícios cada vez maiores em nome do socialismo. Alternativamente, ele vibrava com os aplausos ao líder Mao Tsé-Tung, o *Grande Timoneiro*. Cada uma de suas aparições era saudada por um trovejar de palmas de milhares de "parlamentares", reunidos de todos os cantos do país para o espetáculo.

O auditório do Salão do Povo comporta mais de 8 mil pessoas sentadas. Suas dimensões simbolizavam o local onde a unidade da nação era exibida. Era o lugar perfeito para a cultura de massas, como a apresentação da "ópera proletária" – desde que isso não interferisse no seu proeminente papel político.

A maioria dos usos anteriores para os quais o Grande Salão era destinado foi deixada de lado. Eles são, na melhor das hipóteses, peculiaridades do passado, não diferentes do gigantesco retrato de Mao que continua a tremular em um canto da Praça da Paz Celestial. O Grande Salão do Povo ainda é o lugar do Congresso Nacional do Povo, o parlamento chinês, mas a programação de suas atividades extracurriculares mudou radicalmente.

No outono de 2003, ele recebeu as apresentações do grupo de danças irlandês *Riverdance*. Seu *show* baseava-se na tradição irlandesa de dança *step or tap* (sapateado), e a música, composta por Bill Whelan, mesclava música folclórica irlandesa tradicional, percussão japonesa, ritmos de dança flamencos e modernos. Os 70 excelentes dançarinos da companhia *Riverdance* estavam em Pequim a convite pessoal do premiê Zhu Rongji durante uma visita à República da Irlanda.

O *Riverdance* começou de forma bem modesta, apresentando-se durante o intervalo do Concurso de Músicas da Eurovisão em Dublin, no ano de 1994. A música vencedora já foi há muito esquecida, mas o *Riverdance* continua a se firmar cada vez mais em sua trajetória. Seu sucesso é global. A companhia já se apresentou em 27 países, e estima-se que um quarto da população do planeta já deva tê-la assistido pela televisão. Apesar do enorme sucesso dos seus *shows* em locais como o Madison Square Garden, em Nova York, o Fórum Internacional de Tóquio e o estádio de Wembley, em Londres, o reconhecimento na China era um sonho acalentado pelos seus organizadores havia anos. O Grande Salão do Povo era apenas uma das paradas da turnê no Oriente, que compreendeu 46 shows na Malásia, em Hong Kong e na China.

A reação foi surpreendente (como já havia sido no Japão). A mídia chinesa deu cobertura total ao *Riverdance* na semana que precedeu o primeiro *show*. Mesmo assim, havia nervosismo entre os dançarinos e os organizadores quanto à reação da platéia chinesa a algo tão inovador e diferente. Os chineses estão acostumados a espetáculos extensos, mas esses geralmente têm um objetivo ideológico bem diferente e básico. O *Riverdance* não fazia tal tipo de exigência à platéia.

As preocupações mostraram-se infundadas. Cada um dos seis shows em Pequim lotou, e duas apresentações a mais tiveram de ser feitas. Além de se apresentarem no Grande Salão do Povo, os dançarinos também fizeram uma apresentação em um ponto da Grande Muralha da China.

O *Riverdance* chamou minha atenção porque, embora tenha profundas raízes irlandesas, é um fenômeno internacional. Suas estrelas originais eram os dançarinos americanos Michael Flatley e Jeanne Butler. Seu principal bailarino atualmente, Conor Hayes, é australiano, e a companhia inclui dançarinos dos Estados Unidos, da Espanha, da Rússia e do Cazaquistão, bem como da Irlanda. O estilo do *Riverdance* é tão internacional que acabou sendo refugado pelos puristas culturais dentro de seu próprio país.

Boa parte do apoio financeiro da companhia veio dos Estados Unidos, mas a experiência e o entusiasmo gerados pelo grupo fluem por todo o mundo, mostrando que nada é tão frágil quanto uma fronteira nacional. As platéias que assistiram ao *Riverdance* em Pequim reagiram com um entusiasmo mais genuíno do que aquele que era dirigido a qualquer dos clichês que saíam dos lábios do *Grande Timoneiro*.

O simbolismo da apresentação não foi perdido nos envolvidos. Bill Whelan comentou que "o *Riverdance* é tão político quanto cultural".[1]

A apresentação do *Riverdance* no Grande Salão do Povo é uma metáfora adequada da economia global. Ele teve sua origem no mundo ocidental. O fato de suas raízes estarem na Irlanda, uma das histórias de sucesso mais dinâmicas da economia global, é significativo. Ele mescla elementos da cultura irlandesa com características de outras culturas e antecedentes, e é apresentado por pessoas de todo o mundo. Ele foi originalmente coreografado por um americano e foi apresentado no maior palco de uma das economias de mais rápido crescimento do planeta: a China. E não é algo "alienado", muito menos insípido...

O MUNDO COMO UM PALCO

Então, como fazer uma ponte entre o *Riverdance* e o trabalho dos executivos? De maneira simples e direta. Qualquer executivo de uma corporação global – e qual corporação de tamanho razoável *não* é global? – está envolvido em projetos globais semelhantes. Esses projetos são complexos, envolvem participantes de vários lugares do mundo, demandam sensibilidade cultural, exigem financiamento global e, freqüentemente, estão voltados para economias emergentes.

"O mundo todo é um palco e todos os homens e mulheres, meramente figurantes..."[2] Essa pode ter sido uma elegante metáfora para Shakespeare, mas para nós é uma realidade. O mundo é uma grande arena de atividades econômicas, não mais compartimentalizadas por barreiras ou por outras mobílias de palco desnecessárias. Todos fazemos parte de uma gigantesca companhia de atores e atrizes interdependentes. Não recitamos todos as mesmas linhas nem atuamos em peças de repertórios semelhantes, mas nenhum de nós é totalmente independente.

A economia global interconectada e interativa é uma realidade. Freqüentemente ela é confusa e incerta: desafia tanto a maneira pela qual vemos como a pela qual realizamos negócios.

A economia global apresenta-se de muitas maneiras diferentes, como um ator que troca de máscaras e roupas. Por exemplo, nos gigantescos fluxos globais de dinheiro; ou na crescente montanha de compras com cartões de crédito, um processo expandido pela Internet. Podemos vê-la também no déficit da balança comercial entre os Estados Unidos e a China. A maior economia do mundo acumulou um enorme déficit no comércio com a China, com o que se preocupa incessantemente; ela também pode se preocupar por estar tecnicamente falida. A China, por sua vez, também tem um déficit comercial crescente, à medida que parece estar vorazmente sugando materiais brutos e semi-acabados, máquinas e robôs para dentro de sua economia. Mas essas são preocupações que pertencem ao velho mundo de paradigmas e indicadores econômicos que estão cada vez mais desatualizados.

A economia global é em grande parte invisível. (Por isso chamei meu livro anterior de *The Invisible Continent*.) Isso não deve ser confundido com algumas questões ocultas que ficam à espreita e aguardam ameaçadoramente, prontas a agarrar e devorar os incautos. Os efeitos da economia global são claramente evidentes pelo mundo. Todos somos atores no palco global e todos sentimos seus efeitos.

UMA RÁPIDA VIAGEM GLOBAL

Na verdade, para preparar o cenário, faremos uma viagem rápida e impetuosa ao redor do mundo. Durante ela, veremos exemplos da economia global em ação. Como este capítulo começou na China, nossa partida será dada lá.

A cidade de Dalian está situada próximo à ponta sudeste da península de Liaodong, que está abaixo da costa nordeste da China, na região anteriormente conhecida como Manchúria. Ela é parte da China, contudo está de frente para o Mar Amarelo, em direção à Coréia e ao Japão.

O clima garante que seus portos estejam livres de gelo o ano todo. Assim, Dalian e seus arredores sempre se beneficiaram dos frutos do comércio, comunista ou não. As imediações da cidade, na península de Liaodong, são dominadas por uma linda linha costeira e por uma paisagem de montes, vales e florestas ricas em recursos naturais, como carvão coqueificado e minério de ferro. Entretanto, Dalian sempre soube que tinha de olhar para fora em busca de sua prosperidade.

O porto fora estabelecido pelos russos no fim do século XIX. Os japoneses mais tarde introduziram a indústria pesada. Dalian adotou um papel de *entreposto* para o nordeste da China. Mas, na década passada, a cidade mudou de porto sonolento para um dos mais importantes e dinâmicos centros industriais da China, com uma população de mais de 5 milhões. Ela combinou sua antiga base industrial na província de Liaoning, centralizada na fabricação de aço, produtos químicos e peças de máquinas, com novos empreendimentos em serviços e relacionados à tecnologia. Lá existe uma grande quantidade de pessoas capacitadas, oriundas de várias universidades e institutos de tecnologia. Sua demanda por mão-de-obra parece não ter fim.

A cidade continua a crescer física e populacionalmente. Ela atrai imigrantes de todo o nordeste da China pelos níveis salariais que oferece – que, embora baixos pelos padrões ocidentais, são bem mais elevados do que os da zona rural do país. Além disso, conta com um sistema próprio de trens para levar as pessoas ao trabalho, bem como oferece a seus cidadãos boas moradias, muitos parques e facilidades de lazer, e, acima de tudo, ar e água não-poluídos.

Os moradores da cidade têm necessidades mais sofisticadas do que tinham seus avós. Nos dias de glória da ortodoxia maoísta, os trabalhadores eram mal pagos, habitavam moradias ruins e não se alimentavam direito. Nem sequer lhes era permitido o direito de reclamar. Suas horas de lazer só podiam ser gastas na audiência de filmes revolucionários ou, quando o clima estava mais quente, na leitura do *Pequeno livro vermelho* de Mao.

Os trabalhadores de hoje desfrutam de condições muito melhores e mais interessantes. As lojas de Dalian são supridas com os mais variados produtos de consumo estrangeiros: desde alta costura até os últimos aparelhos de DVD. Muito mais pessoas podem pagar por isso, graças à crescente prosperidade da cidade. Os cinemas apresentam os sucessos mais atuais, mas muitos preferem assistir a filmes em DVDs, disponíveis nas lojas de aparelhos elétricos e de TV.

Dalian tirou proveito da grande mudança que varreu para fora o pensamento oficial chinês da economia a partir de 1992, quando Deng Xiaoping propôs o desenvolvimento do projeto de "um país, dois sistemas". Os dias de planejamento centralizado há muito já passaram. Em vez disso, os governadores e os líderes regionais são estimulados a buscar seu próprio caminho para o futuro. Isso algumas vezes envolve quebrar as regras, mas desde que as exceções permitidas pelos líderes locais permaneçam ali e sejam bem-sucedidas, violações de disciplina são ignoradas. Tem sido assim especialmente depois das reformas ainda mais drásticas lançadas pelo então primeiro-ministro Zhu Rongji em 1998. Os prefeitos e outros líderes locais sabem também que, se não conseguirem alcançar taxas de crescimento anual acima de 7% por dois anos consecutivos, seu mandato acabou. Imagine se Michael Bloomberg em Nova York, Shintaro Ishihara em Tóquio ou Ken Livingstone em Londres enfrentassem esse tipo de situação...

Dalian teve um extraordinário líder local na pessoa do prefeito Bo Xilai, o qual literalmente se sobressaía na multidão, com seu mais de 1,80 metro de altura. Natural da província de Shanxi, nas fronteiras ocidentais da China, Bo veio de uma família com um respeitável antecedente político: seu pai participara da exaustiva Grande Marcha do início da década de 1930, quando Mao liderou seu pequeno grupo de seguidores em uma retirada forçada, que durou dois anos, a pé, do sul para o norte da China.

Bo Xilai estudou na Universidade de Pequim, que havia sido recentemente reaberta depois da loucura da "Revolução Cultural", que enviou alunos e professores para trabalhar nos campos. Ele também era relativamente jovem, com pouco menos de 50 anos, e autoconfiante o bastante em uma terra cuja liderança política era dominada por pessoas com mais de 70 anos. Entrou no Partido Comunista em 1980 e trabalhou em seus vários ramos. Sua diligência e habilidade foram recompensadas com sua nomeação para prefeito de Dalian em 1992. Quando a cidade se abriu para o mundo externo, Bo e sua equipe atraíram investimentos de vários países, especialmente do Japão. Hoje, estima-se que haja 3 mil empresas japonesas operando em Dalian.

Bo redefiniu o perfil funcional do típico prefeito de cidade chinesa. Insatisfeito com a mera administração de esgotos e habitações, ele se tornou o arquiteto-chefe e o homem de *marketing* de sua cidade, estabelecendo vínculos estreitos com a nata da indústria e dos negócios japoneses ali presentes. Mas sua função não terminava depois que os negócios se estabeleciam. Ele se reinventou, sua conduta era comparável à de um gerente de hotel cinco estrelas, sensível e solicitamente interessado no bem-estar de seus hóspedes. Os negócios estrangeiros eram contatados regularmente para saber como estavam indo e se havia quaisquer dificuldades que pudessem ser resolvidas.

Bo foi recompensado por seu sucesso em Dalian sendo promovido. Foi nomeado governador de toda a província de Liaoning. Quando foi embora, em fevereiro de 2001, multidões (sobretudo de mulheres) foram despedir-se dele. Elas pareciam genuinamente tristes. Em uma terra há muito acostumada à coreografada histeria em massa, isso poderia ter sido deixado de lado, mas o pesar brotou espontaneamente. A ascensão de Bo continua: no início de 2004, aos 53 anos de idade, foi nomeado Ministro do Comércio para toda a República Popular da China.

Auxiliada por Bo, Dalian, juntamente com mais de uma dúzia de outras regiões da China, tornou-se um estado regional *de fato*, estabelecendo sua própria agenda econômica. Embora ainda seja parte da China e, em tese, sujeita ao governo de Pequim, a cidade é bastante autônoma. Na verdade, seus laços com Pequim são mais fracos do que aqueles que mantém com os centros de negócios em outras partes do mundo.

Sucesso gera sucesso, e as empresas que são bem-sucedidas em Dalian agem como catalisadoras atraindo outros negócios, não necessariamente do mesmo setor. Assim como em regiões semelhantes da China, tem havido uma explosão no fornecimento de serviços, tanto financeiros como técnicos. Dalian é uma entidade econômica quase auto-suficiente, com muitos serviços sendo disponibilizados para os negócios e para os residentes na porta de suas casas. Também está na vanguarda da provisão de terceirização internacional de serviços do processo comercial (BPO) na China. Especialmente em áreas como entrada de dados direta, freqüentemente para empresas japonesas. Esses novos desenvolvimentos foram liderados pelo prefeito Xia Deren, indicado por Bo. As lembranças históricas a respeito dos japoneses nessa parte da China podem nem sempre ter sido positivas, mas estão relegadas ao passado, onde devem permanecer. Os cursos para aprender japonês são populares e costumam ter suas vagas disputadas. Como conseqüência, estima-se que cerca de 50 mil moradores de Dalian falem japonês fluentemente.

É curioso que Dalian, um moderno centro econômico, também possua uma indústria de turismo vibrante. Suas praias e recursos para esportes aquáticos foram protegidos. Uma zona turística especial, a Golden Pebble Beach (Praia do Seixo Dourado), foi construída, com marinas, dois campos de golfe e hotéis que atendem a todos os níveis de orçamento. Muitos dos visitantes vêm de outras regiões da China. Eles fazem parte da vasta e ainda crescente classe consumidora do país. Têm dinheiro para gastar, não apenas em automóveis e eletrônica de consumo, mas em outros aspectos da "boa vida", tais como lazer e escola particular para os filhos. Dalian também atrai visitantes de outros países. Muitos turistas coreanos e japoneses agora preferem Dalian a Cingapura.

O sucesso da cidade concentra-se em sua disposição para abraçar a nova economia baseada na cibernética e na ausência de fronteiras. Ela também tirou proveito de lhe ter sido permitido buscar seu próprio caminho, reagindo diretamente ao resto do mundo. Não como parte de um estado-nação, mas instantânea e diretamente, como uma região. Por muitas décadas, Dalian, junto com a República Popular da China, voltou as costas para o mundo, porque este era controlado pelos inimigos da China. Agora, junto com outros estados regionais, abraça com entusiasmo a economia mundial. Há 13 outras cidades somente na província de Liaoning, cuja população excede 1 milhão de habitantes. Todas buscam seu lugar no palco global ou, no mínimo, tornar-se parte da Zona Econômica do Mar Amarelo. A liderança de Dalian, porém, é incontestável.

A China provavelmente é o país que mais está tirando proveito da economia global. Ela agora possui a segunda maior reserva de capital estrangeiro (432 bilhões de dólares) do mundo (encabeçada pelo Japão, com 817 bilhões de dólares) e uma poupança doméstica de 2,5 trilhões de dólares. Mais do que qualquer outro país, a China está dando o exemplo na economia global. Seu produto interno bruto de 2003 foi estimado em 1,3 trilhão de dólares, e o estado comunista tem sido colocado em sétimo lugar no mundo (em segundo lugar em termos de poder de compra).[3] Sua economia cresce a uma taxa raramente inferior a 7% ao ano. Mais recentemente, essa taxa tem estado acima de 9%, valor para todo o país, o que inclui as áreas mais ricas e as mais pobres.

Se nos lembrarmos da metáfora do teatro, podemos ver a China como um teatro alugado. É uma arena que está sendo usada como um estúdio de ensaios, uma base de testes para as realidades econômicas globais. Mas o que nos deixa desconcertados é que diferentes partes do palco estão sendo usadas para diferentes tipos de representações. Essas partes diferem em habilidades e especialização, e conseqüentemente na aprovação da platéia.

Como veremos ao longo deste livro, temos de tentar nos dissociar de velhos pressupostos. Um dos mais opressivos é a noção do estado-nação. Assim, quando pensamos na China de hoje, não devemos pensar no estado-nação que vai do Mar Amarelo, no leste, até as profundezas da Ásia Central, no oeste, mas sim em um amálgama de regiões prósperas e em franco crescimento, como Dalian, colocadas ao lado de outras que podem estar anos-luz atrás em desenvolvimento econômico e prosperidade. Todas essas regiões variam de tamanho. Teoricamente, elas estão sob o mesmo estado soberano, a República Popular da China, mas parte da prosperidade da China se deve à sua habilidade de esquecer isso na prática e permitir que seus estados-regiões encontrem seu próprio caminho. Na verdade, todas essas regiões estão envolvidas em uma competição quase insona, umas com as outras, pelos investimentos e recursos, não como nos velhos tempos, quando isso provinha do centro, mas pelo que procede do mundo externo.

ENQUANTO ISSO, NA IRLANDA...

Iniciamos este capítulo descrevendo o *Riverdance*. Olhemos agora para o país que o inspirou: a Irlanda.

Para muitas pessoas, a Irlanda se resume às suas belas paisagens de campos e vales verdes cobertos de neblina. Mas, fora da indústria do turismo, a paisagem agradável não produz riquezas. De qualquer maneira, o lugar dessas visões é nas páginas brilhantes das brochuras de férias.

Quando a Irlanda ficou independente como nação, em 1922, era preponderantemente rural. Seus governantes e cidadãos olhavam com cobiça para o quadrante nordeste da ilha, o qual tinha sido mantido pela Grã-Bretanha. Ele era mais rico, era a área do país que tinha sido vastamente industrializada. Assim, o restante da Irlanda parecia estar destinado a permanecer perpetuamente verde e pobre, com seu principal produto de exportação sendo as pessoas. Isso pesou na falta de autoconfiança. Havia uma sensação de que o país era vítima de forças fora de seu controle.

A partir da década de 1960, foram feitas tentativas de atrair indústrias manufatureiras de fora. A Autoridade para o Desenvolvimento Industrial (IDA), uma agência do governo, investiu em infra-estrutura e instalações industriais, enquanto o governo oferecia até 10 anos de isenção de impostos para investimentos estrangeiros diretos (FDI). Essas iniciativas tiveram um sucesso parcial. A competitividade da Irlanda era baixa. A infra-estrutura em muitos setores, apesar de todos os esforços, ainda era péssima. Um ex-diretor da IDA revelou que chegaram a levar de helicóptero um potencial investidor para ver determinado lugar para se instalar, de modo que ele não visse o estado precário das estradas.

Na década de 1970 e no início de 1980, a geografia física ainda era muito importante para a economia internacional, e a localização da Irlanda, na distante periferia oeste da Europa, estava muito afastada dos mercados potenciais. A maioria das pessoas que iam para lá era atraída pela posição do país como membro da Comunidade Européia. No entanto, a dependência da Irlanda de operações comerciais externas tornou seu setor industrial vulnerável às tendências do ciclo de negócios global.

A emigração do país aumentou novamente na década de 1980, mas, diferentemente de muitos dos emigrantes anteriores, os de agora tinham uma instrução mais elevada. Outra diferença era que voltavam para a Irlanda depois de adquirir experiência e contatos fora do país. A autoconfiança começou a aparecer, e junto com ela uma nova atitude em relação ao resto do mundo. A Irlanda aos poucos foi deixando seu exílio, tornando-se um país de oportunidades e prosperidade.

O fato de não ter se industrializado era cada vez mais visto como uma bênção. Isso significava que não havia fábricas abandonadas, nem uma força de trabalho desempregada nascida e criada para a indústria pesada. Também significava que a economia do país podia tirar proveito de novas tendências, além de suas fronteiras, na economia *global*. A Irlanda podia começar do zero. No fim da década de 1980, os desenvolvimentos da tecnologia cibernética tornaram claro que os empregos e a prosperidade podiam vir na ponta de uma linha telefônica. O potencial da Irlanda para desempenhar um papel importante no setor da tecnologia da informação foi percebido a tempo. Incentivou-se um maior conhecimento sobre computadores em todos os setores da população, e a infra-estrutura de telecomunicações foi aperfeiçoada. Em 1992, surgiu a visão da Irlanda como o "*e-hub* da Europa". Como o continente estava indo na direção de um mercado único, por que a Irlanda não poderia encontrar um nicho bastante rentável como base para a entrada de telecomunicações desse mercado? O país já contava com uma sólida base de trabalhadores jovens e instruídos que podiam atender às exigências de mão-de-obra dos investidores.

A natureza visionária e quase profética do conceito de *e-hub* fica evidente se lembrarmos que ele foi desenvolvido em 1992; isto é, antes que a Internet fosse estabelecida no mundo comercial. No capítulo seguinte, veremos como a economia global começou em 1985, e por que costumo estabelecer a data dos desenvolvimentos como a.G. (antes de Gates) ou d.G. (depois de Gates). Assim, o desenvolvimento de *e-hub* ocorreu relativamente cedo nessa cronologia, no ano 8 d.G.!

Em Dublin, uma grande seção do cais do porto que estava fora de uso tinha sido redesenvolvida desde 1987 como um centro de serviços financeiros. Isso atraiu muitos fornecedores do ramo para estabelecerem suas operações de retaguarda ali. A Irlanda também se tornou um lugar atraente para os centros de chamadas das empresas americanas na Europa. Tudo isso foi acompanhado de um significativo crescimento das empresas de *software* locais.

Como veremos, a Irlanda tem sorte, pois é um estado-nação com o mesmo tamanho de um *estado-região*. Portanto, é capaz de entrar no dinamismo de um estado regional. Veremos que uma das chaves para o sucesso de um estado-região é ser capaz de ter uma marca de sucesso (tal com um "*e-hub*") e oferecer algo diferente que o destaque da concorrência. A Irlanda foi capaz de fazer isso com muita eficácia nos setores de administração da resposta do cliente e também em setores de apoio, além de ter conseguido capitalizar sobre sua imagem de bom lugar para se trabalhar, com uma agitada vida social e variadas atividades culturais e recreacionais. Os fenômenos do tipo *Riverdance* e o sucesso internacional de grupos de *rock*, como U2 e The Corrs, também tiveram um papel significativo na reinvenção do país.

Por décadas, sucessivos governos irlandeses gastaram recursos na tentativa de ressuscitar a língua gaélica nativa. Embora o inglês continuasse sendo o idioma da maioria, sentiu-se que o direito de nacionalidade do país ainda estava natimorto e imperfeito sem uma língua própria. Mas, na nova economia global, onde o inglês é *a* plataforma lingüística de comunicações, tê-lo como a primeira língua é uma importante vantagem para os cidadãos irlandeses.

Os *call centers* da Irlanda conseguem empregar muitos irlandeses que estudam línguas estrangeiras, mas faltam pessoas que falem fluentemente alemão, italiano ou sueco, por exemplo. A abertura do país significa que todos aqueles que falam uma língua estrangeira como primeira língua são bem-vindos. A maior prosperidade também atraiu imigrantes de toda a União Européia, cujas barreiras de relocação foram praticamente eliminadas. Essas pessoas que vieram de fora acrescentaram suas habilidades à economia irlandesa e ajudaram a tornar a sociedade local mais variada, colorida e sensível ao mundo. Dada a prontidão e o compromisso da Irlanda com a economia global, não foi nenhuma surpresa que o país ficasse em primeiro lugar, em 2002 e 2003, no A.T. Kearney/Foreign Policy Globalization Index.[4]

A Irlanda apresenta muitos pontos fortes. Tem uma população relativamente pequena, mas com alto grau de instrução. Está localizada na periferia da Europa, no entanto, é o ponto mais próximo da América do Norte. Na economia do passado, dominada pela indústria manufatureira e por limitações físicas aos deslocamentos, sua localização era uma desvantagem. Mas, na era da economia global, a localização física é bem menos importante. Sem dúvida, a maior vantagem da Irlanda é sua visão de como se encaixar nas novas e sempre mutantes realidades econômicas do século XXI. Isso possibilitou a criação de mais de 300 mil empregos nas áreas de BPO, CRM e P&D em pouco mais de uma década. Ao mesmo tempo, seu maior problema social, o desemprego, foi resolvido.

Uma comparação entre a Irlanda e outra ilha-nação, a Nova Zelândia (na realidade, duas ilhas separadas), nos será útil. Ambas têm economias que foram tradicionalmente baseadas na agricultura e no processamento de seus produtos. A Irlanda, no entanto, transformou-se de um país preponderantemente agrícola em uma nação com forte base em ICT. A Nova Zelândia ainda está, em grande parte, jogando o velho jogo. Ela acredita que a desregulamentação seja suficiente, mas não é mais. Como conseqüência, não tem sido capaz de gerar novos tipos de indústrias. Acomodando-se em uma base de agricultura e indústrias a ela relacionadas, e aplicando a desregulamentação no estilo Ronald Reagan, especialmente sob o rótulo de "Rogernomics", o país faz pouco. É preciso agir como os irlandeses, os finlandeses e os chineses.

Agora, vamos deixar a Irlanda e voar para o norte, para a Escandinávia e sua extremidade nordeste: a Finlândia.

FINLÂNDIA: O SUCESSO QUE VEM DO FRIO

A Finlândia sempre esteve na periferia da Europa, mas numa posição oposta à da Irlanda. Onde esta olha para o oeste e só vê oceano, a Finlândia tem vislumbrado uma paisagem mais seca, mas igualmente hostil: quilômetros e quilômetros de florestas impenetráveis e de tundras congeladas, que só dão lugar de quando em quando a lagos congelados e intermináveis rios correntosos. Na verdade, a Finlândia sempre esteve tão longe dos caminhos comerciais habituais quanto podia estar.

A Finlândia está localizada no ombro nordeste do Báltico, chamado de mar, mas na verdade quase um grande lago. No passado distante, o Báltico era uma via para produtos primários como peles, madeira e âmbar, mas a Finlândia ainda assim estava longe demais para tirar proveito disso. Seus portos só conseguem ficar abertos o ano todo graças aos quebradores de gelo. No inverno, alguns lagos e rios congelam tanto que caminhões podem trafegar sobre eles, proporcionando um transporte quase gratuito à infra-estrutura do país.

A indústria finlandesa tradicionalmente sempre se baseou no processamento de recursos naturais, sobretudo das abundantes florestas, apesar de existir no país uma engenharia mecânica de alta qualidade. Mas a indústria na Finlândia nunca foi estática.

Ao longo do século XX, consideráveis quantias foram gastas em P&D, e a produção foi acompanhada de constantes inovações.

Na última metade do século, o país estava espremido entre as esferas de influência das superpotências rivais: os Estados Unidos e a OTAN, no norte e no oeste, e a União Soviética e o Pacto de Varsóvia, no leste e no sul. Embora sua sociedade e seu governo fossem livres e pluralistas, todos no país (e fora dele) concordavam que isso tinha de ser administrado com um comprometimento com a "neutralidade". *Finlandização* entrou no vocabulário político como um termo de desdém. Ninguém queria ser como a Finlândia.

Porém, havia lá um estado de bem-estar bem ao estilo escandinavo, à custa de pesados empréstimos e de um dos mais altos níveis de taxação direta e indireta do mundo — o que resultou também em uma educação de altíssima qualidade.

Em meio a tudo isso, empresas como a Nokia e a Sonera (atualmente chamada de TeliaSonera, depois de uma fusão com a operadora sueca Telia em 2002) desenvolveram componentes globais pioneiros em telecomunicações. Também surgiram desenvolvimentos importantes em engenharia de *software*, tais como o protocolo de segurança SSH e o sistema operacional Linux (criado pelo finlandês Linus Torvalds).

Conseqüentemente, a Finlândia atingiu níveis de produtividade e competitividade de causar inveja aos *players* econômicos mais tradicionais. O Fórum Econômico Mundial de Genebra declarou que a Finlândia foi o país mais competitivo do mundo em 2003, pelo segundo ano consecutivo.[5] Ela estava à frente dos Estados Unidos e de Cingapura. Também obteve boas avaliações em conectividade e compatibilidade de redes, e foi considerada a mais rápida a reagir a oportunidades em TI e *e-business*.

De que maneira um país isolado e com muitos impostos conseguiu mudar sua sorte econômica? Em primeiro lugar, a Finlândia sempre reconheceu que sua prosperidade dependia de olhar para fora, em direção ao restante do mundo. Isso, no passado dominado pela manufatura, era impensável. Com poucos recursos minerais, o país era vulnerável às oscilações nos preços da energia. A Finlândia também foi uma das poucas regiões fora do velho bloco soviético a derramar lágrimas, embora talvez de crocodilo, pelo fracasso da União Soviética. A URSS era um dos parceiros comerciais mais importantes da nação. As visitas internacionais contribuíam com o setor de turismo da Finlândia. A dissolução do gigante comunista representou para o país uma considerável queda nos números da balança de pagamentos. A Finlândia enfrentou um ambiente internacional despojado de suas velhas convicções e uma economia doméstica que mostrava todos os sinais de estar em declínio terminal. Mas os finlandeses sempre foram um povo dinâmico. Com destreza, perceberam que a salvação só poderia vir pela abertura ao restante do mundo.

Além de olhar para fora, o nível de instrução na Finlândia é alto. Como em outras partes da Escandinávia, a proficiência em inglês é grande, mas para os finlandeses essa habilidade lingüística é uma necessidade. Eles têm orgulho de seu idioma pátrio, mas também sabem que são os únicos (além dos estonianos) que conseguem aprendê-lo. O finlandês é uma língua muito complexa, não-relacionada com as línguas indo-européias, como o sueco e o russo. Poucos estrangeiros são capazes de adquirir até mesmo um conhecimento básico. Os finlandeses há muito foram compelidos a se comunicar com o restante do mundo por meio do inglês. O conhecimento desse idioma é necessário para se avançar na instrução, até porque poucos livros-texto do ensino médio e universitário escritos em inglês estão traduzidos para o finlandês. O inglês é também a língua das reuniões das altas gerências de empresas como a Nokia (a maior da Finlândia). O inglês não é visto como uma ameaça à cultura local, mas sim como uma oportunidade. Seu ensino começa cedo nas escolas finlandesas e, cada vez mais, muitas disciplinas são ensinadas *em* inglês. Essa é uma das razões pelas quais as universidades finlandesas têm contingentes excepcionalmente grandes de alunos estrangeiros.

Por olharem para fora de seu país e falarem fluentemente o inglês, os líderes e os gerentes finlandeses adquirem um perfil internacional e global quase que automaticamente. As altas gerências dos setores corporativos também são liberais e buscam conseguir e usar os melhores talentos, não importando de onde venham. Por exemplo, dois dos diretores da Nokia são da Noruega e dos Estados Unidos, respectivamente. A bolsa de valores finlandesa é operada por uma empresa sueca: a OM.

O ingrediente final da história de sucesso da Finlândia é o seu interesse por tecnologia. A Internet foi adotada com entusiasmo em meados da década de 1990. Todos os departamentos e escritórios de turismo do governo adquiriram um domínio na rede logo no início. A maioria das páginas da Web é em finlandês, mas quase todas têm tradução para o inglês em outra parte dos *sites*. Terminais para se navegar na Internet foram providenciados em todas as escolas, bibliotecas públicas e outros locais públicos. Em 2002, a Finlândia tinha um dos mais altos índices de conexão à Internet do mundo: 230 conexões para cada mil pessoas. Havia mais internautas *online* lá, em termos percentuais, do que em qualquer outro país – 1,5 milhão de pessoas, de uma população de 5 milhões, usava a Web pelo menos cinco dias por semana.

A Finlândia tem uma propensão a estar no topo das tabelas mundiais (ver Figura 1.1). Ela mantém o primeiro lugar no uso de telefones celulares. No fim de 2002, mais de 87% dos finlandeses tinham um telefone celular. Isso excedia em muito o número de telefones fixos, mas não chegava a ser uma surpresa na terra da Nokia, que atualmente conta com um terço da participação do mercado global. Embora a empresa se

Classificação de competitividade quanto ao crescimento, 2003		Competitividade mundial segundo o IMD Quadro de pontos de 2004	
1	Finlândia	1	Estados Unidos
2	Estados Unidos	2	Cingapura
3	Suécia	3	Canadá
4	Dinamarca	4	Austrália
5	Taiwan	5	Islândia
6	Cingapura	6	Hong Kong
7	Suíça	7	Dinamarca
8	Islândia	8	Finlândia
9	Noruega	9	Luxemburgo
10	Austrália	10	Irlanda
11	Japão	11	Suécia
12	Canadá		
13	Países Baixos	22	Reino Unido
14	Alemanha	23	Japão
15	Nova Zelândia	24	China
Fonte: Fórum Econômico Mundial		Fonte: IMD	

FIGURA 1.1 Classificações de competitividade.

orgulhe de suas raízes e sede finlandesas, também sabe que seu mercado doméstico representa menos de 1% de suas vendas globais.

Não foi por acaso que a Nokia conquistou sua posição global. Sua origem remonta a uma empresa fabricante de papel estabelecida no sudoeste da Finlândia em meados do século XIX. Na década de 1970, ela fornecia sistemas de comunicação para as estradas-de-ferro do governo e para as forças armadas finlandesas. Na década seguinte, mudou para eletrônica de consumo e se viu em apuros diante da concorrência japonesa. De fato, a Nokia quase faliu no início da década de 1990. Mas, por meio de inovações e pela busca de estratégias agressivas de P&D, conseguiu se recuperar. E, mais importante, não se acomodou com seus louros. Em 1994, o CEO Jorma Ollila tomou uma decisão verdadeiramente histórica: o futuro da Nokia seria em telecomunicações móveis. A partir desse ano, a empresa perseguiu friamente o sucesso nesse mercado, dissociando-se das demais áreas em que estava envolvida.

A Finlândia percebeu os benefícios de uma economia baseada no conhecimento. Muito disso nasceu de um comprometimento com inovação que já existia. Quando os problemas aparecem, eles têm de ser resolvidos. As soluções então podem ser vendidas no exterior.

Os finlandeses sempre foram realistas. Eles sabem que não podem se esconder em seu país cheio de florestas no topo da Europa: precisam ser participantes. Eles mostraram que a participação vigorosa na economia global pode mudar o lugar ocupado por um país no mundo e provar que o restante do planeta não precisa ser temido. Essa abertura para a economia global estimulou muitos investidores, como os fundos de pensão americanos, a comprar ações corporativas finlandesas. Hoje, mais de 60% do patrimônio líquido das empresas finlandesas pertence a estrangeiros. À medida que as empresas dominam agressivamente o palco global, os estudantes e os turistas rumam para a terra de Suomi.

A Finlândia não é a única na Escandinávia a abraçar a economia global, especialmente pelo caminho da tecnologia. A vizinha Suécia é o lar da Ericsson, outra líder na provisão de tecnologia de telefones móveis e no desenvolvimento de muitas plataformas técnicas.

O QUE É A ECONOMIA GLOBAL?

Quais são as características dessa nova economia global desfrutada em lugares tão diversos como Dalian, Dublin e Helsinque? A terminologia é sempre uma ciência inexata. Cada termo é uma peneira lingüística. Assim, antes de tentarmos definir a economia global, vamos simplesmente começar dizendo o que ela não é.

O que pode ser dito é que a economia global deve ser diferenciada da noção de "nova economia" que surgiu no final da década de 1990. Esta proclamava uma admirável nova ordem econômica baseada nos fantásticos avanços tecnológicos disponibilizados através da Internet. Era um modelo que erradamente via um paralelo e inevitável aumento na produtividade. As rodas desse vagão conceitual caíram em abril de 2000, com a súbita queda das ações de tecnologia.

Além de suas manifestas deficiências intelectuais, essa "nova economia" tem muito pouco em comum com o que iremos discutir. A economia global está baseada em um mundo no qual a inexistência de fronteiras não é mais um sonho nem uma opção, mas uma realidade. Isso foi ajudado pela revolução cibernética, mas não deve ser confundido com esse fenômeno. Os múltiplos dos valores das ações, bem como derivados e produtos financeiramente projetados, também são muito mais importantes na economia global.

A economia global tem sua própria dinâmica e lógica. Ela não é mais uma teoria, mas uma realidade. E vai se tornar cada vez mais forte, e não mais fraca. Ela irá se alimentar de suas próprias forças. É irresistível, e está destinada a ter um impacto sobre todos – homens de negócios, políticos e burocratas. Mas o impacto mais importante será sobre os cidadãos em geral. Não adianta reclamar dela ou desejar que desapareça. As pessoas terão de aprender a conviver com ela.

Nossa ênfase aqui está em aprender, porque o sucesso e mesmo a sobrevivência dependem de se adquirirem novas atitudes e novos relacionamentos com o resto do mundo. Por isso, este livro pretende de alguma forma mostrar um caminho em direção a essas novas atitudes e relacionamentos.

Muitas pessoas, e mesmo alguns países, podem estar determinados a lutar contra a realidade da economia global, usando da mentalidade antiga e de velhos paradigmas. No entanto, o custo em termos econômicos, e especialmente humanos, será enorme. O progresso é tão inevitável como a morte e os impostos. Estados-nações tradicionais e governos nacionais enfrentam um grande desafio. Alguns parecem querer abordar esse novo mundo com um pé teimosamente fincado nas costas do passado, para se apoiarem, enquanto cuidadosamente testam a água com os dedos do outro pé.

Outros estão melhor colocados para tirar proveito das oportunidades da economia global. A História favoreceu os Estados Unidos, fornecendo-lhes uma forma de governo verdadeiramente federal. Em conseqüência, estados como as Carolinas do Norte e do Sul podem buscar uma agenda econômica inovadora sem o risco de serem obstruídos pelo governo central. As batalhas entre o estado e o centro há muito que já chegaram a um termo. Os estados constituintes estão todos bem colocados para tirar proveito da economia global, o que não significa que todos o conseguirão. Alguns ainda parecem estar comprometidos com um passado baseado em proteções canutescas* de setores econômicos "estratégicos".

Outros estados federais do mundo não permitem aos seus membros nada parecido a uma autonomia real, e o governo central mantém rédeas curtas nos desenvolvimentos

---

* N. de R.: Referência a Canuto – nome de vários reis da Dinamarca na Idade Média, dois dos quais governaram a Inglaterra em meados do século XI. Veja também a página 132.

regionais. Os exemplos incluem a Índia e o Brasil, dois dos BRICs (Brasil, Rússia, Índia e China), segundo o novo jargão de novas economias promissoras da Goldman Sach's. Em termos de economia global, essas nações ainda estão adormecidas. Entretanto, algumas de suas regiões começaram a assumir seus lugares no palco global. A China, por exemplo, adota uma política um tanto esquizofrênica, pois teoricamente segue uma fórmula rígida de política centralizada. Na prática, permite-se uma autonomia econômica sem precedentes para suas regiões e cidades, especialmente depois da reforma de Zhu Rongji em 1998.

Mas, no extremo oposto, há estados como o Japão, a Rússia e a Indonésia, os quais mantêm a centralidade da tomada de decisões na teoria *e* na prática. Nenhuma região desses países é bem-sucedida porque não é permitido ter sucesso separadamente do resto do estado. Os seus governos centrais não admitem que nenhum papel direcional escape do centro. Eles estão nadando contra uma correnteza que pode afogá-los. Dos BRICs, somente a China tem uma estrutura governamental adequada para ajudar suas regiões a trabalhar interativamente com a economia global. Os outros têm um longo caminho a percorrer antes que seus governos centrais realmente acordem para os chamados do resto do mundo.

A tarefa de descrever o que esse novo mundo é pode ser difícil. Se todas as histórias e recortes de notícias sobre a globalização fossem reunidos, a figura integrada que surgiria seria distorcida. Nem todos os componentes encaixam-se adequadamente; é um mosaico selvagem e abstrato, em vez de um quebra-cabeça harmônico.

Mas esqueçamos as histórias amedrontadoras e os mercadores de más notícias; em vez deles, tentemos ver o que podemos dizer positivamente e com convicção sobre as características da economia global – as quais são inatas e podem ser listadas livremente.

SEM FRONTEIRAS

Primeiramente, como há muito venho dizendo, as fronteiras nacionais hoje são bem menos restritivas do que eram no passado. Isso, em parte, se deve à tecnologia, mas também é o resultado de acordos internacionais e bilaterais, especialmente na área de comércio. O mundo é cada vez mais um lugar sem fronteiras. As tarifas estão sendo abolidas à medida que os países percebem que precisam uns dos outros para sobreviver economicamente.

O mundo ainda não está totalmente livre de fronteiras, uma vez que os estados-nações ainda precisam manter o controle sobre o movimento de pessoas e bens, por interesses de proteção e segurança pública. Mas, em termos de quatro fatores-chave de negócios, o mundo já atingiu a posição de efetivamente banir as fronteiras.

Chamo esses fatores de negócios de "os 4 Cs": comunicações, capital, corporações e consumidores.[6]

As **comunicações** eficazes sempre dependem da não-existência de fronteiras. Era uma epopéia quando a comunicação era predominantemente física. Se uma pessoa queria ir de A para B ou enviar algo para lá, fosse uma carta ou um produto, a inerte força da gravidade muitas vezes fazia com que o processo fosse demorado. Além da morosidade de movimentos, havia também os pontos de conferência nas fronteiras, a necessidade de vistos e o controle dos passaportes, para não mencionar a alfândega e a inspeção quanto a impostos. As pessoas viam isso como obstáculos e desincentivos. Mas a tecnologia estimulou uma melhoria. Primeiro foram as linhas telefônicas, que permitiram o contato com pessoas em qualquer parte do mundo, sem a necessidade de uma infinidade de trocas intermediárias. Depois, essas mesmas linhas passaram a ser usadas para a transferência de dados. Melhorias ocorreram com a produção de cabos com tecnologia de fibras ópticas. Mas uma barreira física a essa comunicação por fios ainda persistia: a obrigatoriedade de ter de passar por montanhas e oceanos. Os últimos avanços tecnológicos tornaram os fios obsoletos e sua instalação e manutenção bastante caras. Quando dados são carregados por freqüências de rádio, é absurdo crer que linhas traçadas sobre mapas possam ter qualquer impacto sobre seu movimento.

As telecomunicações tiraram proveito de um processo de desregulamentação da década de 1980, e muitos antigos monopólios estatais foram privatizados, aumentando assim a concorrência e diminuindo os custos para os consumidores.

Os mercados domésticos, que antes haviam sido aprisionados pelo poder dos monopólios de comunicações nacionais, foram abertos. Muitas empresas de comunicações passaram a operar juntas e fizeram alianças; outras tantas se fundiram, de modo que o mundo das telecomunicações foi mudado de uma colcha de retalhos de monopólios estatais para um caleidoscópio muito mais dinâmico e colorido, o qual ultrapassou fronteiras nacionais. Muitas operadoras de telefonia, como a TeliaSonera, a Vodafone e a Telefonica, tornaram-se verdadeiramente globais.

Entretanto, foi o desenvolvimento da Internet em meados da década de 1990 em diante que provavelmente teve o maior impacto em tornar o mundo das comunicações verdadeiramente sem fronteiras. Essa é uma tecnologia amplamente disponível, acessível por meio de computadores pessoais em qualquer canto do mundo. As transferências passam por ela sem tomar conhecimento de fronteiras.

O segundo C, o **capital**, também tirou proveito do mundo sem fronteiras. Além disso, recebeu ajuda da desregulamentação dos mercados financeiros. Outro fator de apoio foi a posição do dólar americano como plataforma monetária. O dólar não apenas é a principal moeda no comércio e nos acordos, como também é a moeda preferencial de muitos poupadores em todo o mundo. Na maioria dos países desenvolvidos, a população de mais idade poupa dinheiro para sua aposentadoria. O problema é que nenhum país-membro da Organização para a Cooperação e o Desenvolvimento Econômicos (OCDE) oferece retornos adequados para um investimento em casa. Essa é uma das maiores razões pelas quais tem ocorrido uma grande migração de capital através das fronteiras, tanto para o curto como para o longo prazo.

Algumas **corporações** tiveram êxito ao responder à economia sem fronteiras desvencilhando-se da pompa do estado-nação que obstruía sua autoconsciência. Era muito comum no passado uma corporação bem-sucedida identificar-se com uma "base doméstica", a sede da empresa ou a "cidade natal onde tudo começou". Talvez parte disso fosse puro sentimentalismo, mas estava fora de uso se a corporação via o mundo como seu lugar de mercado. Toda melhoria em telecomunicações significa que as empresas não estão mais presas a uma sede corporativa em uma única cidade. Se as circunstâncias o exigirem, elas podem até mesmo dispensar as ligações legais com sua base doméstica registrando-se em outro lugar que lhes seja mais favorável.

As últimas duas décadas viram uma extraordinária decomposição de funções corporativas, indo desde a P&D e a manufatura até as vendas/*marketing* e as finanças. Agora, é comum dentro de uma empresa que essas funções estejam localizadas além das fronteiras nacionais. Por exemplo, a P&D na Suíça, a engenharia na Índia, a manufatura na China e o financeiro em Londres, enquanto as funções de *marketing* e a sede permanecem nos Estados Unidos. Mais recentemente, o trabalho indireto tem sido terceirizado: vejam-se, por exemplo, o crescimento de *call centers* na Índia e em outros lugares e a terceirização de logística para especialistas como a FedEx e a UPS.

Foi através do último C, os **consumidores**, que o elemento sem fronteiras da economia global se fez sentir mais. Os consumidores têm a habilidade de fazer aquilo a que foram instados muitas vezes: comprar comparando preços e qualidade. A Internet lhes dá a capacidade de comparar produtos e preços e fazer escolhas com mais informações e facilidade. As plataformas para pagamento por cartão de crédito, então, permitem que as compras sejam feitas, processadas e despachadas. Pode ainda haver aqueles que são emocionalmente ligados ao ideal do estado-nação, os quais defendem a demagógica busca de maior proteção aos negócios e empregos domésticos, mas quando lhes é apresentada uma escolha entre dois produtos semelhantes, um (o produto A) disponível localmente a um preço mais elevado do que o outro (o produto B), o qual vem de fora e ainda assim apresenta uma vantagem de preço mesmo com o acréscimo das taxas de despacho, apenas os partidários mais resistentes do estado-nação optarão pelo produto A. A realidade é que é praticamente impossível, por exemplo, comprar uma camisa que seja genuinamente "fabricada nos Estados

Unidos". Seu tecido pode ser do Egito, os fios do Japão e os botões das Filipinas. Se apenas o processo de costura for feito nos Estados Unidos, quão americana isso torna a camisa pronta?

INVISÍVEL

Pode-se perdoar os observadores por não perceberem plenamente a força e o predomínio da economia global, pois ela de fato é bastante invisível. Talvez seja melhor dizer que ela não é totalmente visível a olho nu. Isso não deve ser interpretado como implicação de que seja realizada de maneira reservada ou misteriosa. É porque as ações que executa freqüentemente não acontecem nas ruas nem nas câmaras de discussões dos parlamentos nacionais, mas em terminais de computadores. Um dos mecanismos cujo desenvolvimento permitiu a transferência rápida de dinheiro é um simples retângulo de plástico: o cartão de crédito. Esse é o meio preferido de carregar e gastar dinheiro de centenas de milhões de consumidores. No entanto, o dinheiro que os possuidores de cartão de crédito gastam nunca é visto. Às vezes, o pagamento ocorre tão rapidamente que nem mesmo a mais sofisticada máquina fotográfica poderia ser capaz de registrá-lo.

Alguns dos desenvolvimentos mais importantes são potencialmente impactantes, mas suas implicações não são plenamente entendidas fora de um pequeno círculo de *players*. Conseqüentemente, nunca aparecem nas manchetes das notícias. No caso da mídia impressa, podem até estar ali, nas páginas sobre negócios, sem as pessoas se darem conta.

Vamos analisar alguns aspectos desse mundo invisível. As transações e os acordos de dinheiro agora acontecem geralmente em e por meio de computadores. Alguns produtos também são comprados na praça, conhecidos como trocas comerciais B2B e B2C, ou como leilões C2C. A maioria dos caixas eletrônicos ao redor do mundo fornece moeda local se você usar um cartão de crédito/débito de seu país de origem, do tipo Plus ou Cirrus. Não há como o governo saber quanto dinheiro você sacou ou gastou com seu cartão de crédito para efetuar compras de bens e serviços fora de seu país.

CONECTADA CIBERNETICAMENTE

A economia global não seria possível, e nem mesmo compreensível, sem a tecnologia cibernética que permite que grandes quantidades de dados possam ser transferidas a uma velocidade incrível. Isso também não seria possível sem a correspondente queda nos preços da tecnologia. A Internet é apenas a parte mais pública disso. Atualmente, o protocolo da Internet (IP) é capaz de tratar a transmissão não apenas de dados, mas também de imagens, voz, música e vídeos. A voz sobre o IP (VoIP) está rapidamente entrando no mundo dos fornecedores tradicionais de telecomunicações, mas também já se faz o *download* de músicas e filmes através das fronteiras nacionais, desde que haja uma linha com roteadores IP. Tudo e todos se conectam.

A terceirização, por exemplo, baseia-se na capacidade de modelar novos processos e instantaneamente entregar componentes de *software* críticos, tudo em minutos de uma conversa. O sucesso das empresas de *software* indianas, como a Infosys, a WiPro, a HCL, a Tata Information Services e outras, enfatiza o fato de que o desenvolvimento 24x7 (24 horas, 7 dias por semana) não é mais um desejo, mas uma realidade.

MEDIDA EM MÚLTIPLOS

O dinheiro faz o mundo girar. Por isso assume um importante papel em uma economia global. O dinheiro não é mais visto apenas como uma unidade de valor a curto prazo. O final da década de 1990 e os primeiros anos do novo século testemunharam uma série de aquisições de corporações e reestruturações que teriam sido vistas como surreais duas décadas antes: dentre essas, uma empresa que apenas recentemente havia surgido e talvez não fosse realmente rentável adquiriu com sucesso uma empresa muito maior, estabelecida há bem mais tempo, e uma outra que aparentemente era uma parte sólida da paisagem corporativa. Nada disso teria sido possível sem aqueles que avaliam o valor corporativo olhando para um quadro muito maior, não baseado apenas no aqui e agora e no preço cotado com base em algum índice de ações, e, sim, em como a situação pode estar em 10 ou 20 anos, e em como isso pode se refletir na razão preço/receitas.

Os múltiplos são sinais dados à gerência pelos acionistas para que eles apostem nas oportunidades de negócios que estão no horizonte. Se a gerência não faz nada além dos negócios usuais, o múltiplo cai, refletindo o desapontamento de quem indicou o caminho. Os múltiplos são fictícios, pelo fato de freqüentemente não refletirem o valor corporativo, mas expressarem uma expectativa. Isso pode tornar-se uma realidade ao se comprar uma empresa ou se um novo investimento for feito para utilizar plenamente os múltiplos.

Assim, a economia global é sem fronteiras, invisível, conectada ciberneticamente e medida em múltiplos. Muitos desses elementos são auto-estimulantes: um alimenta o outro. Mas todos envolvem dar um salto, mesmo que seja apenas um salto intelectual inicialmente, para águas que não estão nos mapas.

Essa economia global ainda está em sua infância. Infelizmente, essa descrição contém uma analogia com o desenvolvimento humano, do estado do bebê, da criança e dos desinformados. Talvez seja mais apropriado dizer que a economia global está nos estágios iniciais do desenvolvimento, mas que não há nada de infantil nem de não-informação a respeito dela. Ela não surgiu como um extraterrestre montado em um meteorito. Ela surgiu pelas ações e pelo intelecto de seres humanos. E tampouco foi inserida sub-repticiamente na sociedade global por algum projeto maligno de dominar o mundo. Ela foi desenvolvida coletivamente e, como veremos, promete ser benéfica para todos.

O capital excessivo dos países desenvolvidos está procurando oportunidades para produzir. Se você entender a lógica da economia global, poderá atrair para sua região ou para sua empresa outras empresas, novos clientes e capital do restante do mundo. Não é preciso nascer rico ou em um país rico para poder prosperar. Todos os "4 Cs" podem e com certeza virão a você se você tiver a receita certa. Por outro lado, se sua lógica e seus sistemas não estiverem sincronizados com a economia global, os "4 Cs" irão se evaporar, levando consigo a oportunidade de atuar no palco global.

Para aprender a tirar proveito da economia global, vamos procurar entender melhor como a trama se desenrola. Comecemos, portanto, com a noite de abertura.

NOTAS

1. *Riverdance in China*, documentário transmitido pelo canal 1 da Raidio Telefís Eirinn, em 9 de abril de 2004.
2. William Shakespeare, *As You Like It*, 2.7. 139-140.
3. "China's GDP Expects to Exceed 11 Trillion Yuan", *People's Daily*, 27 November 2003 (www.nationmaster.com).
4. www.atkearney.com.
5. www.weforum.org.
6. O conceito dos "4 Cs" foi primeiramente abordado em meu livro *The End of the Nation State* (New York: Simon & Schuster, 1994).

A noite de abertura 2

O MUNDO d.G.

A História escrita quase sempre depende de um sistema de datas, uma cronologia de algum tipo. Geralmente, isso se baseia em algum evento central. Para os cristãos, esse evento é a data de nascimento de seu salvador, Jesus Cristo. A História foi separada por esse divisor de águas em eventos que ocorreram antes de seu nascimento, os quais foram datados como a.C. ("antes de Cristo"), e eventos que ocorreram depois, datados como d.C. ("depois de Cristo"). Os muçulmanos adotaram um sistema baseado na data da Hégira, ou a fuga de Maomé de Meca para Medina. No calendário cristão, isso ocorreu em 622 d.C. Os muçulmanos usam o sistema de datação a.H. Alguns revolucionários mais recentes tentaram impor a singularidade das mudanças políticas que eles realizaram mudando o calendário. Na França revolucionária, não somente os anos foram mudados, mas o calendário foi "racionalizado" e os nomes dos meses, alterados para refletir as mudanças nas estações. Assim, março virou *Ventiose*, o mês dos ventos, e novembro ficou sendo *Brumaire*, o mês dos nevoeiros. Quando Pol Pot e seus camaradas genocidas do Khmer Vermelho tomaram o poder no Camboja em 1975, declararam que o calendário tinha sido mudado e que todos agora estavam no Ano Zero.

A noite de abertura da nova realidade econômica, que é a economia global, ocorreu em 1985. Foi nesse ano que o mundo começou a mudar.

Para mim, 1985 é o *annus domini*, e o sistema de datação que gosto de utilizar de uma forma despreocupada é a.G./d.G. – antes e depois de Gates![1]

Por que 1985? Admito, não houve nenhum evento extraordinário sobre a face da Terra; nem algo equivalente ao *Big Bang* (que ocorreu na bolsa de valores de Londres em 1986). Entretanto, naquele ano foram plantadas sementes que podem não ter se desenvolvido de imediato, mas também não permaneceram adormecidas e sem vida. Quando essas sementes foram plantadas, poucos perceberam sua importância revolucionária. Alguns observadores mais cuidadosos notaram que elas eram sementes de uma variedade de plantas que nunca havia sido cultivada antes, a qual pertencia a um gênero e espécie totalmente novos e desconhecidos. Ninguém podia afirmar como a planta iria se desenvolver, como seria sua aparência, ou mesmo se iria realmente germinar.

CONDUZINDO O DINOSSAURO

No nível macropolítico, havia um evento do qual a maioria das pessoas estava ciente. O velho dinossauro, a União Soviética, ganhou um novo Secretário Geral do Partido Comunista: Mikhail Sergeyevich Gorbachev. Aos 53 anos, ele era jovem (pelo menos 20 anos mais novo do que seu colega americano, o presidente Ronald Reagan) e capaz de caminhar livremente por conta própria. Ele não se arrastava em seu sobretudo, pelo contrário, caminhava propositadamente rápido. Falava claramente e com eloqüência – seus discursos não eram interrompidos por acessos de respiração dificultosa e tosse. O que dizia também era interessante. Tinha planos de reformas.

O comprometimento de Gorbachev com novas idéias não surpreendeu os entendidos em regime soviético. Ele tinha tido a ousadia de dizer essas coisas dentro da restrita gramática e vocabulário da liderança soviética antes mesmo de ser designado. Mas, quando sua "eleição" foi anunciada, observadores céticos no ocidente acharam que ele deveria ter algum trato nos bastidores, um pacto faustiano no qual tivesse jurado seu comprometimento com o *status quo*, em troca da chance de ocupar o poder.

Então, Gorbachev começou a usar termos e princípios como *glasnost* (literalmente, "abertura") para explicar a necessidade de maior transparência no sistema soviético. *Glasnost* foi um termo que ninguém, no início, se preocupou em definir muito bem. Podia significar um desejo de ver o mundo não através de óculos cor-de-rosa, mas reconhecer que havia algumas plantas no jardim que estavam longe de ser agradáveis. Embora todo mundo já soubesse disso, esses problemas agora podiam ser discutidos abertamente. Não havia mais nada a ganhar fingindo que o mundo soviético era perfeito. O problema era que, embora isso fosse algo novo e realmente revolucionário, falar sobre o problema não o resolvia. Gerava muitos diagnósticos, mas não a cura.

Contava-se uma piada na época, sobre como Gorbachev se encaixava na litania dos líderes russos. Lênin, Stálin, Kruchev, Breznev e Gorbachev estavam viajando em um trem mal conservado. O trem ficava sem carvão e acabava parando. Lênin, então, ordenava que o maquinista fosse executado. Lênin morria em seguida e Stálin assumia o controle, abastecendo o trem com carvão, madeira e tudo o que conseguisse roubar à mão armada. O trem retomava a viagem, seguia adiante por mais algum tempo, mas acabava parando de novo. Stálin mandava matar todos os tripulantes e logo a seguir também morria. Kruchev assumia o controle, reabilitava os antigos condutores (postumamente), e a viagem recomeçava, aos solavancos. Mas daí, mais uma vez, o trem quebrava. Kruchev era atirado para fora por Breznev, que dizia para todos: "O trem pode ter parado, mas não falem para ninguém. Fechem as cortinas e vamos fingir que estamos nos movendo". Por fim, é claro, Breznev seguia pelo caminho de todos os primeiros secretários do partido e Gorbachev acabava assumindo o controle. Mas o que ele fazia? Esticava a cabeça para fora da janela do trem, que continuava parado, e ficava gritando: "O trem parou! O trem parou!".

Esse foi o problema de Gorbachev: tudo que ele fez foi apenas ressaltar o que havia de errado. Não importa o quão bem intencionado você seja, essa não é uma solução séria para nada. Ele não tinha nenhuma grande visão de onde queria ir. Talvez ele tenha optado por isso. Ou talvez tenha percebido que a União Soviética estava condenada, não tinha conserto; era um conjunto grande demais de mentiras e contradições para ter qualquer potencial futuro.

Gorbachev tentou resolver os problemas gradualmente. Ele era um comunista comprometido – ainda que com reformas – quando iniciou. Mas, ao prosseguir, ao descobrir que até mesmo as soluções para os milhares de pequenos problemas eram irrealizáveis, ou que uma solução só apareceria ao custo de outros obstáculos maiores, a impossibilidade da tarefa ficou clara.

Quanto mais ele mexia no Império Soviético, mais rapidamente este desmoronava. Os estados satélites da Europa Oriental tiveram sua liberdade devolvida no espaço de umas poucas mas agitadas semanas no início do inverno de 1989, com seus antigos líderes sendo atirados, às vezes apenas temporariamente, na pilha do lixo político. Na própria União Soviética, Gorbachev acabou sendo espremido entre conservadores e reformistas radicais. Os conservadores diziam que a desintegração da máquina demonstrava a tolice de se tentar alterá-la e que era melhor deixá-la em paz para cambalear e explodir no futuro. Os radicais tinham uma visão – ou, antes, um conjunto de visões muitas vezes contraditórias do futuro da Rússia, não da União Soviética. Essa assembléia de participantes indispostos, juntamente com o próprio Gorbachev, foi condenada depois do fracasso do golpe de estado dos conservadores em agosto de 1991. Os burocratas que lançaram o golpe para substituir Gorbachev podem ter sido frustrados em seu objetivo de fazer voltar o relógio, mas em seu alvo imediato de tirar o primeiro secretário tiveram grande sucesso.

Gorbachev pode ser odiado na Rússia de hoje, mas o mundo seria um lugar bem diferente sem as reformas que ele introduziu. Junto com elas, veio o fim do "Império Maligno" e da Guerra Fria. Não há dúvida de que o império soviético teria entrado em colapso em algum momento, mas se teria sido mais cedo ou mais tarde, ou com um grande barulho ou pequeno sussurro, ninguém pode dizer com certeza.

O que Gorbachev ignorou foi o efeito da globalização. O desejo dos jovens russos de se abrirem e reformarem o país (sobre o que escrevi em meu livro *The Borderless World*, de 1989) se devia às informações que vinham recebendo, ainda que confidencialmente. Nesse mesmo livro, previ o fracasso da União Soviética como país. As forças que operavam na URSS de Gorbachev eram tais que não se podia abrir e reconstruir a economia simplesmente consertando o que estava errado em comparação com as economias ocidentais. As reformas pelas quais a Rússia tinha de passar eram pelo menos bidimensionais. Numa dimensão, a mudança da economia planejada socialista para a economia de mercado capitalista. Na outra, o remodelamento para incorporar a economia global. Foi aí que os russos e seus conselheiros americanos falharam.

O significado do fracasso do império soviético e do comunismo mundial para nós atualmente está relacionado ao fato de podermos falar amplamente de um mundo sem fronteiras e sem barreiras. Mas, sem Gorbachev, talvez nem agora se pudesse falar de uma verdadeira economia global.

A VISTA DO HOTEL: DETROIT

O segundo evento que moldou este período ocorreu em setembro de 1985, quando os ministros das finanças do Grupo dos Cinco (G5) – Estados Unidos, Reino Unido, França, Alemanha Ocidental e Japão – reuniram-se no Plaza Hotel de Nova York. Foi uma reunião comum, tal como as que já vinham ocorrendo ao longo dos últimos 10 anos. No início da década de 1980, no entanto, os Estados Unidos estavam cada vez mais preocupados com a base industrial do país, especialmente quanto ao seu tradicional setor de manufaturas. Áreas que haviam sido o coração da indústria americana, como Detroit, estavam sob pressão cada vez maior das importações (sobretudo do Japão).

Parte do problema vinha desde os dias da crise do petróleo entre meados e o final da década anterior, quando os americanos se desencantaram com os carros altamente consumidores de gasolina produzidos no país. Como conseqüência, os automóveis que eram menores (e também mais baratos) tornaram-se mais populares. O mesmo ocorreu com a eletrônica de consumo.

Sempre é lamentável quando as questões econômicas se misturam com o uso político de *slogans*. A xenofobia simplista e crua despontou em áreas que estavam rapidamente se tornando cinturões de ferrugem, como Detroit e Milwaukee, e referências a Pearl Harbor começaram a aparecer em *shows* de rádio e em participações dos ouvintes por telefone. Essas referências não foram feitas por comentaristas nem por políticos respeitáveis, embora Lee Iacocca, então CEO da Chrysler, tenha usado a expressão "perigo amarelo". Termos pejorativos como esse começaram a ser utilizados por políticos demagogos à caça de votos. Tarifas absolutas ou barreiras comerciais eram vistas com desconfiança, mas havia a nítida necessidade de tentar tornar as exportações japonesas menos competitivas, especialmente no mercado americano.

As moedas nacionais já há muito haviam sido reconhecidas como forma de ajudar a alavancar tanto as exportações como as importações de um país, e assim melhorar os números da balança de pagamentos e a competitividade. Parte do problema era que o dólar americano estava supervalorizado. Isso significava que as exportações japonesas eram mais baratas, mais competitivas e mais desejáveis nos Estados Unidos.

O acordo alcançado pelos ministros das finanças do G5, conhecido como Acordo do Plaza de 1985, é complexo, como esses documentos geralmente são. Mas o elemento mais importante foi que os bancos centrais dos países representados tentariam permitir uma maior flexibilidade nas taxas de câmbio. Eles concordaram que o valor do dólar teria de ser diminuído. Não numa queda livre, mas o iene e o marco alemão deveriam ficar mais fortes. Ou seja, o dólar deveria cair – mas sem colocar em perigo todo o sistema financeiro.

Assim, o acordo do Plaza tinha dois objetivos: reduzir a dívida geral dos Estados Unidos, que consistia num déficit tríplice na conta corrente, na conta comercial e na conta orçamentária do governo, e desvalorizar o dólar de maneira rápida, mas controlada. No dia em que o acordo foi assinado, a taxa de câmbio era de 235 ienes por dólar; em 1994, era de 84, um fortalecimento aproximado de três vezes.

Internamente, nos Estados Unidos, alguns banqueiros, liderados pelo presidente do Federal Reserve, Paul Volcker, eram partidários de um dólar forte. De fato, por algumas razões estranhas, Volcker foi apelidado de "a vanguarda do dólar" durante seu mandato, apesar de o dólar continuar em queda o tempo todo. A conclusão do Acordo do Plaza deu a esses banqueiros uma maior alavancagem política.

Em minha opinião, a força de uma moeda nacional nunca deve ser confundida com fetiches do estado-nação, como "força nacional". O país pode ter uma moeda muito forte, sem dúvida um reflexo de confiança em sua administração macroeconômica. Mas pode experimentar, então, o efeito doloroso de suas exportações agora serem mais caras no mercado. Isso pode ser realmente desconfortável se forem baseadas em *commodities*.

Alguns esperavam, e outros ansiavam, que do Acordo do Plaza resultasse um cenário de exportações americanas revigorado. Entretanto, suas esperanças e expectativas foram em grande parte frustradas. Realmente, um iene mais forte poderia ter causado dificuldades para as exportações japonesas (a associação comercial japonesa, a Keidanren, sempre pensou assim), mas também significava que as importações eram mais baratas. Essas importações incluíam minério de ferro e outros metais usados na produção de automóveis, bem como muitas outras *commodities* e bens inacabados. As montadoras de automóveis japonesas foram capazes de produzir carros que mantiveram sua competitividade, especialmente no mercado americano. As exportações japonesas continuaram competitivas durante a turbulenta década de 1990, o que ainda se reflete no saldo positivo da conta corrente do país.

O que os economistas e ministros ignoraram foi o fato de que as corporações globais robustas sempre conseguem encontrar um jeito de competir. Seja aumentando os preços, investindo em P&D, relocando em países mais baratos (os Estados Unidos, nesse caso), ou usando melhor sua marca e o *marketing*. As empresas japonesas continuaram ou se tornaram ainda mais fortes e a balança comercial com os Estados Unidos tem permanecido num nível de 5 bilhões de dólares favorável ao Japão desde aquela época.

Como foi possível que tantos economistas e especialistas não percebessem isso? Voltaremos ao assunto no Capítulo 4, mas basicamente os economistas mantiveram o pensamento do século XIX, quando a maioria dos produtos negociados internacionalmente eram *commodities* bastante elásticas quanto ao preço. No entanto, agora, para bens manufaturados, há muitas maneiras de superar as flutuações das moedas ou as mudanças de direção. A maioria dos produtores alemães e japoneses tem sobrevivido a apreciações severas na moeda oferecendo produtos melhores e vendendo-os a preços mais altos, enquanto continuam sempre a aprimorar a produtividade. Em um mundo sem fronteiras, se essas medidas não são suficientes, as empresas podem migrar para países com custos mais baixos de produção ou de outros serviços que sejam caros, enquanto mantêm as funções mais críticas em casa.

ESTOURANDO O ORÇAMENTO

Enquanto isso, de volta ao início, um pouco mais ao sul de Nova York, nos corredores do senado americano, retoques finais estavam sendo feitos em um corajoso pacote de medidas do legislativo, patrocinado pelos senadores republicanos Phil Gramm, do Texas, e Warren Rudman, de New Hampshire. A lei Gramm-Rudman foi o resultado final.

Esta lei oferecia uma solução para outra dor de cabeça econômica de meados da década de 1980: o déficit orçamentário. Ronald Reagan havia sido eleito presidente em 1980 com a promessa de reduzir o déficit e acabar com a espiral de os Estados Unidos viverem além de suas possibilidades. Grandes déficits eram o resultado de grandes administrações, e a maioria dos que votaram em Reagan via o governo de modo negativo, como a causa e não como a solução de uma série de problemas.

Havia algo de turvo entre os mundos da macro e da microeconomia. O estereótipo de ser uma nação compulsivamente compradora e de nunca pagar hoje o que pode ser pago amanhã ou na próxima semana era com o que a maioria dos americanos queria acabar. Alguns, sem dúvida, estavam influenciados pelo comentário de David Ricardo: "O que é sábio para um indivíduo também é sábio para uma nação".[2]

Os perigos de déficits contínuos e cumulativos são manifestos a todos. Os déficits precisam ser pagos, e a única maneira razoável de isso acontecer é pedindo empréstimo. Com um déficit orçamentário crescente e refinanciado vem uma crescente quantia de dinheiro que precisa ser desembolsada apenas para pagar os juros da dívida. Essa quantia raramente se mantém estática por muito tempo. Ela, na verdade, não paga nada; não há nenhum benefício em termos de escolas, hospitais, estradas ou transferências públicas. Não há discussão sobre o principal, a quantia que foi emprestada originalmente e que é o coração do empréstimo. Este permanece o mesmo, mas os juros a pagar sobre ele podem subir ou descer, dependendo das taxas existentes. Tanto o empréstimo principal como os juros precisam ser pagos, mas quanto maior e por mais tempo se permitir que um déficit orçamentário se agrave, maior o peso que será passado adiante para a próxima geração, ou talvez para gerações que ainda nem nasceram, e que certamente não foram responsáveis por essa situação. Grandes déficits e dívidas externas também podem ter um efeito desestabilizante sobre economias que, se não fosse por isso, seriam saudáveis, fazendo subir as taxas de juros e talvez até levando à inflação.

Mas um perigo adicional é que os gastos deficitários criem uma aura de irrealidade. Isso gera irresponsabilidade. Um comprador compulsivo, que provavelmente considere a área de finanças pessoais uma coisa complicada e chata, pode ser facilmente seduzido por uma promoção que ofereça um produto em termos de "compre agora, pague depois". A catástrofe pode ser deixada para o futuro. Esse é um mau hábito. Os governos devem incentivar a responsabilidade em seus cidadãos, em todas as áreas da vida. Mas como pode um governo fazer isso quando ele próprio tem um comportamento econômico irresponsável?

O chefe de gabinete do presidente Reagan, Donald Regan, trabalhou com o senador Gramm para elaborar um pacote que mantivesse um orçamento equilibrado. A lei foi então patrocinada pelo senador Rudman, auxiliado pelo senador Ernest Hollings, da Carolina do Sul. O pacote passou no senado no outono de 1985 e foi transformado em lei pelo presidente no dia 12 de dezembro daquele mesmo ano.

O déficit era tão grande que a tentativa de limitá-lo só poderia ser feita por etapas. Assim, a lei tinha provisões para uma redução programada. No ano fiscal de 1986, o déficit deveria ser reduzido em 11,2 bilhões de dólares. Reduções semelhantes deveriam ser feitas nos quatro anos seguintes, até que, em 1991, o esperado orçamento equilibrado fosse alcançado. Se os objetivos, em qualquer dos anos fiscais, não fosse atingido, o presidente, como chefe do executivo, teria o poder de realizar os cortes necessários nos gastos do governo para levar a redução do déficit aos níveis prescritos pelo cronograma da lei.

Quase que imediatamente, tornou-se claro que, embora um orçamento equilibrado fosse um conceito muito bom e significativo, conflitava com as necessidades da política americana. Quase sempre há alguma disputa eleitoral em andamento nos Estados Unidos. A natureza dispersa das disputas políticas leva a uma situação em que, além de eleições presidenciais, há eleições para o senado, para governador e para o congresso – sem mencionar aquelas em nível de condado. Na semana seguinte à passagem da lei Gramm-Rudman pelo senado, esse mesmo corpo legislativo ratificou um pacote de transferência de auxílio para a agricultura de 52 bilhões de dólares. Isso ocorreu numa época em que o judiciário federal estava tão mal de verbas que muitas vezes era incapaz de pagar as despesas de viagem dos jurados. O ano de 1986 era de eleições de um terço dos membros do senado. Aqueles que tinham votos "agrícolas" bem organizados estavam vivos na disputa eleitoral que os aguardava. Ser capaz de ir diante de seus eleitores como amigo comprovado dos fazendeiros era uma vantagem.

O déficit orçamentário, embora tenha diminuído, não foi extinto. Mas tornou-se menos assustador. Em 1991, o ano em que os déficits orçamentários deveriam chegar ao fim, as principais provisões da lei Gramm-Rudman foram deixadas de lado pelo desejo do presidente George H. W. Bush de tirar seu governo e ele próprio de panes financeiras e governamentais.

PORTÕES* PARA O FUTURO

Mas voltemos aos primeiros meses de 1985. Do outro lado do continente americano, em Washington, havia um jovem universitário de 30 anos que abandonara a faculdade, chamado William Gates. Ele, que havia estabelecido uma empresa de computação chamada Microsoft, em Seattle, uma década antes, lançou naquele ano a primeira versão de um novo sistema operacional para computadores, chamado Windows.

Em meados da década de 1980, a maioria das pessoas no ocidente já tinha tido contato com computadores. Essas máquinas, no entanto, ainda pareciam místicas, e até mesmo aterrorizantes para muitos. Eram enormes mamutes capazes de armazenar grandes quantidades de informação. E também de manobrar pessoas. Alguns até conseguiam jogar xadrez e desafiar grandes mestres.

Muitos indivíduos já tinham seus próprios computadores em casa, especialmente projetados para uso doméstico. Eles eram tudo, menos potentes e impactantes. Permitiam a seus usuários jogar jogos simples, e realizar poucas coisas além disso. Eram freqüentemente adquiridos e montados por simples *hobbistas*.

Depois, chegaram ao mercado computadores mais velozes, com mais capacidade de memória. As aplicações possíveis eram mais sofisticadas. Mas havia uma grande lacuna em sua utilidade. Um computador é um conjunto de circuitos embalados em uma caixa de metal, geralmente com uma tela e um ou dois dispositivos de entrada, como um teclado. A menos que consiga compartilhar informações com outros computadores, tem pouca utilidade.

Havia muitas linguagens de programação disponíveis. Algumas eram razoavelmente acessíveis, permitindo ao usuário doméstico escrever aplicativos práticos e simples. Outras eram mais complexas, exigindo programadores profissionais. Mas os programas escritos em uma linguagem raramente funcionavam com aplicativos de outras linguagens.

É aí que os sistemas operacionais entram com singularidade. Eles permitem que diferentes tipos de aplicativos sejam executados lado a lado numa mesma máquina. Mas os sistemas operacionais ainda tinham uma outra vantagem, muito mais importante. Eles simplesmente acabaram com a necessidade de se usar códigos de computador. Eles permitiram que leigos pudessem usar e tirar proveito dos computadores. Num certo sentido, os sistemas operacionais eram como a chave de ignição de um auto-

---

* N. de R.: No original, trocadilho entre a palavra *gates* (portões) e o sobrenome do dono da Microsoft, Bill Gates.

móvel. Com eles, os computadores passaram a oferecer a seus usuários bem mais do que jogos eletrônicos.

Entre os desenvolvedores de sistemas operacionais estava Bill Gates. Em especial, no início da década de 1980, ele tinha desenvolvido o sistema operacional MS-DOS, o qual trabalhava nas máquinas da IBM. Ele tinha a visão de que era possível criar não apenas outro sistema operacional, mas *o* sistema operacional que seria usado em computadores e *desktops* de todo o mundo. Ele também iria acabar redefinindo a relação entre o usuário e o computador. Até mesmo a maneira pela qual o usuário entraria com as informações. A interface não mais iria ser centralizada na entrada de código por um dispositivo como o teclado, mas, ao invés disso, seria permitido ao operador usar um dispositivo como o *mouse* para escolher entre opções apresentadas graficamente na tela. Isso acabou se tornando uma plataforma que mudou o mundo.

Surgiriam outros sistemas operacionais. O Windows podia não ser o melhor deles, mas Bill Gates tinha a visão de que o sistema de sua empresa dominaria o mercado. Onde houvesse a necessidade de um aplicativo, a Microsoft podia fornecer um que funcionasse bem no ambiente Windows. Esse aplicativo podia ser tanto um processador de textos, uma planilha eletrônica, um banco de dados ou qualquer *software* para trabalho ou lazer. À medida que aumentavam as velocidades dos circuitos dos computadores, aumentava também a sofisticação dos aplicativos que a Microsoft podia fornecer. Não havia mais uma distinção entre a utilização do computador em casa e no escritório. O mesmo aplicativo podia ser útil em ambos os ambientes, em *hardware* semelhante, embora seu uso pudesse ser diferente.

O sistema operacional Windows nunca deixou de ser aprimorado. Na década de 1990, uma bela mudança de *marketing* ocorreu. Em vez de referir-se a cada nova versão com um número serial cardinal – Windows 1, 2, 3, e assim por diante –, a Microsoft identificou a versão pela referência do ano. Primeiro veio o Windows 95 e, então, o Windows 98. A Microsoft desenvolveu uma versão chinesa, o que também foi muito bom, porque em 1998 houve mudanças realmente revolucionárias na China, comandadas por Zhu Rongji, em relação ao funcionamento da economia.

Cada novo desenvolvimento em computadores pessoais ou foi antecipado, ou foi fornecido pelo Microsoft Windows. Quando o uso da Internet decolou, em meados da década de 1990, a Microsoft desenvolveu o Internet Explorer, o qual logo tirou de sua rival Netscape qualquer esperança que pudesse ter de fornecer uma plataforma de navegadores da Internet.

Aplicativos de simulações de todos os tipos de atividades de lazer, desde *poker* até golfe, também chegaram às prateleiras. No início da década de 1990, ocorreu uma mudança nos dispositivos de armazenamento para computadores pessoais, de pequenos discos magnéticos para discos rígidos e CD-ROMs, capazes de armazenar centenas de vezes mais informações. A Microsoft (e outras) apoderaram-se desse desenvolvimento para fornecer material de referência e conteúdo de aplicativos multimídia.

Bill Gates conseguiu o domínio com sua plataforma de *software*. Alguns podem até reclamar dos *bugs* nos *softwares*, bem como da assistência técnica cara, mas o fato é que a Microsoft criou uma das plataformas-chave da nossa era. Essa é a ferramenta de comunicações utilizada em todo o mundo hoje, transpondo fronteiras nacionais e protocolos tradicionais que as empresas dominantes e/ou os governos antes impunham a seus povos. Hoje, todos os governos e empresas ou usam o protocolo Windows, ou têm de ser capazes de realizar interfaces com aqueles que o utilizam.

14 d.G.: CHINA

Assim, 1985 foi um ponto de partida para o palco global de 2005 sob vários aspectos: ideológico (Gorbachev), econômico (Acordo do Plaza), fiscal (Gramm-Rudman) e tecnológico (Microsoft).

Cada ano, desde então, tem fornecido rápidos desenvolvimentos. Seria cansativo listar todos, quanto mais detalhá-los. Entretanto, os eventos de 1998 (14 d.G.),* em especial, representaram um desenvolvimento adicional de muitas das sementes plantadas em 1985. Por outro lado, acrescentaram seu potencial de desenvolvimento ao desenvolvimento da economia global.

Ninguém pode falar sobre a economia global e deixar a China de fora da discussão. A China tenta condensar 200 anos de desenvolvimento pós-Revolução Industrial em poucas décadas. Ela é uma prova contrária da noção de "vantagem por ser o primeiro" na era d.G. A China também está tentando trabalhar com a economia global dissecando seu vasto império em unidades menores, as quais chamo de "estados-regiões".

Escolher momentos cruciais no rápido desenvolvimento recente da China é difícil. Poderíamos destacar os pronunciamentos de Deng Xiaoping no início da década de 1990. As observações de Deng, de que nem todos os chineses poderiam ficar ricos ao mesmo tempo, foram um marco político importante, pois aceitavam a desigualdade como preço do progresso. O Partido Comunista Chinês estava dedicado a trazer o progresso e a prosperidade a todos na China. Tradicionalmente, ele tentou isso seguindo o caminho do marxismo-leninismo, refinado por Mao Tsé-Tung. Mas "pros-

---

* N. de R.: O autor parece considerar 1985 como o ano 1 d.G. em sua divisão do tempo.

peridade" (vista como não-pobreza) era o objetivo, e as teorias eram apenas caminhos para tanto, não objetivos em si mesmas. Como Deng observara já em 1962 (e repetidamente depois), não importa se o gato é preto ou branco, desde que pegue os ratos. Deng foi o primeiro a reconhecer o poder da economia global como meio de tornar o país mais forte e rico. Ele percebeu que a força e a riqueza não podiam ser simplesmente extraídas de dentro dos limites das fronteiras nacionais da China. Ele então abriu várias regiões experimentais e testemunhou o grande poder das corporações globais em Shengzang e Xangai. Em um famoso discurso de 1992, ele acrescentou dúzias de regiões às zonas abertas.

O ano de 1998 é talvez ainda mais significativo para a China, devido às reformas introduzidas na décima primeira conferência do partido, em março daquele ano. Seu arquiteto era o novo primeiro-ministro Zhu Rongji. Nenhuma dessas reformas caiu do céu. Zhu havia trabalhado como vice-primeiro-ministro e presidente do banco central por vários anos e já tinha introduzido muitas alterações no sistema econômico. Suas ações tinham sido desencorajadas por conservadores teimosos do partido, que no entanto estavam envelhecendo, incluindo seu predecessor, o primeiro-ministro Li Peng. As reformas que Zhu iniciou tiveram como causa a necessidade de remover três graves problemas que estavam afetando adversamente a sociedade e a economia chinesas.

Um dos problemas era a endêmica corrupção no governo, que florescia em todos os setores e regiões, e que havia sido incitada com maior fúria pela abertura da economia do país. O suborno tinha sido o alvo de várias "mobilizações de massas" no passado, mas elas tendiam a ser muito rudimentares e ineficazes. O fim da corrupção não poderia acontecer sem o desenvolvimento leis e de padrões legais firmes. Isso havia sido deixado de lado no passado devido à percepção da lei positiva como "burguesa".

Em segundo lugar, havia a necessidade de reduzir a paralisada burocracia chinesa, um peso de ineficiência para o país. Zhu Rongji estabeleceu o objetivo, subseqüentemente atingido, de cortar a burocracia do governo central pela metade. Em um país que ainda louvava – da boca para fora, é verdade – os princípios do marxismo-leninismo, essa redução do setor governamental foi dramática. A tarefa era ainda mais hercúlea pela estrutura centralizada da tomada de decisões. Era natural que um governo que conhecia o valor de manter "a casa em ordem" concentrasse tanto poder no centro quanto possível. Mas, em um país tão vasto como a China, onde as comunicações internas muitas vezes são impossíveis devido a barreiras naturais e enormes distâncias, esse ideal era impraticável. Embora a China tivesse começado a se abrir aos investimentos externos na década de 1980, os potenciais investidores foram subjugados por essa abordagem excessivamente centralizada. Os desenvolvimentos que afetavam as atividades locais não podiam ocorrer sem o selo de aprovação de um ministério central em Pequim.

O terceiro elemento das reformas de Zhu Rongji foi retirar o *peso morto* das empresas estatais e *paraestatais*, ou empresas pertencentes ao Estado (SOEs). Mais da metade delas estava perdendo dinheiro, a maioria era ineficiente e muitas estavam tecnicamente falidas. Elas eram uma hemorragia constante nos fundos do governo chinês. Tradicionalmente, o governo central chinês havia agido como uma "vaca leiteira" para a indústria estatal. Ele fornecia proteção, garantindo monopólio às empresas ou restringindo o acesso de estrangeiros aos mercados locais lucrativos. Mas, com a probabilidade cada vez menor de o Estado ver qualquer retorno desses projetos, o governo estava colocando dinheiro bom em cima de dinheiro ruim.

Zhu instituiu um pacote de reformas, conhecido na tradução para o inglês pelo desconfortável título de *The Three Respects* (Os Três Respeitos). As reformas levaram paraestatais, assim como a fabricante de televisores Haier e a fabricante de computadores Legend (mais tarde rebatizada de Lenovo), a serem desligadas do Estado e removidas da "rede de segurança" de injeções de capital por parte deste. Elas passariam a existir a partir de então por conta própria. Se precisassem de dinheiro, poderiam buscá-lo junto aos investidores chineses, especialmente nos mercados de ações de Xangai, Shenzhen ou Hong Kong. Mas, antes de poderem fazer isso, teriam de se reestruturar e se comportar como dignas recebedoras dos investimentos. Aquelas que não o fizessem – ou não o conseguissem – estariam fadadas ao fracasso. Elas poderiam adquirir ou ser adquiridas por outras empresas.

Isso não foi nada menos do que uma revolução. O pensamento anterior do governo era de que essas empresas eram corporações "nacionais". Elas tinham um motivo comunista legítimo para produzir e fornecer para o povo da República Popular. Na década de 1980, os expoentes ideológicos do partido tinham tentado racionalizar a introdução de preceitos do livre mercado em termos de uma analogia com uma gaiola de pássaros. Nessa economia de gaiola, o pássaro da livre iniciativa podia cantar tão docemente quanto quisesse, mas teria de permanecer confinado às limitações impostas pelo Estado. Sem a gaiola, podia voar embora. Mas Zhu estava defendendo a destruição da gaiola. Era uma idéia baseada no entendimento de que não só o pássaro não iria embora, como ainda iria atrair bandos de outros pássaros do exterior.

A atitude de Zhu em relação às paraestatais e às estatais foi dura, porém, em retrospecto, heróica. A maior parte do mercado foi aberta simultaneamente para empresas estrangeiras, que eram livres para concorrer com as empresas chinesas. Aquelas que tivessem vontade e capacidade podiam tentar sobreviver usando os métodos que achassem adequados. Elas podiam adquirir outras empresas e consolidar suas atividades. Outra opção era formar *joint-ventures* com empresas estrangeiras.

Um elemento adicional da estratégia de Zhu foi descentralizar a direção de muitas ex-corporações "nacionais" para longe dos ministérios centrais, deixando-as nas mãos de municípios e províncias. Isso era sinônimo da separação econômica do país. A China passou de um estado-nação único a uma nação de estados-regiões. Não seria incorreto chamá-la de Estados Unidos de Chunghua, o nome em chinês para o centro do universo.

Os líderes das regiões e das cidades agora podiam se preocupar com o futuro de suas empresas locais, com potencial de gerar riquezas. Alguns conseguiram transformá-las em histórias de sucesso. Outros as venderam para corporações estrangeiras. Prefeitos e governadores rapidamente começaram a agir como empreendedores, ou, como vimos em Dalian, como CEOs de seus estados-regiões.

As magníficas reformas de Zhu foram aceleradas pela percepção de que não poderia salvar todas as empresas nacionais que estavam provocando um engarrafamento na economia chinesa e drenando seus recursos e sua vitalidade. Ele reconheceu que as soluções para os problemas da China não eram internas. A única fonte de assistência era externa: o restante do mundo.

A China tem hoje o capitalismo mais cru, desumano e insensível que pode ser imaginado. Seu próprio povo é explorado. As pessoas do interior, de áreas tradicionalmente pobres, são trazidas para trabalhar por salários mais elevados do que os que receberiam em casa, mas eles nem sempre são pagos em dia – às vezes, nem são pagos. As questões de saúde e segurança geralmente são ignoradas, e quase não há nenhum sistema de previdência social. As condições de trabalho nunca fazem parte da equação. A atitude das gerências freqüentemente é desumana, e nunca sentimental. O que importa é realizar o objetivo, de preferência antes da meta e abaixo do orçamento.

A China exibe o capitalismo na sua forma mais rudimentar. Se um gerente de fábrica em Guangzhou, por exemplo, descobre que a visão de alguns trabalhadores está se deteriorando como conseqüência do trabalho que realizam, ele os demitirá com uma semana de pagamento. Assim, não serão mais sua responsabilidade. Se um gerente japonês agisse assim, correria o risco de ser preso. Se uma empresa do Reino Unido fizesse isso, poderia tanto ser processada como sofrer ação penal.

Na China, os capitalistas podem fazer o que quiserem. Se os salários sobem, os empresários se deslocam para um ambiente de salários mais baixos. Isso pode ser em direção às terras do interior centrais ou ocidentais, onde há uma vasta reserva de mão-de-obra rural subempregada. Eles demitem os trabalhadores que são mais caros, que trabalham menos, ou que podem ficar cansados mais facilmente. Essa é a forma mais pura, menos adulterada, de capitalismo no planeta hoje. É um mundo tirado das páginas de Charles Dickens ou Theodore Dreiser.

É uma forma primitiva de industrialização, que já não se vê mais no Japão, nos Estados Unidos ou no Reino Unido. Ironicamente, ela evoca as descrições e denúncias de Friedrich Engels a respeito das condições terríveis da classe trabalhadora inglesa na década de 1840, bem como suas denúncias da avareza dos fabricantes ingleses como classe:

> Para essa classe, tudo no mundo existe por causa do dinheiro, inclusive eles mesmos. Ela desconhece qualquer prazer que não o ganho rápido, e qualquer dor que não a de perder ouro. Na presença de tal avareza e paixão pelo ganho, não é possível que um único sentimento ou opinião humanos permaneçam puros.[3]

Engels, naturalmente, era membro do panteão comunista. As faixas na República Popular traziam sua imagem ao lado das de Marx, Lênin e Mao.

Por que ocorreu tal mudança na China? Algumas das reformas de Zhu foram compelidas pelas circunstâncias. A crise financeira da Ásia em 1997, embora não afetasse o país diretamente, teve repercussões. Havia também a perspectiva da entrada da China como membro na Organização Mundial do Comércio. Parte das mudanças pode ser atribuída à migração crítica dos recursos mais importantes de gerenciamento, os "4 Cs": comunicações, capital, corporação e consumidores. Todos esses recursos essenciais cruzaram as fronteiras nacionais. Isso está agora entrando na China.

Por gerações, a China foi uma nação predominantemente rural e pobre, o que foi exacerbado pelo aumento explosivo da população no século XIX. Muitos observadores externos consideravam que ela tinha um grande potencial – mas no futuro. Diziam que a China era um gigante adormecido. Enquanto ela dormia, o mundo ocidental se industrializava, e juntamente com esses desenvolvimentos vieram todos os passos necessários para se construir uma nação. A China agora acordou e aspira à mesma posição no mundo que essas economias desenvolvidas.

A China provavelmente será capaz de atingir isso mais rapidamente e de modo mais barato do que os países desenvolvidos tradicionais. Ela pode aprender as lições destes e tirar proveito de seus desenvolvimentos tecnológicos. No momento em que escrevo isso, no outono de 2004, a economia chinesa está classificada em sétimo lugar no mundo (ver Figura 2.1). Se as atuais taxas de crescimento continuarem pelos próximos três ou quatro anos (uma perspectiva inteiramente viável, apesar das advertências dos observadores), ela irá ultrapassar a Alemanha, tornando-se a quinta maior economia do mundo. Se ocorrer a esperada (nos Estados Unidos) valorização do yuan renminbi, isso poderá colocar a China ainda mais para cima na tabela do PIB.

Os 10 países do mundo com o maior PIB

Classificação pelo PIB em 1990			Classificação pelo PIB em 2003		
Classificação	País	PIB (trilhões de dólares)	Classificação	País	PIB (trilhões de dólares)
1	Estados Unidos	5,8	1	Estados Unidos	11,0
2	Japão	3,0	2	Japão	4,3
3	Alemanha	1,5	3	Alemanha	2,4
4	França	1,2	4	Reino Unido	1,8
5	Itália	1,1	5	França	1,8
6	Reino Unido	1,0	6	Itália	1,5
7	Canadá	0,6	7	China	1,4
8	Espanha	0,5	8	Canadá	0,9
9	Brasil	0,5	9	Espanha	0,8
10	China	0,4	10	México	0,6

- Supondo que a China continue crescendo a 8% ao ano, ela irá:
  - Alcançar o Reino Unido em 2007
  - Alcançar a Alemanha em 2008
- Supondo que o fortalecimento do RMB se dê por um fator de dois depois de flutuar em 2005-2008, o PIB irá:
  - Dobrar em dólares
  - Alcançar o Japão em 2008
  - Tornar-se a segunda economia do mundo por volta de 2010

Fonte: World Economic Outlook, April 2004 (IMF).

FIGURA 2.1 Os 10 países do mundo com os maiores PIBs.

COLOCANDO UM "E" NO NATAL

Uma vez mais, a chave final é a tecnologia. O trabalho do pioneiro em computação Sir Timothy Berners-Lee deu forma ao mundo na maneira que o conhecemos e apreciamos hoje. Em 1989 (5 d.G.), Berners-Lee desenvolveu a HTML (Hypertext Markup Language), linguagem na qual as páginas mundiais da Web se baseiam, e o código que milhões usam para se comunicar com elas e com outras pessoas.

A história da Internet já foi descrita em outro lugar, mas seu impacto foi muito repentino e importante. Mesmo porque, no início da década de 1990, quem, além de um grupo de especialistas em ciência da computação, sabia o que era a World Wide Web ou um navegador da Web? Em meados daquela década, a consciência da Web cresceu rapidamente no mundo desenvolvido, graças a computadores e roteadores mais rápidos, modems melhores e a disponibilidade de *softwares* de navegação. Porém, essa consciência foi acompanhada de incertezas. Até mesmo Bill Gates foi cauteloso, não acreditando inicialmente que ela poderia ter um impacto duradouro no crescente público usuário de computadores. Foi somente em 1994 que ele anunciou que o tão esperado sistema operacional Windows 95 viria com conectividade para a Web. Todos concordavam que a Internet era muito poderosa, mas para quê? Será que ela poderia mudar o mundo?

Na história da Internet, o período próximo ao Natal de 1998 (14 d.G.) se sobressai. Foi quando o público no mundo desenvolvido começou a comprar itens pela Web de uma forma fenomenal. A loja *online* Victoria's Secret tornou-se o assunto da estação. Até então, os estudiosos e os observadores tinham dúvidas quanto à capacidade da Internet para o *e-commerce* (comércio eletrônico). A Internet tinha um grande potencial, já percebido, de fornecer informações, mas não se acreditava que ela seria usada para a compra de bens, com exceção de livrarias *online*, como a Amazon.

O Natal de 1998 ficou gravado em minha memória como o "Dia do Portal". Foi quando a surpreendente percepção de que o *e-commerce* poderia funcionar foi absorvida. Foi uma data de muita euforia. O Natal geralmente é uma época de muitas compras, seguido pelas vendas de janeiro e, depois, uma queda. Mas, nas primeiras semanas de 1999, não houve a queda no fluir das compras pela Internet. Depois do Natal de 1998, o *e-commerce* tornou-se um legítimo cidadão do mundo econômico. Naturalmente, como todos sabemos, houve muitas oscilações nas ações de tecnologia desde então, mas as empresas fortes de portais continuaram crescendo. Vejam-se, como exemplos, a Amazon, a eBay e a Victoria's Secret, para citar apenas três que estão indo muito melhor do que imaginavam. A CEO da eBay, Meg Whitman, comentou em uma entrevista para a *Far Eastern Economic Review* que os principais itens vendidos em 1998 foram brinquedos chamados de *Beanie Babies* (agarradinhos). Agora, o *site* vende milhões de dólares em automóveis. "Eu nunca teria previsto que iríamos de *Beanies* para automóveis", observou ela.[4]

Esse cibercontinente é muito maior do que qualquer país ou mesmo do que a União Européia estendida. Pela primeira vez na história da humanidade, o mundo mudou seus hábitos em uma questão de dias, em vez de anos. No final de 2004, 800 milhões de pessoas tinham um endereço eletrônico ou estavam conectadas à Internet. Esse é o mesmo número de habitantes de países com renda *per capita* de mais de 10 mil dólares há 10 anos atrás. Essas pessoas todas estão conectadas, de uma forma ou outra, e prontas para usar o Google para buscar qualquer coisa, seja em sua própria língua, seja em 40 línguas diferentes. Os consumidores estão em um constante estado de prontidão. Oitocentos milhões de pessoas estão prontas para ler, ouvir ou assistir qualquer coisa que esteja disponível no ciberespaço. Posto isso, não é de se admirar que a Tower Records, uma gravadora do varejo de música, há muito consolidada, tenha entrado com um pedido de concordata um ano depois de Steve Jobs e a Apple terem lançado o iPod. A morte súbita de uma empresa ou de um setor como o da música gravada ou o dos filmes e das máquinas fotográficas analógicas é agora uma realidade freqüente.

A tecnologia foi o tijolo final da construção para criar o palco global de hoje, o qual representa uma ruptura decisiva com o passado. Talvez tenha sido uma coincidência o fato de três das contribuições mais produtivas terem ocorrido em um único ano: 1985. O ano anterior, 1984, além de ser o título do livro de George Orwell, foi também o ano em que Michael Dell estabeleceu a Dell Systems em Austin, Texas. A Dell foi adiante, revolucionando a administração da cadeia de suprimentos. O ano de 1984 também foi o do lançamento da Cisco Systems, na Califórnia. No mesmo ano, surgiu o Quantum Fund de George Soros no cenário financeiro mundial, tornando "múltiplos" de *hedging* e derivativos rotina no mundo financeiro. Os quadros de tempo encolheram na economia global, como veremos adiante. Pode acontecer mais agora em poucos meses do que ocorria antes em décadas.

Entretanto, ainda há um admirável grau de letargia, porque muitos tomadores de decisão instintivamente ainda se prendem a estruturas obsoletas. Nos próximos dois capítulos, veremos o quanto as atitudes tradicionais em relação à economia e às organizações políticas se tornaram antiquadas na era da economia global.

NOTAS

1. Embora seja um meio conveniente de entender o palco global, o sistema de datação usado na maioria dos países atingiu um *status* de plataforma, por isso não recomendo que as pessoas comecem a usar o sistema "a.G.".
2. David Ricardo. *Principles of Political Economy and Taxation* (Loughton, Essex: Prometheus Books, 1996), p. 172.
3. Frederick Engels. *The Condition of the Working Class in England* (Oxford University Press, 1993), p. 281. Edited by David McLellan.
4. "CEO, call, Meg Whitman, eBay", *Far Eastern Economic Review*, 29 April 2004 (www.feer.com).

O fim da economia 3

REINVENTANDO A ECONOMIA

Vamos mais uma vez reforçar que a economia global é uma realidade – não uma teoria. Mas muitos dos que deveriam saber isso, especialmente aqueles que em tese deveriam ser os melhor informados, parecem não ter se dado conta dessa realidade. A maioria dos economistas permanece distante dela.

A velha economia cresceu buscando explicar as relações entre a procura e a oferta, e entre a oferta e o emprego. Ela tentou explicar como a oferta/produção e os estoques aumentam quando a taxa de juros ou a oferta de dinheiro são modificadas. Como os economistas estão convencidos de que as equações entre esses fatores estão bem estabelecidas, eles podem recomendar que os políticos e os burocratas usem um ou mais fatores para influenciar o outro, a fim de gerar emprego, aumentar a produção nacional bruta ou mesmo simular a construção de casas de moradia. Quando nenhuma dessas alavancas parece estar dando um retorno rapidamente, eles contam ainda com outra ferramenta para conseguir dinheiro emprestado para o futuro: notas promissórias da casa da moeda ou títulos e obrigações. A maioria dos governos com esse tipo de privilégio usou o dinheiro em obras públicas para artificialmente inflar a economia, quase como uma cirurgia plástica. Isso, naturalmente, é uma piada de mau gosto e, com certeza, não é o que grandes pensadores como John Maynard Keynes ou Friedrich Hayek originalmente pretendiam. Mas os governos interpretam que ainda estão dentro dos limites das teorias dos economistas.

Desde o início do século XX, quando esses primeiros pensadores estavam enquadrando a economia nos parâmetros econômicos conhecidos na época, o mundo mudou muito. A economia não está mais fechada em um país, nem o mundo é um conjunto de estados-nações autônomos e independentes – modelo que a maioria deles supôs ser a estrutura subjacente à economia. Pelo contrário, o mundo consiste em unidades interdependentes de nações e regiões. Algumas regiões têm uma população de milhões, enquanto outras, como a União Européia, têm centenas de milhões. Hayek ainda está correto, assim como Adam Smith e Milton Friedman, quanto ao fato de que, por fim, os mecanismos do mercado ou as mãos invisíveis de Deus irão reestruturar as coisas. O legado que eles deixaram é tão forte que os economistas de hoje (inclusive a maioria dos recentes ganhadores do prêmio Nobel) estão trabalhando em uma variação dos temas de seus mestres. Os economistas não estão olhando diretamente para a própria economia, mas estão tentando interpretá-la através das lentes dos velhos mestres, modificando equações antiquadas e desenvolvendo modelos matemáticos que explicam apenas parte da economia global.

Outro problema é a crença de que as teorias econômicas explicam a causalidade. Por exemplo, diminuindo-se a taxa de juros, pode-se esperar que a economia seja estimulada, porque assim as empresas podem tomar empréstimos e fazer os investimentos de capital necessários. Da mesma forma, um aumento na oferta de dinheiro pelo banco central diminuiria as taxas de juros, tornando o crédito barato. As empresas então poderiam fazer investimentos de capital agressivos porque também poderiam esperar preços mais altos e um aumento de consumo pelo mercado. Esse tipo de causalidade tem estado por trás da confiança (ou ignorância) de políticos que fazem uma grande promessa de "recuperação da economia" ou "aumento de empregos". A maioria deles confia a economistas a execução do plano estabelecido, o qual normalmente acaba recebendo muita ou pouca intervenção por parte do governo, acarretando aumento da previdência social ou cortes nos impostos.

O problema é que ninguém pensa na economia global e em sua causa e efeito sobre uma economia nacional. Por exemplo, uma taxa de juros mais alta é boa para atrair investimentos internacionais, como Greenspan demonstrou quando Clinton era presidente. A economia americana de 1992 a 2000 estava eufórica, apesar das altas taxas de juros, porque o restante do mundo colocou seu dinheiro lá justamente para desfrutá-las. Na verdade, podemos também argumentar que uma alta taxa de juros é boa, e ponto. Na sociedade envelhecida do mundo desenvolvido, a maioria dos consumidores tem mais dinheiro do que consegue gastar, de modo que este é colocado em instrumentos financeiros "somente para uma eventualidade" relacionada a possíveis problemas no futuro. Seu balancete é mais saudável do que o de seus governos. Uma taxa de juros maior significa que eles podem aumentar mais rapidamente a base de seus ativos financeiros, bem como sua capacidade de tomar empréstimos, embora sua renda nominal possa não aumentar. É por isso que o consumo – e, portanto, a economia – geralmente se comporta de maneira diferente dos ensinamentos dos velhos mestres, que viveram numa sociedade predominantemente de trabalhadores, não de ricos consumidores com planos americanos do tipo 401(k). Se o dinheiro vem de fora, as empresas podem consegui-lo no mercado de capitais, não necessitando pedir emprestado aos bancos. Assim, novamente, a taxa de juros não é mais um fator decisivo para o investimento de capital de uma empresa.

No mundo sem fronteiras, uma oferta excessiva de dinheiro pelo banco central pode evadir-se do país se ele não oferecer oportunidades atraentes. Dessa forma, o governo é constantemente arbitrado, ou disciplinado, pelos seus próprios cidadãos e pelos investidores de fora.

Não há nenhum modelo para descrever a economia global, porque são muitos os parâmetros e variáveis e igualmente muitas as "unidades da economia", as quais podem estar (1) forte ou (2) fracamente interligadas – como é o caso das taxas de câmbio (1), ou dos fundos imobiliários americanos e das taxas de impostos (2). As decisões de investimentos internacionais são tomadas para tirar proveito das diferenças nesses e em muitos outros fatores.

Além disso, os avanços em TI tornaram os estoques significativamente menos necessários. Empresas como a Toyota, a Dell e a Inditex demonstraram que podem fazer seus produtos *just-in-time* e para responder diretamente aos pedidos. Assim, as grandes teorias de ajuste das taxas de juros para baixo, na expectativa de que as empresas aumentem seus estoques, não é mais tão eficaz. Elas sabem que o dinheiro é a melhor forma de estoque, uma vez que é tangível e facilmente trocável por outros bens a qualquer momento.

Outra complicação é que a cibereconomia está crescendo rapidamente e a troca internacional de bens, serviços e mesmo instrumentos financeiros está acontecendo em áreas desconhecidas pelos economistas, quanto mais pelos governos.

Por fim, embora este possa não ser o objetivo final dos estudantes iluminados da economia global, há um aumento – ou mesmo uma explosão – de dinheiro falso. Obrigações e títulos do Tesouro são dinheiro falso do ponto de vista dos economistas tradicionais, porque não são exatamente dinheiro, mas se comportam como tal com obrigações para que os devedores de impostos paguem mais tarde. O problema é que os compradores dessas dívidas públicas não são mais os residentes dos países que as emitem. Por exemplo, nos últimos 20 anos, o Japão financiou cerca de um terço de todos os déficits do Tesouro dos Estados Unidos. No fim de março de 2004, o FMI publicou estatísticas revelando que o Japão tinha uma reserva externa de 817 bilhões de dólares, enquanto a China tinha 432 bilhões, a União Européia, 230 bilhões, e Taiwan, 227 bilhões. A maioria dos países asiáticos mantém suas reservas em instrumentos definidos em dólares, como, por exemplo, as obrigações dos Estados Unidos de 10 anos. Na verdade, dois terços das reservas dos bancos centrais dos países desenvolvidos são em dólares, enquanto a economia americana representa apenas 30% do PIB global. Além disso, o setor privado, tal como bancos, pensões privadas e companhias de seguros, mantém muitos produtos definidos em dólar em seu portfólio. Só no Japão, o tamanho desses portfólios excedeu 14 trilhões de dólares em 2004.

Assim, em geral, a eficácia de qualquer política fiscal está à mercê não apenas do que as empresas e os consumidores fizerem em casa, mas também do que outros governos e as empresas individualmente, mais os consumidores do restante do mundo, fizerem. As dívidas públicas, como as obrigações e os títulos, são como um dispositivo de circulação forçada e visam a absorver dinheiro no mercado, para ser gasto presumivelmente na criação de empregos e no aumento do consumo. Pelo menos no Japão, o governo fez o povo acreditar que o dinheiro dos impostos é gasto na promoção de serviços públicos básicos, e que obrigações são emitidas para estimular a economia e criar empregos. As obrigações servem para captar o excesso de dinheiro que está (parado) no setor privado em instrumentos passivos com um alto grau de segurança e retorno médio em um horizonte de tempo mais largo. Portanto, os investidores americanos que buscam altos retornos e um resultado em tempo mais curto não se interessam por obrigações dos Estados Unidos. Além de emitir dinheiro demais, o Tesouro americano desenvolveu o hábito de imprimir notas promissórias, principalmente para estrangeiros. Essa é uma das razões pelas quais o dinheiro falso, USGS (títulos do governo dos Estados Unidos), ficou ainda mais falso: seu efeito em todo o globo tornou-se enorme, ao ponto de muitas corporações e consumidores não-americanos quererem que o dólar permaneça forte. De muitas maneiras, eles confiam mais nas políticas fiscais do governo americano do que nas de seus próprios governos.

Nos últimos 15 anos, esse dinheiro falso ganhou novas variantes, produzidas por técnicas como derivativos e múltiplos. Muitas dessas técnicas são, na verdade, oferecidas na forma de fundos *hedge* e obrigações estruturadas. A maioria desses instrumentos baseia-se em suposições matemáticas que as pessoas em geral acham difíceis de entender (no entanto, acabam comprando-os mesmo assim). Muitos países em desenvolvimento tornaram-se vítimas de especuladores que usam muitos desses dinheiros falsos em intervenções ousadas, como venda a curto prazo com altos múltiplos.

Nesse estágio, simplesmente temos de reconhecer que, na economia global interligada de hoje, o dinheiro que está de um lado do globo pode ser desembarcado, com enormes múltiplos, por metade do mundo, tanto para acelerar a prosperidade de uma região, como para destruir a economia de uma nação. Não há nenhum mecanismo formal ou eficaz para governar globalmente a superliquidez produzida como resultado da situação política de um governo individualmente, mesmo que o efeito coletivo seja globalmente sério e por vezes destrutivo. Da mesma forma, nenhum modelo econômico consegue começar a tratar dessa questão e das anteriormente descritas.

Não creio que estejamos no estágio de sermos capazes de estabelecer um modelo econômico matemático. Variáveis demais e outras forças estão agindo, muitas das quais nem mesmo discerníveis ou documentadas com estatísticas confiáveis. Entretanto, isso não deve nos impedir de explorar a nova economia global. Por fim, pode ser que nunca venha a haver uma metodologia matemática adequada para descrever a economia do século XXI. Mas pode haver uma abordagem possível por meio de um modelo diferente, tal como a teoria da complexidade, para começar a tratar da questão em sua totalidade. Isso pode estar décadas à nossa frente, mas podemos desde já ir juntando as evidências da economia global e cibernética como fundamentalmente diferente da – e muitas vezes oposta à – economia do século XX.

TEORIAS ECONÔMICAS QUE JÁ FORAM ADEQUADAS A SEU TEMPO

Parte do paradoxo que envolve a economia é que ela freqüentemente está separada do mundo no qual foi desenvolvida. As teorias econômicas, assim como as leis da física, são aplicáveis a qualquer tempo e lugar em determinadas condições. Mas, se olharmos brevemente para alguns pensadores da economia, veremos que suas idéias são produtos de seu ambiente histórico, e que também contêm falhas lógicas evidentes.

Para Adam Smith, uma fábrica de alfinetes era o estado da arte da inovação técnica. Ele viveu no século XVIII, e como o setor de serviços naquela época era minúsculo comparado ao que é hoje, ele o desprezou. Ele também considerou que o valor estava muito ligado ao custo da mão-de-obra usada na produção de um artigo. Smith desconfiava de associações, tanto de produtores como de trabalhadores, percebendo as mesmas como tentativas deliberadas de distorcer o mercado. Suas previsões sobre as atividades de negócio futuras também eram incorretas porque ele considerava que uma maior concorrência iria por fim reduzir os lucros. Mas Smith concebeu os mercados em um sentido localizado. Ele sabia sobre negócios internacionais, mas a realidade da vida da maioria das pessoas era nascer, reproduzir e morrer no mesmo lugar. Tanto, que escreveu: "De todos os tipos de malas, o homem é a mais difícil de ser transportada". Seu mundo era cheio de barreiras ao movimento: econômicas, políticas e físicas.

David Ricardo (1772-1823) sabia bastante sobre riqueza. Ele fez fortuna como corretor de ações no início do século XIX, antes de se aposentar com pouca idade. Sendo rico, conhecia e consumia muitos dos benefícios do comércio internacional, especialmente o vinho. A riqueza das nações ainda era baseada em metais preciosos como o ouro e a prata, e a introdução do papel-moeda no início daquele século foi identificada por muitos como uma roubalheira patrocinada pelo Estado. As trocas ainda dependiam de letras de câmbio. A lei de Ricardo sobre a vantagem comparativa surgiu em uma época em que sua pátria, a Inglaterra, era uma potência econômica. Entretanto, o país recém estava começando a se industrializar. Por isso, muito do que ele escreveu está centralizado em questões como o aluguel econômico da terra e os salários dos trabalhadores rurais. A manufatura era uma atividade econômica importante, mas secundária e um tanto quanto volátil. Ricardo escreveu:

> Um país predominantemente manufatureiro está especialmente exposto aos reveses e às contingências transitórias produzidas pela remoção do capital de um emprego para outro. As demandas para a produção agrícola são uniformes, não estão sob a influência da moda, do preconceito e do capricho. Para sustentar a vida, a comida é necessária, e a demanda por comida continuará por todas as eras e em todos os países.[1]

Ele pensava em termos das economias nacionais, permanentemente devotadas aos estados-nações. Não era nacionalista, mas pensar em quaisquer outros termos geopolíticos seria um absurdo para ele. Ricardo também foi um dos primeiros a aplicar uma metodologia rígida de causa e efeito à economia. O fator A causou um efeito B no fator C, o qual, por sua vez, tinha um impacto geralmente previsível nos fatores D e E, e assim por diante. Ele foi um dos primeiros e mais eloqüentes defensores do comércio internacional desimpedido e foi um forte crítico das leis inglesas do milho, as quais não permitiam a importação de grãos mais baratos da América do Norte e da Europa Oriental.

Similarmente, a teoria econômica "geral" de John Maynard Keynes foi escrita em resposta à Grande Depressão que varreu o mundo no início da década de 1930. Foi uma época de dificuldades econômicas que pareciam desafiar todos os melhores remédios existentes para a sua atenuação. O desemprego permanecia teimosamente alto, enquanto nas asas do debate econômico se levantavam extremistas como Adolf Hitler, os quais estavam ansiosos para induzir as massas de desiludidos a apoiá-los. A teoria de Keynes tinha muitas falhas, por isso foi surpreendida pelos desenvolvimentos mundiais. Keynes pensava em termos de um modelo econômico fechado, não um modelo que estivesse intimamente ligado ao mundo externo. Ele era descendente da tradição econômica política que colocava grande ênfase no papel da mão-de-obra e do emprego. No mundo de hoje, as pessoas estão sendo substituídas por robôs e por automação em cada vez mais atividades. Se precisarmos de provas, basta olharmos para as melhorias econômicas, as quais não são acompanhadas de aumentos paralelos em empregos. Na verdade, nos últimos anos, quando o número de empregos aumentava, o mercado de ações tendia a baixar. Os investidores sabem que aumento nos empregos é um sinal de baixos ganhos de produtividade e, conseqüentemente, um potencial corte no final das contas.

Keynes argumentava que grande parte do fracasso da economia "clássica" estava relacionada ao fato de ter sido específica para determinada época, um fator que considerava perigoso. No entanto, ele não previu o mesmo para suas próprias teorias.

A economia keynesiana nasceu de uma séria crise econômica. Suas lições têm um certo fascínio em momentos semelhantes de comoção econômica, como quando há uma alta taxa de desemprego ou uma alta inflação. A alta taxa de desemprego foi acompanhada de baixos níveis de consumo e de um grande excesso de produção. A "mão invisível" de Smith estava com artrite, segundo Keynes. O mercado também carecia de equilíbrio no longo prazo. A resposta era o governo injetar procura na economia e suprir os déficits no consumo. É um princípio central da economia keynesiana o fato de a procura gerar oferta, pois com a oferta vêm empregos e, com empregos, níveis mais altos de consumo.

Keynes obteve consideráveis somas nos mercados financeiros, e, como Ricardo, sabia muito sobre a natureza da riqueza. Nenhum deles foi um teórico de torres de marfim. Keynes respondeu intelectualmente ao mundo que podia observar: um mundo de estados-nações, cujos governos podiam fornecer soluções para os problemas dentro de sistemas econômicos fechados.

Keynes pode ser perdoado por permitir que seus horizontes fossem limitados pelas paisagens prevalecentes. Quando ocorre um problema em qualquer organização ou sistema, não importa se grande ou pequeno, há a tendência de se gastar tempo à procura de um bode expiatório, quando esse tempo deveria ser gasto na procura de uma solução. A ordem econômica que prevalecera até a década de 1930 tinha falhado em providenciar soluções. Se alguma coisa fora feita, parece ter contribuído para a derradeira confusão econômica. A era do imperialismo fora substituída pela do nacionalismo. Em termos econômicos, isso apontava para o protecionismo. Nesse tipo de ambiente, o estado-nação estava muito em evidência. Keynes não era um defensor aberto da proteção. Os bodes expiatórios que ele procurou freqüentemente foram aqueles que havia descrito como "escravos de algum economista que morreu", os quais viam o passado como um paraíso ao qual seria possível retornar atrasando o relógio econômico. (A sensação de superioridade intelectual de Keynes não lhe permitiu ver que suas próprias teorias um dia também poderiam morrer.) O governo havia crescido muito. Na época de Adam Smith e de David Ricardo, os governos eram responsáveis apenas pela supervisão das guerras (e geralmente o faziam mal); já na primeira metade do século XX, os governos passaram a ser responsáveis por muito mais áreas da vida, inclusive educação, saúde e moradia.

A economia keynesiana dependia fortemente de uma abordagem linear, baseada em entradas identificáveis e mensuráveis. Como foi dito antes, era um modelo econômico fechado no qual os empregos, a demanda, a oferta, as taxas de juros e a oferta de dinheiro estavam todos relacionados. Era um artigo da fé keynesiana que o governo podia controlar a atividade econômica ajustando um ou dois desses fatores. Isso é semelhante ao modelo newtoniano da física, conhecido como conservação da massa (ou da energia) em um sistema fechado.

O fluxo de dinheiro nesse sistema fechado e regulado pode ser previsto com maior ou menor certeza. Mas, numa economia que está interligada e através da qual o dinheiro pode fluir facilmente, tal certeza é enganosa.

A situação rapidamente se torna complicada se dois países começarem a trocar uma grande quantidade de diferentes produtos e serviços. Ou se passarem a se comunicar por meio de computadores ultra-rápidos. Um total de 189 países já faz isso. O dinheiro flui em transações de cartões de crédito ou em salas de negócios. As fronteiras parecem-se menos com barreiras. E, mesmo que ainda existam restrições, as pessoas as resolvem mais rapidamente. No Japão, 20 milhões de indivíduos viajam para o exterior anualmente e gastam o superávit comercial do país. O dinheiro é movimentado em transferências interbancárias. Assim, as compras com cartão de crédito podem ocorrer tanto quando se cruza a fronteira fisicamente, como quando se utiliza o ciberespaço para consumá-las. Na verdade, um caixa eletrônico chinês fornece notas do dinheiro chinês em resposta ao cartão japonês, desde que ele seja endossado por Cirrus ou Plus. Isso é uma realidade na maioria dos países que visitei nos últimos dois anos.

Se os cidadãos de todos os 189 países começassem a fazer isso, qual modelo econômico funcionaria? Qual é o uso de modelos do século XIX e do início do século XX, baseados na economia do estado-nação, quando estou em Dalian sacando moeda local com meu cartão japonês?

Há outros participantes no atual jogo do dinheiro: os investidores privados e institucionais, para não falar nos especuladores. Todos esses participantes interpretam as ações dos banqueiros centrais de maneiras diferentes, de modo que um modelo linear simples, baseado em entradas e saídas, é simplista ao extremo. Os modelos lineares funcionam melhor com variáveis exatas. Os mercados financeiros atuais, com sua complexidade, parecem voltar-se mais para o caos e para padrões aleatórios. Ainda é possível dizer o que pode ou não acontecer, mas não com certeza absoluta.

Em função de uma dependência excessiva desses pontos de vista, os que tomam decisões econômicas com base nas expectativas keynesianas de realidades macroeconômicas na mutante economia global podem descobrir que os resultados obtidos não são parecidos com o que queriam. Podemos fazer uma analogia com um cozinheiro que recorre a receitas prontas e métodos de livros de culinária consagrados, mas cujos pratos que serve não podem ser comidos. Um exemplo da aplicação dos melhores remédios da economia keynesiana para os problemas econômicos do "mundo real" e os resultados disso pode ser visto nos Estados Unidos. Atualmente, o país desfruta de um regime de baixas taxas de juros. Isso deveria estimular a atividade econômica, mas, na prática, muito do dinheiro que está sobrando na economia evade-se em busca de resultados mais altos em outros mercados, talvez de risco mais elevado também.

NOVOS FUNDAMENTOS EXIGEM UMA NOVA MANEIRA DE PENSAR

A realidade econômica na qual economistas como Smith, Ricardo e Keynes viveram está bem distante da que estamos vivenciando no início do século XXI. Ninguém poderia ter imaginado o impacto que a tecnologia teria sobre a informação ou sobre o mundo dos negócios. Mesmo porque, talvez os maiores exemplos de "nova" tecnologia para Ricardo tenham sido o uso que os Rothschilds fizeram dos pombos-correio para levar a Londres as notícias da vitória de Wellington em Waterloo, em 1815.

A tecnologia também transformou o trabalho. Ela mudou a percepção do mundo em que habitamos. Há 30 anos, os americanos viam a Europa e o Japão como lugares do outro lado do globo. As cartas levavam mais de uma semana para fazer esse percurso. As comunicações eram possíveis, mas caras. Hoje, documentos podem ser enviados imediatamente para o "outro lado do mundo" apenas ao se clicar no *Enviar* em uma tela. O uso maior da telefonia VoIP (*Voice over IP*) permite que amigos e membros de uma família conversem informalmente e com maior freqüência. Algumas dessas mudanças devem-se à tecnologia; outras, sobretudo nas telecomunicações, tornaram-se possíveis graças à desregulamentação.

Mas o mais importante é a maneira pela qual a tecnologia transformou a geopolítica, tornando os estados-nações, no estilo antigo, peças de museu. A economia global também gerou ou pôs em evidência novos elementos dos negócios que eram impensáveis antes, tais como múltiplos e derivativos. O papel desempenhado pelos múltiplos ou o preço de se lucrar percentuais no mundo dos negócios atual é um desafio intencional às maneiras tradicionais de se olhar para as empresas. Esses elementos também são um desafio dos nossos tempos. Eles parecem depender de fatores não-estatísticos, freqüentemente não-racionais ou até mesmo irracionais. Um deles é a euforia. Durante os empolgantes dias da nova economia inspirada na tecnologia, no final da década de 1990, a maioria das pessoas teve um sentimento positivo em relação à economia americana. Como ela estava no caminho certo e crescia rapidamente, não foi nenhuma surpresa que os múltiplos aumentassem exponencialmente.

E, no entanto, a economia como disciplina parece ainda estar encalhada no mundo antigo. Os pós-keynesianos, como Paul Samuelson, basicamente oferecem variações sobre os mesmos temas centrais. O ensino de economia ainda se revolve em torno de estruturas que resumem os velhos paradigmas. Alguns ainda podem ser úteis, mas isso, na melhor das hipóteses, se limita a fazer novas perguntas em vez de fornecer respostas. Sua relação é parecida com a de um quebra-cabeça em que estejam faltando dois terços das peças.

Na economia global, o modelo keynesiano é defeituoso, não funciona. Mas por quê? Por que o bom senso não funciona? Porque o tempo não pára para ninguém. Os ambientes econômicos são mais instáveis do que o clima.

ABRINDO E FECHANDO AS TORNEIRAS

A oferta de dinheiro é fundamental para o modelo macroeconômico. Ela é a água da banheira keynesiana. Entretanto, se olharmos para a economia global, veremos um fluxo constante, em vez de absorção. O mundo está repleto de dinheiro, mas, se ele fosse absorvido, causaria inflação. A teoria econômica tradicional não consegue explicar isso.

Existem muitas razões para essa abundante liquidez de dinheiro. Como mencionamos anteriormente, os governos emitem moeda demais. No início da década de 1990, havia um temor mórbido por parte dos governos de muitos países desenvolvidos de que eles ficassem sem dinheiro ou de que o dinheiro começasse a ficar escasso. Também havia o desejo de ajudar o setor bancário. Mas injetar dinheiro no sistema em grande escala é meramente um sintoma de quão amedrontados os políticos podem estar. Eles temem que as pessoas entrem em pânico e invadam os bancos, causando uma quebra. As populações dos países da Organização para a Cooperação e o Desenvolvimento Econômicos estão envelhecendo. Elas estão cada vez mais reservando dinheiro para seus anos de aposentadoria. Mas, uma vez que chegam lá, não precisam mais dele, porque a maioria de seus desejos já foi realizada.

Os fundos de pensão, administrados por empresas privadas ou por órgãos do governo, não conseguem encontrar fontes de investimentos adequadas dentro dos limites econômicos do seu tradicional estado-nação. O dinheiro não é mais transferido para estoques. Na verdade, a própria natureza dos estoques mudou. O melhor estoque é dinheiro. Os grandes estoques são lucros em potencial, mas ainda não são lucros.

Eles podem absorver quantias consideráveis em custos administrativos. A vantagem de se ter grandes estoques é discutível, especialmente nos ambientes que usam procedimentos JIT.

A tecnologia e a desregulamentação liberaram o dinheiro das economias nacionais. O dinheiro flui para as áreas de maior retorno, não importando onde estejam. O dinheiro (e os que o administram) não é sentimental e não tem problemas com velhas noções, tais como o patriotismo. Podemos dizer que o mundo respondeu à sua liquidez positiva criando baldes de liquidez, nos quais os recursos financeiros residem quando não são absorvidos pelos canais tradicionais, sejam eles poupança ou consumo. Como resultado, muitos países ricos têm mais dinheiro em sua economia do que conseguem usar eficientemente.

Para provar os efeitos dessa superliquidez, podemos usar uma função desenvolvida por Alfred Marshall lá pelo fim do século XIX. A razão, conhecida pelos economistas como o "K de Marshall", depende da relação entre a oferta de dinheiro e o produto interno bruto. Muitos economistas acreditam que isso seja constante. Considerando-se que essa relação seja constante, diz-se que um país que sofre uma forte pressão deflacionária deve aumentar a oferta de dinheiro. Isso fará com que os preços aumentem e disparará uma situação inflacionária. Em termos muito simples, a solução para a deflação é a inflação, uma forma de vacinação econômica. Esse tratamento foi o que o economista Paul Krugman prescreveu como antídoto para a deflação japonesa, mas também é a prescrição que a maioria dos economistas faz.

Na realidade, apesar de todo o dinheiro que foi injetado na economia japonesa, a esperada inflação não ocorreu. O dinheiro não foi absorvido pela economia real, nem a indústria utilizou o capital para investir em máquinas ou aumentar os estoques. Tampouco a população de mais idade saiu correndo para comprar bens com medo da inflação. Os consumidores sabiam, melhor do que os economistas, que não precisavam correr para converter o dinheiro em bens.

A DEFLAÇÃO E O DEFLATOR DO PIB

Os macroeconomistas também estão apegados à noção do deflator de PIB, definido como quanto custa um produto ou serviço em termos de seu preço inicial. Por exemplo, o gigantesco investimento de todos os setores em computadores é agora apenas um centésimo do custo no passado, e é aí que começa a entrar o deflator. Assim, o Japão é definido como deflacionário porque os computadores são mais baratos para o mesmo nível de funcionalidade (isto é, por *gigabyte* de memória). Mas, em meu ponto de vista, essa definição de deflação é altamente questionável. No exemplo do *har-*

dware de computadores, há um constante movimento no sentido de produzir *chips* e microprocessadores mais baratos e mais rápidos. De acordo com os guardiões das definições macroeconômicas, isso produz deflação. Mas não é o que os consumidores acham. O índice de preços ao consumidor pode não se alterar nem um pouco, no entanto, governos como o do Japão anunciam uma certa taxa de deflação. Quando a economia está sem variações e é anunciado que houve 3,6% de deflação, um governo desonesto pode dizer que a economia real cresceu 3%, o que é falso.

Os deflatores de PIB são mais um elemento que os macroeconomistas terão de examinar novamente. As definições do deflator faziam sentido no ambiente de comércio dominado por *commodities* do século XIX e do início do século XX. Esse foi o pano de fundo econômico sobre o qual os sumo-sacerdotes da macroeconomia fizeram suas definições de indicadores como, por exemplo, o deflator de PIB. Naquele tempo, elas eram aceitáveis porque faziam sentido. Porém, na era dos microprocessadores super-rápidos e dos monitores de tela plana (a cada dia maiores e mais baratos), e de contas telefônicas cada vez mais baratas por unidade de uso, qual é a melhor maneira de definir o deflator de PIB? Esse é, ou deveria ser, o trabalho dos economistas. Toda vez que algum governo publica estatísticas de contas nacionais, preciso reexaminar as definições que estão sendo usadas para os títulos contidos nelas. Tenho a sensação de que esses números simplesmente não são realistas. Não vejo os níveis de crescimento que são proclamados. Mas, se o governo japonês publicasse as contas nacionais com um crescimento de 7% na economia, os colunistas da mídia iriam escrever sobre "A sólida recuperação do Japão". Os leitores gostam do que os faça se sentirem bem, mesmo que não reflita a realidade econômica.

TAXAS DE JUROS E CHAMARIZES

Outro aspecto da política monetária que o advento da economia global alterou é a posição das taxas de juros. Por muito tempo, elas foram uma doutrina central, especialmente para os keynesianos. As taxas de juros dominavam as economias nacionais do velho estilo com suas moedas nacionais. Para os keynesianos, elas e a oferta de dinheiro eram as duas únicas forças que o banco central tinha à sua disposição para influenciar a macroeconomia.

Desde os dias de Lorde Keynes, o dólar americano tornou-se uma nova plataforma monetária, aceitável e preferida como moeda de troca e de poupanças. Consideremos, por exemplo, sua influência na economia australiana. Interessantemente, na Austrália, a maioria das pessoas acaba poupando em dólares americanos. A moeda local tem mudado ou oscilado grandemente em valor – parece não ser estável. Os poupadores, então, responderam mudando suas poupanças para a moeda que quiseram, algo que só é possível em uma economia desregulada. A psicologia das pessoas não acompanha as flutuações para cima e para baixo de sua moeda. A indústria australiana o faz – é obrigada a fazê-lo, porque a maioria das empresas está envolvida em comercialização de *commodities* –, mas o público poupador não. As poupanças e as pensões são salvaguardadas contra o dólar australiano. A maioria das poupanças é em dólar americano, assim, mesmo se o dólar australiano perdesse valor significativamente, os australianos não se alarmariam e não veriam seus chamarizes financeiros ameaçados.

A economia australiana tem avançado nos últimos seis anos por razões totalmente desconhecidas. Em uma economia baseada em *commodities*, a ortodoxia econômica ensina que quanto mais fraca se torna a moeda, mais aumenta a competitividade para exportação; a economia deve melhorar, e vice-versa. Mas isso não aconteceu, mesmo quando o dólar australiano se fortaleceu de maneira alarmante. O dólar efetivamente castrou seu homônimo australiano. Durante os anos de 2003 e 2004, o dólar australiano valorizou 40% em comparação com o americano – a maior entre as moedas dos países da OCDE. Isso porque a maioria dos australianos agora mudou suas poupanças de volta para sua própria moeda, a fim de desfrutar de taxas de juros mais altas.

Os australianos não estão sozinhos. As poupanças dos argentinos e dos russos também são, em sua maioria, em dólares americanos (especialmente depois de suas crises econômicas de 1997-1998). Similarmente, o consumo nesses países não se recupera mesmo quando suas moedas o fazem.

Ao globalizar o portfólio de ativos para os indivíduos de forma semelhante, um governo nacional pode evitar uma pressão crescente de administrar mal sua própria economia. Aquelas poupanças predominantemente em sua moeda "nacional" não são tão neutras às flutuações de moedas. Os poupadores britânicos, cujas poupanças são em libras esterlinas, têm de se preocupar com as flutuações da moeda em relação ao euro, além das flutuações contra o dólar. Se o Reino Unido entrasse na zona do euro, a vida poderia não ser tão incerta para os poupadores britânicos. Pelo contrário, poderia até se tornar sem emoções.

A FÍSICA PODE AJUDAR?

Outra maneira de ver a relação entre a velha economia e a economia global é retornar à Física. Isaac Newton estabeleceu os fundamentos desta no século XVII. Muitos acréscimos importantes surgiram nos dois séculos seguintes, mas nenhum deles é superior à Teoria da Relatividade de Albert Einstein. Enquanto Einstein é visto corretamente como um grande pensador, sua teoria radical não descartou a física newtoniana. Pelo contrário, refinou-a e lhe deu acréscimos importantes. Vamos considerar a física newtoniana e mesmo a einsteiniana como um equivalente, embora longe de ser uma metáfora perfeita, da velha economia.

Isso não forneceu todas as respostas para o que estava acontecendo no universo. Em especial, essas teorias não podiam explicar as ações das unidades básicas do universo, os átomos. Nos primeiros anos do século XX, o físico dinamarquês Niels Bohr apresentou uma nova teoria quântica do átomo. Na década seguinte, um físico alemão, Werner Heisenberg, estabeleceu que havia outro domínio de realidade física abaixo do nível do átomo no mundo das partículas subatômicas. As leis do universo newtoniano não funcionavam ali. Heisenberg postulou que uma dada porção de matéria poderia ser medida como partícula (em termos de mapeamento de sua posição) ou como onda (medindo sua velocidade), mas não como ambas simultaneamente, porque o ato de medir uma característica tornava a outra medida incerta. Suas teorias tornaram-se a mecânica quântica. No domínio subatômico, as coisas não acontecem como supomos. Talvez possamos ver o mundo da física quântica como semelhante – mas não idêntico – ao da economia global.

Outra analogia científica pode ser feita com o mundo do caos e da complexidade, de atividades que não podem ser determinadas com certeza, talvez pela existência de variáveis não-padronizadas demais agindo sobre o resultado. A título de exemplo, consideremos o cair de uma folha. Na física newtoniana clássica é possível dizer quão rapidamente a folha irá cair e, sob determinadas condições, até onde irá cair. Mas, e se houver uma rajada de vento? Talvez o efeito possa ser medido na queda da folha, mas a rajada em si e sua interação com ela são importantes. Qual é a velocidade do vento? De que direção vem? Quais são a forma e a textura da folha, e como isso afeta sua queda e seu contato com o vento? Uma simples folha caindo em direção ao solo tornou-se um ato muito complexo, o qual só pode ser previsto e traçado com grande dificuldade. Isso pode ser feito em um nível simples, mas a questão é que muitos experimentos devem levar em conta o "ruído" que irá interferir em seus resultados. Assim, qual o impacto que essas interferências terão nos resultados finais?

UM MUNDO COMPLEXO

Vejo vários paralelos entre a economia global e o mundo da complexidade. Por um lado, está claro que este último tem muitas variáveis, umas influenciando as outras. É um sistema inerentemente dinâmico, mas nem sempre previsível. Os resultados esperados não ocorrem como deveriam. Uma pequena mudança em uma variável pode causar uma grande e inexplicável mudança em outra. Uma área que atraiu a atenção dos interessados em complexidade foi o estudo das transições de fase – o que acontecia quando um corpo mudava de sólido para líquido, ou de líquido para gasoso. Talvez a economia global reflita esse tipo de mudança, do velho mundo da manufatura para o novo mundo, o qual deve tanto à tecnologia e que anteriormente não era possível. Talvez a maior semelhança esteja nas atitudes em relação à ordem e ao equilíbrio. Muito da economia tradicional (inclusive a obra de Keynes) aceita que os sistemas econômicos movem-se em direção ao equilíbrio. Isso refletiu a influência da física. A teoria da complexidade afirma que o equilíbrio "clássico" é algo atraente, ao qual alguns eventos se conformam. Mas, há outros fatores atraentes, imperfeitamente entendidos, que infundem os eventos com sua própria ordem.

A economia global é algo que se desenvolveu apenas em condições muito recentes, enquanto as forças por trás da mecânica quântica e dos axiomas da teoria da complexidade estão aí desde a origem do universo. Ninguém percebera isso antes do advento de Heisenberg e Bohr ou de Mitchell Feigenbaum.

A mecânica quântica não substituiu a tradicional física newtoniana/einsteiniana. A maioria das descobertas desta última ainda são válidas, mas não no nível subatômico. Similarmente, a mecânica quântica não opera acima desse nível. É como se houvesse duas realidades separadas, cada uma atuando em certas circunstâncias. Ambas são igualmente válidas dentro de suas esferas, mas estão separadas. A economia global tem várias semelhanças com a física quântica. Ninguém tem certeza absoluta de como ela funciona, mesmo os físicos. Os especialistas concordam quase que totalmente quanto à certeza de sua existência. Alguns até admitem que não sabem todas as respostas nem entendem realmente o fenômeno.

As mesmas observações podem ser feitas em relação ao impacto da teoria da complexidade sobre a ciência aceita. A primeira busca acrescentar ao conhecimento existente e nunca se satisfazer com respostas que dependam da ignorância aceita. Assim, a resposta da comunidade científica freqüentemente tem sido cética e um pouco defensiva.

Os teóricos do Santa Fe Institute aplicaram a teoria da complexidade à economia. Não nos surpreende que eles tenham rejeitado grande parte da economia tradicional à luz da complexidade, acreditando que ela faz suposições fundamentalmente errôneas sobre os efeitos da tecnologia e o comportamento das redes econômicas.

Não devemos diminuir o papel da psicologia. Muitos dos participantes desenvolveram sua própria psicologia, de modo que podemos falar de psicologia do governo, psicologia dos políticos e psicologia dos negociantes. Elas estão todas ligadas. O desenvolvimento da Rússia hoje é diferente do que era há cinco anos. Os desenvolvimentos no Brasil são diferentes do que eram há dez anos.

Todos os diferentes atores estão vivos e sensíveis às mudanças no mundo. A interação ocorre não apenas cruzando fronteiras, mas também entre indústrias e pelo ciberespaço. A interação parece ter um desejo e uma habilidade embutidos de enfrentar e desafiar distâncias físicas e obstáculos. Essa interação é não-linear, e não há equilíbrio. No mundo da física, ela não pode ser descrita em termos de uma equação de equilíbrio. Para qualquer entrada, não somente as probabilidades são bem diferentes, mas o resultado pode ser o oposto bipolar do que é esperado.

A melhor maneira de administrar essa nova realidade é recuarmos 10 anos e observarmos como o mesmo fenômeno poderia nos levar a diferentes resultados, especialmente em países como a Rússia, o Brasil, o México e até mesmo a China. Vamos pegar o Brasil como exemplo, já que era considerado um ambiente de alto risco. Hoje, acredita-se que seja um ambiente de risco aceitável, e o dinheiro entra rapidamente nesse país. A quantidade de dinheiro que está entrando pode ser a certa, de modo que há retornos saudáveis. Se entrar dinheiro demais, ele poderia se tornar extremamente volátil e instável – e novamente arriscado. Essa é a natureza da física e da dinâmica.

Isso é uma função tanto do tempo quanto de sua sofisticação – quão rapidamente você consegue escapar e, também, quão habilidoso é ao jogar enquanto está à mesa. Caracterizei a natureza dessa nova esfera econômica como uma floresta. Muitas sombras escuras ali parecem razoáveis depois de uma olhada mais de perto.

A realidade é que, embora os efeitos da economia global possam ser observados, como também alguns de seus funcionamentos internos (como o comportamento do dinheiro), sua mecânica ainda permanece um tanto quanto misteriosa. Ela é escorregadia e difícil de agarrar. A mecânica quântica viu a chegada de uma grande abundância de partículas subatômicas – gluons, grávitons, etc. – que ajudam a explicar seus funcionamentos. A economia global também traz novas partículas comerciais. Duas das mais significativas são o múltiplo e os derivativos. Provavelmente, outras estão esperando para surgir. A especulação sobre zonas de tempo e fronteiras nacionais já é comum.

Por gerações, as noções de valor corporativo se basearam em estatísticas estabelecidas que eram compreensíveis e também previsíveis. Uma empresa tinha um tamanho e um peso que dependiam de seu capital e de suas ações em um dado momento. Havia lucros e prejuízos, ambos os quais contribuíam, embora nunca totalmente, para o valor de uma ação. Mas, no fim do século XX, um quociente contábil razoavelmente bem estabelecido, o preço por quociente de receita, entrou em maior contato com os conceitos de fluxo de caixa descontado e análise de valor presente líquido. Isso visava a olhar para o futuro e avaliar o valor variável do dinheiro com o tempo.

A CURVA

A maioria dos ramos da ciência considera necessária a investigação empírica. Uma das críticas à física quântica era que muito dela era teórico e não-observável. A teoria da complexidade também teve de lidar com exigências de provas aceitáveis. Isso nunca ocorreu com a economia como disciplina, pois sempre houve muitos dados à disposição. Como exemplo, considere um determinado conjunto de dados que tem sido tradicionalmente importante para ela: o fluxo de dinheiro.

Alfred Marshall, certa vez, casualmente comparou o fluxo de dinheiro ao óleo em uma máquina. Na economia keynesiana, o dinheiro era o sangue do *corpus economicus*. Mas, no final do século XX, o dinheiro começou a agir imprevisivelmente.

Uma coisa central na economia keynesiana é uma obsessão pela oferta de dinheiro. A pergunta-chave é: "O que é dinheiro?". Ele inclui crédito, milhagem aérea e *commodities* permutadas? A economia de uma nação pode ser comparada a uma enorme banheira com torneiras separadas marcadas como política fiscal e política monetária, as quais determinam a quantidade de dinheiro que entra. Também há dois tampões para retirar dinheiro da banheira. O banco central está ao lado, com um termômetro, verificando a temperatura, para garantir que a água não fique nem quente nem fria demais. A quantidade de água na banheira é muito importante. Água demais leva à inflação; de menos, ao desemprego. Mas, de que é constituída a água?

Assim, tem havido um compromisso entre os empregos e o valor do dinheiro. O preço de se manter o valor do dinheiro que está no bolso das pessoas era tradicionalmente um alto nível de desemprego. Mesmo nos dias de hoje, os economistas falam sobre um *nível natural de desemprego*, que é aquele que é mais ou menos impossível de se reduzir mais sem acelerar a inflação. Essa expressão é um legado keynesiano.

Esse modelo pode ser bonito, mas não é elegante. E lembre-se: cada nação é uma banheira. Dentro dela, supõe-se que a água cause poucos padrões, identificados como: consumo, investimentos e gastos públicos. Tomados juntos, eles são chamados de produto interno bruto ou demanda agregada.

O compromisso teórico entre empregos e inflação foi solidificado pelo economista Jack Philips. Em um tributo provavelmente involuntário a Alfred Marshall, ele exemplificou a relação em termos de uma curva, à qual seus colegas acrescentaram seu nome. A Curva de Philips parecia fazer muito sentido nas décadas de 1950 e 1960, mas a ligação entre alto desemprego e baixa inflação logo começou a se desfazer.

Em boa parte da década de 1990 e na década atual, os Estados Unidos parecem desmentir a Curva de Philips. Baixas taxas de inflação têm sido acompanhadas de baixas taxas de desemprego. A inflação raramente passou de 3% e o desemprego tem permanecido abaixo de 6%. Não tem havido oferta excessiva de trabalho, nem produtores incapazes de vender seus produtos. Não tem havido inflação, nem hiatos de deflação. Assim, onde está o professor Keynes?

OSCILANDO VIOLENTAMENTE

A realidade é que a economia global torna a economia keynesiana obsoleta e suas teorias um tanto quanto gastas, quando não totalmente mortas.

Essas teorias incluem muito do pensamento sobre taxas de câmbio. Mencionamos anteriormente que o capital sem fronteiras é um dos sintomas da economia global. Uma das maneiras pelas quais isso terá de acontecer, em um mundo onde as fronteiras são ainda menos impenetráveis do que antes, é na área das taxas de câmbio de moedas.

Desde o início do século XIX, o pensamento econômico das taxas de câmbio foi dominado pelo paradigma PPP (paridade do poder de compra) de David Ricardo. Em resumo, esse ensinamento diz que as taxas de câmbio são determinadas pelo poder de compra relativo das moedas em questão. Assim, se 100 unidades da moeda A são necessárias para comprar determinadas *commodities* no mercado A, enquanto essas mesmas *commodities* necessitariam de 150 unidades da moeda B em seu mercado doméstico, a taxa de câmbio entre as moedas A e B é de 1 para 1,5.

Por ser tão elegante, essa teoria prestou um violento desserviço ao mundo real. Ela falhou ao deixar de considerar muitas características de custo que iriam cuidar das diferenças de preços entre dois mercados – e também dentro de um mesmo mercado, em períodos diferentes, dependendo da oferta. Além disso, havia a questão da elasticidade do produto em um mercado. Tudo isso nada tinha a ver com a moeda usada.

É importante lembrar, ao se discutir a PPP, que ela sempre foi baseada em itens comercializáveis que podiam ser transportados pelas fronteiras nacionais antes de terem sido comprados e vendidos. Esses itens podiam ser produtos acabados ou *commodities* como madeira ou vinho, mas não são a totalidade de produtos e serviços que são comprados e vendidos e que entram nos mecanismos de contabilidade nacional. Muitos itens físicos não podem ser comercializados em fronteiras ou em outras distâncias.

Eles, naturalmente, incluem imóveis como casas e estacionamentos, bem como serviços domésticos. Os itens comercializáveis podem variar em sua contribuição para a economia de um país. No Japão e nos Estados Unidos, eles perfazem apenas cerca de 10% do PIB, enquanto em muitos países nórdicos aproximam-se de 50%. Isso é uma função da economia e do estilo de vida de cada país.

Porém, nos dias de Ricardo, as taxas de câmbio podiam oscilar amplamente, que ninguém, a não ser os envolvidos com o comércio exterior, saberia muito a esse respeito. Mesmo porque não havia nada para informar aos interessados.

Exceto a estranha flutuação selvagem, as taxas de câmbio permaneciam estáticas e imutáveis por anos. Elas freqüentemente eram garantidas em acordos bilaterais, os quais procuravam estabelecê-las com base no lastro em ouro do estado-nação.

A PPP de Ricardo, embora tenha sido respeitada por muito tempo, precisa ser tratada como um princípio do velho paradigma da taxa de câmbio. Como será demonstrado, houve várias mudanças de paradigmas a respeito do pensamento sobre o câmbio de moedas, de modo que as taxas de câmbio segundo Ricardo podem ser vistas como o Paradigma I.

As pessoas ainda estão presas ao velho pressuposto. Alguns comentaristas dizem que o fortalecimento do iene (ou de qualquer outra moeda) representa uma melhora nos fundamentos daquele país, e vice-versa. Isso está incorreto. No momento, o iene está se fortalecendo porque os japoneses não querem segurá-lo. Eles sabem que o Banco do Japão é a favor da compra de dólares para evitar que o iene fique forte demais. Há um patrocinador de compras do dólar. Enquanto os negociadores de moeda financeira e os especuladores comprarem dólares, ele será uma moeda segura. A maioria desses negociantes ignora a teoria econômica. Se os fundamentos econômicos do Japão melhorassem, eles comprariam ienes? Certamente não. Esses negociantes sempre têm o que chamam de uma "posição", uma zona de conforto financeira e psicológica. Isso pode ser informado pelo que os outros farão em reação às notícias. Eles antecipam uma certa reação. A psicologia dos negociantes tem tanta influência sobre as taxas de câmbio das moedas como qualquer outro critério econômico. Isso obviamente está longe da prática da Hipótese do Mercado Eficiente.

Até muito recentemente, as autoridades financeiras do Japão detestavam o iene caro. Elas talvez sofressem pressões dos industrialistas japoneses que compravam dólares, fortalecendo essa moeda. Em 2003, o Japão comprou 200 bilhões de dólares com o dinheiro dos contribuintes. Em março de 2004, o Banco do Japão sinalizou um fim nessa interferência. Ele passaria a intervir muito menos, mesmo se a volatilidade pudesse parecer sustentar aquela atitude. O banco procurou defender essa mudança referindo-se à posição fortalecida da economia japonesa, que mostrava sinais de estar finalmente acordando. As exportações do país também estavam aumentando; assim, não havia mais necessidade de manter o iene fraco. O mais importante, talvez (mas não enfatizado pelo Banco do Japão), foi o fato de que o comércio sino-japonês tinha entrado nos domínios de um superávit. Havia também o fantasma de uma inflação nos Estados Unidos, junto com a esperada reação do Federal Reserve: um aumento nos juros.

Esse recuo na intervenção, no entanto, não representa uma conversão há muito postergada para a realidade. Nem uma determinação de escapar dos velhos pressupostos. As autoridades financeiras coreanas, que tradicionalmente buscaram uma política de intervencionismo semelhante para manter o *won* em um nível baixo, sinalizaram sua determinação de não se abster. Choi Joon Kyung, diretor geral do Escritório de Finanças Internacionais do Ministério das Finanças Coreano, foi enfático: "Nossa política cambial permanece firme. Usaremos cada *won* para proteger o mercado de câmbio de (...) atitudes que forem contra os fundamentos da economia".[2]

A psicologia coletiva de talvez meia dúzia de negociantes cambiais está causando volatilidade. Não importa o que aconteça, se o iene ficar forte demais, eles sabem que o governo japonês irá resgatá-lo junto com a competitividade econômica do país comprando dólares. A maioria dos países quer que sua moeda seja forte. No entanto, muitas nações voltadas ao comércio, como o Japão, a Coréia e a Alemanha, alarmam-se quando sua moeda fica forte demais, a fim de manterem sua competitividade comercial. Assim, sempre há um comprador final nesse sistema: seus bancos centrais.

Na floresta perigosa, arriscada e volátil dos negócios cambiais, essa é uma "aposta garantida". É como se houvesse um mercador tolo sempre querendo comprar dólares para sustentar o nível deste. É por isso que o dólar continua a ser vigorosamente negociado. Isso não tem nada a ver com os fundamentos no Japão ou nos Estados Unidos, nem pode ser explicado em termos da PPP de Ricardo.

PARADIGMA II

E assim passamos para o Paradigma II. A teoria de Ricardo já foi nocauteada pelas noções de equilíbrio financeiro e suas aplicações às taxas de câmbio.

Vamos demonstrar isso imaginando o seguinte: um investidor de outro planeta aparece na Terra. Ele traz consigo certa quantia em dinheiro. Será que ele deveria converter esse dinheiro para ienes japoneses ou para dólares americanos? A pergunta que teria de ser feita: qual o retorno esperado em um certo período de tempo no futuro, levando em conta os níveis de inflação nos dois países, as taxas de juros, os riscos de cada país, etc.? Qual é o número equivalente para tornar a rentabilidade do investimento igual? Isso é totalmente diferente da PPP de Ricardo. É mais vantajoso manter o dinheiro em libras, em ienes, em dólares ou em alguma outra moeda?

Essa é a teoria do equilíbrio financeiro (também conhecida como Paradigma II). Ela estava muito em voga em meados da década de 1980. As pessoas realmente acreditavam que esse desejo de atingir o equilíbrio era um fator mais forte para governar a taxa de câmbio do que a PPP de Ricardo.

O PODER DA POLÍTICA

De 1985 a 1992 (e além desse período, por um tempo), um terceiro paradigma – o político – entrou em cena. Os Estados Unidos argumentaram que o dólar estava forte demais para o país ser competitivo. Esse era um paradigma político, porque nem os banqueiros nem os economistas estavam dizendo isso. Essa era a posição dos políticos, os quais, por sua vez, estavam sofrendo o *lobby* da indústria americana. Os líderes dos negócios no país estavam autoconfiantes em sua própria competitividade, entretanto, encontravam dificuldades para exportar seus produtos. Eles, então, colocaram a culpa em uma taxa de câmbio pouco amigável.

Como vimos, uma das conseqüências desse paradigma foi o Acordo do Plaza de 1985. É verdade que aquele acordo cobria mais do que a taxa de câmbio entre o iene e o dólar. Mas a tentativa de aumentar a competitividade americana à custa da competitividade japonesa fracassou.

Esse paradigma político não era sustentado nem pela economia nem pelos fatos. Todos acreditavam que os Estados Unidos podiam sobreviver com o paradigma político por ser um país forte. Por isso, tanto o povo quanto o governo americano começaram a aceitar o dólar cada vez mais fraco. Foi uma irracionalidade. O dólar caiu e atingiu seu mínimo em 1994, quando o Japão atravessava sua pior depressão. (A bolha explodira em 1989; assim, de 1990 a 1995, o Japão economicamente era como uma pessoa cujos membros foram todos amputados.) Os fundamentos estavam muito mal, mas o iene atingiu o valor de 84 por dólar em 1994: sua marca mais alta (comparado com 235 por dólar em 1985). Isso não teve nada a ver com os princípios básicos da economia; mas, sim, com a expectativa de que o iene ficaria mais forte.

Como resultado desse valor elevado, sentiu-se que o iene havia ficado forte demais. Dessa forma, todo os Estados Unidos podiam, em tese, ser comprados usando o Japão como garantia. Percebeu-se que a queda do dólar representou algo como que um exagero; assim, seu valor começou a voltar para 135 e 180, gradualmente se aproximando de uma banda mais estreita, entre 110 e 125 ienes por dólar.

No final da década de 1990, surgiu outro paradigma. Vamos chamá-lo de Paradigma IV, o *paradigma do negociante*. Uma meia dúzia de negociantes pelo mundo pode ter uma sensação coletiva, ou intuição compartilhada, de que existe uma posição perfeita na qual estão seguros e suas dívidas, saldadas. Eles, então, sentem-se desconfortáveis, e até mesmo em pânico, quanto mais se sentirem distantes dessa posição sem dívidas. No caso de um negociante japonês (ou de um negociante do iene de qualquer nacionalidade), isso pode ser 108 ou 107 ienes por dólar. Os negócios programados podem acrescentar a essa sensação uma posição perfeita. Uma vez que o nível seja atingido, os ienes são comprados ou vendidos automaticamente, sem intervenção humana. Os negociantes não estão preocupados com a PPP. Eles não se preocupam muito se os fundamentos estão bem ou mal. Eles são ambivalentes quanto ao que os políticos dizem, mas não quanto a estes em sua totalidade. Eles escutam os políticos que dizem o que querem ouvir.

Esses negociantes são um grupo extremamente medroso. Eles podem perder muito dinheiro de um dia para o outro, ou mesmo em uma fração de segundo, se leram mal um sinal. Como pessoas amedrontadas, geralmente estão olhando para trás ou com os cantos dos olhos para ver o que os outros estão fazendo, esperando pelo sinal para agir, nunca querendo ser os primeiros a pular. Eles sempre percebem o que os outros provavelmente farão e como são as outras posições. No caso da taxa de câmbio, a posição dos colegas negociantes dita qual será a taxa ótima em cada momento específico.

No Japão, tradicionalmente tem havido um nível de interferência, e quando ele é atingido, o Ministério do Tesouro entra em cena para comprar. Os negócios com câmbio seriam muito perigosos se não houvesse um equivalente ao escritório do Tesouro japonês que ficasse como um comprador garantido. Como grupo, os negociantes seriam muito mais cautelosos. Às vezes, desenvolve-se algo parecido com um jogo de esconde-esconde entre os negociantes e o Ministério do Tesouro. Os negociantes tentam encontrar uma posição que seja ao mesmo tempo confortável e segura. Eles também tentam prever as intenções do Ministério e o nível no qual ele irá interferir. Os negociantes podem se dar ao luxo de ser mais agressivos porque há, e sempre haverá, um comprador de último recurso. Quanto mais agressivos eles se tornam, mais volátil se torna o mercado. Conseqüentemente, há mais oportunidades de ganhar dinheiro – e também de perder. Quanto mais dinheiro os negociantes ganham, mais agressivos eles se tornam, porque podem se permitir correr riscos mais altos.

Embutido em sua psique agregada está o conhecimento de que, quando o iene começa a subir demais, as pessoas – inclusive os Keidanren e os sindicatos – vão começar a exigir intervenção. Essa é uma reação tradicional condicionada às idéias ricardianas.

Assim, no século XX, vimos o paradigma das taxas de câmbio mudar constantemente. Ele mudou três vezes, da PPP de Ricardo ao paradigma dos negociantes baseado em sua psicologia coletiva.

A DIFICULDADE DE MUDAR HÁBITOS

Mesmo com o que já dissemos a respeito da realidade e da força da economia global e de seus paradigmas, a maioria dos países parece estar viciada em perseguir velhas e gastas políticas econômicas. Vamos ver dois exemplos, o primeiro deles um verdadeiro caso para aconselhamento econômico. O segundo, os Estados Unidos, tem mostrado sinais muito explícitos, mas confusos, de estar despertando para a nova realidade.

Há um provérbio que diz que você não pode (ao mesmo tempo) ter um bolo e comê-lo. O governo japonês quer investimentos estrangeiros diretos. Ele faz uma campanha muito barulhenta e visível incentivando os investimentos no Japão, liderado pelo primeiro-ministro Junichiro Koizumi. Mas, uma vez que os investidores estrangeiros vêm, lhes são cobrados impostos, e o dinheiro deles é usado para subsidiar indústrias e setores ineficientes.

Vamos analisar a importação de carne de gado americana e australiana. O preço dela em nível mundial é muito baixo, comparado com a carne japonesa, e os consumidores japoneses a apreciam muito. Entretanto, ela só pode ser vendida acima de certo preço. Parte do valor cobrado pela carne importada vai para *pools* fiscais, usados para subsidiar os produtores de carne japoneses. Quem perde é o consumidor japonês, que não consegue tirar proveito dos preços mais baixos da carne americana e australiana. A proteção, às vezes, é ajudada por "atos da natureza", tais como o surgimento de doenças no rebanho americano (no final de 2003, por exemplo, houve uma completa proibição das importações de carne americana por conta disso). Um prato popular japonês é o *gyudon*, que consiste em carne de gado servida com arroz e um molho de soja picante. Mas tem de ser preparado com carne americana – nem mesmo a carne australiana tem o gosto e a cor adequados, segundo a principal rede de *gyudon*, a Yoshino-ya. Como conseqüência da proibição, uma rede de restaurantes especializada nesse prato foi obrigada a fechar suas portas por algum tempo. Um fato adicional a esse é que houve nove casos de doença relatados no gado japonês e apenas dois nos Estados Unidos, entretanto, o governo japonês proibiu a importação da carne americana.

Há o equivalente a um mecanismo de *damping* para ajudar velhas indústrias japonesas a sobreviver. Elas sobrevivem, mas artificialmente. Elas existem no equivalente fiscal de uma máquina que mantém a pessoa viva. No processo, são tão apoiadas pelos subsídios desse mecanismo de amortecimento, que não fazem nenhuma tentativa para melhorar sua produtividade ou competitividade. Mais dinheiro tem de ser injetado para ajudá-las a sobreviver. E isso não se aplica somente à carne, mas ao arroz, ao trigo, ao milho, aos laticínios, à cana-de-açúcar, etc. A lista completa inclui a maioria dos produtos agrícolas.

Algumas das intervenções mais caras do governo acontecem na esfera da agricultura. Já mencionamos a proteção aos produtores de carne. O governo japonês regularmente gasta bilhões de dólares em subsídios para os produtores de arroz. Estima-se que cerca de 400 bilhões de dólares foram transferidos dessa forma na última década. Mas, quanto mais se gasta em subsídios, menos competitivos os fazendeiros se tornam. A situação não tem mudado, apesar do grande investimento dos contribuintes japoneses. As únicas beneficiadas, na verdade, têm sido as empresas de construção, porque a maior parte do dinheiro foi gasta na "modernização" dos arrozais.

Esses pagamentos provêm de um desejo de proteger a "segurança alimentícia" do Japão. Tais noções são verdadeiramente arcaicas, uma delusão rural. Elas vêem o estado-nação como uma fortaleza sob presente e potencial ameaça do restante do mundo. Como conseqüência, os consumidores japoneses têm de pagar caro pelo seu arroz, embora o arroz produzido na Austrália pudesse ser fornecido a um décimo do preço a eles.

Esses subsídios aos arrozeiros são apenas uma parte da benevolência geral do governo japonês quando se trata de fazer transferências a grupos protegidos. Os subsídios são acompanhados de tarifas seletivas voltadas às importações de países como a China, que pode produzir o mesmo alimento a um custo muito menor. Essas ações podem ser tentativas de proteger a base econômica da vida rural. Elas também são uma reação à força dos fazendeiros japoneses, cujas organizações são muito barulhentas, e às cooperativas agrícolas, as quais são influentes porém, com freqüência, infortunadamente ineficientes. Ambos os grupos têm lobistas muito fortes em benefício de seus membros.

As fazendas japonesas são estruturalmente ineficientes. Elas são pequenas demais, muito menores do que as americanas e bem menos do que as fazendas médias na União Européia. Diz-se que as transferências e tarifas são para proteger o setor de fazendas japonês, mas isso tem significado alimentos mais caros e escolha restrita para os consumidores daquele país. E mais, tem levado à ineficiência e ao desperdício no próprio setor. Mas o que é ainda mais significativo é que isso não evitou a diminuição do número de membros. Não somente há menos fazendeiros, como também eles são mais velhos. A idade média do fazendeiro de arroz agora é de 59 anos, e continua aumentando.

Essas medidas têm como objetivo ajudar o setor de fazendas, mas na realidade não fizeram nada disso. Os únicos setores realmente beneficiados são o da construção, a burocracia central e o espectro dos que estão em agências afiliadas lidando com agricultura, alimentos e florestas.

Um dos exemplos mais extremados é o subsídio pago aos cultivadores de amoras por mais de um século. Só recentemente eles deixaram de receber ajuda do governo. Já a indústria japonesa de seda está quase morta.

No caso do Japão, o desejo de ajudar negócios fracos e não-competitivos pode ser intensificado por considerações políticas. Esse tipo de indústria pode ser um grande empregador em uma área, fornecendo um apoio forte e leal a candidatos do Partido Liberal Democrático que está no poder, ou a uma determinada facção dentro dele. Também pode haver considerações completamente irracionais. Uma indústria pode ser considerada tradicional para uma área, comprometida com ela pela história e herança. Há, então, uma percepção mal orientada de que há uma obrigação de protegê-la e aos seus trabalhadores.

O governo japonês ainda dirige a política monetária usando uma zona de conforto no estilo do século XIX. Ele tenta ajudar a indústria orientada à exportação garantindo um iene mais fraco, mais favorável aos negócios. Às vezes, parece que o governo japonês ainda está lidando com o paradigma inicial e não foi muito adiante de Ricardo. Ele parecia acreditar nesse paradigma com uma fé quase inabalável, intervindo em uma vã tentativa de manter o iene fraco. Foram injetados mais de 200 bilhões de dólares só em 2003, em apoio ao iene mais fraco. E, no entanto, o governo não conseguiu parar o fortalecimento do iene. O Banco do Japão e o Tesouro japonês pareciam presos a uma rotina de consistente intervenção no mercado de câmbio. Cada vez que intervinham, ele se tornava menos eficaz. Sempre que eles compravam dólares, na verdade enfraqueciam a moeda americana e fortaleciam a japonesa. Cada intervenção gerava uma perda acumulada ainda maior para o contribuinte japonês, que é quem paga a conta. No final de 2003, o Japão tinha exaurido grande parte de suas reservas orçamentárias nesse tolo ritual.

Isto não pode ser melhor para os Estados Unidos, com seu enorme déficit: um comprador de dólares no mercado. Depois de comprar esses dólares, o governo japonês não tem outro lugar onde colocá-los, exceto comprando obrigações do Tesouro americano ou títulos GS (*government securities*). É um comprador constante desse instrumento financeiro impopular do governo. Isso é uma praga dupla do governo americano: os japoneses compram dólares, mas não ficam com eles num cofre ou debaixo do colchão. Antes, compram títulos do governo americano com os dólares. Em 2003, só os japoneses compraram um terço de todos os GSs americanos emitidos naquele ano.

O governo japonês caiu em uma armadilha, tomando suas decisões com base em axiomas macroeconômicos obsoletos. Ele tem agido com a mentalidade de um estado-nação manufatureiro voltado à exportação. Mas a principal atividade econômica no país agora é o setor de serviços. Inclusive, a maior parte do setor manufatureiro é tomada por atividades de retaguarda. Ele até mesmo tentou defender sua não-mudança de política (a qual já devia ter mudado há muito tempo), para melhorar as exportações. O iene mais forte teria sido uma bênção para os consumidores, uma vez que lhes teria permitido comprar o melhor e o mais barato de todas as partes do mundo. No entanto, o governo japonês mantém uma mentalidade protecionista e uma fé no modelo do estado-nação que não permitem aos consumidores a oportunidade de desfrutar de um iene forte.

OS ESTADOS UNIDOS ENTRAM NA ERA GLOBAL

O Japão está longe de ser o único em seu comprometimento com velhos paradigmas econômicos. A não ser por algumas exceções muito pontuais, o governo americano também ainda está comprometido com eles.

Vamos analisar a atitude anterior dos Estados Unidos com a China. Em meados da década de 1990, eles argumentavam que os chineses deviam fortalecer o renminbi. Entre aqueles que estavam conscientes dos novos paradigmas do câmbio, encontrava-se o presidente do Federal Reserve, Alan Greenspan. Durante os eufóricos oito anos da presidência de Bill Clinton, ele silenciosamente aumentou a taxa de juros do Fed e, no processo, sugou dinheiro do restante do mundo. Tudo sob a premissa de reduzir a inflação – esperteza que deu certo. Muitos pensaram que ele estava perseguindo a abordagem keynesiana de aumentar a taxa de juros para restringir o superaquecimento da economia. Em termos da metáfora da banheira, ele estava tirando um dos tampões para deixar parte da água fervente sair. Ele parecia ser um economista dos velhos tempos, um Archie Bunker macroeconômico.

A *eminência parda* por trás de Greenspan era Robert Rubin, que havia trabalhado na Goldman Sachs. Rubin e sua turma sabiam o que estavam fazendo – mas nunca iriam dizer publicamente que sua real intenção era sugar dinheiro do restante do mundo. Era proveitoso para o Federal Reserve *não* corrigir os erros do passado. Não havia por que dizer ao mundo que essa ação fora motivada pela nova economia global e seus paradigmas. É como no judô, quando você usa a força do outro para derrubá-lo. Ou como um mágico que de repente aprende um novo e fascinante truque. Ele pode cobrar caro, porque consegue atrair multidões para assisti-lo. Mas não conta para ninguém – principalmente para outros mágicos – os segredos do novo truque, a menos que seja burro. No máximo, ele deixa pistas falsas. Quando alguém é bem-sucedido e sabe as razões disso, não deve contá-las para muitas pessoas, nem mesmo para seus amigos mais próximos. Essa pode ser uma atitude maquiavélica, porém, como Phineas T. Barnum brincou: "Nunca dê muitas chances para os tolos".

As altas taxas de juros que se seguiram à decisão do Fed permitiram um período de prosperidade para os Estados Unidos. Essa é uma das razões pelas quais a gestão de Clinton foi – ou parecia ser, em retrospecto – um período tão bom. Foram anos de euforia. Cerca de um terço do dinheiro que impulsionou Wall Street e o mercado da NASDAQ vinha do exterior. O povo americano parecia não saber disso; na verdade, não precisava nem se preocupar com isso.

Muitas fontes de dinheiro, como aquelas adquiridas por trabalhadores que atingem a idade de se aposentar, podem permanecer como uma ação ou um ativo financeiro. Elas podem e, sem dúvida, serão investidas; isso, por sua vez, irá resultar em acúmulo de valor. Durante a década de 1990, nos empolgantes dias da gestão Clinton, algumas ações geraram retornos de 400% em oito anos. Foi o ativo financeiro, a ação, que acumulou, sem ela ser usada. Ela ainda podia gerar dinheiro por ser garantida por penhor. Dessa forma, podia gerar um fluxo ou renda para o trabalhador médio ou para o aposentado.

Assim, desde que os preços das ações subissem e continuassem subindo, Clinton permanecia como um "bom presidente", apesar do que acontecia em sua vida particular. Em uma pesquisa de opinião (ligada ao caso Monica Lewinsky), foi perguntado aos americanos se eles achavam que Clinton estava mentindo: a maioria respondeu que sim; quando então foram perguntados se achavam que ele estava fazendo um bom trabalho como presidente, a maioria também respondeu afirmativamente. Eles estavam dizendo que não se importavam com seus pecadinhos com membros de sua equipe, desde que mantivesse Wall Street florescente e o futuro financeiro de seus planos 401(k) garantido.

Quer o presidente Clinton tenha percebido ou não, ele estava realizando um tipo de mágica dependente do novo paradigma da economia global. A abordagem keynesiana tradicional sempre foi de que taxas de juros altas são ruins para a economia. No entanto, acredito que em uma economia desenvolvida, tal como a dos Estados Unidos, altas taxas de juros são uma característica muito positiva, porque drenam dinheiro do restante do mundo onde estiver sobrando. Onde houver um excesso de ações ou ativos financeiros em relação à renda, não é de se esperar que o fluxo ou rendimento desses ativos cresça a 10% ao ano. Entretanto, se os investimentos forem feitos com sabedoria, os ativos financeiros podem facilmente crescer a mais de 10% ao ano. Considerando o fluxo ou o efeito de adiantamento dessa ação, em termos de garantia, por exemplo, isso também poderá crescer exponencialmente. Esse é o impacto do fluxo das ações. Assim, altas taxas de juros são boas para economias maduras.

Na verdade, alguém pode até argumentar que uma alta taxa de juros, sustentada por um período, é um símbolo de uma economia forte, porque outros países que não conseguirem igualá-la acabarão "contribuindo" com suas moedas para os países que as mantêm. (Ver Figura 3.1.) Por outro lado, uma alta taxa de juros em um país que é ignorado pelo resto do mundo simplesmente iria colocar sua economia em depressão. Nesse tipo de país, a teoria econômica de Keynes ainda é válida.

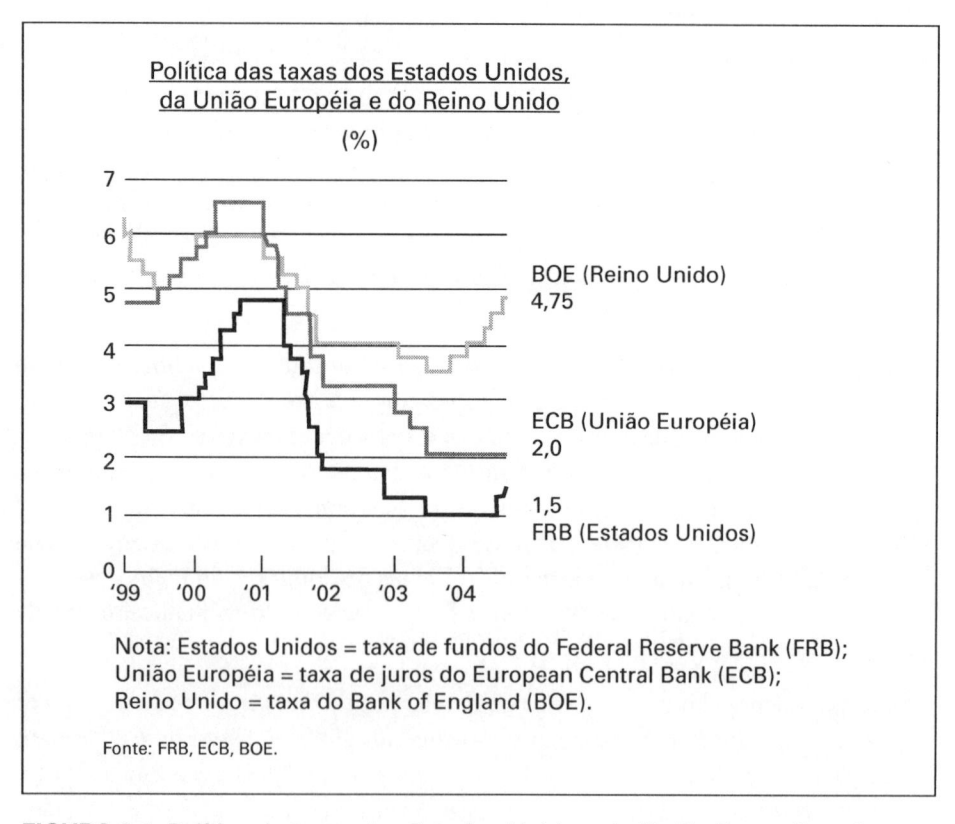

FIGURA 3.1 Política de taxas dos Estados Unidos, da União Européia e do Reino Unido.

Quando os Estados Unidos tinham um ambiente de altos juros na década de 1990, eles estavam eufóricos, porque isso atraiu fundos de áreas menos estáveis, como a América Latina e o Leste Asiático. Suas altas taxas de juros proporcionaram um lugar de proteção. Os Estados Unidos tinham uma economia melhor com altas taxas de juros. Os ativos financeiros, tais como pensões e fundos 401(k), estavam com os preços aumentados. Deve-se dar o crédito ao governo Bill Clinton pela sabedoria de sua equipe, porque a política foi formulada por três pensadores: Greenspan, Rubin e Summers. A "temida" inflação nunca ocorreu durante aquele período, não por causa das altas taxas de juros, mas porque os Estados Unidos são um mercado aberto e produtos e serviços mais baratos vieram de outros países para arbitrar os preços – os quais, de outra sorte, seriam altos – dos fornecedores domésticos.

Como estou escrevendo em 2004, já está claro que George W. Bush e seus conselheiros não entendem o novo paradigma. Conseqüentemente, o governo Bush está voltando às velhas e tradicionais políticas do lado da oferta de diminuir os impostos e, assim, estimular a economia. Naturalmente, há um elemento de populismo econômico nisso. Impostos baixos são populares; eles vencem eleições. Diferentemente da política da década de 1990, isso se baseia não em inflar ou aumentar as ações financeiras, mas em acrescentar ao fluxo ou rendimento.

Um ambiente de impostos baixos essencialmente diz que o governo está cobrando menos pelo fluxo ou pelo rendimento dos ativos financeiros ou do trabalho. O resultado concreto disso é que os indivíduos têm, digamos, 500 dólares a mais no bolso no fim do ano. Isso é dinheiro de renda que se espera que eles irão gastar. Mas, embora isso possa induzir uma temporária sensação de bem-estar, um pouco de aritmética financeira rudimentar mostra quão superficial isso é. Num ambiente de altas taxas de juros, uma soma de dinheiro em um fundo de pensão – digamos, 200 mil dólares – pode quadruplicar de valor. Mas o máximo que o governo que busca "políticas de fluxos" pode fornecer são 500 ou talvez 1.000 dólares anuais *per capita* em concessões de impostos. Mesmo isso tem repercussões importantes na economia, levando a um déficit mais alto no orçamento. Seu impacto positivo sobre os indivíduos, entretanto, é consideravelmente menor do que a quantia que vem de taxas de juros mais elevadas. Os 500 ou 1.000 dólares a mais também são insignificantes, porque não entrarão no mercado. As quantias maiores recebidas como valorização aumentam muito mais o consumo porque os participantes em fundos sentem uma propensão maior para consumir. Na verdade, isso acontece na maioria dos países desenvolvidos. As políticas para aumentar as ações (como preços mais altos destas ou taxas de juros maiores) são muito mais eficazes para estimular o consumo do que políticas para aumentar o fluxo reduzindo impostos ou taxas de juros. (Ver Figura 3.2.)

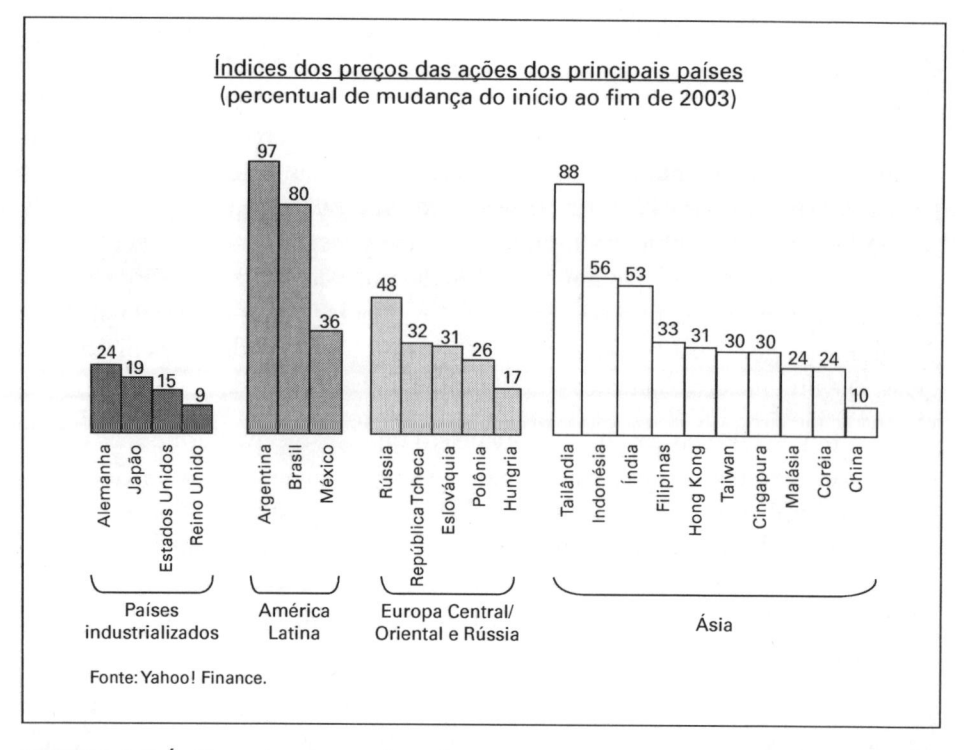

FIGURA 3.2 Índices de preços de ações.

Greenspan, que ainda é o presidente do Comitê do Federal Reserve, naturalmente não gosta da doutrina de Bush. Tudo que ele pode fazer é tentar fazer flutuar a economia tentando aumentar a construção, uma tática tipicamente keynesiana.

Aqueles que não entendem o novo paradigma econômico estão sujeitos a se tornarem vítimas daqueles que o entendem. É importante, talvez essencial, ressaltar o mérito de se conhecer o paradigma econômico. No mundo desenvolvido, os formuladores de políticas econômicas devem se concentrar no aumento de valor dos ativos, que tem um impacto muito melhor na economia, do que no aumento do fluxo de rendimentos. A preocupação do presidente Bush em cortar impostos está tornando os Estados Unidos muito vulneráveis a uma hemorragia em larga escala do dinheiro americano para mercados que ofereçam retornos mais elevados do que aqueles disponíveis em casa (como a União Européia).

Entre os poucos governos que realmente entendem isso está o chinês, especialmente com pessoas como o ex-primeiro-ministro Zhu Rongji (1998-2003). Zhu, muito sabiamente, convidou capital estrangeiro para a China. Ele fez isso sabendo que muitas indústrias antiquadas seriam levadas à falência, as quais eram a espinha dorsal da economia chinesa e, mesmo, do Estado chinês. A China é agora a maior receptora de investimentos estrangeiros diretos. Nos capítulos seguintes, veremos outros países que estão afinados com a economia global.

O NOVO PARADIGMA ECONÔMICO

Para resumir como o mundo econômico mudou, bem como suas ramificações para você e sua organização, vamos recapitular. A economia global criou seu próprio paradigma. Algumas de suas características são novas; todas são interessantes.

Possivelmente pela primeira vez na História, a prosperidade e as riquezas não são dependentes da riqueza existente. Sendo direto, você não precisa ser rico para se tornar ou ficar mais rico ainda. No passado, especialmente durante o tempo de Smith, Ricardo e mesmo Keynes, a prosperidade da Grã-Bretanha dependia da indústria, de grandes recursos de carvão e uma rede de colônias que produziam matérias-primas. A prosperidade dos Estados Unidos também se baseou na indústria e na inovação, bem como numa quantidade de terras aparentemente inexaurível, recursos naturais e trabalhadores. Ambos os países converteram grande parte de suas vantagens em riqueza tangível que foi usada para patrocinar o desenvolvimento industrial e da infra-estrutura em outros lugares do mundo.

Na economia global, não há a necessidade de recursos minerais nem de colônias. Uma área pode ser muito pobre em recursos "tradicionais". Considere a Irlanda e a Finlândia, por exemplo. Esses dois países eram parte do império de outros, historicamente incapazes de sustentar suas populações. Ambos experimentaram fomes devastadoras que dizimaram parcela significativa de suas populações, seja direta ou indiretamente (por meio de doenças).

Entretanto, encontram-se agora na linha de frente da economia global. Eles olharam para o resto do mundo em busca de prosperidade, e como eram áreas atraentes para investimentos, estes vieram e deram mostras de que seria para ficar. A China também é um país pobre, embora seja rica em recursos minerais. Ela é o país com a maior população do mundo, mas nunca foi bem-sucedida em prover níveis de rendimento suficientes para todo o povo. Aqueles estados-regiões que estão prosperando não têm recursos naturais – Dalian é um exemplo, lembram-se? As regiões da China que possuem recursos naturais, como o extremo oeste e o nordeste, ainda são pobres. Mas a China permitiu que a riqueza do resto do mundo entrasse em certas áreas.

O mundo tem um excesso de capital. Os fundos mútuos e de pensão podem ser acrescentados às formas tradicionais de investimentos. À medida que a prosperidade se espalha pelo mundo, espalham-se também os fundos de investimento. Os locais incluem não apenas as tradicionais economias do G7, mas áreas como Cingapura, América Latina, Rússia, Austrália e Índia. Todas essas nações são ricas em dinheiro, e estão constantemente procurando por oportunidades de investimentos. É desnecessário dizer que os administradores de fundos não são descuidados nem negligentes ao tomar decisões sobre alocações de fundos. Um dos maiores investidores na China é o Singapore Central Provident Fund, e o CalPERS, o maior fundo de pensões dos Estados Unidos, também está presente em toda região que seja próspera. Uma região deve se mostrar digna de consideração; deve saber que está em um mercado comprador no qual deve competir por investimentos. Dinheiro não é necessário para prosperidade; investimentos, sim.

O tamanho não importa mais. Outros elementos de competitividade que foram alterados pela economia global são as atitudes em relação ao tamanho, as quais eram provenientes da tradicional obsessão dos estados-nações de que, antes de uma empresa poder ser bem-sucedida internacionalmente, tinha de ser forte em casa, ter um substancial mercado doméstico. Assim, o sucesso internacional não estava disponível para empresas de estados com populações pequenas. Era um "Clube de Grandes".

Para ver como esse não é mais o caso, só precisamos voltar para a Finlândia e para a Nokia. O mercado doméstico da Finlândia chega a apenas 5 milhões, menos do que a população de uma grande cidade americana. Mas seu sucesso dependeu de não olhar para dentro, mas para fora. Menos de 1% das vendas da Nokia em 2003 veio da Finlândia. Tal sucesso global não é mais raridade. As empresas dinamarquesas também são bem-sucedidas participantes dos nichos globais: vejam-se, por exemplo, a William Demant em aparelhos para problemas auditivos, a Danisco em aditivos de alimentos e a Vestas e a NEG-Micon em moinhos de vento.

O verdadeiro sucesso nunca vem de seu quintal. Como veremos ao discutir a obsolescência do estado-nação, os grandes mercados domésticos são mais um dos fatores tradicionais de dotações que não são mais aplicáveis.

A realidade é que alguns indivíduos estabelecem empresas que são o equivalente a ímãs de capital. Elas atraem fundos e investimentos de todas as partes do mundo. Um desses indivíduos é Michael Dell. Mas os fluxos de investimento teriam sido impossíveis sem a desregulamentação das indústrias financeiras na Europa e na América do Norte.

A economia global tem de ser tratada como um todo. Não é a soma total de 189 economias nacionais colocadas juntas. É uma entidade com seus próprios méritos, *sui generis*. Não temos nenhum modelo para descrevê-la. Acabamos de observar sua chegada, mais ou menos como na gênese do mundo.

A economia global ainda precisa gerar seus teóricos, sua resposta a Keynes. Não tem havido o desenvolvimento de uma economia quântica. Entretanto, também o diagnóstico científico se mostrará vago, e no momento em que a economia global estiver dissecada, irá se transformar em algo diferente. Talvez ela esteja permanentemente mudando e em um estado de fluência, numa perpétua metamorfose como característica definidora. Mas somos capazes de discernir a circulação interna que existe nela. Sabemos como flui o dinheiro, que é o sangue de sua vida: sabemos como ele viaja e aonde vai. O que precisamos, agora, é de um meio de entender, uma teoria para discernir a economia global, instruções para a peça do palco global.

NOTAS

1. David Ricardo, *Principles of Political Economy and Taxation* (Amherst, NY: Prometheus Books, 1996), p. 183.
2. "Dollar-Wary", *Far Eastern Economic Review*, 15 July de 2004 (www.feer.com).

Parte II: Instruções para o Palco

Capítulo 4:	Armadores de jogadas	105
Capítulo 5:	Plataformas para o progresso	147
Capítulo 6:	Saindo em todas as direções	167
Capítulo 7:	Quebrando os grilhões	197

Armadores de jogadas 4

ENCONTRE SEU CAMINHO NO PALCO GLOBAL

Nossa paisagem mudou radicalmente. O mundo é vítima de uma guerra mundial entre os lemas do velho pensamento econômico, com sua bagagem associada, e a economia global. Já examinamos algumas dessas noções obsoletas e nebulosas desvanecentes da velha ordem econômica. Agora, vamos analisar e ver que a maneira como olhamos o mundo e o dividimos em entidades geográficas e políticas discretas está sendo corroída pela economia global. Embora nosso pensamento seja dominado pelos atlas do passado, com seus mapas de continentes mostrando unidades políticas em cores diferentes, a economia global é estranha e alienígena. Quando começamos a rejeitar as camisas-de-força desse velho pensamento, a economia global não apenas faz mais sentido, mas é vista como um grande continente de oportunidades, cujos contornos exatos ainda permanecem vagos quanto a seus lugares, mas que irão recompensar amplamente uma corajosa exploração.

Para mim, a unidade geográfica e econômica da economia global são as regiões. Vamos imaginar uma região como um teatro. Ele pode ser um pouco menor, mais íntimo, do que o Bolshoi, de Moscou, ou o La Scala, de Milão. Os palcos desses teatros são projetados para grandes espetáculos, cujo valor freqüentemente é criticado em impressões míopes. As produções são, parafraseando *Macbeth*, de Shakespeare, cheias de força e fúria, mas não significam nada. Um palco menor pode ser muito mais útil. Um bom produtor sabe que os atores não irão se perder nesse palco, e que haverá um contato mais direto e mais íntimo entre eles e os espectadores. Numa produção menor, o produtor pode fazer mudanças de uma apresentação para outra, quando, e se, algo der errado ou não acontecer como foi planejado. Há mais oportunidades para se concentrar na ciência de representar do que na coreografia.

Colocar as regiões no centro do palco exige uma mudança radical na maneira como vemos o mundo. O palco global não tem fronteiras. Isso significa que muitos de nossos conceitos de geografia terão de ser descartados. E a mais obsoleta dessas noções é a do estado-nação.

Vimos que o estudo de economia sempre esteve correlacionado com o estado-nação. A economia e a idéia de estado-nação cresceram juntas. O estado-nação foi a arena das atividades políticas e econômicas, e, por mais de um século após seu nascimento, a disciplina de economia foi rotulada de *economia política*. O estado-nação e a economia pareciam inseparáveis, mas não estão biológica nem cientificamente relacionados. Ambos têm sido, na verdade, muito mal influenciados um pelo outro.

O estado-nação arraigou-se firmemente na paisagem intelectual, cultural e política. Mas ele é um invasor, não um residente de direito. Isso aconteceu em função de um processo de insinuação. O conceito de estado-nação apresentou-se como um desenvolvimento orgânico, natural, da organização humana. O estado-nação protege, supre e é a fonte de soluções para seus próprios problemas. Como viver sem ele? Por parecer tão imutável, muitos acham que é ancestral – o que é um erro. Na história humana, o estado-nação é um intruso recém-chegado.

Ele foi primeiramente definido por Jean Bodin, um advogado francês de meados do século XVI. Bodin olhou para as miríades de pequenas entidades políticas que freqüentemente brigavam umas com as outras. Os motivos das disputas eram muitos e variados, e não raras vezes triviais. Naquela época, as diferenças de adoração religiosa injetavam verdadeiro amargor nessas disputas.

Algumas das entidades políticas da época de Bodin eram pouco mais do que cidades-estados com alguns anexos rurais – lugares como Gênova, por exemplo. De maneira semelhante, Veneza tinha sido originalmente um estado-região, muito pouco favorecido pela natureza. No fim do período medieval, ela tinha estabelecido seu próprio império, o qual, nos dias de Bodin, estava se fazendo em pedaços. Bodin sabia que havia uma instituição política grande em seu escopo geográfico: o Santo Império Romano. Já naquele tempo, corria a piada de que ele não era nem santo, nem romano e nem império. A força que tinha advinha de sua massa, da unidade de suas partes. Isso estava combinado com uma ideologia, algo capaz de atrair e manter a lealdade, semelhante às marcas de hoje. O conceito de um imperador universal tinha o poder de impor reconhecimento e respeito. Se um governante menos importante pudesse encontrar algum tipo de ideologia unificante, sua própria marca política distinta, baseada em origens, língua ou tradições comuns, talvez pudesse ter o mesmo tipo de reconhecimento, respeito e poder que o imperador. Isso era atraente para alguns governantes, os quais acreditavam que traria não só prestígio, como também maior riqueza.

Havia alguns problemas técnicos na idéia de Bodin, a maioria dos quais resolvida ao longo do tempo. O primeiro foi a falta de uma grande burocracia. Sem isso, um estado-nação era apenas um tigre de papel, um conceito agradável – nada mais. Um verdadeiro estado-nação precisava ter funcionários, ser policiado e defendido, mas tribunais e exércitos requerem dinheiro. A maneira mais eficaz de obter dinheiro era por meio de impostos. Isso, no entanto, carecia de coletores de impostos, bem como de pessoal de alfândega e de tarifas. Havia a necessidade de policiais para defender a supremacia do estado, bem como de soldados para proteger suas fronteiras. Assim, já no princípio, ficou evidente que o estado-nação era um ideal caro. Como os defensores de um estado grande descobriram à sua própria custa desde então, quanto maior o estado, mais caro ele se torna. Independentemente de quanto lhes é pago, parte do dinheiro que deveria ir para o centro vai para o bolso dos coletores.

A exploração e a colonização européias cresceram depois do século XVI. Assim, se os estados-nações fossem bem-sucedidos, poderiam ficar muito ricos. Havia ainda a necessidade de defender seu poder economicamente. Isso era feito pelo sistema mercantilista. Indivíduos deixavam seus países para ir explorar os tesouros do Novo Mundo. Eles então enviavam essas riquezas para suas casas para serem processadas e revendidas. Mas, àqueles que iam se estabelecer em territórios distantes, nunca era permitido produzir nada que eles mesmos pudessem vender ou negociar com outro país ou colônia. Eles eram inteiramente dependentes das Coroas de seus países para todos os seus bens acabados e equipamentos. O desenvolvimento de indústrias e de comércio locais era proibido. Isso assinalou a chegada de um dos mais duradouros e perniciosos "assistentes" econômicos do estado-nação: o protecionismo. Quem governa um estado-nação deve proteger seus interesses, inclusive os econômicos. Erroneamente, acreditava-se que a melhor maneira para isso era pelo estabelecimento de um sistema de leis e tarifas que limitasse ou excluísse os produtos e serviços de outros estados-nações. Essa doutrina pode não ser mais tão popular como antigamente, mas continua sendo utilizada. Os pedidos de proteção também inspiraram a idéia, comum nos escritos de alguns dos primeiros economistas, de que o estado era o último árbitro de seus próprios problemas. Ele tinha de resolvê-los da melhor maneira que pudesse. Havia um mundo externo além de suas fronteiras, mas sua função na solução dos problemas econômicos era, na melhor das hipóteses, secundária e indireta. O restante do mundo era, literalmente, estrangeiro. O conceito de economia fechada nascera bem antes de John Maynard Keynes.

O mercantilismo, na prática, foi um grande erro. Ele levou à Revolução Americana em 1776. Seu objetivo era a proteção econômica das nações centrais. Porém, como acontece com qualquer forma de proteção prolongada, acabou levando à ineficiência, a altos impostos e, por fim, à falência do estado-nação.

No século XIX, o conceito de estado-nação começou vida nova ao atrair mais adornos e símbolos, fórmula que se mantém até hoje. Cada estado tinha sua própria bandeira, seus símbolos – como a águia americana e o urso russo – e seu hino nacional. O objetivo dessas coisas era inspirar lealdade e uma devoção quase religiosa, um sentimento de unidade. Eles podem ser vistos como uma parte adicional da criação da marca do estado-nação. Mas o paralelo com a marca moderna termina com o fato de que os envolvidos procuravam prender as pessoas a uma lealdade. Não havia espaço para escolha ou para "fazer compras à vontade".

Outra parte vitalmente importante da marca do estado-nação era o "território nacional". O particularismo e o regionalismo eram vistos como coisas ruins, perniciosas e odiosas para o ideal do estado. Resquícios desses pensamentos persistem até hoje.

Na esfera econômica, o estado-nação tinha sua própria e única moeda e, para protegê-la, um banco central nacional. O economista alemão Friedrich List escreveu um planejamento para as atividades econômicas do estado-nação. A economia nacional devia deliberadamente olhar para dentro. Ela devia ser protegida da concorrência por meio de altas tarifas. Um dos países onde as teorias de List foram bem recebidas e aplicadas foram os Estados Unidos. Elas também foram aplicadas pela América Latina no século XX, com resultados finais fatídicos. No século passado, cada estado-nação tinha de ter sua própria empresa aérea "nacional", sua "transportadora da bandeira". A maioria delas não podia ter lucro porque seus mercados eram pequenos demais. Não é de surpreender que muitas dessas empresas tenham falido ou feito fusão com outras.

Outra coisa que o estado-nação "tinha de ter" era um exército – quanto maior e mais bem equipado, melhor. Nesse momento, o estado-nação atraiu um elemento muito perigoso para o seu meio: o nacionalismo. Ambos progrediram muito bem. O estado era a incorporação de um "espírito nacional" que era encontrado (e apenas isso) em pessoas de um determinado grupo étnico e que falavam a língua nacional.

A partir do fim do século XIX, a idéia de estado-nação atravessou os limites da Europa. Ela se tornou proeminente na América Latina, onde várias pequenas, às vezes minúsculas, entidades políticas haviam se desenvolvido. Todas afirmavam ser distintas, mas as castas que as governavam falavam o mesmo idioma: espanhol (português no Brasil). Isso não as impediu de estabelecer mapas para enfatizar *seus* territórios, e realizar guerras dispendiosas e desastrosas para defender fronteiras. Suas economias eram dominadas pela exportação de um número limitado de produtos primários. No século XX, cada economia tentou fortalecer-se por meio do desenvolvimento de indústrias domésticas não-lucrativas e não-competitivas para substituir as importações.

Exportar era desencorajado, uma vez que o estado, de forma irrealística, voltava suas costas para o mundo exterior. Mas, quanto mais esses países industrializavam-se, mais dependentes se tornavam do capital de fora. Eles só descobriram a importância do restante do mundo através de uma jornada muito acidentada, custosa e, em alguns casos, suja de sangue.

Na Ásia, a marca do estado-nação era vista como o pico da sofisticação política. Os governantes a viam como uma maneira de consolidar seu poder. Ela dava a impressão de modernidade e progresso. Somente se conformando ao conceito de estado-nação é que os governantes podiam ser vistos seriamente pelos europeus e pelos americanos. Quando o Japão se abriu para o Ocidente no final do século XIX, os governantes do país imitaram a forma centralizada de governo então usada na França e na Alemanha – e até hoje isso nunca foi seriamente mudado.

Vamos analisar o caso da Coréia, onde o ideal do estado-nação permanece muito influente. Muitas pessoas na Coréia do Sul sonham com o surgimento de uma Grande Coréia, estendendo-se desde a ilha Cheju, no sul, até o rio Yalu, no norte. Isso vai acontecer quando a Coréia do Norte se abrir (ou cair) para a Coréia do Sul. Isso ocorrerá quando sua economia reagir a suas contradições internas e fracassar estrondosamente. Os coreanos acreditam que a abertura das cortinas na península introduzirá grandes oportunidades de negócios e comércio, das quais a Coréia irá emergir como um verdadeiro rival tanto para a China como para o Japão. Ela terá uma população total de quase 70 milhões de pessoas e poderá também ter armas nucleares à sua disposição. Mas, enquanto os nacionalistas anseiam pela "reunificação", o que eles realmente desejam é que o norte comunista torne-se uma colônia econômica pronta para um processo de modernização, o qual, é claro, seria realizado por empresas sul-coreanas, como a Samsung e a Hyundai. Os ânimos já estão sendo estimulados com conversas sobre a realização de *joint ventures* e o estabelecimento de instalações em novos parques industriais. É como se houvesse um pote de ouro escondido, cuja descoberta é apenas uma questão de tempo. Ao olhar para o norte, os sul-coreanos são capazes de evitar concorrer com países do ocidente e do oriente. A Coréia do Sul pode optar por não participar do futuro por acreditar que tem seu próprio destino cor-de-rosa.

Essa visão sentimental acaba cegando muitos na Coréia. Enquanto olham somente para o seu norte, as verdadeiras forças do país estão na região do Mar Amarelo, de frente para os mercados da China, do Japão e dos Estados Unidos, do outro lado do Pacífico. Essas são as zonas que deveriam atrair a atenção dos coreanos (ver Figura 4.1). O Mar Amarelo pode ser vibrante, mas não é um estado-nação. Ele não consegue estimular as mesmas emoções irracionais, por mais poderosas que sejam as forças econômicas ali operantes.

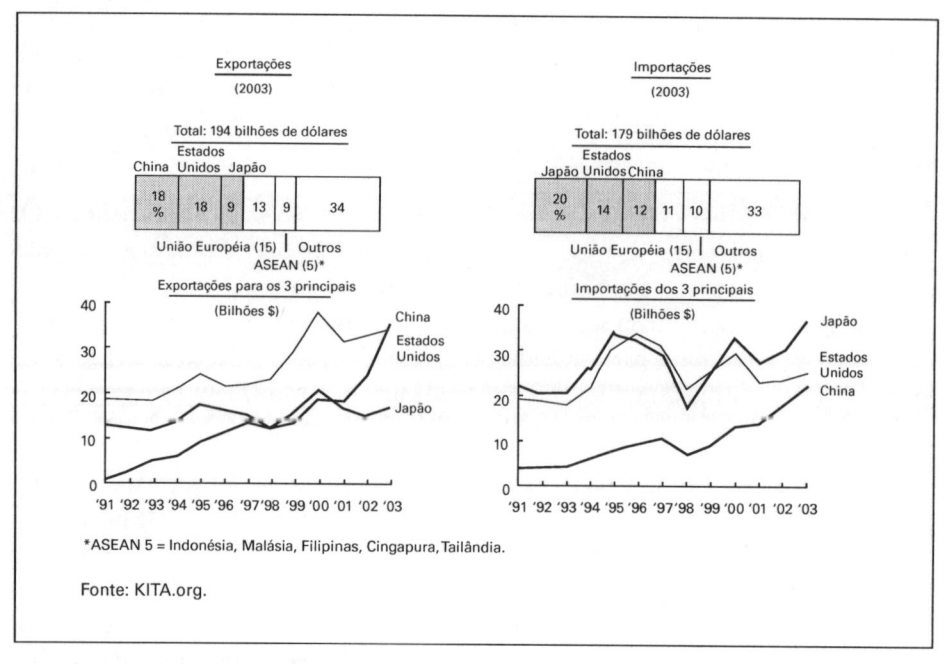

FIGURA 4.1 Os parceiros comerciais da Coréia.

No momento, o comércio entre a China e a Coréia está em crescimento constante. Mas, devido à míope insistência em olhar o tempo todo para o norte, os coreanos não percebem que seus negócios estão cada vez mais migrando para a China. Os produtos exportados daquele país pelas empresas coreanas são todos remontados no porto de Pusan e, então, exportados oficialmente para fora da "Coréia".

COMO OS ESTADOS-NAÇÕES RETARDAM O DESENVOLVIMENTO ECONÔMICO

O abuso moderno do conceito de estado-nação pôde ser visto na antiga União Soviética, a qual herdou as conquistas, realizadas pelos czares, da Ásia Central. Stálin apoiou da boca para fora a noção de autodeterminação nacional e as repúblicas socialistas baseadas na etnia foram criadas. Isso, no entanto, raramente tinha muita relação com as nacionalidades que elas supostamente representavam.

Quando a União Soviética entrou em colapso em 1991, essas repúblicas tiveram a independência e a soberania impingidas sobre si, mas estavam completamente despreparadas para isso. Tendo antes sido membros íntimos da altamente entrelaçada economia soviética, elas foram jogadas à deriva em um oceano desconhecido. Seus novos governantes (geralmente os ex-patrões comunistas) adquiriram toda a pompa do estado-nação que vimos antes: bandeira, símbolos, hino nacional, moeda (freqüentemente sem valor) e banco nacional. A integração de seus respectivos mercados foi retardada pelas diferenças de personalidade de seus governantes, bem como por disputas de fronteiras. As diferenças étnicas chegam a proporções absurdas e grandes quantidades de recursos naturais são ou deixadas intocadas ou mal exploradas por um estado-nação que age independentemente. Na verdade, ninguém sabe quantos estados-nações nasceram da União Soviética. O mesmo vale para a antiga Iugoslávia. Se surgir um ditador que queira dominar tudo no futuro, essas "regiões" poderiam novamente ser unidas como "uma nação".

Mas foi na África que o conceito de estado-nação teve as piores conseqüências em termos humanos e econômicos. Em 1885, as potências européias reuniram-se em Berlim para dividir o continente entre si. As entidades que elas criaram ainda existem. Não foram estados que elas estabeleceram, mas colônias ou protetorados. Quando uma crescente onda de ressentimento por parte dos africanos forçou os governantes da Europa Ocidental a conceder independência e governo político próprio às suas possessões no continente, foi acordado que as fronteiras demarcadas em Berlim deveriam servir à nova "safra" de estados-nações. Isso buscava evitar tanto os conflitos por fronteiras como o incipiente risco de outros tipos de conflito. Os estados-nações nasceram sem muito nexo. Eles tinham territórios que compreendiam poucos recursos naturais e um setor de produção de alimentos dominado pelo cultivo de subsistência e cronicamente vulnerável aos caprichos da natureza. Não surpreende que muitos desses estados permaneçam nas últimas posições da lista mundial de PIB.

Afora a miopia econômica dessas políticas, as fronteiras étnicas e religiosas foram ignoradas. Muitos dos novos estados já tinham conflitos internos, os quais vinham se agravando. No caso da Nigéria e do Congo, por exemplo, esses conflitos transformaram-se em guerras civis sangrentas com os previsíveis impactos nos recursos. Outras áreas que tinham potencial de crescimento, como a região do Delta do Niger, foram divididas entre dois estados-nações separados (Nigéria e Camarões) e sem o menor interesse em cooperação mútua – somente no controle total.

O FETICHE DO ESTADO-NAÇÃO

Tudo isso é importante porque os estados-nações continuam a prevalecer em nosso pensamento. Olhemos novamente para a economia. O estado-nação produz estatísticas conhecidas como agregados contábeis nacionais, os quais incluem tabelas do produto interno bruto ou demanda agregada, e supostamente mostram a saúde econômica de determinada nação. Quando o produto interno bruto (PIB) é dividido pela população do estado, outro número mágico é encontrado: o PIB *per capita* (renda *per capita*). Esse número pode agir como o segredo de um cofre. Quando é maior do que 10 mil dólares, os governantes do país acreditam que chegaram ao patamar de estado, que já não são mais paupérrimos, e que são participantes importantes do jogo econômico mundial. Isso lhes permite tornar-se membros da Organização para a Cooperação e o Desenvolvimento Econômico (OCDE).

O PIB, o valor total de uma nação somado por ano, é uma medida muito ousada. Ele depende das informações fornecidas por uma população, principalmente como resultado de recibos de impostos ou registros de expedição. Naturalmente, poucas pessoas gostam de pagar impostos. Para alguns, torna-se uma questão de honra pagar o mínimo possível. Surge, então, uma arena separada de atividades econômicas – uma "economia informal", que pode ser do mesmo tamanho ou maior do que a legal.

Como está implícito no nome, o PIB é interno, voltado para as atividades que ocorrem dentro das fronteiras do estado. O número do produto nacional bruto (PNB) é mais relevante porque inclui as atividades econômicas dos cidadãos do estado além das fronteiras. Como vimos, a economia global não respeita fronteiras nacionais. Tanto o PIB como o PNB incluem apenas produtos acabados e serviços. Muitos bens e serviços podem ser iniciados em um país e concluídos em outro. Se olharmos para o x-BPO, veremos que muito do trabalho de retaguarda envolvido na provisão de um serviço é realizado em um ambiente de baixo custo. Apenas o serviço acabado consuma-se no país "hospedeiro". Entretanto, a contribuição dada pelas pessoas do outro país não é devidamente registrada.

Os números do PIB e do PNB só fornecem médias para todo um estado-nação. Porém, os maiores agentes da atividade econômica na economia global não são as nações, mas as regiões. A contribuição e a vitalidade de uma região não podem ser discernidas em um valor do agregado contábil nacional. O nível de crescimento da China, em média, é de aproximadamente 9% ao ano. Mas esse é um valor para todo o país. Ele abrange estados-regiões ativos como Dalian e Guangzhou, cujas taxas de crescimento ficaram entre 13 e 15% ao ano em 2003, e regiões mais para o oeste, como Ningxia e Gansu, as quais ainda estão enredadas na pobreza. Há observadores da China que gostam de jogar água fria sobre as tendências de crescimento econômico contínuas do país, dizendo que é impossível para ela como um todo manter taxas de crescimento de 9 ou mesmo 7%. Mas essas análises são errôneas por não levarem em conta a realidade de que não é a China como um todo que está crescendo, mas certas regiões do país. O conceito da totalidade da República Popular da China só existe no nível político.

Assim, para a China poder continuar a crescer rapidamente, terá de aumentar o número de megalópoles ou estados-regiões, juntamente com a taxa de crescimento dessas localidades. A China gerou 146 novas cidades com mais de 1 milhão de habitantes entre 1990 e 2000 (ver Figura 4.2). Não há razão para acreditar que ela não possa repetir isso. Além do mais, há ainda 800 milhões de pessoas morando na zona rural do país como agricultores.

Infelizmente, esses números inadequados são usados para avaliar a saúde econômica de um estado. Se eles mostrarem crescimento comparados aos números do ano anterior, isso é evidência de uma economia forte e saudável.

Como outro exemplo de uso de teoremas obsoletos para explicar o palco global, consideremos a curva convencional de oferta/preço. Se você traçar a capacidade dos fornecedores no eixo X, do menor produtor para o maior, e o custo de produção no eixo Y, poderá explicar a curva do preço e como ela irá derrubar os fornecedores mais fracos à medida que a concorrência dos preços se acirrar e a demanda, diminuir. Geralmente, essa curva da oferta é construída usando-se apenas fornecedores domésticos. Cada vez mais, é preciso construir a curva para toda a União Européia ou para a América do Norte. A curva é cada vez menos significativa se for explicada simplesmente em termos isolados. Por exemplo, estamos agora testemunhando a demanda da China puxando a oferta dos produtores marginais do Japão pegando

Cidades chinesas com mais de 1 milhão de habitantes

População em milhões	Número de cidades	
	1990	2000
1-3	17	156
3-5	3	4
>5	0	6
Total	20	166

Fonte: Chinese Statistics on Population, 2001.

FIGURA 4.2 Cidades chinesas com mais de 1 milhão de habitantes.

plantas mordentes para acordar. Assim, aqui, novamente o modelo nacional precisa ser modificado para refletir a semipermeabilidade das fronteiras.

ESTADOS FORTES

Similarmente, é dada mais importância a uma moeda forte do que ela agora merece. A lógica é que uma moeda forte sugere uma base econômica estável. A nação teria uma relativa facilidade em conseguir empréstimos. Fundos poderiam ser obtidos a partir de instituições financeiras internacionais, ou títulos do governo e obrigações facilmente encontrariam compradores. Poderia até ter uma boa classificação de crédito, e sua moeda seria desejável.

Mas uma nação com essa moeda "forte" logo vai descobrir que a mesma está supervalorizada. Se sua economia depende fortemente da exportação de *commodities*, suas exportações estarão caras demais. Às vezes, o iene japonês está forte em relação ao dólar, mas, embora a economia japonesa não esteja em sua melhor forma, suas exportações ainda são bastante comercializáveis. A razão é que essas exportações são bens de marcas fortes, manufaturados, e não *commodities*. O fato de o iene estar forte, apesar da irritação do *Keidanren* japonês, significa que a importação de materiais e componentes é mais barata.

Num mundo onde as comunicações são instantâneas, o estado-nação é irrelevante. Um dos símbolos exteriores de sua existência são as fronteiras nacionais, cheias de funcionários uniformizados conferindo papéis e operando barreiras. Mas, qual a utilidade desses controles de fronteiras no mundo da Internet, por exemplo? Será que um fluxo de dados num cabo de fibra óptica pára em cada fronteira nacional que cruza, de modo a ser inspecionado quanto a contrabando?

O estado-nação prometeu muito, mas fez pouco. No mundo atual, longe de tornar as coisas melhores, ele ameaça piorá-las. Ele tem o potencial de atrasar o desenvolvimento humano por meio da compartimentalização artificial de habilidades e mercados. Colocando a questão de maneira bem simples, o mundo avançou.

O mundo agora é interdependente num grau maior sem precedente. Mas a interdependência global não é *nada* novo. A idéia de um estado-nação hermeticamente fechado, auto-suficiente em todas as suas necessidades, é absurda. Sempre houve comércio. Ao longo da História, a tecnologia tornou o comércio possível a maiores distâncias. Agora, ela e a logística avançada permitem que ele ocorra a uma velocidade maior.

Ao dividir a população mundial em entidades supostamente auto-suficientes, os estados-nações impediram a percepção da interdependência. Muitas entidades políticas, sejam grandes ou pequenas, ainda acreditam que podem sobreviver por si próprias, embora as coisas possam ser um pouco difíceis. A confrontação, em vez da cooperação, seguiu como resultado disso – o que coloca um alto preço em uma uniformidade ilusória e inexistente. Isso só pode ser realizado mediante o custo de muito sofrimento humano. As economias e as sociedades florescem na diversidade. Se olharmos para uma cidade como Dubai, nos Emirados Árabes Unidos, veremos uma próspera metrópole. Ela está situada em uma região da Arábia nas costas do Golfo Pérsico, mas muitos que trabalham lá e contribuem para sua prosperidade não são árabes. Eles podem ser gerentes da Europa Ocidental ou motoristas de táxi da Índia ou do Paquistão. Suas boates contam com a beleza de lindas garotas da Europa Oriental. Na verdade, ela é tão dependente de gerentes e trabalhadores da Índia, que seu aeroporto oferece vôos diretos para 15 cidades de lá. A mesma diversidade encontra-se no coração do sucesso contínuo de Cingapura.

Na Ásia e na África, o benefício da nova tecnologia européia às vezes é odiado. Em alguns países africanos, tornou-se política governamental rejeitar todos os aspectos da "civilização" ocidental, enquanto continuam as pompas do poder, as quais foram, em grande parte, herdadas do Ocidente. Isso, por vezes, foi feito com base num nacionalismo de estilo próprio ou africanismo (vários nomes já foram dados), e freqüentemente era acompanhado de apropriações pelo governo dos fatores da economia – uma vez mais, em nome do estado-nação. O desenvolvimento e a redução da pobreza não raras vezes foram deixados de lado por décadas.

O SURGIMENTO DA REGIÃO

Precisamos nos voltar para os novos centros de crescimento em nosso mundo, os quais podem facilmente ser encontrados nas regiões. Algumas dessas são partes de velhos estados-nações. Outras ultrapassam as fronteiras existentes.

No capítulo de abertura, mencionei como a economia global infundiu nova vida em diversas regiões ao redor do mundo, como na península de Shandong e na Finlândia. Alguns estados-nações do velho estilo têm sorte e são suficientemente pequenos para agir como regiões. Entre eles, temos a Irlanda, a Finlândia, a Dinamarca, a Suécia, a Noruega e Cingapura, embora todos tenham mais virtudes a seu favor do que apenas o tamanho.

O desenvolvimento contínuo da economia global levará a um inevitável enfraquecimento do estado-nação em favor das regiões. Isso é um anátema para aqueles que acreditam em um estado grande e centralizado como *a única maneira* de conduzir a política, a sociedade, a economia e a cultura. Para muitos desses "estadistas", o conceito de governo nacional centralizado era, nos seus dias, progressista e inovador. O regional podia muito facilmente ser a base do local, do paroquial e do que olha para dentro de si. Áreas limitadas geravam horizontes limitados. Aqueles que pensavam em termos de pequenas unidades nunca poderiam pensar grande. Mas isso mudou, graças, em grande parte, às invenções tecnológicas. No século XXI, o oposto é verdadeiro. É o próprio estado-nação que é antiprogressista e introspectivo, e com freqüência são as suas regiões (embora, admitimos, não todas elas) que são visivelmente móveis e funcionam e pensam dentro de uma perspectiva verdadeiramente global e sem fronteiras. Elas não pensam mais nos estados como monólitos políticos, mas como amálgamas de regiões. Elas também olham para o restante do mundo em busca de capital, tecnologia e mercados. Não precisam ter todos os elementos da prosperidade econômica, desde que o mundo trabalhe para e com elas. Por isso, a economia global age para disciplinar os governos e tornar as regiões mais eficientes. As fronteiras não são outra coisa, a não ser um peso para os velhos estados-nações. Por isso, impressionam as disputas por elas que ainda continuam a ocorrer.

O que está acontecendo é que a economia e a tecnologia estão impingindo uma nova escala na organização geopolítica. Ainda haverá fronteiras, mas elas serão transparentes e representarão oportunidades e apoio à diversidade. O fim do estado-nação não irá introduzir um mundo insípido, unidimensional e monocultural.

O estado-região não é uma unidade política; é uma unidade econômica. Alguns estados-regiões são iguais às unidades políticas. Cingapura, por exemplo, é mais como uma cidade-estado do que um estado soberano, com sua minúscula área. A República da Irlanda também é afortunada por ser aberta à economia global e, ao mesmo tempo, reter as pompas tradicionais do estado-nação. Mas esses são acidentes da história e da geografia recentes.

A noção de que os estados-regiões podem agir como focos de prosperidade não é nova. Veja-se o caso de Veneza, por exemplo. Essa grande cidade foi originalmente um estado-região que cresceu no período medieval tardio, tornando-se um império. A Itália estava salpicada com esses centros: eles eram as estruturas da Renascença e de outras contribuições para o mundo, inclusive a contabilidade de partidas dobradas. Mais ao norte na Europa estava a Liga Hanseática, um conjunto de cidades comerciais nas costas do Báltico e do Mar do Norte. Esses centros, como Riga, Tallin e Danzig, eram os estados-regiões daqueles tempos. Eles olhavam para fora em busca de sua prosperidade, em vez de para as mãos estendidas do governo central.

As regiões já são participantes econômicos de tamanho considerável no mundo. Se olharmos para o Japão, veremos que a área metropolitana de Shutoken (as prefeituras de Tóquio, Kanagawa, Chiba e Saitama) tem um produto nacional bruto (PNB) de 1,5 trilhão de dólares, um dos três maiores do mundo. A área de Kansai centrada em Osaka tem um PNB de 770 bilhões de dólares, que ocupa o sétimo lugar no *ranking* mundial, depois da China. Essas duas áreas estão em condições, pelo menos quanto aos números, de qualificar-se como membros do G7. No entanto, o nível de tomada de decisões local permitido a elas pelo sistema político centralizado japonês é minúsculo.

A DEFINIÇÃO DO ESTADO-REGIÃO

Precisamos ser cuidadosos para não definir o estado-região de maneira muito rígida, especialmente em termos de população. Muitos estados-regiões realmente compartilham determinadas características, mas elas devem ser vistas apenas como pontos de referência. Nenhum aspirante a estado-região será bem-sucedido meramente pela ordenação de um conjunto de ingredientes, como em uma receita de bolo ou na especificação de uma peça de equipamento.

O tamanho da população é importante, mas não crucial. É uma variável elástica.

De muitas maneiras, o tamanho é um estado mental. Uma região precisa ter um mercado doméstico de tamanho considerável para atrair investimentos internos. Assim, um mínimo de 500 mil a 1 milhão de pessoas é desejável. Se houver habitantes demais, pode ser impossível aos investidores manter um foco claro no mercado. O freqüentemente intangível sentimento de solidariedade, uma estrutura que segura e motiva sua população, pode também estar ausente. O teto, por outro lado, parece ser em torno de 10 milhões de habitantes, embora Shutoken, ao redor de Tóquio, tenha 30 milhões – mas ainda é uma comunidade natural, graças às suas excelentes redes de trens.

Não há números mágicos. Uma área pode ter o nível "correto" de população – o mesmo de outros estados-regiões bem-sucedidos – mas ainda assim ser extremamente pobre. Da mesma forma, uma área que parece uma imensa imitação burlesca de intimidade pode ser um estado-região bem-sucedido.

Um aeroporto internacional e pelo menos um porto grande e que funcione eficientemente, capaz de manipular cargas internacionais, bem como uma boa infra-estrutura de transportes, também são necessários. Da mesma forma, universidades inovadoras e instalações de pesquisa capazes de atrair bons alunos e formar trabalhadores qualificados são muito importantes.

Mas o principal elemento em qualquer região bem-sucedida é a abertura para o mundo externo, a qual precisa ser vista positivamente como fonte de prosperidade. Noções xenofóbicas precisam ser apagadas, bem como o conceito de nativo *versus* estrangeiro. Da mesma maneira, leis que limitem os investimentos de fora ou a propriedade de terra ou de capital para estrangeiros precisam ser abolidas. Isso inclui leis que inviabilizem (tais como tarifas) o transporte de bens, seja por terra ou por mar. Não deve haver nenhuma barreira para empresas de fora entrarem e também absorverem empreendimentos locais ou estabelecerem *joint ventures*. No mundo dos negócios atual, as fusões e aquisições são meios muito lucrativos de se entrar em um mercado ou aumentar a participação nele.

Ao analisar as estruturas das empresas, um dos pontos que defendo é que não importa mais onde elas estão estabelecidas ou onde têm sua sede. Assim, essa realidade precisa ser praticada em atitudes relativas a investimentos externos. Pode ocorrer que "grandes participantes" comecem a mudar suas sedes para os estados-regiões. Isso pode ser apoiado por leis que facilitem o registro de empresas. É algo que já ocorre nos Estados Unidos. Se olharmos para seus 50 estados como estados-regiões constituintes, Delaware já está na preeminência quanto ao registro de empresas. Seus tribunais de direito comercial separados também são um atrativo para aqueles que desejam fazer negócios lá.

O estado-região não deve ser um bom lugar apenas para negócios, ele também precisa ser atraente para se trabalhar e para criar os filhos. Isso é importante, como pode ser visto pelas constantes iniciativas em áreas como Cingapura e Dalian, que buscam melhorar seu ambiente físico pela manutenção de praias e parques. Embora um visual bonito seja importante, não é tudo. Muito das promoções de regiões no passado se concentrava apenas nisso. Brochuras lindas tentando atrair investimentos foram produzidas louvando uma área e mostrando sua beleza natural e suas paisagens. Tanto que todas as imagens separadas de belos canteiros, marinas e circuitos de golfe bem cuidados acabavam se tornando um borrão indefinido.

Uma definição convincente de um estado-região é que ele é uma unidade para criar um ciclo virtual positivo. Quanto mais pessoas vierem de fora, e mais variados forem seus antecedentes e habilidades, mais variada se tornará a região com o tempo. Se ela começar com manufatura, por exemplo, outros serviços associados com o setor serão atraídos. A seu tempo, instituições financeiras chegarão, juntamente com aqueles que oferecem serviços financeiros domésticos e de varejo. Assim, ocorrerá um ciclo positivo, e a região se tornará uma totalidade com uma base econômica e de negócios mais profunda e mais ampla. É impressionante a rapidez com que indústrias e fornecedores de serviços são atraídos para regiões prósperas e lá se reúnem para apoiar algumas das indústrias que já lideram a aceleração industrial.

Quando novas indústrias com um *background* variado são atraídas para uma área positiva, vários serviços não-comerciais afiliados acabam também surgindo. Escolas serão abertas para atender a necessidade de educação e de uma força de trabalho instruída. Hospitais e clínicas serão construídos para atender as necessidades médicas e de saúde dos habitantes da região. Também surgirão revendas de automóveis, além de restaurantes e supermercados. Em resumo, uma vez que haja pessoas lá, suas necessidades precisarão ser atendidas.

Esse modelo se repete em muitos lugares. Na China, várias regiões estão literalmente irreconhecíveis se comparadas com o que eram há 5 ou 10 anos. No prazo de apenas uma década, ou até menos, quem pode dizer como será a situação?

Se olharmos para Dalian, veremos uma metrópole fazendo as coisas de maneira rápida. Praticamente tudo pode ser encontrado lá. Serviços dos mais variados estão disponíveis de forma bem organizada em um ambiente setorizado geograficamente. Quem faz negócios em Dalian não precisa contratar engenheiros civis para pesquisas de avaliações ambientais e coisas do gênero. Eles já estão lá: engenheiros mecânicos, cientistas da computação, cartunistas – profissionais para qualquer tipo de serviço. É uma cidade completa, como Paris, Londres ou Tóquio.

Podemos perguntar: "Dalian sempre foi uma cidade grande?". Não. Mas lembre-se de que é um dos princípios do paradigma da economia global que uma área não precisa ser próspera de antemão para poder tornar-se rica.

VERÕES INDIANOS

Rápidas transformações desse tipo não são exclusivas da China. A Índia também é uma terra de grandes contrastes. Em quase todos os níveis, exceto o geográfico e o político, a própria noção de unidade no meio de tanta diversidade parece algo artificial. Os muitos estados principescos da Índia foram unidos sob o Império Britânico. Quando os ingleses saíram em 1947, uma constituição federal, baseada em vários estados, foi iniciada. Entretanto, a maior parte do poder ainda permanecia no centro, fenômeno que foi considerado vital para a estabilidade política de longo prazo e a continuação do controle por parte dos políticos. Os líderes da Índia dedicaram-se a reduzir a pobreza, mas nunca tiveram nenhum pensamento para criar riquezas, de modo que os modelos econômicos construídos por Ghandi, Nehru e seus sucessores tinham o efeito de redistribuir a pobreza. Na década de 1990, graças a líderes determinados e com uma boa visão, em alguns estados, como Andhra Pradesh e Maharashtra, novas áreas de prosperidade se desenvolveram, utilizando a enorme e culta população da Índia, bem como a reserva de talentos técnicos que existia em cidades como Bangalore, Hyderabad e Pune. Uma vez que as bases da prosperidade tinham sido lançadas nesses centros, eles atraíram a gama usual de indústrias de serviços – usual em países ocidentais, mas nova na Índia. As leis do governo foram relaxadas para permitir o acesso dos consumidores aos produtos e serviços de todas as partes do mundo. Sabia-se que muita prosperidade estava disponível por meio das telecomunicações, mas as redes na Índia eram um desastre completo. Por isso, em vez de esperar pelo estabelecimento de um sistema de telecomunicações aceitável de linha fixa e do tamanho do país, conexões via satélite foram estabelecidas no sul para deixar de lado totalmente o serviço nacional de telecomunicações.

A transformação em cidades como Hyderabad tem sido quase milagrosa. Agora há *shopping centers* juntamente com lojas que vendem de tudo, desde eletrônica de consumo até roupas ocidentais. Não é incomum ver pessoas nas ruas falando em telefones celulares em meio ao barulho dos automóveis. O congestionamento do trânsito ainda é endêmico nas cidades da Índia, mas, considerando que há poucos anos predominavam carros danificados e padronizados que estavam na moda na década de 1950 e início da de 1960, as ruas do país hoje estão lotadas de automóveis muito mais atuais (embora ainda persistam antigos veículos puxados por bois, também muito comuns).

Esses estados-regiões da Índia encontram-se agora mais estreitamente integrados ao comércio global não só por desenvolverem *softwares* e sistemas, mas também por realizarem funções terceirizadas dos negócios de linha fixa para empresas americanas e européias. Eles tornaram-se parte de um todo integrado de corporações globais.

A experiência de lugares como Hyderabad é vista como um fenômeno a ser seguido por outras regiões da Índia. A mais surpreendente delas é West Bengal e Kolkata, por tanto tempo o campo de batalha dos militantes do sindicalismo. É ainda mais surpreendente que essas ações estejam sendo lideradas por um governo estadual dominado por um dos partidos comunistas do país.

O mesmo fenômeno de auto-suficiência pode ser observado do outro lado do Pacífico, na Califórnia. San Jose é hoje quase tão autônoma e auto-suficiente quanto San Francisco. Não é mais necessário ir a San Francisco para obter todo tipo de serviço. Em meados da década de 1960, San Jose era uma verdadeira terra de ninguém, um deserto. O título da música de Dion Warwick dizia tudo: *Do You Know the Way to San Jose?* (*Você sabe o caminho para San Jose?*). A maioria das pessoas não sabia. Agora há um vôo diário direto Tóquio-San Jose, e a pergunta talvez seja: "Você sabe o caminho para San Francisco?".

Será que Dalian ou San Jose se importam com coisas intangíveis como "identidade"? Será que, em geral, o cidadão se importa de onde vem sua comida? Vamos analisar Cingapura. As noções de nacionalidade não a perturbam muito. É verdade que ela tem todos os acessórios usuais de uma nação: moeda, bandeira, hino nacional, etc. Porém, ela não se incomoda com o fato de que nenhum agricultor doméstico produz sua comida. Ela não tem "pesadelos" a respeito de segurança alimentar. O que importa é que a comida que os cingapurianos consomem é barata e também nutritiva, ainda que obtida de outros produtores da região.

Cingapura desfruta do luxo de ser tanto um estado-região como um estado-nação. Ela sempre pôde estabelecer sua própria agenda.

Uma região típica pode desafiar as fronteiras políticas existentes. Na década de 1990, a Catalunha, no nordeste da Espanha, tornou-se uma região econômica bem-sucedida. Uma zona bem-sucedida tende a espalhar-se, de modo que as áreas vizinhas da Catalunha no sudoeste da França, como Languedoc-Roussillon, também foram beneficiadas.

Não devemos pensar apenas em termos de geopolítica. Assim como um ator de muito talento pode atrair multidões para suas apresentações, muito mais rapidamente do que qualquer teatro, por mais prestigiado que seja, um indivíduo com características ou conhecimentos diferenciados pode estabelecer não apenas sua própria identidade, em um lugar ou setor de negócios, mas também ajudar a atrair negócios de outros setores não-relacionados, como que por uma espécie de magnetismo. Um exemplo de "ímã-humano" é Michael Dell. Desde sua fundação, em 1984, a Dell Computers reescreveu muitos dos livros de regras, especialmente aqueles que tratam de logística. Mas seu impacto em sua localização original, Austin, Texas, não foi menos monumental. Não apenas surgiram lá várias instalações de *software* e de engenharia de TI, mas também ocorreu um grande aumento de empresas emergentes em biotecnologia, para mencionar apenas um setor. É como se Austin tivesse deixado de ser apenas um núcleo de agrupamento de TI para tornar-se um estado-região.

ENTUSIASMO COM A CHINA

O país onde o fenômeno do estado-região teve mais sucesso é a China (ver Figura 4.3). Na década de 1980, o governo chinês abriu várias zonas econômicas especiais, com vistas a atrair investimentos estrangeiros diretos. Uma das mais bem-sucedidas foi na área de Shenzhen, defronte a Hong Kong. Ela atraiu investimentos não apenas de Hong Kong, mas de todo o mundo. Muitos líderes locais se irritavam devido à constante interferência central dos burocratas em Pequim nas tomadas de decisão

Pequim/Tianjin (Área de Zhongguancun)
• P&D
• TI, bio, espaço e defesa
• Serviços do governo
• TLO

Agrupamentos industriais chineses

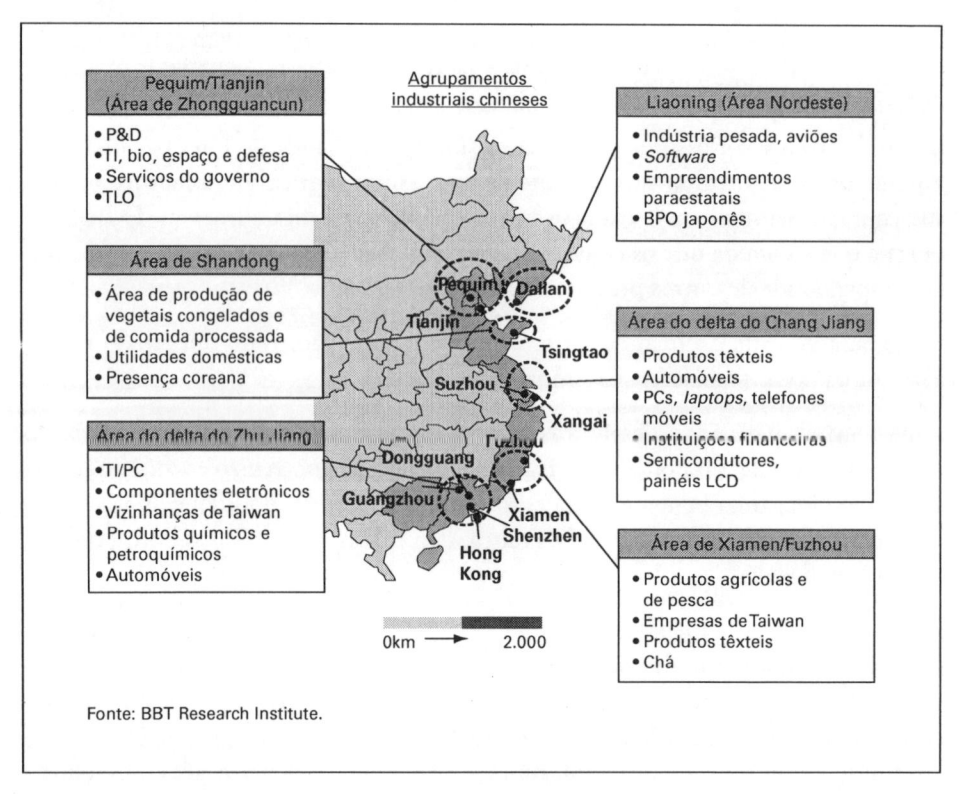

Liaoning (Área Nordeste)
• Indústria pesada, aviões
• *Software*
• Empreendimentos paraestatais
• BPO japonês

Área de Shandong
• Área de produção de vegetais congelados e de comida processada
• Utilidades domésticas
• Presença coreana

Área do delta do Chang Jiang
• Produtos têxteis
• Automóveis
• PCs, *laptops*, telefones móveis
• Instituições financeiras
• Semicondutores, painéis LCD

Área do delta do Zhu Jiang
• TI/PC
• Componentes eletrônicos
• Vizinhanças de Taiwan
• Produtos químicos e petroquímicos
• Automóveis

Área de Xiamen/Fuzhou
• Produtos agrícolas e de pesca
• Empresas de Taiwan
• Produtos têxteis
• Chá

Cidades indicadas no mapa: Pequim, Dalian, Tianjin, Tsingtao, Suzhou, Xangai, Fuzhou, Dongguang, Guangzhou, Xiamen, Shenzhen, Hong Kong.

0km → 2.000

Fonte: BBT Research Institute.

FIGURA 4.3 Os Estados Unidos de Chunghwa.

do dia-a-dia. Eles perceberam que a prosperidade que estavam experimentando era apenas uma fração do que podia ser alcançado por um envolvimento mais ativo com a economia mundial e seus principais atores.

A resposta de Pequim foi cautelosa, como era de se esperar, refreando o entusiasmo. Mesmo porque, se eles permitissem uma maior liberdade econômica para a província de Guangdong, isso poderia se transformar em pedidos para uma maior liberdade em geral. Os pedidos de Shenzhen poderiam ser ecoados por outras cidades, sobretudo aquelas que tinham recebido um *status* de zona econômica especial.

Como o governo central, que tinha a obrigação de cuidar indistintamente de todas as regiões do país, poderia permitir que apenas algumas delas prosperassem, enquanto outras, como a província de Guizhou, continuavam numa situação de extrema pobreza?

A República Popular da China ainda é um estado comunista (mesmo que somente na retórica), e uma de suas doutrinas de governo é o eufemístico centralismo democrático. Amargas discussões ocorreram dentro das fechadas fileiras do Partido Comunista na década de 1990, entre reformistas e conservadores, federalistas e centralistas.

No fim daquela década, uma nova visão se formou. Na teoria, a China permanece como um estado comunista e centralizado. Na prática, é permitido aos líderes de província fazer praticamente o que quiserem, desde que isso não seja acompanhado de notórias mostras de auto-enriquecimento.

A renda *per capita* dos residentes de áreas como Dalian, Zhejiang, Pequim e Xangai está se aproximando de 5 mil dólares por ano. Talvez já tenha passado desse nível em Guangzhou. Esse foi um grande salto em menos de uma década. Ele também é enorme se comparado aos números de outras partes do país, que ficam entre 2 mil e mil dólares (e até menos). Muitos residentes dessas regiões mais pobres estão migrando para o leste a fim de compartilhar da prosperidade dos estados-regiões da China. O governo recentemente anunciou iniciativas para reduzir as disparidades de renda entre as áreas rurais e as urbanas.

Estima-se que haja mais de 100 milhões de trabalhadores migrantes na China hoje. Muitos não se estabeleceram permanentemente nas regiões prósperas. Eles enviam parte de seu salário para as áreas pobres de onde vieram quando são pagos. Isso permite a circulação da riqueza entre as áreas ricas e as pobres. Assim, estas podem participar do sucesso daquelas. O dinheiro transferido pode ser usado para investimentos em maquinaria, o que pode melhorar a produtividade e a eficiência rurais. Pode também ir para a instrução de membros mais jovens das famílias. Os trabalhadores migrantes que por fim decidem voltar levam consigo novas e valiosas habilidades, especialmente aqueles que trabalharam nos setores de serviço ou de construção.

Há uma preocupação quanto ao lado negativo da atração de grandes grupos populacionais em busca de riqueza. Na península de Shandong, uma das regiões prósperas da China, tem havido conflitos entre nativos e novos entrantes, especialmente entre os chineses da etnia Han e os imigrantes do oeste distante, como os Hui, um povo de origem turca. Essas tensões há muito tempo fazem parte do crescimento de qualquer área, da pobreza para a prosperidade. Basta observarmos como uma entrada de migrantes irlandeses nas áreas industrializadas do norte da Inglaterra levou a protestos contra os irlandeses.

Um crescimento econômico rápido e atabalhoado também é acompanhado de fenômenos negativos, como falta de moradias e poluição.

O atual aumento rápido na demanda por parte da economia chinesa baseia-se sobretudo nos negócios nessas regiões bem-sucedidas (ver Figura 4.4). Elas não são apenas fontes de influência da economia chinesa, mas também da economia mundial, e podemos ver a magnitude do comércio entre a China e cada uma das regiões-chave do mundo (Figura 4.5). A mensagem está na parede para os estados-nações. Só porque está em caracteres chineses não significa que seja indecifrável para o restante do mundo.

Se olharmos para as mega-regiões chinesas como estados-regiões, então 9 das 15 "nações" da Ásia são chinesas, ou Chunghwa (ver Figuras 4.3 e 4.4). No entanto, se interpretarmos literalmente o significado de "chunghwa", ou centros prósperos do universo, então teremos de incluir Taiwan, Hong Kong e, talvez, Cingapura, porque 70% de sua população são de origem chinesa. Isso significa que 12 dos 15 principais países da Ásia, excluindo o Japão, são chineses. A China sempre foi uma potência política, mas agora seu tamanho, do ponto de vista econômico, a transforma numa potência sentida em toda a Ásia.

Nove estados-regiões de Chunghwa estão entre os 15 principais países da Ásia

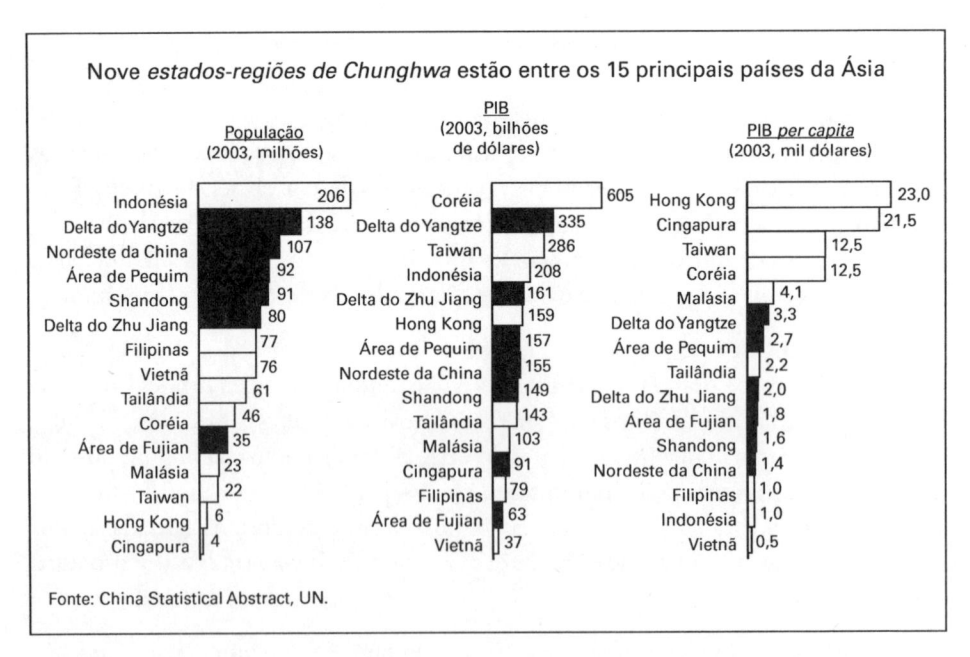

População (2003, milhões)		PIB (2003, bilhões de dólares)		PIB per capita (2003, mil dólares)	
Indonésia	206	Coréia	605	Hong Kong	23,0
Delta do Yangtze	138	Delta do Yangtze	335	Cingapura	21,5
Nordeste da China	107	Taiwan	286	Taiwan	12,5
Área de Pequim	92	Indonésia	208	Coréia	12,5
Shandong	91	Delta do Zhu Jiang	161	Malásia	4,1
Delta do Zhu Jiang	80	Hong Kong	159	Delta do Yangtze	3,3
Filipinas	77	Área de Pequim	157	Área de Pequim	2,7
Vietnã	76	Nordeste da China	155	Tailândia	2,2
Tailândia	61	Shandong	149	Delta do Zhu Jiang	2,0
Coréia	46	Tailândia	143	Área de Fujian	1,8
Área de Fujian	35	Malásia	103	Shandong	1,6
Malásia	23	Cingapura	91	Nordeste da China	1,4
Taiwan	22	Filipinas	79	Filipinas	1,0
Hong Kong	6	Área de Fujian	63	Indonésia	1,0
Cingapura	4	Vietnã	37	Vietnã	0,5

Fonte: China Statistical Abstract, UN.

FIGURA 4.4 Nove estados-regiões de Chunghwa comparados com outras nações asiáticas.

Comércio com a China
(como % do comércio total)

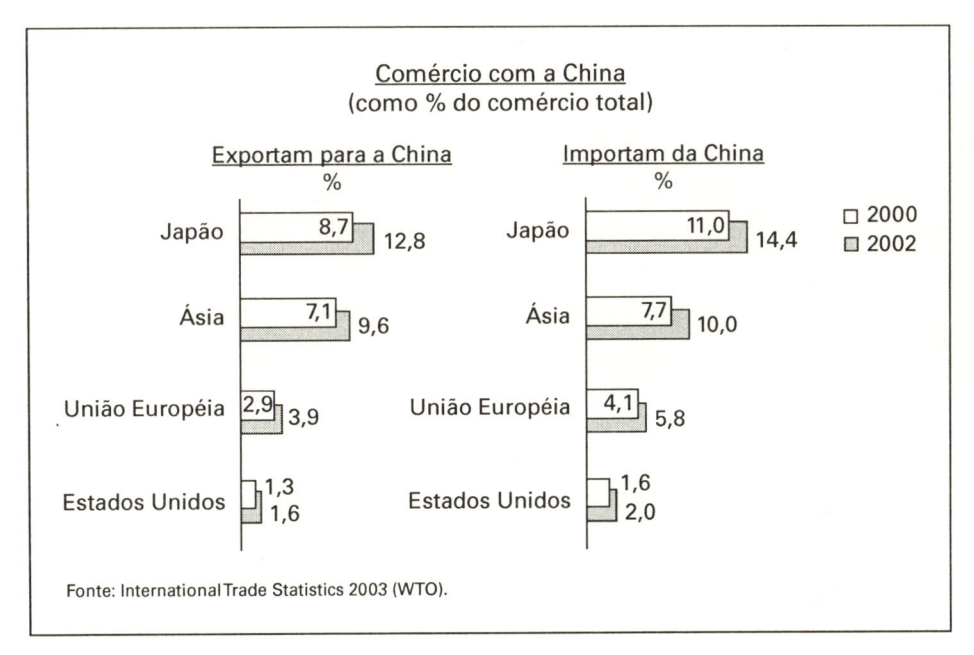

Exportam para a China %	Importam da China %	
Japão 8,7 / 12,8	Japão 11,0 / 14,4	☐ 2000 ☐ 2002
Ásia 7,1 / 9,6	Ásia 7,7 / 10,0	
União Européia 2,9 / 3,9	União Européia 4,1 / 5,8	
Estados Unidos 1,3 / 1,6	Estados Unidos 1,6 / 2,0	

Fonte: International Trade Statistics 2003 (WTO).

FIGURA 4.5 Comércio com a China.

NEM TODAS AS REGIÕES FORAM CRIADAS IGUAIS

O estado-região (onde quer que se localize) é o motor da economia global. Porém, embora o sucesso da maior descentralização econômica seja visível ao longo da costa leste da China, ainda há obstáculos de raízes profundas para os outros estados-nações que desejam também prosperar. Isso pode ser alcançado deixando-os fazerem mais por si mesmos.

Os constituintes de um estado federal, mesmo que o seja só no nome, estão melhor preparados para se tornarem estados-regiões. Eles têm uma pequena vantagem de infra-estrutura. Um dos poderes que costuma ser outorgado para o estado em uma constituição verdadeiramente federal é o das finanças e impostos.

Há também muitos políticos, administradores e tomadores de decisão cujo pressuposto é formado pelo regional, e não pelo nacional. Nos Estados Unidos, há os governos estaduais, cujo principal executivo é um governador eleito, que pode ser um agente muito eficaz na promoção de seu estado como um lugar de investimentos. Isso pode ser feito diretamente, ignorando o centro em Washington. Irônica mas sensivelmente, muitos governadores elegem-se presidentes – por exemplo, Jimmy Carter na Geórgia, Bill Clinton no Arkansas, Ronald Reagan na Califórnia ou George Bush no Texas.

Os Estados Unidos têm sido uma nação verdadeiramente federal por mais de dois séculos. Embora haja tensões contínuas entre os governos estaduais e o federal, ambas as esferas de governo são reconhecidas como sendo complementares e centrais para a cultura política. Os Estados Unidos surgiram no teatro da História já como um estado federal. Todos falam da Revolução Americana de 1776, e embora isso tenha sido motivado pelo desejo coletivo dos americanos por liberdade, ela foi legalizada em muitos níveis pelos diferentes estados. Uma vez obtida a liberdade, os estados decidiram juntar-se para garantir que não tinham substituído uma tirania por outra, mais doméstica.

A SURPREENDENTE CHINA

É ainda mais surpreendente (embora positivo) que a República Popular da China fosse se tornar a pioneira nesse aspecto. Embora o país concedesse uma medida de liberdade para certas áreas sob o título de "regiões autônomas", os residentes dessas áreas sabiam que sua autonomia não ultrapassava a semântica. O conceito de todo o país ser mantido junto por uma mão forte foi herdado dos antigos governantes chineses, porém atualizado pelas obras de Lênin e Mao.

O salto dado pela economia chinesa pode claramente ser rastreado até as reformas de 1998, quando Zhu Rongji tornou-se primeiro-ministro. Preocupado com as corporações paraestatais ineficientes, Zhu declarou que elas seriam deixadas para afundar ou nadar sem a ajuda nem a interferência de Pequim. Isso eficazmente transferiu a responsabilidade por esses empreendimentos para as regiões, porque o fracasso lhes custaria caro. Assim, sem uma declaração, Zhu eficazmente terminou com o controle central e realizou a descentralização. As cidades e as províncias então saíram a buscar ajuda do restante do mundo, abrindo as portas para investimentos diretos do exterior.

Mais recentemente, a administração do cotidiano foi passada para certas regiões potencialmente prósperas. A maioria delas tem, em seu coração, um núcleo urbano de cidades, compreendendo talvez 5 milhões de habitantes (freqüentemente muito mais).

As mudanças recentes em Guangzhou ou Dalian são um experimento novo. O centro diz que é pela unidade, mas permite a autonomia econômica. Entretanto, se essa autonomia econômica fosse acompanhada de demandas por autonomia política, é de duvidar se o centro em Pequim permitiria isso.

MICRORREGIÕES

Os estados-regiões são a última palavra em termos geográficos da economia global? Ou será possível enxergarmos, como Bohr e Heisenberg, alguma atividade útil em um nível econômico subatômico?

Agrupamentos de indústrias estão por aí há bastante tempo. Eles são bem diferentes de um estado-região e tomam diversas formas, mas uma das mais duradouras na psique humana é a de uma floresta de altas chaminés emitindo fumaça preta e, sem dúvida, tóxica no ar. Em Shenyang e na província chinesa de Liaoning há muitas indústrias de "chaminés", operadas por empreendimentos pertencentes ao Estado, os quais são velhos, ineficientes e dão prejuízo. Geralmente estão concentrados em indústrias pesadas, como usinas de ferro, siderúrgicas e ferramentas para máquinas de precisão. Nos dias de glória do maoísmo, os ícones industriais eram proeminentes na estética do realismo socialista. Agora, estão rapidamente se tornando o cinturão de ferrugem da China. Esses são *clusters* do estilo antigo.

Em outras regiões da China, como Chungshan, na província de Guangdong, aproximadamente 3 mil empresas estão fazendo artigos de iluminação, lâmpadas e itens relacionados. Isso, também, é um *cluster*. Elas geram exclusividade porque as companhias de outros setores pouco provavelmente tentarão estabelecer uma empresa lá. Os *clusters* tradicionais são fenômenos unidimensionais.

Mas os agrupamentos nem sempre são um fenômeno negativo na economia global. Isso depende muito da natureza dos negócios por trás deles. Na área do delta do rio Pérola, na China, há 50 mil fornecedores de componentes eletrônicos. Esse *cluster* é uma boa vizinhança industrial para produtores de bens como copiadoras de papel comum, gravadores de fita e de disco, computadores de mesa, televisores e impressoras. Esse agrupamento é uma vizinhança industrial fértil que *não* é exclusiva nem unidimensional. Podemos dizer que ele é magnético, atraindo indústrias diferentes que necessitam das coisas que são produzidas lá. Hoje, todo o delta do rio Pérola é uma localização ideal, comparável à área da Grande Xangai, na qual todos os benefícios da administração da cadeia de fornecimento *just-in-time* podem ser contratados com o tempo de entrega de um dia.

Mencionei anteriormente que um dos elementos definidores de um estado-região é a variedade que é criada por meio de um ciclo de negócios positivo. A economia torna-se multidimensional. Não é como uma região que atrai apenas indústrias têxteis; consecutivamente, outras indústrias têxteis irão para lá, atraídas como por um ímã. Isso cria uma economia monodimensional.

A Europa teve seus agrupamentos industriais. Eles ainda existem, mas em uma escala muito menor e mais especializada. Também são bem mais sofisticados.

Há *clusters* de *clusters* no norte da Itália, especialmente na província de Emilia-Romagna, imediatamente ao sul do rio Pó. A cidade de Modena tem um agrupamento de produtores de carros-esporte rápidos. Ela tem a sede da produção da Lamborghini e da Maserati, e a vizinha Maranello é a cidade da planta de montagem dos automóveis Ferrari. Parma tem um *cluster* de famosos produtores de queijo. Carpi, semelhantemente, contém um agrupamento de produtores de roupas de malha. Carpi tem uma alta taxa de empreendimentos locais: 1 negócio para cada 12 habitantes. Todos os negócios em Carpi, uma cidade de menos de 60 mil habitantes, estão relacionados de alguma forma com malhas. Cada um deles tem menos de 15 empregados, mas, coletivamente, ela é a Meca dos tecidos de malha, aonde os compradores e os *designers* vão em grande número, de todas as partes do mundo, para obter a mais nova moda. Bolonha, a capital da província, tem um *cluster* de indústrias de embalagens.

A Itália talvez tenha 1.500 cidades especializadas em um setor, talvez até na manufatura de um único produto. Cada uma representa um *cluster* específico, o qual provavelmente se tornou o principal centro mundial de produção daquele item em termos de inovação. O que é verdade em Carpi para moda de alta qualidade também é verdade em Sassuolo para fabricação de telhas. A Itália, como economia nacional, pode estar passando por um período difícil, mas essas regiões urbanas ou municípios, com os *clusters* a elas associados, fornecem um elemento dinâmico dentro do estado-região. O país pode estar andando aos tropeços em nível nacional, mas a província de Emilia-Romagna não. Lugares como Carpi e Modena são microrregiões porque trabalham com o restante do mundo, e não com Roma.

Essas microrregiões são muito competitivas, embora novamente isso esteja em forte contraste com a pouca competitividade do país. O sistema de impostos na Itália favorece as pequenas empresas. Ele é especialmente benevolente com negócios pequenos, do tipo familiar, com menos de 15 empregados. Todos querem permanecer nesse nível de menos de 15 empregados. Assim, desenvolvem-se *clusters* altamente especializados, às vezes se concentrando na fabricação ou no processamento de um segmento de um produto, como fivelas de metal para cintos ou bolsas, sapatos de luxo, ou produtos de seda. Isso é produção de nichos, e os produtores italianos alcançaram o domínio global no fornecimento desses produtos de ponta, de preços não-elásticos.

Um aspecto impressionante dessa produção italiana (centrada em *clusters* e microrregional) para um nicho de mercado é sua capacidade de prosperar na economia global. Por um lado, ela consegue sobreviver ao desafio da China de produção de baixo custo. Em termos de custos, a Itália simplesmente não se incomoda em concorrer com os chineses. O resultado seria inevitável. Mas, no mundo, há demanda suficiente por produtos de luxo, nos quais altos padrões de manufatura e habilidade combinam-se com altos preços, para fazer um produto desejável. Uma bolsa Gucci, Versace ou Prada não vende por causa de seu preço, nem por ser mais barata do que qualquer outra. Ela vende porque é uma marca com alto reconhecimento e que possui lealdade a ela. Para ser bem-sucedido em um nicho de mercado, é preciso desenvolver a marca. Os produtores italianos que atendem a um nicho de mercado servem a clientes notáveis – tanto que as marcas francesas famosas também recorrem a eles para a produção de roupas, bolsas e sapatos.

Uma marca por si só não garante o sucesso. Alguns administradores de marcas do passado, como Pierre Cardin, cometeram o erro de pensar que todo o valor de uma marca residia apenas em seu nome. Uma vez que uma empresa tivesse isso, podia relaxar e se dar ao luxo de tomar a lealdade como garantida. Acharam que não havia necessidade de se alimentar uma marca com atividade e inovação adicionais. Conseqüentemente, deixaram que secasse e ficasse sem vida. Havia também uma tendência a "vender" marcas com muita freqüência e sem discriminação. Isso permitiu que outros fabricassem produtos usando o nome da marca – uma maneira garantida de acelerar a morte desta ou, pior, seu lento mas inexorável declínio. Há camisetas, lenços e calças com a marca Pierre Cardin por toda a China. E, nesse nível, a marca não é nada mais do que um rótulo sobre o produto.

FLEXIBILIDADE

Uma das características positivas de qualquer região ou microrregião com perspectivas deve ser a flexibilidade. Isso pode exigir uma disposição de não se deixar aprisionar pelos paradigmas do passado e, se necessário, reinventar a si mesma para atender à economia global que está sempre mudando.

Alguns municípios e microrregiões italianos contam com um instinto de sobrevivência inato. Eles atribuem seu sucesso à especialização em algum aspecto da manufatura. As pessoas de Carpi dizem que isso foi forçado pela aniquilação de grande parte da indústria têxtil européia tradicional pelos japoneses nas décadas de 1960 e 1970 – que não afetou os pequenos fabricantes diretamente, como esses da Itália. As pequenas empresas não podiam se mudar para fora de suas cidades, muito menos da Itália, em busca de um ambiente de produção de menor custo. Algumas empresas francesas maiores de vestuário, como a Pierre Cardin, mudaram sua fabricação para o Japão, para Taiwan e, por fim, para a China. Essas empresas começaram um longo e patético périplo, migrando de país em país em busca de uma base de produção sustentável de baixo custo. A maioria pereceu ao longo do caminho, geralmente em algum lugar na

Indonésia ou na China. Outras permaneceram na Europa, mas foram para a Espanha ou Portugal, onde tiveram de enfrentar a concorrência local de empresas como a Zara (Inditex) e a Mango. A maioria conseguiu manter uma presença no mercado de vestuário graças à administração de suas marcas e ao *design*. Elas também investiram bastante em operações de varejo em todo o mundo. A maior parte da fabricação, no entanto, voltou para a Itália.

Como os italianos eram pequenos demais para se globalizarem, tomaram a única alternativa que lhes restara: especializar-se. Em Carpi, eles antes costumavam fazer diversos tipos de vestuário, mas decidiram, em vez disso, concentrar-se numa área: malhas. Ao especializar-se, eles esperavam manter um preço respeitável para seus produtos. Essa foi sua sabedoria para sobreviver. A ameaça do Japão na manufatura têxtil fora um sinal de alerta. O tamanho e o bom senso permitiram que os pequenos fabricantes italianos reagissem corretamente. Os municípios e as microrregiões defenderam-se e protegeram-se como se fossem cidades-estados da Renascença. Elas sempre foram boas em se proteger de ameaças externas e pôr em ordem o orgulho nativo.

A cidade japonesa de Tsubame também sobreviveu como especialista em alta tecnologia de trabalho em metais. Ela mudou para a produção de titânio – para tacos de golfe, relógios, armações de óculos e similares – quando a produção de cutelaria foi desafiada por produtores asiáticos de menor custo.

O inimigo contra o qual os municípios italianos precisam se defender não são mais as forças do Papa, nem do Imperador, dos Médicis, ou de outros, mas as da produção barata, como as da China e do Vietnã. A Itália é, portanto, uma colcha de retalhos de pequenos municípios, cada um dos quais capaz de sobreviver na economia global especializando-se e mantendo a habilidade de cobrar caro, produzindo itens para os quais há uma demanda não-elástica. Assim, eles escaparam de concorrer com as Chinas deste mundo.

Mas os italianos não buscam refúgio de ventos econômicos fortes atrás dos muros de suas cidades. Eles podem ser restritos, mas são participantes ativos na economia global e sem fronteiras. Como mencionamos anteriormente, muitas das partes constituintes de produtos franceses da alta moda são produzidas na Itália: malhas em Carpi, seda em Como e sapatos em Bellagio, por exemplo. Mais recentemente, elas têm se mudado em direção ao leste, para a Turquia e a Romênia.

Esses nichos podem ser altamente especializados, mas não existem em um suntuoso isolamento. No caso da Meca das malhas, Carpi, são mantidas ligações com o mundo mais amplo da moda de Milão, Paris e Nova York, e, por intermédio delas, com o mundo inteiro. Especializando-se, as cidades italianas foram capazes de experimentar a globalização, mas em seus próprios termos. Assim, o fabricante de tecidos da Itália está indiretamente ligado ao mundo exterior. Um *designer* de moda em Nova York ou em Tóquio é capaz de tirar proveito dos últimos avanços da manufatura de tecidos finos da Itália e incorporá-los ao seu portfólio de *designs*. A indústria da moda é apenas um dos setores que está construído sobre o que são essencialmente capacidades individuais que acabaram se tornando consagradas pelo tempo. Elas podem ser estreitas, mas são profundas.

O TAMANHO E A ESCALA SÃO IMPORTANTES, MAS NÃO DA MANEIRA TRADICIONAL

Esse é um antídoto interessante à teoria geral de que você deve ser capaz de concorrer com as regiões maiores para poder sobreviver na economia global e, portanto, atrair capital e finanças globais. Os municípios italianos parecem ter feito exatamente o oposto. Eles sobreviveram e prosperaram por conta própria usando o restante do mundo como clientela.

Eles não precisam se mudar porque o resto do mundo vem a eles para comprar seus produtos. Isso demonstra outra faceta da economia global que as empresas imprudentemente deixam de lado ou esquecem. Os produtos podem ser apresentados da melhor maneira possível em cidades como Milão, Paris, Londres, Nova York e Tóquio, mas, a menos que os *designers* e os gerentes da indústria global tenham um profundo sentimento e conhecimento de suas respectivas redes de fornecedores (nesse caso, originando-se na Itália), eles não permanecerão no topo de seus negócios.

Os municípios da Emilia-Romagna também oferecem uma estratégia alternativa. Eles fazem as coisas melhor, por meio de um aprofundamento e de um estreitamento da produção e dos serviços. Isso pode parecer uma fuga do campo de batalha da concorrência em uma escala global, mas, na verdade, envolve apenas uma retirada tática, em busca de posições mais favoráveis na batalha. O teatro da concorrência permanece o mesmo.

Essa abordagem não iria funcionar para fábricas como a da Olivetti em Ivrea e a da Fiat em Turim, as quais estão em megaconcorrências com participantes globais. Não há um oásis em eletrônica ou automóveis para onde se possa escapar enquanto ainda se deve manter milhares de funcionários.

Não há muitos exemplos desses bem-sucedidos municípios de estilo italiano. Muitos são chamados, mas poucos são escolhidos para o banquete do sucesso final. Para alguns, a especialização pode ser uma estratégia muito prudente em algumas áreas. Há outros exemplos na Europa, como a Sheffield e a Solingen, as quais se especializaram em pratarias. Podemos também mencionar a indústria de vidros na República

Tcheca (conhecida como Vidro da Boêmia), bem como a Waterford Glass da Irlanda, uma empresa que deve muito de seu continuado sucesso ao fato de ter uma marca identificável. Nesses casos, um forte precedente histórico havia sido desenvolvido durante gerações, talvez séculos, levando à especialização em trabalhos com metal e vidros, respectivamente. Uma microrregião não pode simplesmente decidir de uma hora para outra que vai se especializar na produção de abotoaduras (ou qualquer outra coisa) se não tiver uma tradição de envolvimento com isso. O teste crítico é se os clientes pelo mundo afora estão dispostos a pagar um preço a mais por itens de luxo. Isso, em resposta, exige que as regiões produtoras estejam intimamente ligadas a clientes de ponta.

Há outras empresas que, embora tenham começado pequenas, ganharam respeito internacional e seguidores – tudo muito maior do que o mercado doméstico disponível. Entre elas, inclui-se a espanhola Inditex, junto com marcas como Zara, Massimo Dutti, Stradevarius, Pull and Bear e Oysho. Ela, que está estabelecida em La Coruña, no noroeste da Espanha, conta com mais de 3 mil lojas em todo o mundo, com as quais está ligada logisticamente usando métodos *just-in-time*.

AS REGIÕES ESTÃO GANHANDO SEU MERECIDO RECONHECIMENTO

O advento e o sucesso dos estados-regiões estão sendo reconhecidos em todo o mundo. Às vezes, a reação é bastante negativa, refletida em tentativas, por parte dos que estão no centro político, de ressaltar a importância do centro. Mas tais atitudes pessimistas estão fadadas ao fracasso. Elas são como o rei inglês Canuto, quando ordenava que as ondas do mar se retirassem.

A importância das regiões é cada vez mais percebida por estatísticos econômicos. Por exemplo, o Institute of Management Development, estabelecido na Suíça, começou a incluir regiões e estados-nações em suas listas de classificação da competitividade mundial. As unidades regionais tendem a refletir as fronteiras regionais e provinciais existentes. Entre aqueles cuja competitividade é reconhecida, encontram-se os estados de Maharashtra na Índia, São Paulo no Brasil, e a província de Zhejiang na China, e então Emilia-Romagna na Itália. Em países com grandes populações, os centros de prosperidade podem até ser menores do que uma província, assim como Dalian, que é meramente um município, porém com uma grande área. Mas a inclusão de dados de acordo com regiões, em vez dos ultrapassados estados-nações, é muito significativa.

Pode ser problemático a curto prazo aumentar o poder e a influência das regiões. Há vários desafios: práticos, políticos e psicológicos. Mas nenhum deles é insuperável.

No nível político, pode haver uma resistência relacionada à inércia por parte dos tomadores de decisões dos governos nacionais ou centrais de passar o efetivo poder de tomada de decisões no dia-a-dia às regiões. Países menores, com populações de 3 a 10 milhões, como Cingapura, Dinamarca, Finlândia e Suécia, são capazes de fazer mudanças organizacionais e de sistema com relativa rapidez. Eles não têm os problemas que países maiores enfrentam, com o centro tendo de coordenar regiões de interesses conflitantes. No entanto, fricções entre o centro e a periferia foram evidentes no passado recente de nações como a Dinamarca e a República Irlandesa.

A delegação das tomadas de decisão, especialmente na área econômica e na política comercial, precisa acontecer, se é para as regiões atingirem seu potencial. Os líderes em nível nacional não estão motivados a, ou são incapazes de, tomar medidas eficazes para abraçar e relacionar-se com a economia global. Além do excesso de bagagem, também precisam satisfazer a muitos dinossauros econômicos e eleitores míopes.

Uma vez que uma região pareça estar no caminho para o sucesso, isso pode causar inveja no centro e em outras áreas menos preparadas ou não tão bem localizadas. Essa inveja pode manifestar-se em tentativas de sabotar o sucesso de uma região, provavelmente por meio de políticas "benignas" de eqüidade ou solidariedade nacionais.

O centro também pode tentar frear qualquer tentativa de autonomia local, como que lembrando a região de que ele ainda é o chefe e de que há limites dentro dos quais ela pode agir. Os governos italianos tentaram de tudo nos últimos 40 anos para resolver seus problemas, sem êxito. Ironicamente, as microrregiões e as marcas de ponta prosperam sem nenhuma intervenção estatal ou subsídio. A Itália não é uma exceção, mas a regra – vejam-se, por exemplo, os esforços dos governos americano, francês, japonês e outros para "salvar empregos e a indústria manufatureira".

Se as estruturas políticas do anfitrião são inflexíveis e o estado-região, como uma entidade econômica separada, mostra sinais de querer o divórcio em vez de uma separação (ou simplesmente mais espaço), a força militar pode ser usada para trazê-lo de volta à obediência (veja-se o caso da Irlanda do Norte). As conseqüências prejudiciais desse tipo de ação sobre o desenvolvimento econômico dispensam comentários.

CONSIDERAÇÕES PRÁTICAS

Quando uma área é bem-sucedida mesmo pertencendo a um estado-nação preso aos modelos constitucionais do século XIX, há constante tensão. Isso se centraliza na questão: Que direitos tem a região de ficar com as riquezas que gerou, e até que ponto tem de compartilhá-las com seu estado "pai" e suas irmãs menos prósperas?

Uma das acusações que pode ser feita contra os estados-regiões pelos centristas é que eles estão buscando agendas egoístas, míopes e regionalistas. Os centristas são, em maior ou menor grau, nacionalistas. Eles acreditam na justiça do modelo do estado-nação. Isso pode ser o limite de seu nacionalismo. Eles vêem os que lutam por mais liberdade nas regiões como mininacionalistas, que diluem e concorrem com o seu poder.

Mas os líderes mais inteligentes em uma região sabem que não há como resolver seus problemas sem trabalhar junto com o resto do mundo. Isso não significa que a região vá virar suas costas ao estado-pai ou ao centro histórico. Em alguns casos, essas ligações só acrescentam à atratividade de uma região, aos olhos de investidores de fora. Parte do apelo de uma região como Hessen pode ser atribuída ao fato de pertencer à República Federal da Alemanha. Mas ela precisa ser agressiva. Sua prosperidade depende de uma explícita ou implícita renegociação de seu relacionamento com o centro de poder.

Uma das principais crenças dos centristas é que, em um estado-nação, todos os recursos devem fluir para fora, de forma centrípeta, do centro em direção às regiões. Vimos como governadores americanos de visão realizaram o *marketing* bem-sucedido de seus estados, evitando totalmente o centro. Se uma região quiser prosperar, deve ser capaz de fazer isso. Ela deve ser capaz de atrair investimentos do restante do mundo sem a necessidade de um intermediário central. O centro também deve reconhecer que, se a região atrai capital, corporações e consumidores de outras partes do mundo, sua capacidade de cobrar impostos vai aumentar e sua obrigação de distribuir irá diminuir. Isso criará uma situação de ganha-ganha.

Pode não parecer uma idéia nostálgica pedir o restabelecimento das bolsas de valores e dos mercados financeiros regionais. Eles eram característicos da Europa e dos Estados Unidos do século XIX, e ajudaram a financiar grande parte do desenvolvimento industrial de áreas como o norte da Inglaterra e a Pensilvânia. Nas décadas de 1960 e 1970 houve um movimento em direção à fusão. Assim, os mercados financeiros regionais desapareceram, sendo substituídos por bolsas de valores nacionais (com o ocasional, e freqüentemente pífio, satélite mantendo uma existência de atividade irregular). No mundo atual, as finanças não respeitam fronteiras. A arbitragem e a alavancagem garantem que qualquer sentimento nacional residual nos mercados financeiros seja dissolvido. As bolsas nacionais já não são tão significativas, podendo, inclusive, pertencer e ser administradas por estrangeiros. (Por exemplo, as bolsas de valores da Dinamarca e da Finlândia pertencem e são operadas pela companhia sueca OM.) Elas podem ser um peso para o crescimento econômico, como os outros fetiches do estado-nação.

O QUE UMA REGIÃO DE SUCESSO DEVE FAZER

Há muitos estados-regiões com potencial de êxito atualmente. Para a maioria, é provável que essa potencialidade permaneça não-realizada. Algumas regiões teimosamente se recusam a se livrar de seu torpor, não importando quanto dinheiro poderia ser atraído ou quanto desenvolvimento positivo poderia acontecer ali.

Nem mesmo regiões bem localizadas podem se dar ao luxo de relaxar considerando o sucesso futuro. Na economia global, há poucas coisas que são 100% garantidas. Elas podem até ter tudo para alcançar o sucesso, mas muitos fatores objetivos, desde a interferência central até estratégias de *marketing* pobres, pesarão no caminho.

Escolhas têm de ser feitas. Não ter uma característica própria pode ser o caminho mais rápido para a ruína comercial. É impossível ser um "faz-tudo", tentar realizar coisas demais e não se especializar em nada. A região que parece oferecer de tudo para todos os potenciais investidores logo será exposta como um vendedor de carros baratos e sem talento, com nada que valha realmente a pena oferecer. O potencial investidor desenvolve uma longa lista de lugares candidatos para estabelecer operações. Mas os verdadeiros tomadores de decisão olham apenas para a lista pequena, com tipicamente três ou cinco nomes. A menos que a região conste nessa lista reduzida, não será sequer considerada. Então, o importante é conseguir entrar na lista pequena. Essa é a razão pela qual um conjunto de características comparadas com outras regiões deve ser desenvolvido e apresentado. Tanto a Irlanda como Cingapura foram bem-sucedidas em se autodenominarem como o *e-hub* da Europa e a capital *de facto* da Ásia, respectivamente. Rótulos assim fazem com que uma região entre na lista. No entanto, também é preciso ser bom em logística: Cingapura, por exemplo, declara que consegue descarregar um contêiner dentro de 25 minutos de sua chegada, 24 horas por dia, 7 dias por semana.

Já a República da Irlanda, em sua busca da visão do *e-hub*, demonstrou um comprometimento com as telecomunicações, mas com ênfase especial em áreas como serviços de retaguarda e administração da resposta do cliente. O país foi capaz de atrair operações de *call centers*, sejam instalações autônomas ou afiliadas de grandes organizações. Em pouco mais de uma década, foi desenvolvida uma especialização ímpar: a Irlanda hoje possui uma infra-estrutura física, logística e legal. Ela conseguiu uma posição muito forte. Aqueles que pensam em abrir instalações de CRM freqüentemente se perguntam, ao analisar um lugar: "Por que não a Irlanda?", em vez de "Por que a Irlanda?".

Nenhuma posição na economia global é incontestável. Provavelmente devido a sua longa e amarga história de pobreza econômica, a República da Irlanda não considera sua posição como garantida. Ela sabe que ainda precisa competir para vencer e que precisa lutar com outras candidatas, como a Holanda e, cada vez mais, a Polônia e a República Tcheca, pela coroa do CRM europeu.

A Irlanda é interessante porque mostra os benefícios da concentração em uma área, e também que os benefícios de um setor não impedem outros atores de participarem. A Irlanda não corre o risco de se tornar um agrupamento híbrido, velho/novo estilo, de centro de chamadas. Outras indústrias de alta tecnologia foram atraídas, as quais, por sua vez, levaram à formação de sua própria tecnologia e de seus *clusters* baseados em P&D. No verão de 2004, por exemplo, a Bell Laboratories anunciou planos de estabelecer um centro especializado de P&D na Irlanda.

Outro ingrediente vital para o sucesso, como vimos anteriormente, é a flexibilidade. Vimos como os municípios italianos sobreviveram reinventando-se. Podemos ver isso em uma ordem mais elevada no caso de Cingapura. Essencialmente um centro de comércio e comunicações até a década de 1950, o país resolveu entrar na era da industrialização. No entanto, teve de enfrentar a concorrência de outros produtores e, na década de 1980, mudou de sua ênfase em manufatura para o setor de serviços. Não havia esperança de vencer na manufatura contra o *pool* de mão-de-obra muito maior e mais barato da Indonésia, do Vietnã e da Tailândia dentro dos países da ASEAN. Assim, o país simultaneamente se promoveu como um local estratégico para as multinacionais que estavam decididas a estabelecer uma sede regional no Sudeste Asiático. Cingapura alardeou sua logística e se posicionou como provedora de serviços profissionais e financeiros para países vizinhos. No fim da década de 1990, ao enfrentar novamente a concorrência, teve de mudar seus objetivos de desenvolvimento na área de tecnologia biomédica e de telecomunicações.

Cada mudança de direção foi difícil, mas Cingapura tem constantemente aparecido com novos projetos, colocando-os em prática e, então, partindo para outros. Os custos humanos têm sido altos, mas o país reconheceu que, sem essa flexibilidade, hoje estaria morto à beira do Mar do Sul da China, tanto como estado-nação, como também como estado-região.

TRANSFORMAR LUGARES EM MARCAS

Além da flexibilidade, as regiões precisam de *marketing*. Há um velho provérbio sobre a inutilidade de se esconder uma luz sob um alqueire ou um toldo. Um estado-região bem-sucedido deve adotar uma estratégia de *marketing* eficaz. Isso pode se dar de muitas formas, de acordo com a percepção de que é o que os outros estão fazendo também. Um dos ativos mais importantes para isso é um bom gerente de *marketing*. Voltaremos a essa questão quando abordarmos a liderança. A descrição do trabalho desse gerente de *marketing* pode ter um título que já existe. Nos Estados Unidos, ele pode ser o governador do estado; na Alemanha, o principal de uma região; ou, na China, o prefeito da cidade. Quem quer que seja, esse líder precisa ser incansável em seus esforços para pregar a distinção e a facilidade de investimentos em sua região.

Ele precisa aprender com outras regiões bem-sucedidas, mas nunca copiá-las sem independência (ver Figura 4.6). Ele tem de estar consciente das diferenças locais e de quais ativos tornam sua região singular e particularmente atraente. Algumas coisas podem impedir os investimentos na região; outras os chamam. O importante é que o líder – seja quem for – não deve ficar indiferente ao sucesso. Mesmo se muitas empresas estabelecerem instalações e investirem bastante, direta ou indiretamente, o líder regional deve lembrar que isso é como a água do mar: pode fluir para fora tão fácil como flui para dentro.

A VONTADE DE TER SUCESSO

O mais importante, se não vital, é a motivação – a disposição de ser bem-sucedido. Pois, se isso não for assumido coletivamente e tornar-se parte da identidade de uma região, o desejo de atuar na economia global permanecerá mera retórica.

		Megarregiões, estados-regiões e microrregiões globalmente ativos e prósperos		
Largura do espectro industrial	Amplo	Shandong	Delta do rio Pérola Grande Xangai	Área metropolitana de Tóquio
	Específico por setor	CRM irlandês BPO holandês	Cingapura BPO indiano (Bangalore/ Hyderabad)	Vale do Silício Grande Boston Vale Medicon
	Nicho	Cidades italianas	CRM chinês (Dalian)	Austin
		Especialista funcional	Múltiplo porém esporádico	Toda a faixa ou controlador
		Sistema comercial que leva até o usuário final/cliente		

FIGURA 4.6 Estados-regiões globalmente ativos e prósperos.

Às vezes, a vontade de ser bem-sucedido vem de uma profunda aversão ao fracasso e é o resultado de um preocupante período de perturbação. A Finlândia é um bom exemplo, quando a sociedade levou um choque com o desastre de 1992 e 1993. O país foi compelido a pensar a respeito de seu futuro. Com o colapso da União Soviética, eles não poderiam mais continuar jogando um bloco de poder contra o outro para tirar proveito de ambos. Havia a percepção de que suas indústrias tradicionais, baseadas em florestas, produtos de madeira e refinamento de minério de cobre, não poderiam proporcionar um alto padrão de vida ou, pelo menos, aquele ao qual já estavam acostumados. Eles teriam de investir em indústrias baseadas em ICT e IQ. A catástrofe financeira fez com que pensassem sobre como viver no futuro. Só havia uma saída: o país inteiro empenhar-se no desenvolvimento de um ambiente ICT, não superficialmente, mas intrinsecamente em todos os níveis.

A ORGANIZAÇÃO DAS REGIÕES

O mundo precisa começar a pensar em diferentes escalas. Ele precisa começar a pensar menor (em termos de regiões), mas ao mesmo tempo deve pensar grande em termos da totalidade e dos amálgamas globais de regiões eficazes e progressivas. Grandes agrupamentos econômicos, como a União Européia e os países da ASEAN, podem desempenhar um papel vital no novo palco global.

A mais bem-sucedida até o momento tem sido a União Européia. Ela foi fundada como a Comunidade Econômica Européia (CEE) em Roma, em 1956. Seu objetivo era ser, em primeiro lugar, uma união econômica que iria incluir uma união de alfândegas e uma área de livre-comércio.

Seu documento de fundação foi o Tratado de Roma, o qual sofreu emendas na conferência de Chefes de Governo em Amsterdã, em 1992. Havia um comprometimento desde o início de que essa união não seria uma mera conversa fiada de políticos europeus trocando lugares-comuns e sendo indulgentes em uma redação de documentos de manifestações sem valor. O livre-comércio foi definido como liberdade em quatro "fatores" vitais: liberdade de movimentos de bens, de pessoas, de capital e liberdade de estabelecimento, de modo que qualquer cidadão de um estado-membro poderia estabelecer um negócio em outro estado-membro sem discriminação.

Esses e outros princípios fundamentais foram preservados no tratado de fundação. Mas têm sido aprimorados e aumentados por leis e diretivas emitidas pelo Conselho de Ministros, as quais formam um corpo de leis positivas ou Lei da Comunidade Européia, distinguindo-se das leis dos países-membros. O mais importante foi o estabelecimento de uma Corte de Justiça Européia em Luxemburgo, para adjudicar sobre a Lei da Comunidade Européia.

Em 1962, essa corte agiu pela primeira vez. O varejista holandês Van Gend en Loos estava em disputa com a Administração de Alfândegas da Holanda, e o caso foi referido à Corte de Justiça Européia. A empresa de varejo argumentava que as ações das autoridades holandesas tinham violado o tratado de Roma, e a corte julgou a favor dela, afirmando que, onde houvesse um conflito entre a lei nacional ou municipal (as leis e os regulamentos dos estados-nações constituintes da comunidade) e a Lei da Comunidade Européia, esta sempre teria precedência. Assim, a Lei da Comunidade existia não ao lado das leis nacionais, mas efetivamente acima delas.

A corte explicou sua atitude apontando a CEE como uma organização singular e sem precedentes. Quando seus membros a estabeleceram, conscientemente cederam uma parte de sua soberania nacional a essa nova estrutura, no interesse do bem comum de seus cidadãos.

O governo holandês (como qualquer outro) poderia ter ignorado esse julgamento, mas não o fez. Julgamentos assim não são compulsórios às partes. Na realidade, eles sempre são descritos como clarificações da Lei da Comunidade Européia. Depois que a corte se pronuncia, o caso volta às cortes nacionais para a conclusão, com a clarificação e o julgamento feitos pela Corte Européia. Desde o início, a Comunidade Européia demonstrou que não era um tigre de papel.

O Tratado de Roma original tinha uma atitude muito indefinida em relação às restrições comerciais. À parte tarifas bastante aparentes, ele procurou erradicar meios menos declarados de distorcer o mercado, os quais eram agrupados juntos sob o título de MEQRs (Measures Equivalent to Quantitative Restrictions). Na década de 1970, a Corte de Justiça Européia identificou um bom número de medidas dos governos nacionais que pareciam inócuas na superfície, mas tinham um impacto letal sobre o comércio. Elas podiam incluir medidas projetadas ostensivamente para proteger a saúde e o bem-estar. Mas se alguma tornasse um produto ou serviço de outro estado-membro menos atraente, era vista como uma restrição e distorção do comércio.

Os partidários tradicionais do estado-nação estavam furiosos com tudo isso. Era como se fosse um ataque frontal à soberania e à integridade nacionais. Pior ainda, muitos argumentavam (desonestamente) que era algo ditatorial e antidemocrático. O estereótipo surgiu a partir de uma Comissão Européia burocrática, formada por funcionários sob uma ditadura que estaria se concentrando em homogeneizar o continente em uma *Euroland* insípida e sem fronteiras. Esses estariam imbuídos de "mitos urbanos" absurdos sobre como a União Européia (UE) estava planejando proibir o uso de descansadores de garrafas em bares e obrigar a padronização das salsichas.

Mas toda legislação da UE é feita pelo Comitê de Ministros (que inclui representantes dos governos nacionais). As diretivas, uma parte importante do arsenal legal da UE, têm de ser transformadas em leis nacionais primeiro pelos parlamentos nacionais, antes que possam ter qualquer poder. A verdade é que a Lei Comunitária da UE toca apenas uma parte das atividades de seus cidadãos, embora tal parte seja muito importante.

Ainda há tensões entre os que têm uma visão de uma Europa muito mais sem fronteiras e aqueles que têm medo da integração. O estado-nação ainda tem seus partidários dedicados, como bem exemplificou o distúrbio sobre os pesos dos votos e vetos no Comitê de Ministros no final de 2003. Pode ser significativo que um dos estados-nações mais inflexíveis nessa disputa tenha sido a Polônia. Por mais de quatro décadas, seu sentimento de identidade nacional havia sido unificado e eficazmente intimidado para aquiescência em organizações como o Comitê para Assistência Econômica Mútua, ou COMECON.

A Comunidade Européia tem de resistir à tentação de transformar-se em um novo megaestado. Sua força tem de ser sua flexibilidade, mas, à medida que ela cresce em tamanho, inevitavelmente se torna menos coerente e administrável.

Uma de suas constantes fraquezas é que sua parte constituinte mais importante ainda é o estado-nação. É sobre esse fundamento que os direitos de votos estão baseados e os fundos, alocados. Embora certos princípios, como o de prestar auxílio, tenham sido desenvolvidos em uma tentativa de capacitar áreas remotas, ela precisa se lembrar da vitalidade das regiões que a constituem, as quais nem sempre são as mesmas dos interesses de seus estados-membros constituintes. Seria ruim se estados-nações como a Irlanda, a Dinamarca e a Finlândia, ou áreas como a Catalunha ou Baden-Württemberg, fossem sufocadas pela interferência externa e por leis rigorosas demais. A UE proclama seu desejo de buscar a competitividade. Se ela realmente for séria quanto a tornar a Europa mais competitiva, deverá olhar para aquelas áreas dentro de seus limites que alcançaram e mantiveram a competitividade. O governo irlandês, em especial, opôs-se a qualquer tentativa de harmonização de impostos. Os municípios italianos também triunfaram sobre a burocracia de Bruxelas – para não falar de Roma.

A realização de um mercado único na Europa entre os membros da UE tem tido vantagens significativas. Por exemplo, é agora muito mais lucrativo para uma empresa investir em distribuição dentro da Europa. Para isso, ela precisa apenas estabelecer um centro de distribuição ou logística para toda a área do Mercado Europeu. Ela também precisa estabelecer um único CRM multilingüístico ou *call centers* para toda a UE em uma base de 24 horas, todos os dias do ano. Esses são avanços impressionantes sobre os modelos nacionais de CRM/SCM, que tinham sido algumas das deficiências da Europa em comparação com países como os Estados Unidos e o Japão.

Talvez o mais importante elemento desenvolvido na UE tenha sido o euro, a moeda comum central para a União Econômica e Monetária da comunidade. Ela foi explicada pela primeira vez em 1992, e em janeiro de 1999 tornou-se uma realidade. Dois anos mais tarde, substituiu as moedas nacionais de 12 dos membros da UE. Esse foi um enfraquecimento adicional dos símbolos inalienáveis do estado-nação. Lembre-se de que quatro dos símbolos da soberania eram: uma moeda nacional própria, um banco central separado, uma capacidade de autodefender-se e uma constituição e um sistema legal eficazes. Agora, os dois primeiros foram absorvidos pelo Banco Central Europeu (ECB) e pelo euro, respectivamente, enquanto o terceiro opera sob a proteção da OTAN ou da Parceria pela Paz (PFP).

O ultimato já havia sido dado há muito tempo para as moedas européias, mesmo para aquelas com alguma alavancagem internacional, como o franco francês e o marco alemão. Como é que elas poderiam concorrer eficazmente em um mundo dominado pelo dólar?

Mas sentar-se em volta de uma mesa e decidir que "uma moeda comum é uma boa idéia" não era o suficiente. Era preciso haver regras e critérios por meio dos quais as moedas pudessem se unir. Os vários bancos centrais teriam de ser absorvidos, virando um único Banco Central Europeu com força para determinar as taxas de juros.

Infelizmente, ainda não seria o caso de tratar com uma grande economia, mas com muitas diferentes, de variados tamanhos e formas. No entanto, espera-se que isso mude com o tempo. À medida que as várias economias dependem tanto umas das outras, deve haver restrições eficazes para os "membros maus", para evitar um comportamento econômico desregrado e irresponsável por parte de um estado-membro individualmente. Os membros não devem ter déficits de orçamento maiores do que 3% do PIB. É lamentável que dois dos maiores membros da eurozona tenham desafiado isso com sucesso em 2003. Por fim, a credibilidade não somente da União Monetária Européia, mas também da mais ampla União Européia, dependerá de até que ponto os "grandes" da união econômica serão impedidos de reescrever as regras enquanto participarem do jogo.

O euro teve um início acidentado, mas agora se estabilizou. Parte disso foi devido ao moroso desempenho econômico na área da eurozona. Ele pode muito bem rivalizar com o dólar americano como uma moeda de reservas e de acordos internacionais. Os fornecedores de bens e serviços para clientes americanos, seja na Europa ou em outro lugar, podem começar a exigir o acordo das dívidas em euros. Isso é pouco provável a curto prazo, mas poderia acontecer: como mostra a Figura 4.7, na última década as moedas européias foram evitadas, devido a suas instabilidades. Isso agora está mudando, e muitos bancos centrais e instituições financeiras passarão a portfólios mais equilibrados. Isso representa uma mudança importante do dólar para o euro e, possivelmente, o iene.

Isso pode levar a um período de feudalismo furtivo, talvez a uma guerra fria econômica, com a vitória incerta para qualquer dos lados. Sentindo que a vitória final é uma ilusão, os dois lados podem decidir unir-se em uma moeda transatlântica, o *doro*.

OUTRAS UNIÕES

Até o momento, a União Européia é o único grupo que avançou ao ponto de unir as moedas. Mas, num mundo onde não vale a pena ser pequeno, outros países estão

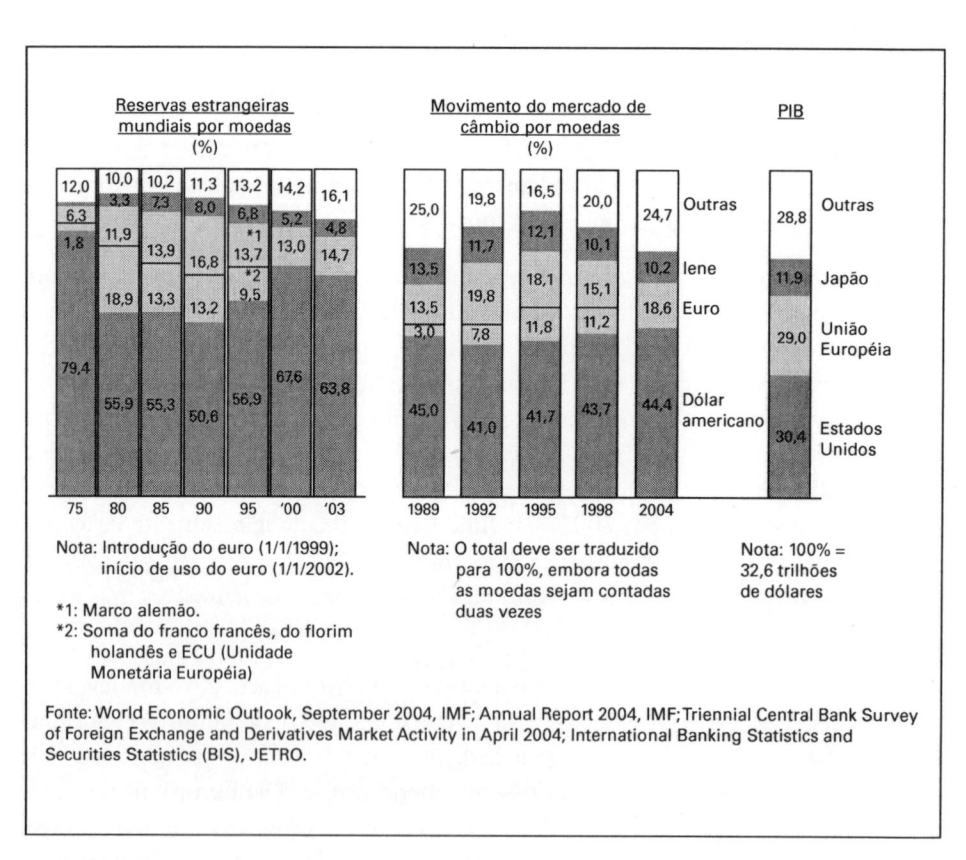

Reservas estrangeiras mundiais por moedas (%)							Movimento do mercado de câmbio por moedas (%)					PIB	
75	80	85	90	95	'00	'03	1989	1992	1995	1998	2004		
12,0	10,0	10,2	11,3	13,2	14,2	16,1	25,0	19,8	16,5	20,0	24,7 Outras	28,8	Outras
6,3	3,3	7,3	8,0	6,8	5,2	4,8		11,7	12,1	10,1			
1,8	11,9	13,9	*1	13,7	13,0	14,7	13,5		18,1	15,1	10,2 Iene	11,9	Japão
			16,8	*2			13,5	19,8			18,6 Euro		
	18,9	13,3	13,2	9,5			3,0	7,8	11,8	11,2		29,0	União Européia
79,4					67,6								
	55,9	55,3	50,6	56,9		63,8	45,0	41,0	41,7	43,7	44,4 Dólar americano	30,4	Estados Unidos

Nota: Introdução do euro (1/1/1999); início de uso do euro (1/1/2002).

*1: Marco alemão.
*2: Soma do franco francês, do florim holandês e ECU (Unidade Monetária Européia)

Nota: O total deve ser traduzido para 100%, embora todas as moedas sejam contadas duas vezes

Nota: 100% = 32,6 trilhões de dólares

Fonte: World Economic Outlook, September 2004, IMF; Annual Report 2004, IMF; Triennial Central Bank Survey of Foreign Exchange and Derivatives Market Activity in April 2004; International Banking Statistics and Securities Statistics (BIS), JETRO.

FIGURA 4.7 Reservas e movimento do câmbio por moedas comparados com a participação do PIB.

seguindo o mesmo caminho. Os países da APEC,* por exemplo, instituíram uma maior liberdade comercial, especialmente acordos bilaterais de livre comércio, entre seus membros.

Pequenos mas importantes passos já estão sendo dados para atingir esse objetivo. Os ministros das finanças da ASEAN + 3 (China, Coréia e Japão) discutiram planos para estabelecer uma agência central para monitorar os ativos de moeda estrangeira dos bancos centrais de outros países-membros. Isso não somente levaria a uma maior estabilidade das moedas, mas também permitiria aos de fora algumas entradas importantes nas políticas econômicas domésticas. Esse passo, embora aparentemente insignificante, é de grande importância. A noção de soberania irrefutável é um dos maiores obstáculos desnecessários no mundo, o qual impede o crescimento econômico eficaz. Vimos quão importante foi a decisão da Corte de Justiça Européia em 1962: ela explicou que, quando os países-membros se juntaram, abriram mão de parte de sua soberania pelo benefício maior do todo. Um movimento adicional em direção à moeda asiática comum foi proposto na forma de uma unidade comum para designar obrigações. Essa unidade seria baseada em todas as moedas dos países-membros. Esses seriam os passos iniciais. Como um funcionário da ASEAN observou: "Precisamos de países suficientemente seguros em sua soberania para que possam abdicar de parte dela. A Europa precisou de duas grandes guerras e séculos de conflitos religiosos para chegar nesse ponto".[1] Porém, como o próprio Mao certa vez disse: "Uma caminhada de 10 mil quilômetros começa com um único passo".

As nações da APEC reconheceram a necessidade de adotar uma abordagem com dois enfoques para a liberalização do comércio. As economias de países como Laos, Myanmar e Camboja ainda são bastante primitivas, a menos de mil dólares *per capita*, comparadas com países como o Japão, a 35 mil dólares. Na realidade, a ASEAN ou a ASEAN + 3 ainda se encontram na fase anterior ao Tratado de Roma, tentando alinhar-se no ponto de partida para discutir um Mercado Comum Asiático. Esse problema pode fazer com que o ideal do mercado comum, e mais ainda a moeda comum, seja menos realizável a curto prazo.

A União Africana, estabelecida para substituir a Organização para a Unidade Africana, está comprometida com a criação de uma moeda comum. O continente já teve alguma experiência disso, quando várias das ex-colônias francesas se uniram no início da década de 1960 na Comunidade Financeira Africana (CFA) – e ainda utilizam uma moeda comum, o franco da CFA, atrelada inicialmente ao franco francês. A decisão de usar uma moeda comum foi uma reação à falta de recursos financeiros e

---

* N. de R.: Asia Pacific Economic Cooperation (Cooperação Econômica da Ásia e do Pacífico).

técnicos disponíveis às ex-colônias francesas que se tornaram independentes no início daquela década. Uma combinação de calamidades naturais e causadas pelo homem não melhorou a situação desses países, cuja maioria das economias ainda é primitiva e baseada na produção de produtos primários, principalmente agrícolas.

As nações do Caribe, formadas principalmente por ex-colônias britânicas, eram pequenas demais para desenvolver bancos centrais ou moedas independentes. Assim, a partir da década de 1960, optaram por uma união monetária baseada no uso do dólar do leste do Caribe, atrelado à moeda americana.

As possibilidades oferecidas por uma maior liberdade de comércio em nível regional foram percebidas teoricamente por muitos países. A Organização Mundial do Comércio (OMC) relatou mais de 150 acordos de livre-comércio que estão em vigor hoje. Mas a vasta maioria são acordos bilaterais, unindo apenas duas nações em diferentes comprometimentos e níveis de liberdade de comércio. Alguns líderes políticos preferem acordos bilaterais a multilaterais mais amplos, acreditando que aqueles dão maiores chances de proteger interesses "nacionais" sensíveis. Sem considerar o tempo e a energia necessários para estabelecer acordos individuais entre os 189 estados-nações do mundo atual e no mundo de cada um deles, um comércio livre mais amplo, especialmente em nível regional, faz muito sentido. Só na América Latina, há três grandes áreas de comércio: o Mercado Comum da América Central, o Pacto Andino e o Mercosul. O potencial deste último foi seriamente afetado pelas dificuldades financeiras e econômicas que a Argentina experimentou no fim da década de 1990. Os Estados Unidos terão de desempenhar um papel-chave na sustentação da estabilidade das moedas latino-americanas se as Américas optarem por um mercado e por uma moeda comuns. Diferentemente da União Européia, os Estados Unidos terão de oferecer o dólar como a moeda comum *de facto*. Isso exigirá uma maior disciplina fiscal não apenas por parte dos países-membros, mas também dos próprios Estados Unidos.

ÁREA DE LIVRE COMÉRCIO OU FORTALEZA?

O desafio é evitar que as uniões estabelecidas transformem-se em fortalezas econômicas, as quais oferecem liberdades aos estados-membros, mas também um muro de tarifas e restrições para os de fora. A União Européia (UE) mantém algumas barreiras muito altas sobre importações de fora de suas fronteiras. Por décadas, ela buscou a Política Agrícola Comum, um sistema que premiava o desperdício e a ineficiência na produção de produtos agrícolas em uma defesa errada do setor rural dos estados-membros. Essa política não somente se baseava na compra onerosa de comida que ninguém da UE queria, como também mantinha os preços artificialmente altos. Ela impedia que os produtores de partes do mundo menos desenvolvidas vendessem seus produtos e, assim, conseguissem se livrar de sua pobreza.

A Política Agrícola Comum foi drasticamente reformada, embora não tenha sido totalmente desmantelada, contra a amarga hostilidade do *lobby* agrícola europeu, o qual é bem organizado mas está diminuindo. Sempre houve tentativas por parte da UE e de seus predecessores de parecerem menos antipáticos para as nações em desenvolvimento. Houve a Convenção Lomé, assinada entre a Comunidade Européia (anterior à UE) e quase 50 nações da ACP (África, Caribe e Pacífico). A Comunidade Européia removeu os impostos sobre os produtos industrializados que vinham dos estados da ACP. Porém, como o setor industrial da maioria desses países era mínimo ou inexistente, não foi um gesto que lhes trouxe grandes benefícios.

A Convenção Lomé ocorreu em 2000 pelo Acordo Cotonou, no qual a agora UE comprometeu-se a remover as barreiras comerciais sobre todos os bens até 2008. Isso foi só um compromisso e alguns produtos agrícolas seriam a seguir excluídos dele.

Assim como os estados-nações, a UE procurou implementar medidas *antidumping*. A maioria das pessoas concorda que o *dumping* é uma prática injusta. Muitos também concordam que medidas tomadas contra ele, mesmo que inicialmente boas, podem vir a ser falhas. São, na verdade, uma proteção condicional. O problema está nos detalhes, e é aí que podem ocorrer tentativas de impedir o comércio legítimo. Certamente, a OMC explicou algumas medidas *antidumping* da UE como fluindo de tal desejo ilegítimo. Infelizmente, quando a taxa de câmbio flutua muito, é difícil comparar o preço de um mesmo bem em dois países durante um período de tempo.

Em um mundo sem fronteiras, onde os estados-nações não mais prevalecem, até mesmo o conceito de *dumping* terá de ser revisto. Ele ocorre tradicionalmente onde um produto ou *commodity* é vendido por menos em um mercado de exportação do que no mercado doméstico. Mas a distinção de mercados vai se tornar cada vez mais difícil no futuro. Quando as taxas de câmbio flutuam tão largamente, também é tecnicamente difícil comparar o preço de um mesmo produto em dois países ao longo do tempo.

Alguns dos opositores da globalização condenam isso como uma tentativa de impor uma determinada forma de atividade comercial para todo o mundo, à custa das diferenças culturais. Outros argumentam que a globalização é o mesmo que americanização. Porém, não é nada disso. Ela percebe e afirma nossa interdependência como seres humanos e sociedades. Expõe a falácia da auto-suficiência, seja econômica ou cultural. Ela é um processo de otimização global e o melhor mecanismo para ajudar as nações menos desenvolvidas a crescer sem subsídios artificiais dos ricos, mas com o filtro legítimo de indicadores.

O que tenho observado é que a globalização não é nada mais do que a liberalização do indivíduo, dos consumidores, das corporações e das regiões do legado do estado-nação ao qual pertencem. As informações disponíveis para cada um deles permitirão que façam suas escolhas. Se os consumidores vão comprar o melhor e o mais barato de qualquer lugar do mundo, deve ser escolha deles, não decisão do governo. Da mesma forma, as atividades corporativas acabarão por se transferir para as regiões mais atraentes. Em vez de esmolar do centro, as regiões irão esforçar-se de modo que o resto do mundo venha a ajudá-las a prosperar. Por fim, este é um mundo competitivo e que irá disciplinar todos os membros da aldeia global, porque a riqueza irá migrar para além das fronteiras nacionais. As potências diplomáticas e militares estão agora subjugadas às estratégias de marcas e de *marketing* das regiões como uma unidade de operação em um mundo sem fronteiras.

NOTA

1. "Spotlight: ASEAN Insecurity", *Far Eastern Economic Review*, 15 July 2004 (www.feer.com).

Plataformas para o progresso 5

AVANÇAR CONTINUAMENTE

Ao longo da História, as melhorias tecnológicas introduziram muitos desenvolvimentos que realmente deram forma ao progresso do homem. Gostamos de pensar no desenvolvimento humano como algo gradual, composto de pequenas e constantes melhorias, confortavelmente administráveis. Mas, na realidade, repentinos saltos de energia, freqüentemente impulsionados ou funcionando juntos com inovações tecnológicas, fizeram a humanidade progredir. Eles são revolucionários no momento de seu lançamento, mas depois se inserem no processo de progresso humano naquilo que chamamos de "dia-a-dia".

A invenção da roda foi um desses desenvolvimentos. Tempos depois, a Revolução Industrial permitiu a concentração de indústrias e de manufaturas, e levou, por sua vez, a grandes melhorias na produção. Isso tornou-se possível graças a uma série de inovações técnicas, dentre elas a do motor a vapor. Toda uma variedade de produtos – comida, roupas e sapatos – tornou-se disponível para um número muito maior de pessoas.

Mais recentemente, as inovações tecnológicas em transferências de dados, nos materiais através dos quais esses dados têm de passar, e nos formatos nos quais grandes quantidades de dados podem ser eficientemente armazenadas, revolucionaram nosso mundo. Elas tornaram muitos produtos mais baratos. Forneceram a milhões de pessoas acesso a informações que anteriormente estavam além de seu alcance. Muito mais informações podem ser adquiridas, armazenadas, manipuladas e recuperadas do que se podia antes, e dados podem ser transferidos mais rápida e eficientemente.

O alcance da tecnologia tornou-se global, e não está mais confinado a lugares específicos e discretos nos negócios e na indústria. O hiato entre os especialistas em tecnologia e os usuários tem diminuído. Os computadores pessoais (PCs) realmente são pessoais, embora seu uso seja constantemente compartilhado com amigos, colegas de trabalho e familiares. Os usuários comuns têm *hardware* e *software* muito mais sofisticados e poderosos do que antes, e também potencial para um crescimento maior ainda.

O crescimento da tecnologia lançou as bases para a economia global de duas maneiras. A primeira é seu impacto sobre os mercados financeiros mundiais. A segunda é a extensão para a qual, por meio da Internet, redefine o próprio conceito de mercado e os tipos de relacionamento que as empresas têm de estar preparadas para desenvolver.

Os avanços tecnológicos têm seu preço, como de praxe. Por exemplo, à medida que a disseminação e a penetração da tecnologia aumentam, aumentam também os riscos de pirataria e falsificações. Podem-se ver na sede da Microsoft, por exemplo, pôsteres de mapas mundiais mostrando onde a pirataria de *software* é mais alta. A existência de leis de propriedade intelectual robustas é um pré-requisito para qualquer região que queira participar da economia global. As empresas irão evitar as áreas onde correm o risco de serem enganadas, da mesma forma que alguém toma outro caminho para evitar locais "barra-pesada" em seu trajeto para casa.

A Malásia é um país que não apenas aprovou severas leis de propriedade intelectual (particularmente, o Ato de Comunicações e Multimídia de 1998), como também fez com que as mesmas fossem cumpridas com um aparato de detecção bem completo. Sua vizinha ao sul, a Indonésia, tem péssima reputação no que diz respeito à propriedade intelectual. Proudhon poderia muito bem escrever a respeito da Indonésia moderna afirmando que o roubo de propriedade intelectual é a regra e não a exceção. Os programas de *software* são pirateados antes mesmo de serem produzidos e comercializados, e seus benefícios são colhidos pelos piratas. Os desenvolvedores de *software* não vêem nenhum de seus benefícios e não recebem retornos. Embora existam algumas leis de propriedade intelectual, elas são vagas e raramente implementadas. Naturalmente, isso tem um impacto negativo sobre os desenvolvedores de *software* do país. Poucas pessoas, a menos que muito ingênuas ou altruístas, farão um produto ou fornecerão um serviço do qual outros colherão os lucros.

A infra-estrutura permissiva de propriedade intelectual também amedronta os potenciais investidores, não apenas de TI, como também da indústria em geral. Ultimamente tem havido tentativas na Indonésia de persuadir os piratas de *software* a se tornarem comerciantes legítimos. Em troca da promessa do governo de perdoar a pirataria em *software* do passado, alguns dos ex-piratas estão sendo designados como funcionários de comissões para produtores de *software* legítimos. O esforço só não foi totalmente bem-sucedido porque sempre há aqueles que preferem as vantagens da clandestinidade. O trabalho legítimo, não obstante o valor de seu retorno, nunca oferece as mesmas "recompensas".

DESENVOLVENDO PLATAFORMAS TECNOLÓGICAS

Os avanços tecnológicos têm demonstrado a importância e o poder das plataformas. Estas são meios que permitem a empresas ou indivíduos comunicarem-se uns com os outros de modo a conseguir realizar suas atividades com mais rapidez ou mais eficiência. Elas ajudam na comunicação e também melhoram a entrega, e o fazem estabelecendo padrões comuns, os quais acabam se tornando a norma aceita.

Embora as plataformas de comunicações sejam tão antigas quanto a fala humana, é no mundo contemporâneo, com seu potencial de uso da tecnologia para melhorar qualquer tipo de atividade, que elas realmente mostram sua força. As plataformas podem ser vistas como tecnologia aplicada.

No cerne de uma plataforma vemos duas características: elas são abertas e públicas – qualquer um com a licença adequada (tal como o *cardholder* do instalador do sistema operacional MS) pode participar; e são de duas vias e interativas. Abertura, aqui, não significa que estão gratuitamente disponíveis. Significa que a tecnologia da qual são fruto está acessível a uma grande quantidade de usuários. O fato de a plataforma ser pública significa que ela pode ser usada por outros que têm as mesmas necessidades. Elas podem ser adaptadas, mas sua importância depende de sua contínua aplicabilidade para resolver problemas da vida real em tempo real. Como veremos, as plataformas foram construídas umas sobre as outras, beneficiando-se das habilidades e novidades das anteriores.

Para entendermos a estrutura e a lógica das plataformas tecnológicas que funcionam no palco global, vamos voltar ao desenvolvimento da tecnologia atual.

Computadores imensos e assustadores, com mostradores de relógio e válvulas, já existiam desde meados do século XX. Nos últimos 25 anos do século, apareceu uma nova criatura: o computador pessoal (PC). Esse era um bom nome e uma idéia melhor ainda, mas nem todos acreditavam que pudesse virar uma realidade. Em primeiro lugar, os PCs eram desajeitados e lentos. Sua capacidade de memória era, em retrospectiva, menor do que um selo de correio. Um bom computador podia jogar uma partida de xadrez muito básica. Mas eles eram um início. Alguns desses computadores clássicos também podiam usar televisores comuns como unidade de vídeo. Dessa forma, o computador foi domesticado. Os PCs talvez não fossem bonitos, mas também não eram assustadores. Sua própria simplicidade contrastava com a imagem mental que muitos leigos tinham dos computadores no início da década de 1980. Essa idéia consistia em enormes conjuntos de barulhentas válvulas e luzes piscantes, e era freqüentemente inspirada em filmes de suspense de espionagem e ficção científica do cinema e da televisão. Eles foram inicialmente usados por *hobistas* e aficionados de jogos de fliperama, e não por diabólicos megalomaníacos dispostos a dominar o mundo.

Em meados da década de 1980, surgiu não apenas o sistema operacional Windows da Microsoft, como também uma série de microprocessadores mais baratos e mais velozes. Os computadores pessoais tornaram-se mais rápidos e tinham cada vez mais elementos como discos rígidos, permitindo um armazenamento de dados mais eficaz. Eles também podiam fazer bem mais do que jogar xadrez. Armazenavam e manipulavam dados em planilhas e em bancos de dados. Ligados a uma impressora, substituíam máquinas de escrever e processadores de textos. Com o tempo, as impressoras ficaram mais rápidas, e os monitores de vídeo, além de mais baratos, passaram a mostrar uma maior gama de cores.

Havia uma grande diferença entre o uso pessoal e o uso corporativo dos computadores. No uso corporativo, eles ficavam integrados e eram capazes de se comunicar uns com os outros e com computadores externos. Já o computador pessoal tendia a ficar isolado. Cada vez mais, surgiam novas capacidades e *softwares* de comunicação, mas os modems ainda eram lentos e caros. De qualquer maneira, muitos usuários de PCs não viam uma grande necessidade de fazer chamadas telefônicas caras apenas para ter acesso a um BBS* ou ao banco de dados de patentes do governo central.

Tudo isso mudou com o desenvolvimento da Internet (ver Figura 5.1) e a plataforma de programação HTML para escrever páginas da Web. Ambas possibilitaram novas plataformas de comunicações. O protocolo da Internet forneceu os meios de comunicação, enquanto as linguagens HTML e Java garantiram que houvesse algo que valesse a pena os usuários de computadores acessarem.

Os modems ficaram mais rápidos e mais baratos, e a Internet tornou-se um lugar onde as pessoas queriam passar seu tempo. Era uma fonte de informações, mas também onde produtos eram vendidos, freqüentemente a preços muito mais baratos do que nos pontos de venda tradicionais.

---

* N. de R.: BBS: *Bulletin Board System*. Um sistema computacional utilizado como fonte de informações, trocas de arquivos e de mensagens eletrônicas e fórum de discussão para grupos de interesse.

Assinantes de telefonia móvel
(Global, 100 milhões)

[Gráfico de barras mostrando valores de 1995 a 2002, com destaque "1,1 bilhão" em 2002]

Fonte: ITU, Ministério de Assuntos Gerais (Japão).

Usuários da Internet
(Global, 100 milhões)

[Gráfico de barras mostrando valores de 1995 a 2002]

Fonte: Pesquisa sobre a Internet da NUA.

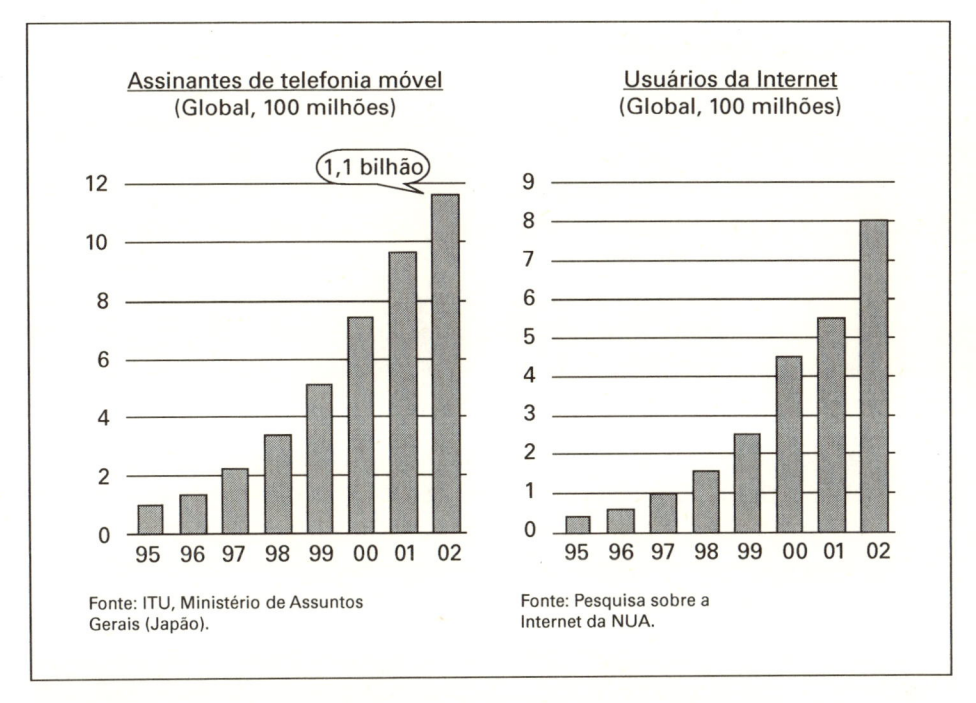

FIGURA 5.1 Usuários de telefonia móvel e da Internet no mundo.

As empresas também notaram que a Internet podia ser uma maneira inovadora de vender produtos e serviços. No final da década de 1990, percebeu-se o potencial de transformá-la, de uma superabundância de terminais e computadores dedicados, em um grande mercado virtual. Um dos primeiros a tentar isso foi Jeff Bezos. Ele criou uma lista de produtos que se encaixariam em um ambiente de vendas *online* e, por fim, optou pelo varejo de livros. Hoje, sua criação, a Amazon, vende muitos dos itens de sua lista original. Ao longo do caminho, algumas coisas – como móveis e vestuário – não funcionaram. Nem tudo é adequado para o comércio virtual, porque certas informações são difíceis de transmitir com exatidão pela Internet. Ninguém, por exemplo, ainda descobriu uma maneira de simular o ato de experimentar uma camisa.

Fazer compras pela Internet é como ir a um encontro com um desconhecido do sexo oposto. Nesse contexto, livros e passagens aéreas foram os primeiros a bordo. Não há duas poltronas com o mesmo código em uma empresa, nem o temor de comprar o mesmo título com menos qualidade quando se compra determinado livro virtualmente. Autopeças também são adequadas para o varejo virtual. Não há como errar a compra de um componente de um modelo específico de carro de um ano também específico.

Livros e passagens aéreas tornaram-se compras *online* populares porque muitos usuários achavam a maneira tradicional de adquiri-los bastante incômoda, chata e desperdiçadora de tempo. Um *best-seller* pode ser facilmente encontrado em uma livraria, mas mesmo assim você poderá demorar na fila do caixa para comprá-lo. Um livro menos popular pode envolver uma busca mais longa e menos confortável, a qual nem sempre poderá ser bem-sucedida. Compare isso com as lojas *online*: sem filas, sem estresse. Da mesma forma, comprar passagens aéreas pode muito bem envolver uma visita ao agente de viagens, sobre a qual ele ficará feliz em aplicar uma comissão. Usar a Internet deixou muitas atividades não só mais rápidas e mais baratas, como também menos chatas. Os celulares compatíveis com a Internet significam que o cartão de tela está agora substituindo o de papel.

A ascensão do uso da Internet foi acompanhada de desenvolvimentos internos e endógenos. Um deles foi o surgimento do *site* de portal, um indicador de caminhos tridimensional na Web que conseguia juntar esses produtos e serviços oferecidos. Então, foram desenvolvidas plataformas que permitiriam aos clientes e vendedores comercializar com eficiência e confiança.

Inicialmente, havia resistência por parte de alguns consumidores, mas eles foram vencidos pelos custos menores e pelas maneiras comprovadamente mais seguras de se cobrar os bens. A Internet capacita qualquer um a ser um especulador, tirando proveito do hiato de informações. Se você quer comprar um produto ou serviço, é possível (e às vezes muito fácil) comparar os custos entre vendedores *online*. Alguns *sites* até mesmo fornecem calculadoras, de modo que os custos podem ser convertidos para diversas moedas. Pode-se até poupar – às vezes bem pouco, é verdade, mas isso é cumulativo.

A Internet é uma plataforma. Para a maioria das pessoas, ela é sinônimo da World Wide Web, mas a Web é apenas parte do protocolo da Internet. A maioria dos usuários leigos desconhece esse fato, mas não há problema nisso.

As plataformas funcionam somente quando pequenas em número. A melhor freqüentemente é a que não tem concorrência. Na economia global, a posse de uma plataforma é essencial. Se não se conseguir usar as necessárias em um setor de negócios, a participação não será nem mesmo uma opção.

Mas temos de lembrar o que são plataformas. A maior parte de sua força está na flexibilidade. Uma plataforma deve ser capaz, no médio e no longo prazo, de adaptar-se a condições locais e setoriais. Talvez essa plataforma tenha de ser uma vantagem ou habilidade que, uma vez obtida, dê a seu possuidor as ferramentas para reconfigurá-la a fim de atender a determinadas necessidades. Em outras palavras, uma boa plataforma dá à comunidade de participantes simultaneamente a base comum para comunicações de duas vias e, também, a capacidade de desenvolver um espaço feito sob medida para seus membros e usuários, o qual é inacessível ao restante da comunidade (não-usuários).

A Torre de Babel técnica no mundo da TI era que o código usado em uma máquina ou em um tipo de equipamento não funcionava em outro. Muitos desenvolvedores de computação invejosamente promoviam a individualidade e a falta de adaptabilidade, vendo isso como forças e uma maneira de garantir forte influência na participação de mercado. Mas essa abordagem esqueceu, talvez só temporariamente, que o cliente é o árbitro final. Ele sempre irá preferir a simplicidade de uso, e não a complexidade. Assim, o palco estava montado para o desenvolvimento de padrões para plataformas em todos os setores de TI. Isso não queria dizer monopólio, mas permitiu o oligopólio.

Um dos ícones mais visíveis de oligopólio no mundo atual é o sistema operacional Microsoft Windows. Como o nome sugere,* pode-se construir mais sobre as plataformas. O Windows, por exemplo, é a base para plataformas como o Internet Explorer e o Outlook, o navegador da Internet e o leitor de *e-mail*, respectivamente. Há também plataformas da Microsoft para videoconferências e VoIP (*Voice over Internet Protocol*). Num futuro não tão distante, haverá desenvolvimentos para incorporar o pagamento de compras *online*, ou "carteira eletrônica", transações, *downloads* de música e vídeo, conectividade onipresente (inclusive Wi-Fi) e mecanismos de busca, tudo operando harmoniosamente em uma plataforma Windows.

As plataformas tecnológicas são um dos pré-requisitos de um mundo interconectado. Se houvesse uma miríade de tipos de *software* e *hardware*, o cliente, seja corporativo ou individual, ficaria confuso, a ponto de se estressar. Os clientes têm de acreditar que há um padrão, um ponto de referência. Eles também precisam confiar nisso e ser capazes de construir em cima dessa confiança. Comprar um *software* que promete maior produtividade não deveria incorrer no custo de se mudar todo o sistema computacional; deveria entrar no sistema que já está em uso.

A robótica é uma área da tecnologia que está crescendo em suas aplicações. Ela naturalmente gera temores irracionais de que a máquina venha a substituir o ser humano. A perspectiva de que a humanidade venha a se tornar escrava das máquinas nada mais é do que uma fantasia mórbida da ficção científica. Toda tecnologia é inútil, a menos que possa ser implementada por pessoas. Quando os problemas aparecem e são isolados, e quando se percebe que certas melhorias tecnológicas podem ajudar, esses resultados podem ser percebidos apenas por empregados que vêem a necessidade de

---

* N. de R.: Windows, em inglês, significa *janelas*.

resolvê-los. A indústria automobilística, por exemplo, adotou a robótica tanto quanto qualquer outra indústria e emprega tantos funcionários quanto sempre empregou. As pessoas devem ser estimuladas a trabalhar *com* a tecnologia, e não contra ou sem ela. A melhor plataforma tecnológica é aquela que resolve mais problemas, mas ela só conseguirá isso se for eminentemente adaptável às circunstâncias individuais. Caso contrário, muito tempo e dinheiro serão desperdiçados tentando adequar pinos quadrados a buracos redondos. As plataformas devem resolver problemas, não criá-los.

A LÍNGUA COMO PLATAFORMA

Plataformas existem há muito tempo, apenas não as tínhamos reconhecido ainda. Qualquer sistema de escrita, por exemplo, é uma plataforma. É um meio de comunicar e difundir idéias que pode ser usado eficazmente por muitas pessoas. No Ocidente, foi desenvolvido um sistema baseado em caracteres isolados. Já no Oriente, foi estabelecido um sistema baseado em pictogramas. Ambos visavam ao mesmo objetivo.

A maioria das plataformas consegue adaptar-se ao longo do tempo a necessidades específicas sem perder sua utilidade original para outras pessoas. A adaptabilidade e a facilidade de uso são pré-requisitos de uma plataforma.

Ao escrever este livro, estou usando uma plataforma. É a mesma que está sendo usada pelos que o lêem: a língua inglesa.* O inglês sempre foi um dos idiomas mais importantes do mundo. Hoje, é *o* idioma da economia global. Ele é aprendido por aqueles que precisam comunicar-se além de suas fronteiras e nichos culturais. O inglês é a língua mais usada na Internet. Porém, não vamos nos deter em como ou por que isso ocorreu.

É uma pena que a língua tenha se tornado tão intimamente relacionada ao estado-nação. Qualquer idioma bastante falado ou grupo de dialetos relacionados costumam ser interpretados como um símbolo de identidade, um aspecto adicional da marca do estado-nação. Como resultado, as línguas estão associadas na mente das pessoas àqueles estados que as usam como primeira língua. Os nacionalistas lingüísticos em outros estados-nações vêem com desconfiança a ampliação de seu uso ou influência. A fluência em outra língua pode demonstrar deslealdade ao seu próprio estado-nação. Essas são idéias antiquadas que pertencem à lata de lixo do desenvolvimento humano. O fato é que o inglês é a *língua franca* da economia global e o padrão *de facto* na Internet para o armazenamento de informações e para a comunicação de duas vias.

---

* N. de R.: Idioma da obra original desta tradução.

Ele conquistou uma posição que os inventores do esperanto e de outras línguas artificiais sonharam ocupar.

O crescimento fenomenal do inglês como plataforma lingüística tem sido recebido com ceticismo por alguns observadores, muitos dos quais fluentes nessa língua. Eles vêem isso como um sintoma adicional da dominação dos Estados Unidos e dos valores americanos sobre o mundo. Se o inglês é a língua da globalização, isso é uma prova para eles de que a globalização é um disfarce da americanização. Mas essa reação está no lugar errado e é histórica.

É verdade que, em certas épocas da História, o domínio político de um estado-nação era acompanhado de tentativas de se impor a conformidade lingüística. Na Europa da Idade Média, o poder da Igreja era incontestável e a língua de sua liturgia, o latim, uma plataforma lingüística internacional para acadêmicos, diplomatas e chefes de estado. Talvez o exemplo mais recente seja o da Europa Oriental durante o domínio político, militar e econômico da antiga União Soviética. Embora ela fosse, teoricamente, a união de vários grupos étnicos diferentes, com sua própria cultura e língua, desde o fim da Segunda Guerra Mundial não houve nenhuma tentativa de minimizar o papel do elemento cultural russo dentro do bloco soviético. O russo era a língua oficial, um meio de comunicação entre os vários grupos étnicos constituintes da União Soviética. Em termos práticos, essa era a medida de controle cultural, e foi estendida a estados como a Polônia, a Tchecoslováquia e a República Democrática Alemã, os quais se tornaram satélites soviéticos. A segunda língua ensinada nas escolas em todos os países do Pacto de Varsóvia era o russo. Quando a União Soviética entrou em colapso em 1991 e perdeu o controle da Europa Oriental, houve grande desemprego entre os professores de russo. Alguns dos mais afortunados também sabiam inglês. Milhões de pessoas, então, procuraram aprender essa língua tão rapidamente quanto possível.

A tentativa de impor o russo de maneira geral não fora bem recebida na Europa Oriental. Como parte do sistema educacional, ele era um ponto de partida necessário para o sucesso acadêmico e o progresso em busca de um estudo mais elevado, de modo que era aceito com uma resignação calada. Para aqueles que falavam línguas eslavas, as quais têm muita relação com o russo (como o polonês, o tcheco e o búlgaro), isso era mais uma obrigação do que um desafio. Poucos queriam aprender russo, pois o sentiam como outra forma de dominação externa. A falta de fluência era uma forma de resistência que só podia ser penalizada indiretamente. Isso está em claro contraste com o papel do inglês na economia global. Ninguém é forçado a aprendê-lo. Longe disso – é comum faltarem professores e turmas para atender à demanda.

No Vietnã, visitei uma fábrica de confecções pertencente a coreanos. O meio de comunicação básico não era o vietnamita nem o coreano, mas o inglês. A gerência colocou um incentivo de 5 dólares para a proficiência em inglês (sobre um salário básico mensal de 45 dólares). Quase todas as mulheres jovens da fábrica iam a aulas de inglês de bicicleta, usando seus vestidos vietnamitas tradicionais com uma abertura do lado.

O inglês combina bem com outras plataformas. Setenta por cento dos dados transferidos na Internet são em inglês, enquanto ele representa 80% das informações armazenadas em servidores.

Os benefícios para as comunicações mundiais são imensos. Embora o francês fosse a língua "tradicional" da diplomacia, a maioria dos líderes mundiais atualmente fala inglês. Seja o presidente de uma república latino-americana, seja o governador de uma província russa, para serem ouvidos no mundo, eles precisam falar em inglês.

O inglês também é a primeira língua da CNN (Cable News Network), a qual se tornou uma plataforma (embora não a única) para a disseminação de notícias pelo mundo. Ela oferece notícias "à medida que elas acontecem", 24 horas por dia, sete dias por semana. Assisti-la é obrigatório para todos que viajam pelo mundo, sejam negociantes ou diplomatas. Embora a CNN tenha subsidiárias que oferecem seus produtos em outras línguas, seu serviço em inglês foi o primeiro e ainda é o maior setor. Qualquer pessoa que busque um reconhecimento internacional não pode esperar obtê-lo sem aparecer na CNN e ser capaz de se comunicar com a maioria de seus telespectadores na plataforma lingüística mundial. A necessidade de um intérprete significa, na melhor das hipóteses, provincianismo e certa falta de sofisticação. Não é de se admirar que os países nórdicos surgiram como as nações mais competitivas do mundo na última década. Eles possuem uma combinação de habilidades com línguas e conhecimentos de Internet que estão bem à frente dos concorrentes.

INGLÊS S/A

Vamos deixar o mundo da política e da televisão e ver o dos negócios. Vimos que o conselho da empresa finlandesa Nokia realiza suas reuniões em inglês. A República Irlandesa, a qual fala inglês, firmou-se como o *e-hub* da Europa. A força da Índia para atrair *call centers* e BPOs que ultrapassam fronteiras será analisada no capítulo seguinte. Isso, em parte, deve-se à fluência de seu povo no inglês. Colocando de maneira simples, ninguém pode aspirar ao sucesso (nem mesmo para concorrer na economia global) sem que seja por meio do inglês. Isso deve ser visto não em termos da velha sujeição a um elemento do estado-nação, mas como a posse e utilização da plataforma lingüística da economia global.

A China, por exemplo, que incorpora muito da economia global, acordou para o benefício da plataforma lingüística do inglês. Ela é de longe a mais procurada segunda língua, embora, em algumas regiões, como Dalian, tenha de concorrer com o japonês e o coreano nesse aspecto.

Isso não é algo novo. As escolas de línguas e os professores de inglês como língua estrangeira têm sido avidamente procurados desde o início das reformas no país em 1978. Mas, hoje, essa procura é ainda maior. Em Xangai, o aprendizado do inglês começa na primeira série do ensino básico, e as autoridades tiveram de intervir para evitar que alguns jardins-de-infância tivessem ambientes só em inglês. Há também pelo menos mil escolas de inglês, algumas cobrando preços altíssimos. A concorrência entre elas é feroz e intensa.[1] Em julho de 2002, quando a prestigiada New Oriental Language School de Pequim quis colocar no palco uma aula de inglês falado, teve de alugar um estádio que pudesse acomodar mais de 10 mil pessoas. Um dos programas mais populares da televisão chinesa é um quadro de cinco minutos chamado *Go West* [*Vá ao Ocidente*], apresentado pelo ator americano-taiwanês David Wu, que ensina aos telespectadores a última gíria do inglês americano. Li Yang é um professor de inglês, mas com uma diferença. Seu estilo, batizado de "inglês louco", baseia-se em gritar *slogans* com um fundo musical de *rock* pulsante, e de estimular seus alunos a imitá-lo. Ele visita cerca de uma dúzia de cidades provinciais por mês, mas somente um estádio pode comportar as 20 mil a 30 mil pessoas que vêm para cada aula. Seu *status* é comparável ao de um astro *pop* ou de cinema no Ocidente.

Essas cenas me lembram das descrições de Adam Smith a respeito da popularidade e dos altos preços cobrados por alguns professores na Grécia Antiga. Li Yang, o qual orgulhosamente descreve a si mesmo como um perdedor, defende sua missão, dizendo: "Não é porque eu amo os Estados Unidos. É porque o inglês é o padrão no mundo, e a Coca-Cola e a Microsoft reinam".[2]

Os chineses sempre respeitaram a educação e os educadores. A educação está no centro dos ensinamentos de Confúcio. Mencionamos antes a popularidade do ensino particular na China. A educação fornecida pelo Estado simplesmente não consegue alcançar os níveis e os padrões de instrução que são exigidos. Assim, a educação, e especialmente o ensino da língua inglesa, é um grande negócio na China e em qualquer parte do mundo. Todas as escolas ensinam inglês em um altíssimo nível, caso contrário, fracassam. Muitas não apenas ensinam inglês – ensinam *por meio* do inglês, como na Finlândia e em outros lugares da Escandinávia.

Depois da crise econômica de 1997-1998 (também chamada de Ocupação do FMI), as universidades coreanas lançaram um grande projeto de ensinar disciplinas em inglês (como parte de um programa para ajudar a Coréia a se tornar global no século XXI, chamado de BK21). Isso não significa ensinar inglês usando inglês, mas ensinar todas as disciplinas *em* inglês. A Malásia usou uma abordagem semelhante para evitar a retrógrada discussão sobre a posição da bahasa malaia ou do chinês como "língua oficial" do país. O inglês parece surgir em todos os lugares em que se discute sobre línguas. Muitos chineses, especialmente aqueles que pertencem às numerosas comunidades expatriadas do sudeste asiático, dão muito valor à habilidade de ler e falar o chinês no dialeto mandarim. É isso que atrai alguns para escolas particulares na China. De acordo com um relato do *Straits Times* de Cingapura, os pais que ali buscam a fluência no mandarim para seus filhos descobriram que a melhor maneira de consegui-lo é por meio do inglês. Cingapura anseia por obter o papel de centro educacional do Sudeste Asiático em todos os níveis educacionais, desde o ensino fundamental até a pós-graduação. Não é de se surpreender que essa educação seja ministrada em inglês.

Retornando aos que se preocupam com a difusão do inglês, temos de repetir o que talvez seja um clichê. Os seres humanos são surpreendentemente sofisticados, e a capacidade de ser fluente em duas, três ou mais línguas não é algo raro. A fluência em um idioma é um alvo desejado. Uma vez obtida, a pessoa a vê corretamente como uma grande vantagem. Ela jamais considera que a habilidade em sua língua materna tenha diminuído. Há evidências subjetivas de que, quanto maior a fluência lingüística de uma pessoa, mais fácil se torna a aquisição de uma outra língua. O ideal lingüístico da economia global é todos serem bilíngües, ou mesmo poliglotas. A fluência e a facilidade de usar o inglês já são um pré-requisito, mas isso não significa sacrificar outro idioma.

O que precisamos aceitar é que o cidadão global cresce falando sua língua materna como membro da comunidade *e* inglês como residente e beneficiário da economia global. Assim, ser bilíngüe é uma norma, não um talento especial, como antigamente. Isso já é comum para filhos de pais que falam duas línguas maternas diferentes. Ironicamente, o principal desafio é dos que falam inglês como língua materna. As oportunidades de alargar sua visão global serão menores do que a dos bilíngües. Isso pode ter um efeito adverso em sua capacidade de concorrer no mercado global a longo prazo.

A PROFUSÃO DE PLATAFORMAS

Além da tecnologia e da língua, há ainda outra plataforma que é crucial no palco global: o dólar americano. Ele é, naturalmente, o meio de pagamento para uma parte substancial do mundo dos negócios que se centraliza nos Estados Unidos. É também a moeda usada por um número considerável de outros parceiros comerciais. Já mencionamos como os dólares são consumidos fora dos Estados Unidos. Em países como a Austrália e o Canadá, por exemplo, as poupanças em dólares americanos são importantes. Não devemos esquecer também as sombras do dólar, os negócios pagos em moedas fixadas ao dólar, tais como o renminbi.

A razão da preeminência do dólar como plataforma das moedas é tanto histórica como prática. Durante a segunda metade do século XX, o volume de comércio mundial aumentou muito. Espelhando isso, houve o simultâneo aumento no volume de negócios dos Estados Unidos com o resto do mundo. Os Estados Unidos acabaram substituindo a Grã-Bretanha na liderança da economia mundial. O Padrão Ouro, o qual havia se originado na Grã-Bretanha no início do século XIX, foi finalmente substituído, ainda que temporariamente, pelo acordo de Bretton Woods. Em vez de buscar o valor e o câmbio com referência ao ouro, os países do Ocidente estavam ligados ao dólar. A arquitetura de Bretton Woods por fim ruiu devido às suas próprias fraquezas internas, mas o poder dos Estados Unidos como participante do comércio mundial não só permaneceu, como também aumentou.

Apesar da preeminência do dólar, os Estados Unidos não se consideram como a vanguarda do sistema monetário global. Durante os debates das eleições presidenciais de 2004, não houve menção por parte de nenhum candidato sobre o papel e as responsabilidades econômicas na economia global. O *Tio Sam* tende a pensar somente no seu orçamento e na sua economia doméstica ao decidir sobre o suprimento de dinheiro, as taxas de juros e as obrigações do governo que terá de imprimir. Essa não é uma prática muito sólida, porque o resto do mundo é totalmente dependente do dólar americano para reservas de divisas, poupanças e acordos comerciais, como vimos na Figura 4.7.

Tem sido um hábito mundial, embora relutante, ajustar a economia e as políticas fiscais quando os Estados Unidos unilateralmente mudam seu curso. Por exemplo, os americanos têm um enorme déficit comercial com países como o Japão, a China, o Canadá e o México. Isso é, em grande parte, devido às multinacionais americanas que produzem no exterior. Mas, em vez de corrigir essa prática, os Estados Unidos mexem na taxa de câmbio (como no caso do Acordo do Plaza), o que tem tendido a enfraquecer o dólar em relação ao iene e ao euro.

O Banco Central do Japão, então, compra dólares para evitar que a moeda americana caia em queda livre. O resultado? O Japão fica com um enorme estoque de dólares, que é usado para comprar títulos do governo americano, o que permite a este continuar a emitir o que, na verdade, são obrigações de déficit. Não há disciplina nesse processo, no entanto, ele é, em grande parte, o *modus operandi* do sistema monetário e fiscal global. Como todos estão juntos nisso, nem as principais nações (ou mesmo as menores – cujos cidadãos mais ricos guardam seus dólares em casa) estão dispostas a disciplinar o *Tio Sam*.

O problema é que o dólar tornou-se por demais uma moeda comum global. Isso só poderá ser resolvido gradualmente nas próximas décadas, à medida que as poupanças e as reservas dos bancos centrais mundiais mudarem para o euro e para algumas outras moedas importantes, como o iene, o franco suíço, a libra e, finalmente, o renminbi chinês. Isso obrigará os Estados Unidos a viverem dentro do que eles podem por si mesmos. A popularidade política e diplomática americana será então ainda mais crucial durante esse período, porque sua moeda só é tão boa quanto seu CEO.

OUTRAS PLATAFORMAS

Muitas outras plataformas foram desenvolvidas, cujas implicações freqüentemente só são visíveis aos mais atentos:

- **Marcas como plataforma** – A importância das marcas na economia global é uma redefinição de um fenômeno que tem sido parte do mundo comercial por décadas, mas que ganhou um vigor impressionante com a maior ausência de fronteiras que vemos atualmente. Isso levou a uma maior unidade no mundo. As mesmas marcas estão disponíveis em todos os lugares. Pode ser difícil saber onde se está com base apenas em propagandas. A noção de uma marca depende da produção e do *marketing* do produto que é melhor e também diferente. Ela deve ser capaz não só de garantir uma participação no mercado, mas também de afetar a captura de mercado, dando-lhe a capacidade de definir preços. Deve ser reconhecível como um produto que oferece certas características, algumas das quais nem precisam ser racionais. Mas tem de conter a promessa de consistência. Dessa forma, ganhará lealdade.
As marcas são dominadas pelas empresas americanas. Com exceção das multinacionais japonesas, a maioria das empresas asiáticas ainda não conseguiu nada parecido com o sucesso americano em estabelecer o reconhecimento de marcas (ver Figuras 5.2 e 5.3).
Freqüentemente a capacidade dos empreendimentos chineses de ganhar captura de mercado é posta em dúvida, uma vez que não têm muitas marcas reconhecidas. Eles produzem muitos produtos para outros, donos de marcas não-chineses. Isso parece ser uma área na qual parecem estar satisfeitos, apesar das tentativas de alguns, como a Haier, de desenvolver uma marca característica em eletrônica de baixo custo. Mas é duvidoso que isso possa ser realizado. Marcas podem ser criadas e desenvolvidas no papel a curto prazo. A transição do projeto para a realidade é longa e penosa. Ela depende da habilidade de se concentrar em um mercado e aprofundar-se, para penetrar nele

Classificação	Marca	Valor (bilhões de dólares)	País
	Os valores das 10 principais marcas (2003)		
1	COCA-COLA	70,5	Estados Unidos
2	MICROSOFT	65,2	Estados Unidos
3	IBM	51,8	Estados Unidos
4	GE	42,3	Estados Unidos
5	INTEL	31,1	Estados Unidos
6	NOKIA	29,4	Finlândia
7	DISNEY	28,0	Estados Unidos
8	MCDONALD'S	24,7	Estados Unidos
9	MARLBORO	22,2	Estados Unidos
10	MERCEDES	21,4	Alemanha

Fonte: *Business Week*, 8/4/2003, por Interbrand.

FIGURA 5.2 Os valores das 10 principais marcas.

em vários níveis. Mas, acima de tudo, exige um comprometimento a longo prazo, o qual pode ser caro e por vezes deixado de lado nas batalhas internas por recursos.

A posição das marcas não veio ao preço da diversidade. O mundo não é um plano homogêneo, mas é composto de uma colcha de retalhos de mercados, culturas, gostos, não-gostos e preferências. Ao se administrar uma marca numa base global ou mesmo regional, as decisões devem ser tomadas considerando-se se ela será um escudo para outros produtos semelhantes, porém suficientemente diferentes para atender a mercados específicos, ou se esses produtos são vendidos e distribuídos nesses mercados, porém com outras estratégias de *marketing*, tais como nome de marca, logotipo ou mesmo embalagem diferentes. Por exemplo, o fabricante chinês de computadores Legend está ansioso para criar uma marca global para seus produtos, mas fazê-lo sob esse nome foi considerado difícil. Como Legend lembrava demais seu antecedente chinês, o nome foi mudado para Lenovo.

- **Uma cultura comercial global** – Outro fenômeno que pode ser visto como uma plataforma global é o surgimento de uma classe comercial global. Os executivos dos negócios falam a mesma língua em qualquer lugar do mundo. Eles são capazes de se comunicar fluente e eficazmente na plataforma lingüís-

Os valores das 100 principais marcas por país (2003)

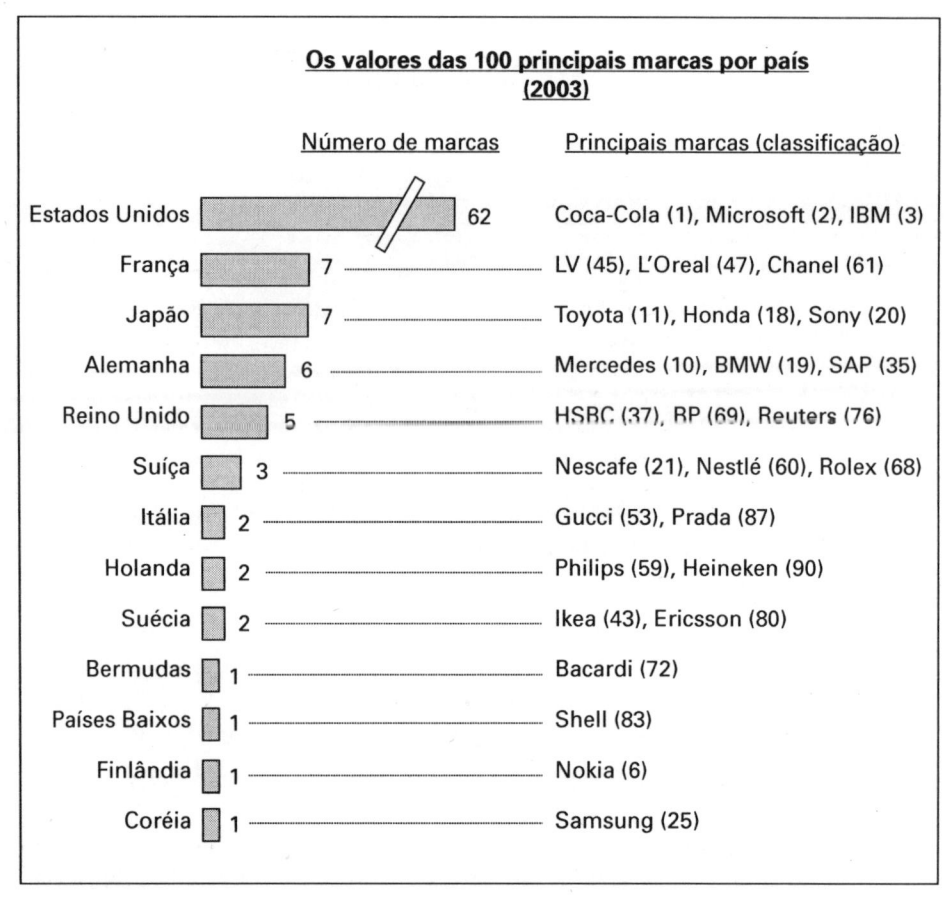

País	Número de marcas	Principais marcas (classificação)
Estados Unidos	62	Coca-Cola (1), Microsoft (2), IBM (3)
França	7	LV (45), L'Oreal (47), Chanel (61)
Japão	7	Toyota (11), Honda (18), Sony (20)
Alemanha	6	Mercedes (10), BMW (19), SAP (35)
Reino Unido	5	HSBC (37), BP (69), Reuters (76)
Suíça	3	Nescafe (21), Nestlé (60), Rolex (68)
Itália	2	Gucci (53), Prada (87)
Holanda	2	Philips (59), Heineken (90)
Suécia	2	Ikea (43), Ericsson (80)
Bermudas	1	Bacardi (72)
Países Baixos	1	Shell (83)
Finlândia	1	Nokia (6)
Coréia	1	Samsung (25)

FIGURA 5.3 Os valores das marcas por país.

tica do inglês. Os termos que usam são os mesmos. Eles têm os mesmos objetivos e interesses profissionais. Muitos freqüentaram a mesma escola de Administração, ou escolas similares que oferecem materiais de ensino, aulas e oportunidades profissionais semelhantes. Eles lêem as mesmas revistas de negócios. Hospedam-se nos mesmos hotéis, muitas vezes desfrutando da mesma comida e das mesmas atividades de lazer, enquanto seus filhos vão às mesmas escolas. Isso é verdadeiramente uma plataforma que habilita e facilita as comunicações e a transferência de idéias. É uma cultura comercial global. Embora isso seja muito poderoso e influente, não deve ser visto como uma ameaça incipiente a uma cultura existente. Um CEO japonês, finlandês ou americano pode falar inglês fluentemente com seus colegas, mas isso não dilui sua capacidade de conversar e de se comunicar em sua língua materna, independentemente de qual seja.

Essa plataforma comercial global espalhou-se para além das salas de reuniões e dos hotéis cinco estrelas. Isso significa que qualquer pessoa que queira contribuir para o pensamento comercial pode fazê-lo facilmente e será entendido sem dificuldades. Quando estive na Espanha, onde seis de meus livros foram publicados, 3.500 pessoas vieram me ouvir. No Peru, 700 vieram em Lima. Isso é uma cultura comercial global, e também uma plataforma para a expansão global com uma nova língua cheia de novos jargões comerciais – CRM, EBITA, BPO, etc. –, a qual é entendida em qualquer lugar.

- **A plataforma ATM** – A ATM (caixa eletrônico) é uma plataforma que permite a clientes de um banco terem acesso a seu dinheiro em locais variados, por vezes remotos. Isso porque os horários bancários nunca se encaixaram bem com a necessidade de dinheiro dos clientes. Numa era na qual as pessoas estão mais preocupadas com a segurança, os clientes podem não querer carregar grandes quantidades de dinheiro, com medo de atrair a atenção de ladrões.
A plataforma ATM não é operada por um único fornecedor no mundo, mas por dois: Plus e Cirrus. Essas empresas operam a tecnologia das ATMs, mesmo que os caixas eletrônicos sejam operados por instituições financeiras separadas.
Na década de 1970, quando as ATMs começaram a ser utilizadas, não foram muito bem recebidas. Embora as pessoas reclamassem das inconveniências do velho mundo, criticavam todas as tecnologias que oferecessem um paliativo, chamando-as de "extravagantes". Entretanto, um quarto de século depois, essas máquinas tornaram-se parte integrante da arquitetura das ruas em todo o mundo. Muitos da área de negócios ainda não estão totalmente conscientes dessas facilidades e fazem filas nos aeroportos e nos hotéis para trocar seu dinheiro. Os caixas eletrônicos japoneses são projetados tanto para saque como para depósito em dinheiro. Eles também funcionam como um PC para fazer pagamentos e transferências. Isso significa que a rede de ATMs tem a capacidade internacional de se tornar uma plataforma global baseada em dinheiro contendo comunicação de duas vias.

- **A plataforma do cartão de crédito e do cartão inteligente** – O cartão de crédito é uma plataforma para se pagar sem usar dinheiro. O predomínio de ATMs mostra que ainda há uma grande demanda por dinheiro, mas, com o tempo, as modalidades tradicionais de pagamento para a maioria das compras poderá ser substituída por dinheiro eletrônico, ou *e-cash*. Já ocorreram, inclusive, algumas tentativas de estabelecer uma plataforma de *e-cash*.

A plataforma de codificar informações recuperáveis em cartões "inteligentes" cresceu além dos domínios dos cartões de crédito. Na Escandinávia, cartões de identidade programados são usados para acessar uma grande variedade de serviços.

Na Coréia do Sul, o governo lançou cartões de crédito em uma tentativa de aumentar o consumo. Eram dados prêmios aleatoriamente para os possuidores de um certo número de identidade processado – por exemplo, o milésimo cliente. As transações eram automaticamente registradas e se tornavam uma maneira útil e eficaz de aumentar a coleta de impostos. No Japão, o cartão EDY (euro, dólar, iene) da Sony está agora se espalhando rapidamente como um cartão pré-pago recarregável eletronicamente para calcular e verificar dados associados a sistemas de lealdade do cliente, tais como milhagem aérea e pontos de *shoppings*. Devido a sua popularidade e facilidade de operação (POP, *point of purchase*, conexão à Internet por meio de uma leitora de cartões), ele pode ainda se tornar uma carteira global de dinheiro eletrônico, abrangendo pagamentos e recebimentos nas três "grandes" moedas.

- **A plataforma GPS** – Os GPS (*global positioning satellites* – satélites de posicionamento global) são um meio de se usar satélites geoestacionários para indicar a posição exata de uma pessoa que esteja com o equipamento em terra. Isso pode ser na forma de simples estatística de latitude e longitude, ou pode estar ligado a outro tipo de informação, como um mapa. Essa plataforma de cliente foi desenvolvida no Japão, onde a maioria dos carros agora já vem com unidades GPS. Elas são úteis para fornecer informações para motoristas em viagem, e também quando os sinais visíveis tradicionais de localização não estão disponíveis devido a neblinas ou chuvas fortes. Na Europa Ocidental, os *hobistas* foram os primeiros a se interessar pelos GPS, notavelmente montanhistas, andarilhos e praticantes de longas caminhadas, que podiam contar com eles para as mesmas informações dos tradicionais mapa e bússola.

Como plataforma, os GPS têm um potencial que vai muito além do motorista preso pelo nevoeiro ou o montanhista desorientado. A unidade GPS em um carro é um item de segurança. Com ela, um carro roubado pode ser encontrado facilmente.

As unidades de GPS também podem ser usadas para ajudar nos estacionamentos de automóveis. O sistema pode descobrir aqueles que usaram o estacionamento, e isso pode ser enviado ao proprietário do veículo. O controle do uso de estradas a partir do GPS também tem um potencial para taxas e pedágios. Uma vez que um motorista passasse por um ponto de pedágio, o sistema GPS perceberia isso e então faria a cobrança. Não haveria mais a necessidade de guichês de pedágio, com os engarrafamentos de trânsito a eles associados. Há um outro uso na administração de tráfego em rodovias que a tornaria menos visível e importuna. O meio tradicional de se construir estradas e auto-estradas no Ocidente é altamente ineficiente. Usa-se muito o *lobby* político nos governos centrais, insistindo na construção de auto-estradas para ajudar no desenvolvimento econômico. Esses argumentos baseiam-se muito em informações erradas. O governo pode responder dizendo que, embora seja uma boa idéia, ele não tem dinheiro para a construção de estradas no momento, mas, quando os "dias felizes" voltarem, elas serão a principal prioridade. O projeto, então, torna-se politizado. No entanto, um sistema que use a tecnologia dos GPS seria capaz de verificar o uso de cada estrada em determinadas áreas, mesmo em estradas específicas, em horários discretos do dia. Onde o uso da estrada fosse intenso, a necessidade de uma nova infra-estrutura tornaria-se imediatamente evidente. Não haveria mais a necessidade de evidências subjetivas. Os GPS, portanto, poderiam tornar-se parte de uma avaliação pública objetiva.

Muitos fabricantes de carros japoneses estão trabalhando com as empresas de eletrônica de consumo para implantar os GPS em telefones móveis. Embora o GPS seja um dispositivo maravilhoso para "receber" informações, é ineficiente e caro para enviá-las. Mas, combinando-se o telefone celular (que usa uma rede de pacotes onipresentes) com o GPS, um novo sistema interativo e compatível com a Internet pode ser desenvolvido. O celular também irá agir como a chave para ligar o motor, uma vez que esteja conectado ao módulo GPS. Essa é outra maneira de dificultar o roubo de carros. As conversas telefônicas serão realizadas sem o uso das mãos, sendo ativadas pela voz. A solicitação verbal do número do telefone de um restaurante é inserida no GPS, então o sistema de navegação passará a orientar o motorista até o endereço do restaurante. No Japão, a maioria dos números telefônicos já está inserida nos equipamentos GPS. Esse trabalhoso processo de entrada de dados foi casualmente realizado em Shenyang, na China, um exemplo típico de BPO além-fronteiras. É uma questão de tempo (talvez ainda alguns anos) até que as ilhas digitais do GPS e do celular formem uma única plataforma digital muito maior.

Um conjunto de plataformas já existe – ou está pronto para existir num futuro muito próximo. O desafio para todos os que operam no palco global é duplo: entender a importância das plataformas e ser capaz de utilizá-las tão eficaz e rapidamente quanto possível.

NOTAS

1. "English, a Language You Have to Learn?", *China Daily*, 1 April 2004 (www.chinadaily.com.cn).
2. "Pumping up the Volume", *Asiaweek*, 30 July 1999 (www.asiaweek.com).

Saindo em todas as direções 6

CRUZANDO FRONTEIRAS

O próximo item que irá moldar o palco global é a terceirização dos processos de negócios, ou BPO (*business process outsourcing*). Colocando de maneira simples, a BPO refere-se à otimização. Atividades que tradicionalmente eram realizadas em um ambiente de alto custo são transferidas para um no qual os custos de mão-de-obra mais baixos aplicam-se sem nenhuma perda na qualidade do processo fornecido. A comunidade comercial está acostumada a relocar suas fontes (fornecedores de novos materiais e componentes, de produção). A mudança mais importante da última década foi o surgimento da x-BPO (a terceirização de processos comerciais além-fronteiras). Isso originalmente ocorreu pelo uso de linhas telefônicas fixas, tanto públicas como no sistema de *leasing*, mas agora predomina o protocolo da Internet.

Existem dois tipos de x-BPO. O primeiro transfere operações funcionais para o exterior, como a relocação de *call centers* para lugares como a Irlanda, a Holanda e a Índia. O segundo reloca o trabalho de apoio e o administrativo indireto. A General Electric, o Citibank e a Amazon na Índia são exemplos da segunda categoria, os quais só se tornaram possíveis pelo amplo uso da BPS (*business process standardization*) combinada com a digitalização do local de trabalho (ver Figura 6.1). Empresas menos sofisticadas terão dificuldades na mudança de parte de seus negócios para o exterior se as tarefas e as funções não estiverem bem definidas eletronicamente.

Não há como esconder que o surgimento da BPO além-fronteiras é um dos aspectos mais controversos da economia global. Ela é vista por alguns como sendo totalmente negativa, ou, no mínimo, *o* aspecto mais negativo da economia global. Mas esse ponto

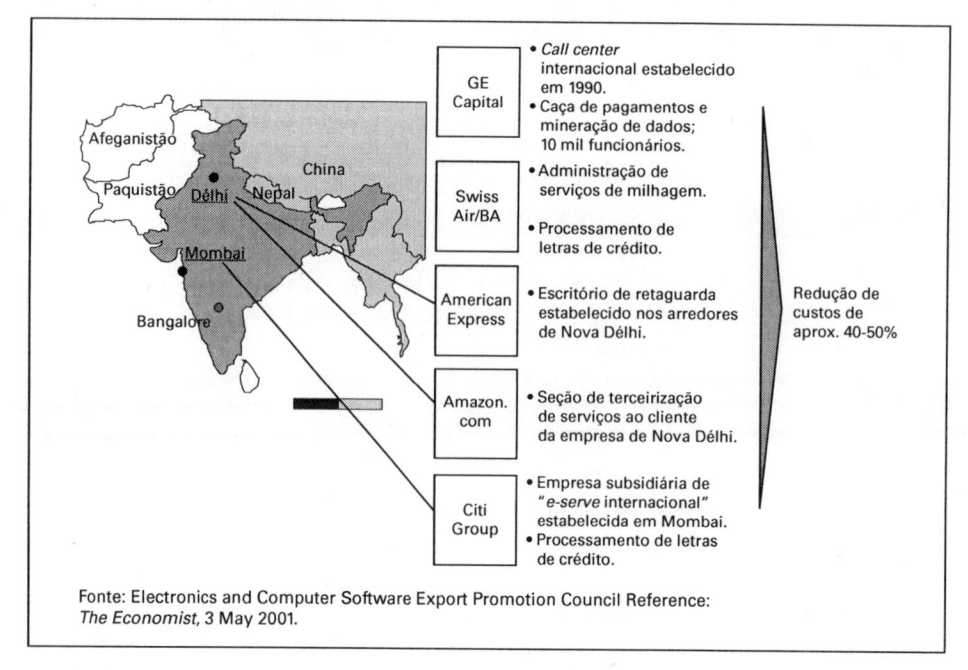

FIGURA 6.1 Escritórios de retaguarda de empresas européias e americanas na Índia.

de vista freqüentemente se baseia em conceitos errados. Alguns deles podem ser deliberadamente egoístas, pois a x-BPO pode e realmente expande os benefícios da prosperidade para áreas do mundo que até agora estavam atoladas em miséria e pobreza.

A x-BPO é uma extensão de um fenômeno que vem acontecendo há décadas. Dentro dos Estados Unidos, há muito tempo vem ocorrendo uma migração dos processos de negócios para áreas com menor custo em computação, processamento de documentos e contatos com os clientes. A BPO também tem se expandido para além dos limites das cidades e dos estados. Com o auxílio da plataforma global da Internet, ela agora está constantemente cruzando as fronteiras nacionais.

Isso pode gerar reduções de custos substanciais. Um exemplo vem dos *e-bookers* (reservas eletrônicas) de uma empresa britânica de viagens. Ela abriu um escritório de operações de retaguarda (*backoffice*) na Índia que lhe poupou aproximadamente 1,4 milhão de libras esterlinas em um período de três meses em 2003. Esses retornos não são raros e costumam ser altamente persuasivos.

Quando se faz referência à BPO, as pessoas instintivamente pensam na Índia. Ela de fato é importante naquele país, mas, como veremos, não o é em todo o seu território.

Além disso, seu sucesso é irregular e desigual. Empresas e investidores estabelecem-se em localidades como Bangalore, Nova Délhi e Hyderabad devido a suas atrações regionais e comerciais, combinadas com os esforços dos governos regionais da Índia com vistas a atrair investimentos externos.

Não é somente a Índia que se beneficia da BPO. Na verdade, se olharmos para um mapa-múndi, será difícil encontrar grandes áreas que não tenham algum tipo de atividade de BPO (ver Figura 6.2). Ela traz benefícios reais, em termos de bons salários para os trabalhadores locais, transferência de tecnologia e o desenvolvimento de uma infra-estrutura melhorada.

Ao mesmo tempo, deve-se enfatizar que não há nada previsível sobre a BPO. Não veremos uma migração em larga escala de empregos do setor de serviços dos Estados Unidos e da Europa Ocidental para a Índia, para a China ou para qualquer outro lugar de baixos custos. A x-BPO é mais adequada para alguns setores do que para outros. Para alguns, ela pode ser muito bem-sucedida; para aqueles que estão mal preparados, pode significar um desastre.

Minha primeira experiência de BPO foi na Irlanda, no início da década de 1990, depois que a Autoridade para o Desenvolvimento Industrial da Irlanda endossou o

Participação de grupos de países no mercado de BPO mundial (%, 2003)

- Outros: 14
- Pacífico asiático: 7
- Europa Ocidental: 22
- América do Norte: 57

100% = 122 bilhões de dólares

Tamanho do mercado de BPO no mundo (bilhões de dólares)

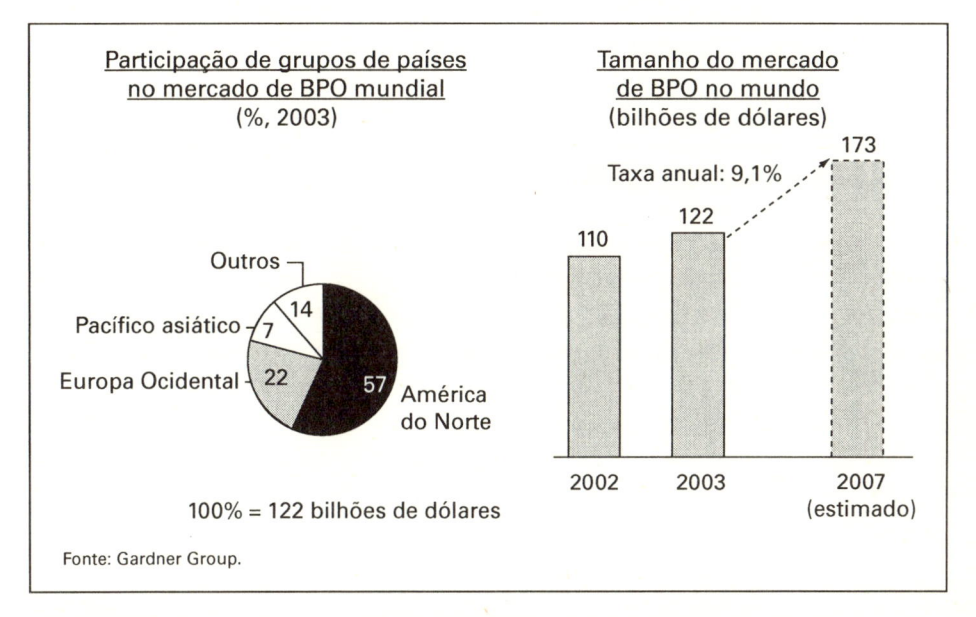

- 2002: 110
- 2003: 122
- 2007 (estimado): 173

Taxa anual: 9,1%

Fonte: Gardner Group.

FIGURA 6.2 Tamanho do mercado de BPO e participação de mercado de grupos de países na BPO mundial.

país como um *e-hub*. Os *call centers* foram estabelecidos juntamente com instalações de retaguarda de escritórios associadas com o Centro de Serviços Financeiros nas antigas docas de Dublin.

A BPO atual é diferente das anteriores. Primeiro, porque é além-fronteiras: não ocorre dentro das fronteiras nacionais – pelo contrário, parece desafiá-las com prazer. Na verdade, tecnologia significa inexistência de fronteiras. Segundo, porque o velho compromisso entre baixos salários e poucas habilidades não existe mais. Em muitas regiões do mundo, as velhas teorias econômicas sobre fatores favoráveis ao trabalho perderam sua validade. Assim, um país pode não ter vastos recursos minerais ou terras, mas pode compensar isso com uma grande reserva de mão-de-obra. Esta seria inevitavelmente de baixo custo e pouca habilidade. Em certas regiões da Índia e da China, por exemplo pessoas com alta capacidade *estão* disponíveis por baixos salários – se comparados com os padrões ocidentais, é claro.

Para colocar isso numa perspectiva histórica, o recurso mais crucial para gerar riquezas no século XIX e na primeira metade do século XX foi a agricultura (como na Argentina, na Austrália e no Canadá, com vastas e aparentemente inexauríveis áreas de terra), mas isso mudou para recursos industriais, extração mineral e petróleo na segunda metade do século passado. Hoje já está óbvio que, na primeira metade do século XXI, riquezas podem ser geradas por recursos humanos, desde que estes sejam suficientemente inteligentes e instruídos. Riquezas e empregos podem ser importados e exportados pelo protocolo da Internet que cruza as fronteiras nacionais.

TECNOLOGIA: A FADA-MADRINHA

A BPO seria impossível sem a atual tecnologia de telecomunicações. A Índia, por exemplo, teve uma melhoria quase revolucionária em sua infra-estrutura de telecomunicações. Ainda há lugares no país onde fazer uma chamada telefônica interurbana, além de caro, pode ser também um tormento, exigindo paciência, perseverança e até mesmo um certo grau de espiritualidade. A transferência de dados tanto dentro de suas fronteiras como além delas por meio de linhas fixas nessas áreas é fisicamente impossível. No entanto, o investimento na melhoria das linhas telefônicas, bem como o fornecimento de cabos de fibra óptica e conexões via satélite, revolucionou as possibilidades abertas para todos os indianos, ainda que reconhecidamente apenas em algumas regiões mais afortunadas.

A Índia é um país grande, e a provisão de linhas fixas para todas as áreas é cara, demorada e freqüentemente impossível. Por isso, os telefones celulares são uma alternativa barata. Estima-se que haja 59 milhões de telefones celulares na Índia hoje, e o número está crescendo em 2 milhões a cada mês. (Na China, o crescimento tem a fantástica cifra de 5 milhões por mês e, no fim de 2003, o número de assinantes de telefones celulares passou para 300 milhões – o dobro dos Estados Unidos.) Em 2003, pela primeira vez os celulares ultrapassaram o número de linhas telefônicas instaladas na Índia. Devido à concorrência saudável, as contas e as assinaturas são mantidas com preços baixos. Um analista observou que a Índia é o melhor lugar do mundo para um cliente de telecomunicações. Isso, combinado com uma abundância crescente, permite que os telefones celulares sejam mais do que um símbolo de *status*. Os comerciantes em Mombai fazem serviços de tele-entrega usando seus telefones celulares para contatar potenciais clientes e pegar pedidos.

A Irlanda é outro país cujo sistema telefônico desenvolveu-se de maneira revolucionária, tornando possíveis as condições para os *call centers* e para as atividades de retaguarda de escritório. Até o início da década de 1980, o serviço telefônico do país era arcaico, não muito diferente do existente na Índia. Muitas áreas tinham telefones, mas para se fazer uma ligação que não fosse de curta distância era difícil. Eram linhas telefônicas passando sobre montanhas e por dentro de vales remotos, freqüentemente se conectando a casas isoladas. Além disso, nem sempre funcionavam adequadamente. O sistema de telecomunicações então foi aberto. Novas estruturas e estratégias foram injetadas em um monopólio de utilidades públicas moribundo. Com o envolvimento cada vez maior do setor privado, vieram novos investimentos em cabos de fibra óptica e comutação digital. Pessoas de todas as regiões e idades também adotaram o telefone celular. (Os irlandeses, inclusive, têm a fama de serem os mais ávidos remetentes de mensagens de texto do mundo.)

Assim como na Índia, a melhoria na infra-estrutura de telecomunicações beneficiou a economia na Irlanda, permitindo o estabelecimento de *call centers*. Porém, em ambos os casos, quem saiu ganhando também foi o público em geral.

BPO: A ÍNDIA COMO PLATAFORMA DE LANÇAMENTO

Antes de olhar para os temores causados pela BPO, voltemos para a Índia e examinemos a realidade da x-BPO com mais detalhes.

Pode ser que a BPO além-fronteiras (x-BPO) não seja um fenômeno exclusivo da Índia, mas ela colocou o país no palco da economia global. O que é feito hoje na Índia por meio do inglês irá se espalhar para outros centros, atraindo a x-BPO no futuro.

A Índia deve muito de sua posição dentro da arena de x-BPO aos *call centers*, especialmente os dedicados a fornecer assistência técnica ou CRM. As pessoas no mundo ocidental podem enxergar essas instalações como filas de operadoras bem apertadas, cada uma presa a uma linha telefônica, trabalhando durante muitas horas em um ambiente úmido e por um salário baixo. A realidade moderna é diferente. A pessoa que atende as chamadas não é um robô. Ela pode ter uma posição semelhante à de um gerente de conta pessoal, respondendo perguntas e fornecendo informações a seus clientes.

Os *call centers* indianos são iguais aos do Ocidente. Alguns podem considerá-los desumanos. Mas as mesmas tentativas de vitalizar o ambiente de trabalho que são implementadas na Irlanda e na Grã-Bretanha também têm sido buscadas na Índia. O mesmo ocorre nos *call centers* da China e de outros lugares (ver Figura 6.3).

A BPO na Índia é muito maior do que os *call centers*. Estes constituem apenas cerca de um oitavo do valor da BPO além-fronteiras. As instalações de BPO incluem uma faixa de funções de retaguarda de escritório, administração de instalações, auditoria, rastreamento de contas a receber e a pagar, administração de folha de pagamento,

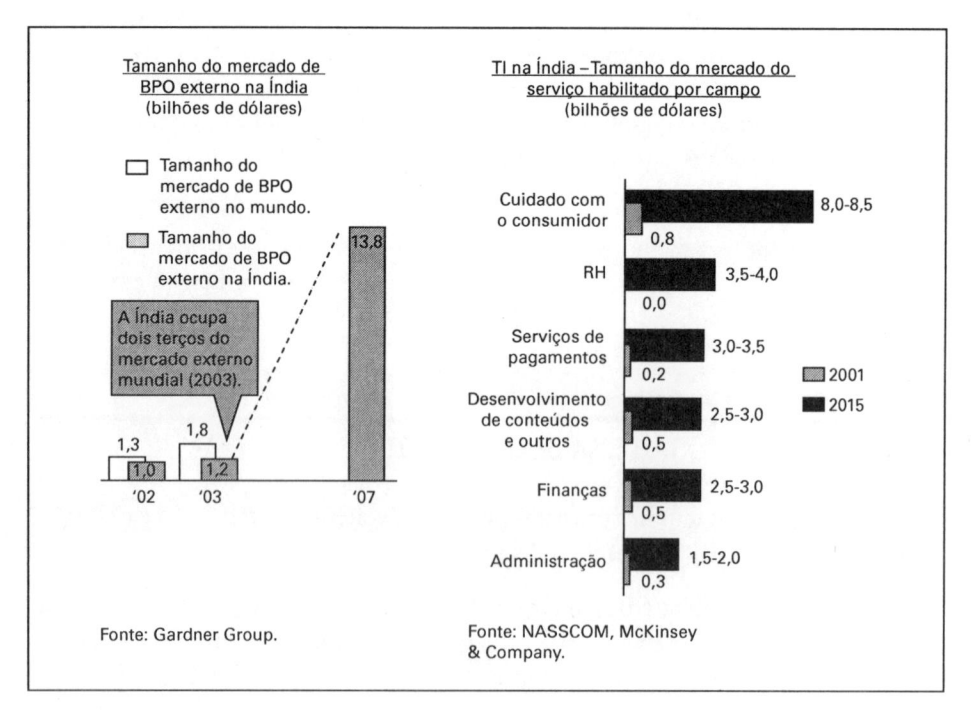

FIGURA 6.3 Tamanho do mercado de BPO externo na Índia.

escrita e edição técnica, além de serviços profissionais e técnicos. A Índia também tem uma grande reserva de talentos técnicos que podem ser empregados em uma série de funções de P&D, tal como projeto de produtos.

A realidade da BPO é bem diferente da dos *call centers*, com escritórios ventilados e terminais de computadores em todas as mesas. Eles são o equivalente dos escritórios de serviços profissionais e técnicos no Ocidente. Só que operam a apenas uma fração do custo de seus equivalentes ocidentais, naturalmente. Esses lugares são agradáveis para se trabalhar e oferecem salários atraentes. Os profissionais liberais indianos (médicos, advogados, contadores, engenheiros, etc.) que já oferecem seus serviços em um ambiente de BPO estão surgindo como uma categoria de emprego. São pessoas cujas habilidades e conhecimentos são reconhecidos em todo o mundo. Em vez de se sentirem explorados pelos clientes do Ocidente, eles vêem seu trabalho como uma carreira, capaz de lhes proporcionar um emprego e desenvolvimento profissional por toda a vida, além de uma qualidade de vida muito desejável.

As carreiras profissionais já há muito são parte da sociedade indiana, mas a entrada nelas costumava ser restrita. Muitos dos que concluíam o curso superior nas uni-

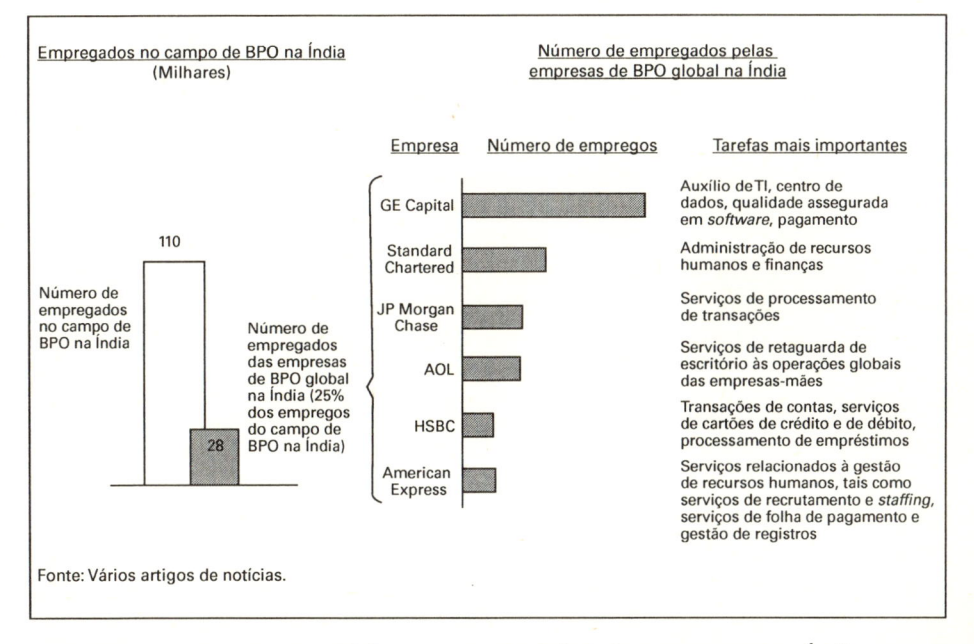

FIGURA 6.4 Emprego em BPO e emprego global das empresas na Índia.

versidades indianas (técnicos, médicos, etc.) tinham de esperar passar anos, às vezes décadas, no exterior – Europa, América do Norte ou Oriente Médio –, para então esperar alguma oportunidade de voltar à Índia. Esse retorno, mesmo quando possível, freqüentemente envolvia um considerável sacrifício financeiro. No entanto, o crescimento da x-BPO na Índia fez com que empregos bem remunerados (nos padrões indianos) agora estejam disponíveis. E mais: é possível desfrutar de uma fatia maior da boa vida dentro das fronteiras do país (ver Figura 6.4).

O que é mais desafiador para algumas pessoas do mundo desenvolvido são as invasões que estão sendo feitas pelos fornecedores de x-BPO nos serviços profissionais. Recentemente, houve um caso de uma empresa no Reino Unido que estava procurando uma auditoria de *software* que fora cotada em 100 mil libras esterlinas por uma empresa britânica. Uma empresa indiana com profissionais qualificados em computação realizou a tarefa por 30 mil libras esterlinas. O vice-presidente da WIPRO, um dos principais fornecedores de BPO da Índia, recentemente comentou que a BPO tem potencial em áreas como diagnóstico médico, na qual os raios X poderiam ser feitos nos Estados Unidos ou no Reino Unido e, então, transferidos para a análise de um especialista na Índia, com o resultado podendo ser enviado de volta dentro de poucas horas por um custo menor.

Consideráveis passos estão sendo dados em BPO de alta tecnologia. Muitas das principais empresas americanas já abraçaram a BPO técnica. A Motorola, por exemplo, está construindo um grande centro de pesquisas na Índia, parcialmente como resultado de vencer uma concorrência para fornecer mais de 300 milhões de dólares em equipamentos para o setor de telefonia celular indiano, que está crescendo rapidamente. A General Electric, por sua vez, estabeleceu um centro de P&D em Bangalore, o qual não apenas atende o mercado asiático, como se tornou um centro de excelência em P&D em nível mundial e já solicitou muitas patentes nos Estados Unidos.

Alguns analistas comparam a Índia com a China. Eles dizem que ela é quase tão dinâmica como exemplo da nova economia global quanto esta. Na verdade, sua taxa de crescimento ainda não é tão alta como a da China (cerca de 7 a 8%, em comparação com os 9% desta). Eles também apontam para o fato de que muito do crescimento da Índia foi liderado pelo setor privado. O governo, seja em nível nacional ou estadual, ajuda removendo barreiras, desregulamentando e privatizando. A Índia flertou com o socialismo por muitos anos depois de sua independência em 1947, mas nunca teve um governo comunista centralizado como o da China, embora o estado de Kerala (agora um líder na atração de BPO) tenha tido o primeiro governo comunista eleito democraticamente. Mas, mesmo que ambos os países tenham histórias bastante diferentes, havia muitas empresas estatais também na Índia, as quais foram privatizadas em grande número. Assim, o governo nacional não tem mais um papel significativo na economia.

A ÍNDIA ADORMECIDA

É fundamental entender uma importante realidade: a Índia *como nação* ainda não acordou para a economia global. Assim, 8% de crescimento anual são o resultado de certas regiões saindo-se extremamente bem, enquanto o resto do país ainda está atrasado. Fora das promissoras áreas de crescimento, a Índia é um país muito pobre, onde os telefones não funcionam e as empresas e seus clientes têm de lutar contra interrupções na energia elétrica e uma infra-estrutura obsoleta. Em muitas áreas, os pais estão desempregados, assim mandam seus filhos para estabelecimentos escravizantes para ganhar dinheiro. Eles ficam com os rendimentos dos filhos para apenas conseguir aliviar sua fome. É muito mais fácil as crianças conseguirem trabalhos assim do que os adultos. Na Índia, a pobreza e a falta de uma educação mínima para as crianças nas áreas pobres ainda constituem um problema crônico.

Dois terços da população indiana estão empregados na agricultura, mas muitos desses estão envolvidos em cultivos de subsistência ou quase isso. Eles não cultivam para o mercado porque não conseguem obter nenhum excedente de sua produção para colocar nele. Não têm acesso a água e eletricidade confiáveis, e lhes faltam fontes de crédito mesmo para as menores melhorias.

O governo central da Índia não entende a economia global. Ele não consegue entender por que certas áreas estão tendo grande sucesso e por que são capazes de atrair investimentos do resto do mundo. Isso, no entanto, não os impede de fazer orgulhosas autocongratulações. Nas eleições gerais de 2004, por exemplo, o partido governista Bharatiya Janata (BJP) tentou adotar a prosperidade da Índia com o *slogan* "A Índia brilhando". Isso não o ajudou em nada.

O governo indiano toma as glórias pelo crescimento econômico e pelo sucesso de lugares como Bangalore, afirmando que isso se deve às suas políticas macroeconômicas de grande visão, como baixar as taxas de juros. No entanto, as políticas do governo não contribuíram em nada para o sucesso dos estados-regiões prósperos, onde as taxas de crescimento podem exceder os 20%. Graças à estrutura federativa do país, há regiões como Andhra Pradesh, Maharashtra, Kerala e as vizinhanças de Mombai e Nova Délhi, as quais estão ansiosamente adotando a economia global e buscando no exterior investimentos e prosperidade. Elas estão realmente agindo como estados-regiões, e o governo central está satisfeito em deixá-las e não fazer nada, exceto tomar algum crédito que não lhe é devido. Porém, o lado positivo é que a prosperidade dessas regiões irá encorajar outras a imitá-las.

Consideremos West Bengal, a qual tem sido governada desde 1977 pelo Partido Comunista da Índia (marxista), ou CPI-M. Não surpreendeu o fato de as empresas terem evitado a todo custo o estado e sua capital cercada de pobreza, Kolkatta (antiga Calcutá). Muitos setores da atividade econômica estavam nas mãos do poder público, e um poderoso movimento dos sindicatos usou greves para conseguir acordos e melhores condições de trabalho para seus membros. O CPI-M ainda está no poder, de modo que esta pareceria uma área improvável de se esperar muito reconhecimento para com a economia global. No entanto, quando o atual governador do estado, Buddhabev Bhattacharjee, assumiu o poder em novembro de 2000, adotou como *slogan* não um aforismo de *O capital*, de Karl Marx, mas três palavras que se tornaram famosas por meio da Nike: "Just Do It" (simplesmente faça isso). Desde que assumiu o poder, ele tem tentado atrair investimentos, incluindo fornecedores de BPO. Ele sabe que, assim como seu estado, tem de evitar e corrigir os erros do passado. Como ele mesmo perguntou em uma entrevista à *Far Eastern Economic Review*, "Se você pode fazer negócios na China, por que não fazê-los também em West Bengal?".[1] Ele sabe que a maior concorrência que enfrenta vem dos outros estados indianos, que estão ansiosos para atrair investimentos externos. Seu papel é o de um gerente de *marketing* para seu estado, embora não goste do nome. Na mesma entrevista, ele descreveu uma boa conversa que teve com o ex-Ministro-Chefe de Andhra Pradesh, Chandrabubu Naidu, o qual tem liderado o processo de atração de investimentos para sua região, especialmente para Hyderabad. O governador de West Bengal brincou que ele estava ansioso por superar Andhra Pradesh.

É significativo que os mais variados líderes políticos da Índia apóiam um comprometimento de buscar riquezas do resto do mundo em vez de promover a pobreza doméstica. O Ministro-Chefe de Andhra Pradesh, Sr. Naidu, deixou o poder no início de 2004, mas há muitos indícios de que seu substituto irá buscar as mesmas políticas de visão de seu predecessor.

A experiência de uma região não está levando à inveja das demais, mas a um desejo de imitá-la. As políticas que trazem riquezas não serão repentinamente revertidas, assim a continuidade pode se desenvolver e a prosperidade, espalhar-se, ainda que lentamente.

Sem dúvida, haverá críticas. O progresso econômico que se tornou possível sob a liderança do BJP foi considerado injusto nos distritos rurais pobres. Isso, naturalmente, tem sido o jogo favorito do Partido do Congresso Nacional (NCP) desde os dias de Ghandi e Nehru. Assim, quando o NCP voltou ao poder em maio de 2004, provocou receios na comunidade comercial internacional, na qual tem uma má reputação devido a suas políticas socialistas e promessas excessivas de redistribuição quando poucas empresas estavam gerando riquezas. Mas, acima de tudo, creio que alguns dos líderes regionais continuarão sua conectividade com a comunidade global, e o progresso, ainda que a uma velocidade mais lenta do que nos dias do partido BJP, irá continuar, porque muitos finalmente acordaram para o potencial da x-BPO na Índia. Uma vez que as pessoas desfrutam de alguma prosperidade por um tempo, relutam para desistir dela depois.

Os benefícios já são visíveis nas regiões que se voltam mais avidamente para o resto do mundo: os indianos têm atualmente mais carros novos do que os modelos quase clássicos. Surgiram centros comerciais que vendem de tudo, desde a última moda até eletrônica de consumo. Esse padrão também é encontrado nos estados-regiões mais prósperos da China.

Durante a maior parte do século XX, a Índia foi um exemplo de pobreza crônica e escassez; uma terra de contrastes. No pináculo da sociedade, príncipes e cortesãos vivendo em um luxo inimaginável. A maioria do restante da população ou vivia uma dura e amarga existência, com apenas o estritamente necessário, ou vivia na mais profunda indigência. Essas pessoas viam o luxo do primeiro grupo nas telas do cinema, nos cenários freqüentemente surreais dos sucessos de Hollywood. Isso combinava bem com seus sonhos, mas fazia-os sentirem-se menos capazes de provar por si mesmos a boa vida. Mas alguns de seus descendentes agora têm sua própria casa e seu próprio carro. Eles não se preocupam mais com morrer de fome, pelo contrário, alguns até se preocupam é com comer demais, especialmente nas *fast foods* ocidentais.

A pobreza, no entanto, não está erradicada de todo, mesmo onde há prosperidade. Porém, também ela, por tanto tempo considerada endêmica, pode mudar, ainda que gradualmente. A esse respeito, as aspirações do governo indiano de acabar com a pobreza até 2020 provavelmente sejam otimistas demais. A BPO até pode ajudar, mas não conseguirá acabar com ela sozinha. Atualmente, mais de 1 milhão de indianos está empregado no setor de BPO. Espera-se que esse número dobre em poucos anos, mas ele precisa ser comparado com o total da força de trabalho do país, que é de 450 milhões de pessoas. Entretanto, a contribuição da BPO para diminuir a pobreza não deve ser subestimada. O que é importante observar é que a economia global está ajudando a Índia a resolver o problema crônico da pobreza, o que Nova Délhi não conseguiu em meio século.

Se o governo indiano realmente entendesse, faria todo o possível ao seu alcance para educar as crianças. A única esperança para países pobres como a Índia é ter os melhores recursos humanos para atrair empregos do resto do mundo.

O governo indiano também visa a acabar com o analfabetismo até 2020. Embora tal meta também pareça inatingível, demonstra pelo menos a percepção de que uma maior prosperidade pode ser atingida por meio da alfabetização. Melhorias na educação não podem apenas ser desejadas para que venham a ocorrer. O grande e ineficiente setor educacional do governo precisa ser reformado. Já existe uma crescente percepção entre os indianos de que o governo não deve ser visto como um fornecedor automático de educação. O papel da educação particular, por tanto tempo considerada exclusiva dos muito ricos, aumentou exponencialmente. Entre as instituições de ensino tradicionais da Índia encontram-se as ordens religiosas católico-romanas. Seus altos padrões de excelência estão novamente atraindo os pais, muitos dos quais nem mesmo são cristãos.

Os *harijans* eram os membros mais baixos do sistema de castas indiano. Em algumas partes do sul da Índia, eles costumavam alertar sobre sua presença gritando de longe, para que ninguém de uma casta superior corresse o risco de "contaminar-se" só de vê-los. Essas práticas terminaram no século XX, mas os *harijans* ainda recebiam os menores salários e tinham a menor expectativa de vida. Uma série de projetos de ajuda na área de Pondicherry, no sul da Índia, está fornecendo educação para crianças *harijan*, mas não pelo ensino tradicional de palavras e números: pelo ensino de computação. Essas crianças, por tanto tempo presas à pobreza e à penúria, podem muito bem ser os empregados das BPOs amanhã, ganhando mais do que jamais poderiam esperar e desfrutando de uma qualidade de vida inimaginável outrora. Se isso se concretizar, o mundo experimentará de maneira visível o lado positivo da economia global.

Alguns analistas vêem a BPO como tendo o potencial de transformar a economia indiana de uma organização de Terceiro Mundo em uma de Primeiro Mundo.

Embora a curto prazo tais aspirações possam parecer otimistas demais, não há dúvida de que a x-BPO, juntamente com a transferência de tecnologia e o desenvolvimento dos negócios indianos, tem o potencial a longo prazo de melhorar a vida e o salário da vasta maioria da população do país (ver Figura 6.5). Hoje, apenas certas regiões e setores conseguiram provar que a x-BPO é lucrativa. Mas ainda vai levar bastante tempo até a Índia ser chamada de uma superpotência rica em recursos da era cibernética.

A x-BPO pode ajudar a distribuir e espalhar riquezas no mundo de uma forma mais eficaz e eficiente do que o dispêndio de ajuda para o desenvolvimento. O dinheiro vai diretamente para os indivíduos, em vez de para as – freqüentemente corruptas – agências governamentais. Ela oferece às sociedades do Terceiro Mundo a chance de desfrutar dos padrões de vida do mundo desenvolvido, de maneira sustentável.

As empresas indianas estão diversificando seus negócios, do tradicional desenvolvimento de *software* para BPO

Principais empresas indianas de BPO

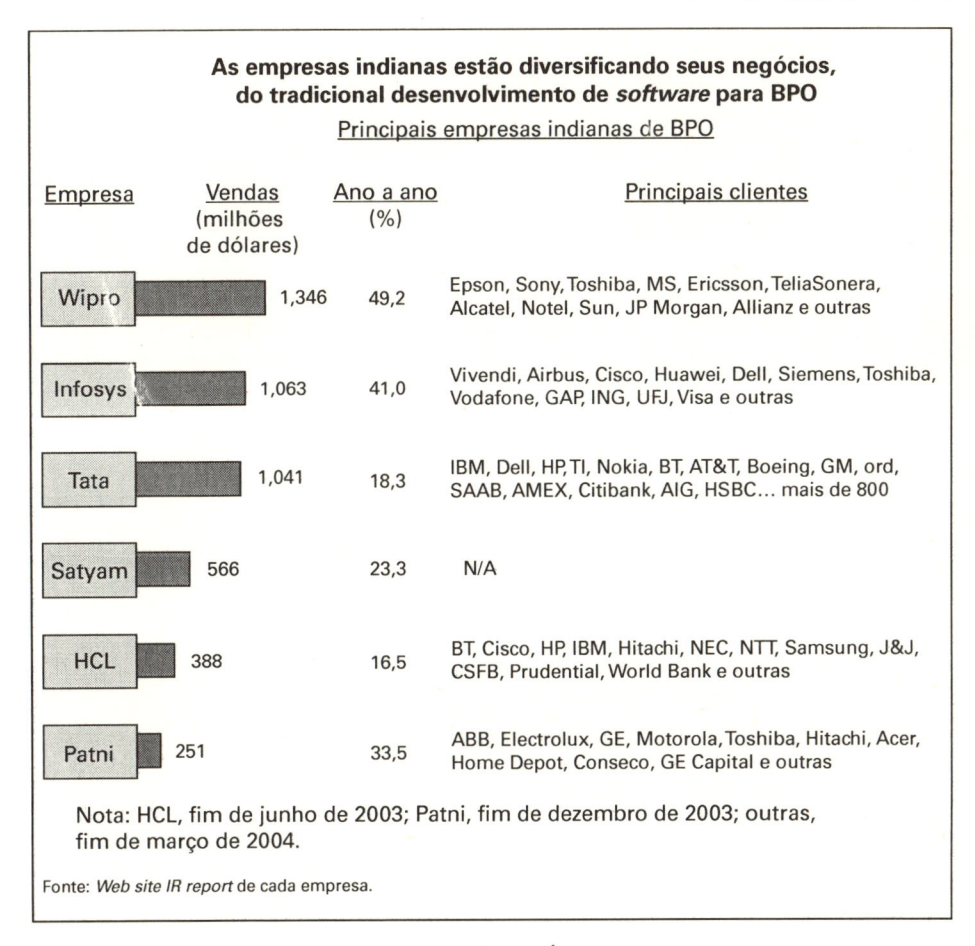

Empresa	Vendas (milhões de dólares)	Ano a ano (%)	Principais clientes
Wipro	1.346	49,2	Epson, Sony, Toshiba, MS, Ericsson, TeliaSonera, Alcatel, Notel, Sun, JP Morgan, Allianz e outras
Infosys	1.063	41,0	Vivendi, Airbus, Cisco, Huawei, Dell, Siemens, Toshiba, Vodafone, GAP, ING, UFJ, Visa e outras
Tata	1.041	18,3	IBM, Dell, HP, TI, Nokia, BT, AT&T, Boeing, GM, ord, SAAB, AMEX, Citibank, AIG, HSBC... mais de 800
Satyam	566	23,3	N/A
HCL	388	16,5	BT, Cisco, HP, IBM, Hitachi, NEC, NTT, Samsung, J&J, CSFB, Prudential, World Bank e outras
Patni	251	33,5	ABB, Electrolux, GE, Motorola, Toshiba, Hitachi, Acer, Home Depot, Conseco, GE Capital e outras

Nota: HCL, fim de junho de 2003; Patni, fim de dezembro de 2003; outras, fim de março de 2004.

Fonte: *Web site IR report* de cada empresa.

FIGURA 6.5 Principais empresas de BPO da Índia.

A Índia ainda tem um longo caminho a percorrer antes de, no futuro, poder talvez proporcionar tais padrões para sua população de 1 bilhão de cidadãos, mas algumas regiões andaram a passos largos na última década.

MAIS DO QUE UMA MARAVILHA DE UM ÚNICO PAÍS

A x-BPO não é apenas um processo que envolve empresas dos Estados Unidos e do Reino Unido terceirizando partes de seus negócios para a Índia. Seu alcance é muito maior. Há empresas cuja língua tradicional de operações e mercado é o espanhol, seja na Europa Continental ou na América Latina. Para elas, o estabelecimento de instalações de x-BPO na América Central ou nas Filipinas vale a pena. Da mesma forma, aquelas cuja clientela fala português terceirizaram elementos de seus negócios para o Brasil. No leste da Ásia, as empresas taiwanesas descobriram que a BPO está disponível na China continental. Os fornecedores falam mandarim, e seus níveis salariais são provavelmente um sexto dos praticados em Taiwan, de modo que são muito atraentes. Uma vez mais, bons negócios podem dissolver qualquer hostilidade política. O magnetismo da China continental para as empresas que falam chinês em Hong Kong e Cingapura é semelhante. Em algumas áreas da China, os operadores dos *call centers* falam japonês em vez de inglês; assim, são uma ferramenta útil para as empresas japonesas. Cerca de 1 milhão de pessoas na província de Jilin, no nordeste da China, fala fluentemente coreano. Mais uma vez, algumas instituições financeiras da Coréia começaram a ter contato com essa atraente fonte de recursos.

A Figura 6.6 mostra a perspectiva geográfica de Dalian na província de Liaoning. A distância de Tóquio a Dalian é aproximadamente a mesma de Tóquio a Okinawa e Hokkaido, onde o governo japonês está tentando estabelecer centros de chamadas com 50% de subsídios sobre o salário do operador. Mas isso não adianta, uma vez que o salário dos trabalhadores chineses, os quais podem fazer entrada de dados em japonês e/ou responder perguntas simples também em japonês ao telefone, é um décimo do salário do trabalhador nipônico equivalente.

Os fornecedores de BPO na China também fornecem muitas operações de retaguarda de escritório para empresas do Japão e de Cingapura. Esta tem se beneficiado da BPO, do *high end* técnico, o que não é uma surpresa. Em especial, um dos servidores da Hewlett-Packard foi projetado lá.

As Filipinas têm a maioria das vantagens da Índia quanto ao fornecimento de *call centers*. A fluência do inglês falado é alta; e ainda mais: muitos filipinos falam inglês com um leve sotaque americano. Isso pode ser uma vantagem. Há muitos profissionais qualificados em saúde, especialmente enfermeiras, que não conseguem trabalho nas Filipinas e, portanto, tendem a migrar para a Europa, para a América do Norte ou para o Oriente Médio em busca de trabalho. Entretanto, muitos agora estão empregados no fornecimento de serviços médicos de BPO. Manila, a capital, foi o centro desses negócios, mas, devido à falta de trabalhadores suficientemente qualificados, a atenção acabou se voltando para a segunda cidade do país, Cebu. Graças à disponibilidade de programadores de computador altamente qualificados nas Filipinas, há uma série de laboratórios de pesquisa em ciência da computação. Muitos desses jovens teriam se tornado *hackers* ou falsificadores de *software* caso não encontrassem um trabalho de x-BPO legítimo para eles, tal como desenvolvimento de aplicativos antivírus e *firewall*.

CAPÍTULO 6 ■ SAINDO EM TODAS AS DIREÇÕES

Usando laços históricos, Dalian poderia tornar-se a retaguarda das empresas coreanas e japonesas

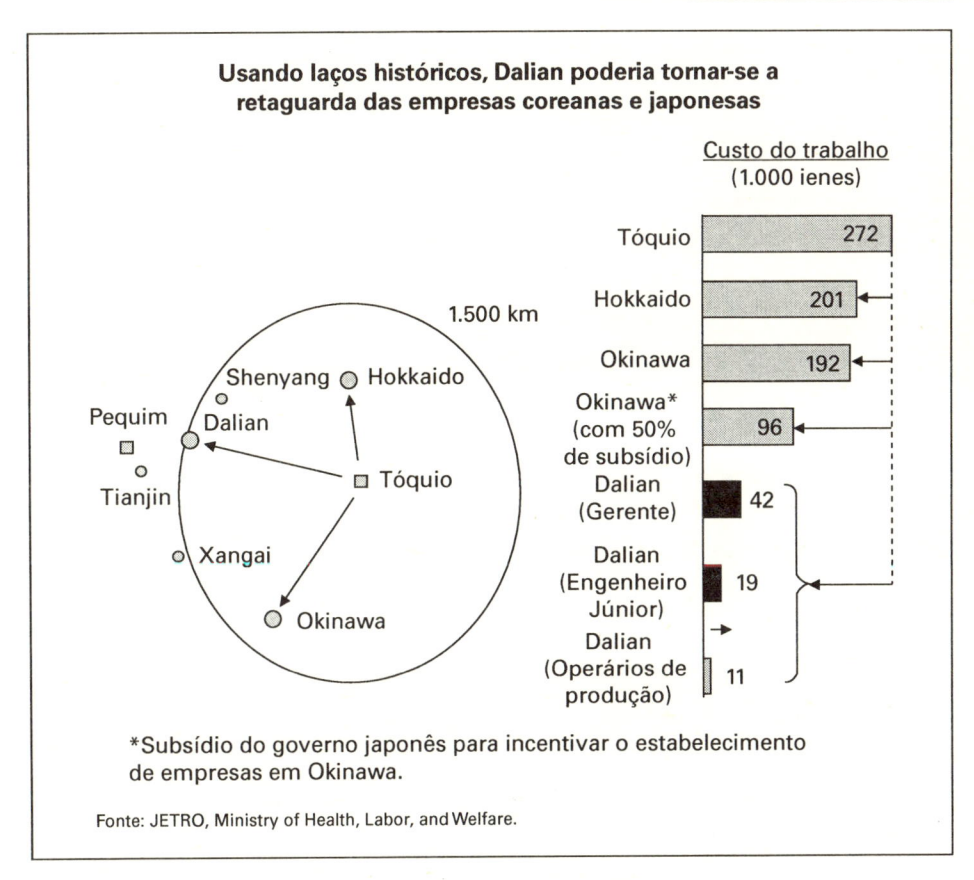

Custo do trabalho (1.000 ienes)

Tóquio	272
Hokkaido	201
Okinawa	192
Okinawa* (com 50% de subsídio)	96
Dalian (Gerente)	42
Dalian (Engenheiro Júnior)	19
Dalian (Operários de produção)	11

Mapa com raio de 1.500 km mostrando: Pequim, Tianjin, Shenyang, Dalian, Hokkaido, Tóquio, Xangai, Okinawa.

*Subsídio do governo japonês para incentivar o estabelecimento de empresas em Okinawa.

Fonte: JETRO, Ministry of Health, Labor, and Welfare.

FIGURA 6.6 Dalian poderia tornar-se a retaguarda das empresas coreanas e japonesas.

A BPO não é um fenômeno apenas do leste asiático, nem somente de um ambiente de baixo custo. O sucesso da Irlanda como *e-hub*, por exemplo, deve-se muito a sua habilidade de atrair negócios das empresas americanas que desejam tirar proveito da diferença de fuso horário entre a Europa e a América do Norte. Os Países Baixos também estão estabelecendo uma reputação de serem eficientes e eficazes fornecedores de produtos de BPO. Sua localização central na Europa é útil, enquanto sua força de trabalho poliglota pode fornecer serviços em inglês e alemão fluentes. Os novos membros da União Européia, especialmente a República Tcheca, a Hungria e a Polônia, fornecem um solo fértil para o recrutamento de operadores de BPO para inglês e alemão para os países da Europa continental, bem como para instalações de P&D. (Ver Figuras 6.7 e 6.8).

182 O NOVO PALCO DA ECONOMIA GLOBAL

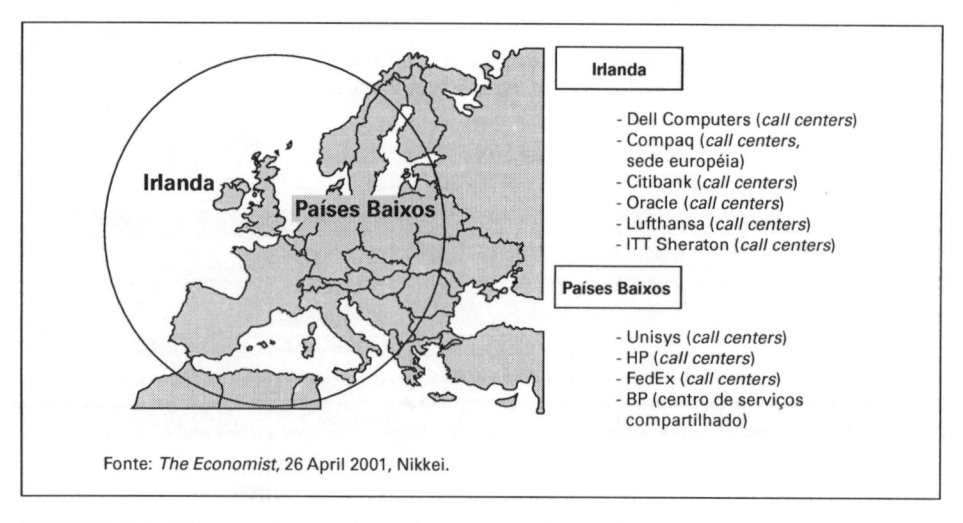

Irlanda
- Dell Computers (*call centers*)
- Compaq (*call centers*, sede européia)
- Citibank (*call centers*)
- Oracle (*call centers*)
- Lufthansa (*call centers*)
- ITT Sheraton (*call centers*)

Países Baixos
- Unisys (*call centers*)
- HP (*call centers*)
- FedEx (*call centers*)
- BP (centro de serviços compartilhado)

Fonte: *The Economist*, 26 April 2001, Nikkei.

FIGURA 6.7 *Clusters* de serviços de retaguarda na Europa.

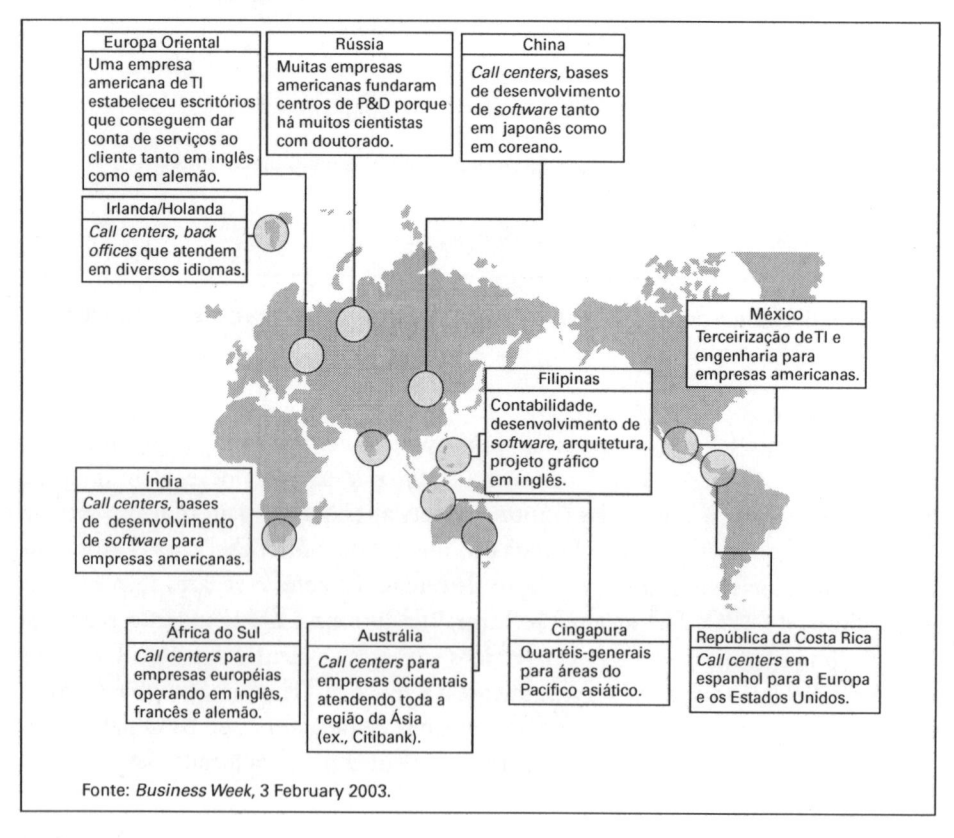

Europa Oriental
Uma empresa americana de TI estabeleceu escritórios que conseguem dar conta de serviços ao cliente tanto em inglês como em alemão.

Rússia
Muitas empresas americanas fundaram centros de P&D porque há muitos cientistas com doutorado.

China
Call centers, bases de desenvolvimento de *software* tanto em japonês como em coreano.

Irlanda/Holanda
Call centers, *back offices* que atendem em diversos idiomas.

México
Terceirização de TI e engenharia para empresas americanas.

Filipinas
Contabilidade, desenvolvimento de *software*, arquitetura, projeto gráfico em inglês.

Índia
Call centers, bases de desenvolvimento de *software* para empresas americanas.

África do Sul
Call centers para empresas européias operando em inglês, francês e alemão.

Austrália
Call centers para empresas ocidentais atendendo toda a região da Ásia (ex., Citibank).

Cingapura
Quartéis-generais para áreas do Pacífico asiático.

República da Costa Rica
Call centers em espanhol para a Europa e os Estados Unidos.

Fonte: *Business Week*, 3 February 2003.

FIGURA 6.8 Operações de BPO fora do país.

A BPO COMO PLATAFORMA

No Capítulo 8, veremos o importante papel que as plataformas tecnológicas desempenham na economia global. Uma plataforma pode ser definida como uma aplicação ou tecnologia que permite que tanto indivíduos como empresas façam tudo melhor e com mais eficiência. A BPO claramente se encaixa nessa definição.

Por exemplo, a empresa aérea Lufthansa vinha freqüentemente tendo problemas com o gerenciamento da capacidade e da demanda de assentos nos vôos. É comum haver desacordo entre os lugares exigidos e os disponíveis, e nem sempre é possível resolver a demanda colocando vôos extras. Há pouca lógica comercial em disponibilizar um avião com toda a tripulação, os tanques cheios de combustível, para viajar milhares de quilômetros com apenas poucos passageiros. Da mesma forma, não faz muito sentido não aceitar potenciais passageiros que pagam todo o trecho em vôos que supostamente estão lotados. Os meios tradicionais de acertar a demanda por lugares e a disponibilidade usavam computadores utilizando equações lineares para resolver o problema. Os lugares podem ser rearranjados por meio de realocação humana e manual, provendo dois ou três lugares a mais, se necessário.

A Lufthansa descobriu que isso era um trabalho complexo e repetitivo, não-atraente para trabalhadores da Alemanha ou da Europa. No entanto, a Índia e especialmente os arredores de Mombai tinham muitos engenheiros e especialistas qualificados dispostos a fazer esse tipo de serviço. Podia ser tedioso, mas estava longe de ser horrível. Assim, a Lufthansa estabeleceu uma instalação em Mombai cujos funcionários são dedicados à relocação de lugares em vôos que os sistemas tradicionais de computação descrevem como lotados. Esses trabalhadores indianos são, na verdade, programadores lineares.

Outro exemplo de trabalho complexo e repetitivo, mas que demanda funcionários altamente qualificados, é a compilação de bancos de dados de índices e de resumos. Isso é uma necessidade para os acadêmicos, especialmente em disciplinas científicas, os quais precisam descobrir tão rapidamente quanto possível o que já foi feito em sua área específica de estudo, antes de realizar mais pesquisas e experimentos úteis. As editoras holandesas especializaram-se em produzir índices de resumos científicos. O trabalho de compilação já foi realizado na Europa Ocidental: agora, é feito na Índia. Esse tipo de indexação também se aplica a outras disciplinas, como Direito. Sistemas legais comuns, como o do Reino Unido e o dos Estados Unidos, dependem muito dos casos precedentes, e esses estão contidos em índices de casos com referências a relatórios legais. Ser bem-sucedido em questões judiciais muitas vezes depende de se conseguir acessar esses casos e, naturalmente, usá-los por meio de argumentos eficazes. Embora casos de outras jurisdições possam não ter a mesma força como precedentes, podem ter valor de persuasão, sobretudo quando se tratar de novas áreas ou cenários factuais.

Os advogados já utilizam a BPO legal, especialmente na área da lei de propriedade intelectual. Isso costumava depender da outorga de patentes para proteger os direitos em novos mecanismos ou processos. Mas conseguir uma proteção por patente adequada é um processo longo e muito oneroso. O desenvolvedor de um processo, digamos, no Reino Unido pode obter proteção por patente em sua própria jurisdição, mas isso terá pouco valor na Austrália e no Extremo Oriente, por exemplo. Para conseguir uma cobertura plena por patente, freqüentemente é necessário solicitar patentes em um conjunto de países, usando serviços legais caros em cada um deles. Um especialista em leis de Mombai recentemente desenvolveu um serviço que consome menos tempo e é mais barato. Se o cliente lhe fornecer uma patente americana, ele pesquisa a jurisdição na qual vale a pena ou é importante conseguir proteção por *copyright* ou patente. Ele então traduz a patente para as línguas em que for necessário antes de solicitá-la nas agências de patentes dos respectivos países.

A BPO está sendo utilizada para compilar material de pesquisas corporativas. Por algum tempo, os bancos de investimentos nos Estados Unidos usaram as operações de retaguarda indianas para fornecer análises de empresas. Isso foi um passo adiante: não somente a análise é realizada na Índia, mas os documentos são reunidos lá, e processados em um volume encadernado, antes de serem enviados para os clientes do banco.

Já vimos as possibilidades da BPO na esfera médica. Suas capacidades de retaguarda também são valiosas nessa área. Alguns médicos de hospitais dos Estados Unidos já estão utilizando serviços de retaguarda da Índia. Usando a telefonia VoIP (*Voice over IP*), eles ditam as receitas dos pacientes, as quais depois são completadas e enviadas de volta, ou para o médico ou para a farmácia do hospital. As pessoas na Índia que digitam as receitas são secretárias de medicina plenamente qualificadas.

Existem possibilidades também de terceirização na indústria farmacêutica. Antes que qualquer remédio ou manipulação receba aprovação nos países ocidentais, ele precisa passar por longos, rigorosos e caros procedimentos de testes. Isso pode levar muitos anos e aumentar substancialmente os custos de P&D. Os laboratórios indianos podem fornecer a especialização clínica e o equipamento para esses testes por uma fração do custo usual. A vasta população indiana é uma fonte muito eficaz de voluntários para o teste de remédios. Isso não significa que os padrões éticos dos testes sejam colocados em risco. A Islândia, do outro lado do mundo, está oferecendo um ambiente de testes para certos tipos de medicamentos devido à sua "pureza" de DNA, causada por muitos anos de isolamento. O país possivelmente tem a menor taxa de imigração do mundo.

Serviços de contabilidade para x-BPO estão sendo oferecidos na Índia e nas Filipinas. Esta última também é a fonte de projetistas e arquitetos. Algo que pode ser considerado um dividendo da paz resultante do fim da Guerra Fria, a contribuição da Rússia para a x-BPO vem na forma de engenheiros aeroespaciais, os quais fornecem sua experiência em projetos para clientes internacionais. Alguns desses engenheiros obtiveram seu treinamento nas forças armadas soviéticas e ficaram sem trabalho quando seus talentos perderam a previsão de voltar a ser úteis.

LAR, DOCE LAR

É comum pensar nos fornecedores de BPO como pessoas em um prédio ou escritório dedicado. A realidade é que muitos fornecedores de BPO trabalham em suas próprias casas ou em um ambiente SOHO (*small office/home office*). Essa volta a um ambiente não-industrial e freqüentemente doméstico é a diferença mais importante entre a era da manufatura e a da cibernética. Muitos trabalhadores de BPO ligam o PC somente quando estão prontos para trabalhar. O tempo que trabalharão também é uma decisão deles (conectados à rede), uma vez que podem ajustar seu expediente a demandas familiares e outros fatores.

Essa é a razão pela qual algumas corporações querem mudar suas operações completas e de 24 horas para fornecedores terceirizados, primeiramente em seu próprio país e, por fim, em outros. Dessa forma, elas podem oferecer serviços 24 horas por dia, o ano inteiro, a seus clientes. Um centro de chamadas 24 horas pode ser criado utilizando funcionários similares em Londres, Nova York e Los Angeles, por exemplo. As empresas podem conseguir operações 24 horas, 7 dias por semana, ininterruptamente, sem pagar horas extras. Quando são 17 horas em Tóquio, são 9 horas em Londres, de modo que o trabalho do centro de chamadas é passado para o conjunto de recursos de Londres. Quando forem 17 horas em Londres, o trabalho é passado para Los Angeles, onde são 9 horas.

As melhorias nas telecomunicações, e especialmente a diminuição de custos das linhas telefônicas e das instalações, significam também que os fornecedores de BPO não precisam deixar seu lar. A tecnologia *switchback* usada nos *call centers* modernos significa que as informações importantes e relevantes dos clientes podem ser acessadas pelos operadores de *call centers* a partir de suas próprias casas. Por exemplo, um centro de chamadas em Dublin atendendo a Europa Ocidental e o norte da Europa empregaria várias pessoas fluentes nas línguas de seu mercado. Se alguém ligasse da Suécia, eles poderiam falar com um operador fluente em sueco estabelecido em Dublin. Se, durante a ligação, faltassem operadores falantes do sueco, a chamada poderia ser transferida para um operador na própria Suécia que trabalha em casa. A pessoa que ligou nem fica sabendo se quem está resolvendo sua dúvida encontra-se em Dublin ou em algum lugar na Suécia.

Os *call centers* domésticos aumentaram muito no leste asiático e na Australásia. Muitos desses trabalhadores locais são japoneses, às vezes a esposa ou companheira de um empregado japonês que trabalha no exterior. Essas pessoas têm uma instrução elevada, mas nao conseguem entrar no mercado de trabalho local porque não são fluentes no inglês. Em função do menor preço das linhas telefônicas por *leasing*, é possível para elas trabalhar em casa para empresas de administração de serviços ao consumidor no Japão e tratar com o mercado daquele país. Elas falam fluentemente japonês, muito mais do que até mesmo o mais dedicado operador chinês que fale japonês dos *call centers* em Dalian. Elas também são baratas. Seu salário é bem menor do que o de um trabalhador no Japão.

Ninguém pode, de sã consciência, dizer que tais trabalhadores de *call centers* sejam explorados. Eles trabalham apenas pelo tempo que desejarem.

MITOS E MEIAS-VERDADES

Mesmo com seu evidente êxito em partes da Índia, bem como na Irlanda e em outros lugares, a BPO permanece envolta em mitos e imagens do passado. Ela traz à lembrança estabelecimentos escravizantes, entupidos com filas de operadores mal pagos e trabalhando insalubremente. Imagens assim podem ser resquícios de reportagens televisivas da década de 1970, mostrando trabalhadores da indústria têxtil em ambientes de trabalho superlotados no sudeste asiático. Mas essas coisas não têm mais lugar no mundo atual. Os vislumbrantes escritórios de Pune são totalmente diferentes dos estabelecimentos escravizantes imaginados, mas a crença em mitos muitos vezes é consoladora. Ela fornece alguma medida de justificativa para crenças e ações irracionais. Há aqueles que gostariam de criticar a x-BPO por supostas razões humanitárias, os quais desejam evitar a exploração de pessoas nos países em desenvolvimento.

Esses temores e apreensões sobre exploração estão errados. A BPO traz prosperidade e, mais importante do que isso, esperança para milhões e milhões de pessoas. Na realidade, muito da controvérsia sobre a BPO é inspirada pelo medo e pela insegurança básicos.

Os efeitos colaterais do fenômeno da x-BPO são cada vez mais sentidos pelos trabalhadores e profissionais bem instruídos de colarinho branco ocidentais. As BPOs atuais são um assunto de classe média e salário médio. Ela afeta aqueles cujos estilos de vida eram tradicionalmente confortáveis e seguros: trabalhadores de escritórios, administradores e, cada vez mais, membros das classes profissionais.

Pertencer a um desses grupos foi, por anos, visto como algo vantajoso em relação ao trabalho manual: o salário era considerado melhor (embora não o fosse sempre) e os trabalhadores não sujavam as mãos, nem outras partes do corpo. O trabalho do colarinho branco era respeitado, e seguro. Sentia-se uma certa ameaça por parte da automação, mas eles consolavam a si e a suas famílias com a impossibilidade de um computador fazer seu trabalho melhor do que eles. Mas, agora, parece que a x-BPO está solapando esse cenário confortável. Para alguns, nos Estados Unidos, seu impacto é catastrófico, pois, entre os que estão perdendo a concorrência, estão os técnicos, inclusive programadores de computador e pessoas com curso superior.

Estima-se que, na próxima década, 6 milhões de empregos dos Estados Unidos migrarão do país para ambientes de custos mais baixos, como a Índia, os países periféricos europeus e a China. E esses empregos não serão de funções de manufatura, os quais rotineiramente já têm concorrido com os mercados com baixo custo de mão-de-obra e têm sido exportados para países como o México, por exemplo. Os profissionais liberais e os técnicos, diferentemente dos trabalhadores braçais, não são sindicalizados. Quando isso acontecer, será um processo silencioso, talvez nem percebido pelos noticiários.

Perder um emprego qualificado é visto de maneira diferente de perder um emprego braçal. Uma coisa é fazer uma doação para o Terceiro Mundo, mas perder seu emprego para o enriquecimento de pessoas a milhares de quilômetros de distância é algo totalmente distinto. Naturalmente, um emprego é uma característica significativa; uma rocha de estabilidade da qual tantos elementos da vida diária dependem – o bem-estar financeiro, o *status* e a autoconfiança, para mencionar apenas três. A perda do emprego é um golpe forte, mas, para as pessoas no Ocidente, está longe de ser o fim do mundo. As *workhouses* dos dias de Charles Dickens não existem mais. O trabalhador demitido do Ocidente possivelmente conseguirá outro emprego. Isso pode envolver mudar-se ou até mesmo ter uma redução salarial, mas morrer de fome não é uma ameaça. A seguridade social do governo garante que isso não vai acontecer.

Para efeito de análise, vamos imaginar que o emprego é transferido para uma nação não-pertencente à Organização para a Cooperação e o Desenvolvimento Econômico: a Índia, por exemplo. Isso possibilita que alguém com o mesmo nível de experiência do trabalhador ocidental tenha um estilo de vida confortável, não tendo de se preocupar em mudar-se, talvez para o outro lado do mundo, em busca de trabalho, ou, se isso não der certo, retornar a uma vida nos limites da existência.

Um dos americanos que efetivamente perdeu seu emprego foi Zach Hudgins, morador de Washington. Ele trabalhava tanto para a Microsoft como para a Amazon. com, mas descobriu que o emprego na área de computação era incerto. Assim, ele entrou na política, vencendo a eleição para o senado estadual. Ele é o patrocinador de uma lei que consideraria ilegal o uso de BPO por aqueles que têm contrato com o Estado para a provisão de bens e serviços. Uma iniciativa legislativa semelhante foi tentada em Indiana, mas foi barrada na legislatura estadual. Eles sentiram que essa lei seria hostil demais com os investimentos no estado. No entanto, mesmo assim o governador anulou um contrato que já havia sido assinado com uma empresa da Índia especializada em BPO.

A hostilidade para com a BPO nos Estados Unidos tem um "quê" de populismo. Muitos políticos – pelo menos os mais inteligentes – sabem que a BPO faz sentido. Se um dos estados decidir terceirizar seu trabalho, irá diminuir custos. Da mesma forma, uma empresa que terceiriza serviços para um ambiente de custos menores pode diminuir custos e, sem dúvida, oferecer seus bens e serviços a um preço menor. Se o governo ou um fornecedor deste o fizer, isso significará redução nas despesas do governo; e, provavelmente, impostos menores e mais dinheiro para escolas e rodovias, sem mencionar os ganhos recebidos pela sociedade que se beneficiar da BPO, e ainda uma economia mais saudável para o mundo como um todo.

Muitos empregos e famílias americanas estarão correndo riscos, e qualquer pessoa eleita para um cargo público nos Estados Unidos sabe que, se ignorar esses temores, estará em perigo. Mesmo se um senador, um deputado ou um candidato a governador fosse suficientemente corajoso para defender as empresas que terceirizam sua produção ou operações de retaguarda, saberia que, na próxima eleição, seu oponente será um defensor ferrenho dos empregos americanos e um opositor da terceirização. Talvez esse oponente seja apenas um oportunista, tendo sido no passado um devoto do livre-comércio, mas quando há uma eleição a ser disputada e vencida, a consistência é um luxo que raramente pode ser mantido por muito tempo. Como disse certa vez o candidato à vice-presidência Lloyd Bentsen: "Nos Estados Unidos, a política é um esporte de contato". Colocando de maneira bem crua, pessoas na África ou na Ásia podem estar morrendo de fome, mas não votam nas eleições do país ocidental e também não pagam impostos aos seus cofres.

O PONTO DE VISTA A PARTIR DA ÍNDIA

Há uma desconfortável sensação na Índia de que algumas empresas americanas estão reagindo a certas críticas e dando motivos absurdos para reverter suas decisões anteriores de investir em BPO.

No fim de 2003, a Dell retirou grande parte de sua administração de clientes de negócios de seu centro de chamadas de Bangalore. Ela mencionou uma razão estranha e antiquada: seus clientes não conseguiam entender o sotaque do pessoal do centro de chamadas. Isso foi recebido com desdém e reprovação na Índia, onde os analistas lembraram à Dell que os americanos não eram os únicos clientes dos *call centers* indianos e que seus empregados eram na maioria pessoas com curso superior. Em outras palavras, você pode não entendê-los, mas pelo menos eles sabem do que estão falando. O jornal *Economic Times of India* fez uma pergunta irônica, que ressaltou o mundo interdependente no qual vivemos: "Imagine o que aconteceria se retirássemos nossos técnicos dos Estados Unidos e os trouxéssemos de volta para a Índia. Onde estaria o Vale do Silício?".[2]

Logo após o anúncio da Dell, a Foimamco, uma empresa de serviços dos banqueiros de investimentos Lehman Brothers, cancelou um contrato com um fornecedor indiano de BPO que estava tratando dos seus serviços de atendimento a usuários de computadores. A razão alegada foi serviço insatisfatório. No entanto, o diretor de TI da empresa parecia determinado a ir contra qualquer indício de sair da Índia ou da BPO, estimando que os *call centers* indianos iriam em breve responder por 40% dos negócios de TI da Lehman. A GE anunciou em dezembro de 2004 que queria vender uma parcela majoritária de seus negócios de BPO. Isso também tinha a mesma motivação política.

Uma visão alternativa é que o vetor de serviços americano recebeu empregos de desenvolvimento de *software*, serviços financeiros e muitos outros tipos de serviços profissionais. Muitos países estão terceirizando serviços de ponta para os Estados Unidos!

Contudo, o sentimento patriótico e o desejo de proteger os empregos domésticos não dão uma contribuição muito positiva para o balanço de uma empresa. A decisão de terceirizar nunca se baseia unicamente no custo menor da mão-de-obra. Como vimos no caso da Irlanda, os custos de mão-de-obra nem entram na discussão. Os processos são terceirizados para ambientes que podem fornecer o mesmo nível de serviço e de experiência do país "desenvolvido", mas a um preço menor. A BPO faz sentido do ponto de vista econômico, portanto, inevitavelmente irá derrubar seus críticos.

Deixando-se de lado as reações impulsivas, a xenofobia e a política, a realidade é a seguinte: está no cromossomo da corporação americana buscar o melhor lugar para a produção e vender aos mercados mais atraentes do mundo. Elas o fazem, independentemente do tipo de indústria e do tamanho da empresa.

Com muita freqüência, americanos me chamam pedindo conselhos sobre o melhor parceiro para produção na China. Então, eu pergunto: "Qual o tamanho da sua empresa? E quantas unidades por mês você precisa produzir?". A resposta às vezes é constrangedora. Antes de começarem a produzir nos Estados Unidos, esses homens de negócios já estão pensando em produzir no exterior. Antes de iniciarem a empresa, alguns empreendedores planejam produzir na China como parte de seu prospecto. Os Estados Unidos não estão perdendo empregos para o exterior. Eles não estão exportando empregos. Antes, os americanos estão usando o mundo como se fosse seu quintal. Quando se trata de administrar uma empresa, eles simplesmente não têm consciência das fronteiras nacionais.

Os consumidores americanos estão acelerando essa tendência. Na década de 1980, enquanto os políticos estavam empurrando o Japão para produzir nos Estados Unidos, os consumidores estavam procurando especificamente carros feitos no Japão, em vez de carros produzidos nos Estados Unidos (especialmente nas segundas-feiras). Esse não é mais o caso. Em 2003, a Toyota vendeu 2,07 milhões de carros na América do Norte, dos quais cerca de 1,28 milhão foi produzido localmente. Esse número era de 582 mil em 1992, quando o ex-presidente George Bush veio ao Japão com os CEOs das três grandes montadoras de automóveis solicitando aos fabricantes japoneses que produzissem mais 300 mil carros nos Estados Unidos. Nas duas últimas décadas, a Toyota e outras montadoras de automóveis japonesas levaram mais de 100 empresas fabricantes de autopeças para os Estados Unidos – especialmente para o vale do Mississipi. Os Estados Unidos agora têm um importante agrupamento de produção de automóveis. Isso também ajudou os fabricantes de carros americanos a se tornarem mais fortes, uma vez que puderam comprar dos fabricantes de autopeças que vieram do Japão. A Toyota e a Honda tornaram-se cidadãs honorárias dos Estados Unidos.

Lou Dobbs e outros citam a avareza das corporações americanas como a motivação para a x-BPO.[3] Não concordo. Se for, é a avareza dos investidores americanos que força as empresas do seu país a otimizarem suas operações em todo o mundo. Apesar da enorme reclamação contra os japoneses e outros na década de 1980, e do óbvio declínio da produção doméstica, os fabricantes americanos, sem remorso algum, aumentaram sua presença global. A IBM, a HP e a GE estão em todos os mercados importantes do mundo, enquanto a Motorola tem uma presença impressionante no mercado de telefones móveis que mais rapidamente cresce no mundo, a China. Ao longo do caminho, os Estados Unidos aumentaram o número de empregos mais rapidamente do que qualquer outro país. Isso porque as empresas americanas são compelidas pela concorrência a serem melhores, otimizarem suas operações globais, reexaminarem seus sistemas de negócios e redistribuirem seus elementos pelo mundo. Se não fizerem isso, suas concorrentes as comerão vivas e seus acionistas as abandonarão.

Naturalmente, as pessoas podem e irão votar em políticos protecionistas. Antes de fazê-lo, entretanto, deveriam considerar quão ineficazes esses políticos foram para proteger os velhos empregos de manufatura. No Japão, os políticos e os burocratas são altamente eficazes em proteger os velhos empregos e acabar com as oportunidades de se criarem novos tipos de trabalho. As empresas japonesas sentem-se tão confortáveis em casa que nem mesmo pensam em x-BPO. Isso explica a década que o Japão perdeu. Minha preferência é ter sempre sangue circulando no sistema dos negócios, de modo que qualquer um possa entrar ou sair do Japão, para oferecer aos consumidores japoneses – o segundo maior mercado consumidor do mundo – os melhores e mais baratos produtos e serviços possíveis, por meio de um melhor uso da economia global.

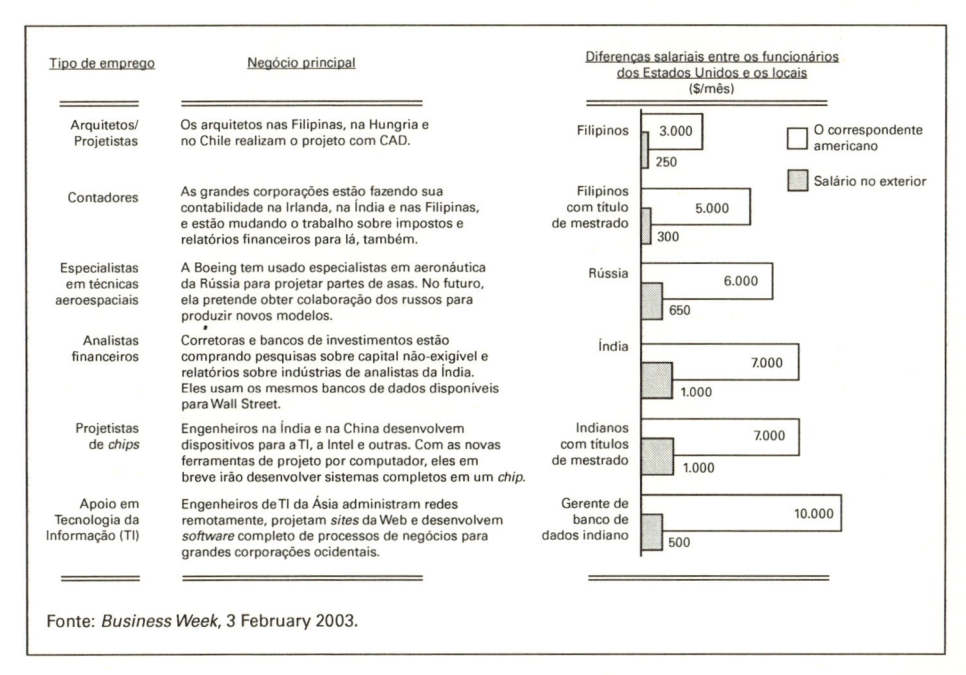

Tipo de emprego	Negócio principal	Diferenças salariais entre os funcionários dos Estados Unidos e os locais ($/mês)		
Arquitetos/Projetistas	Os arquitetos nas Filipinas, na Hungria e no Chile realizam o projeto com CAD.	Filipinos	3.000 / 250	O correspondente americano / Salário no exterior
Contadores	As grandes corporações estão fazendo sua contabilidade na Irlanda, na Índia e nas Filipinas, e estão mudando o trabalho sobre impostos e relatórios financeiros para lá, também.	Filipinos com título de mestrado	5.000 / 300	
Especialistas em técnicas aeroespaciais	A Boeing tem usado especialistas em aeronáutica da Rússia para projetar partes de asas. No futuro, ela pretende obter colaboração dos russos para produzir novos modelos.	Rússia	6.000 / 650	
Analistas financeiros	Corretoras e bancos de investimentos estão comprando pesquisas sobre capital não-exigível e relatórios sobre indústrias de analistas da Índia. Eles usam os mesmos bancos de dados disponíveis para Wall Street.	Índia	7.000 / 1.000	
Projetistas de chips	Engenheiros na Índia e na China desenvolvem dispositivos para a TI, a Intel e outras. Com as novas ferramentas de projeto por computador, eles em breve irão desenvolver sistemas completos em um chip.	Indianos com títulos de mestrado	7.000 / 1.000	
Apoio em Tecnologia da Informação (TI)	Engenheiros de TI da Ásia administram redes remotamente, projetam sites da Web e desenvolvem software completo de processos de negócios para grandes corporações ocidentais.	Gerente de banco de dados indiano	10.000 / 500	

Fonte: *Business Week*, 3 February 2003.

FIGURA 6.9 Os principais negócios terceirizados e os salários dos funcionários locais.

As preocupações com a x-BPO não são uma exclusividade dos Estados Unidos. No Reino Unido, a x-BPO também teve percalços. Entre os mais ansiosos por usá-la, estão os bancos e as empresas de seguros. Houve um protesto nacional moderado quando o Barclays' Bank anunciou que queria terceirizar algumas de suas funções de retaguarda para a Índia. Grupos de estudantes ameaçaram fazer um boicote ao banco. O maior sindicato de bancários também não estava contente, mas, em vez de entrar em confronto com os bancos, adotou uma abordagem realista, negociando com a administração a relocação de trabalho para centros de BPO. Os empregados do banco no Reino Unido que fossem ser substituídos seriam avisados disso três meses antes e receberiam três meses de salários como acordo de demissão.

Outras preocupações que foram manifestadas com relação à BPO dizem respeito à privacidade dos dados. Enquanto empresas que operam no Reino Unido ou na União Européia têm de atender a considerações bastante rigorosas de proteção de dados, essas mesmas considerações não se aplicam em países como a Índia ou a China. Além disso, alguns dos que executam funções de BPO para essas empresas não são funcionários delas, mas fornecedores de BPO independentes. Também foram expressas preocupações quanto à confidencialidade de dados médicos.

Minha experiência com respeito à confidencialidade de dados é que há muitas soluções tecnológicas para esse problema, bem como procedimentos de disciplina humana e de conformidade. Uma solução eficaz pode ser facilmente construída em um sistema que responda a entradas, como, por exemplo, um médico ou um advogado ditando uma receita ou um contrato, respectivamente. Se o terminal de computador na Índia for "burro", sem um recurso de *cache*, será impossível que qualquer registro das informações seja armazenado ali. É o equivalente de se falar em um microfone de um gravador que está sem fita.

Também desenvolvi um sistema para minha própria operação de BPO na China. Ele basicamente separa um conjunto de dados em componentes. Por exemplo, um formulário de cartão de crédito escrito à mão é lido por um *scanner* com OCR (reconhecedor óptico de caracteres). Cada linha é separada em diferentes pacotes. Assim, o operador em Dalian lê o nome sem as demais informações, tais como o endereço ou o número do telefone. Cada um desses pacotes vai para diferentes operadores. Dessa forma, o risco de se quebrar o sigilo é bem reduzido.

Quaisquer regras são rigorosamente seguidas por todos os envolvidos: afinal, a aderência é do interesse dos fornecedores de serviços BPO. A BPO é um peixe muito grande para se correr o risco de deixá-lo fugir da rede.

COLHENDO OS BENEFÍCIOS

Como em todas as formas de empreendimento humano, há uma maneira correta e uma errada de se abordar a BPO.

O primeiro passo para uma empresa que esteja pensando em x-BPO é perguntar se ela realmente vai se beneficiar com isso. Os benefícios irão aumentar se todo o processo de negócios e a cadeia de valor forem terceirizados? Ou é algo do qual a empresa pode derivar benefícios terceirizando componentes individuais da atividade comercial? O primeiro caso pode ser um negócio muito arriscado, uma vez que envolve desmontar o negócio e reconstruí-lo novamente. Essa reconstrução pode ser possível na teoria, mas uma série de questões deve ser considerada. Para iniciantes, é preciso um conhecimento profundo e intuitivo da organização e do que a faz funcionar, e de suas sinergias internas, às vezes indefiníveis.

A BPO pode trazer benefícios, mas a atitude de algumas empresas, especialmente nos Estados Unidos, pode ser resumida em uma paráfrase do escritor romano Virgílio: "*Timemus BPO et dona ferrentem*" ("Nós tememos a BPO mesmo quando ela traz presentes").

A BPO é um desenvolvimento baseado em reconhecidas vantagens, nem sempre só financeiras. Uma vez que essas vantagens desapareçam, o processo irá se mudar para onde elas estiverem. A BPO não deixa lugar para sentimentalismos. As áreas que são bem-sucedidas em BPO casam suas vantagens de custos com habilidades que já têm e que os receptores dos serviços de BPO não contribuíram para criar. O fato de centenas de milhões de pessoas que falam inglês fluentemente serem capazes de trabalhar em *call centers* não é o resultado de ações de empresas como a Dell. É um produto do sistema educacional indiano e do lugar que o inglês tradicionalmente ocupou nele.

Os beneficiários da BPO fornecem treinamentos de curto prazo aos seus funcionários para capacitá-los a levar a cabo suas funções. O pessoal dos *call centers* indianos que tratam das perguntas e chamadas originadas no Reino Unido recebe treinamento extra na cultura popular britânica, inclusive a respeito das tramas de suas novelas. Eles também são incentivados a "adotar" nomes britânicos para facilitar a identificação. Mas essa instrução custa pouco em termos gerais. Quando, e se, a vantagem de uma área começar a declinar, as empresas irão procurar lugares alternativos, confiantes de que eles podem reestabelecer relacionamentos de BPO e instalações rapidamente, de forma barata e com facilidade. Nesse aspecto, a BPO é imprevisível. Ela não conhece ligações maiores do que as econômicas. No início de 2004, houve tumulto quando os operadores de um centro de chamadas na República da Irlanda anunciaram seu fechamento e relocação para a Polônia. A Accenture mudou seu centro de BPO britânico para Praga e a GE, da Alemanha para a Hungria. A esse respeito, a parte receptora da x-BPO deve saber que sua relocação é muito mais fácil do que a relocação de um empreendimento de manufatura, por exemplo.

A BPO pode trazer reais vantagens, mas aqueles que as desfrutam devem tirar o máximo proveito enquanto as detêm; devem também tentar prolongá-las tanto quanto possível e não fazer nada para pô-las em risco. O fatalismo pode estar ausente, mas não é inevitável que a caravana da BPO deixe a cidade. Na Índia, eles estão acumulando experiências em BPO técnica. Isso é inovador e vai em busca de novas áreas nas quais o modelo da BPO pode ser aplicado. É difícil imaginar que outras regiões possam concorrer eficazmente com eles no curto prazo. Ao mesmo tempo, as universidades indianas e os institutos técnicos continuam a gerar uma reserva de trabalhadores cada vez mais capacitados.

A BPO EM UM MUNDO SEM FRONTEIRAS

A BPO além-fronteiras é ainda outro exemplo do mundo globalizado. O trabalho indireto é constantemente reduzido pelo redesenho do processo de negócios e é também absorvido pelos computadores. Muitos trabalhos burocráticos foram substituídos por computadores, e até mesmo alguns trabalhos profissionais, como contabilidade, foram absorvidos por aplicações como Quicken. Então, há empresas que terceirizam funções-chave, tais como compras, administração de pessoal, educação de executivos e até mesmo vendas ou *marketing*. É uma das funções principais do CEO procurar constantemente pelo próximo naco de seu processo de negócios a levar para fora, quando habilidades melhores e mais baratas estiverem disponíveis, e uma única empresa virtual sem descontinuidades for possível por meio do uso de redes. Assim, é natural que alguns dos melhores e mais baratos operadores sejam encontrados além das fronteiras nacionais.

Os políticos podem ter um ponto de vista diferente, mas é uma extensão natural da evolução das corporações as empresas buscarem maneiras mais competitivas para crescer no palco global. Como a tecnologia torna a x-BPO possível, ela é fundamentalmente irreversível. Assim, os estados-nações na ponta perdedora dos empregos de altos salários precisam acelerar mais a migração para cima de habilidades nas áreas de criatividade e inovação, bem como a migração para os lados, para aumentar os níveis dos serviços. Os sobreviventes serão aqueles capazes de realinhar seus sistemas de negócios otimizando globalmente suas habilidades.

NOTAS

1. "Cheerleader in Chief", entrevista com Buddhadeb Bhattacharjee, Ministro-Chefe, West Bengal, em *Far Eastern Economic Review*, 29 April 2004 (www.feer.com).
2. "Call Centre Pull-Out? Kya Bolti Tu!", Economic Times Online, 23 November 2004 (http://economictimes.indiatimes.com).
3. Dobbs, Lou, *Exporting America: Why Corporate Greed Is Shipping American Jobs Overseas*, Warner Books, 2004.

Quebrando os grilhões 7

A REVOLUÇÃO DOS PORTAIS

O elemento final do *script* é sua execução, como as coisas acontecem no palco global. Isso envolve a compra, o pagamento e, o mais importante, a entrega. Aqui, também, a revolução está no ar.

Três funções tornaram-se excepcionalmente importantes. Para fazer um pedido em um *site* de comércio eletrônico, precisamos primeiramente ser capazes de achar o melhor deles, aquele que está oferecendo (considerando-se todos os aspectos) o melhor negócio. Então, temos de pagar a conta. Por último, o fornecedor tem de garantir a entrega do item que compramos.

A primeira necessidade é atendida pela noção de portal. Uma verdadeira guerra entre concorrentes tem sido travada para garantir a primeira posição na tela dos computadores. Empresas como AOL, Yahoo! e MSN travaram disputa por serviços de portal: agora, chegaram a um beco sem saída. Nos próximos anos, a concorrência irá entrar num novo estágio: a guerra pelo controle dos mecanismos de busca.

Os mecanismos de busca são os melhores guias de viagem e auxiliares para os usuários da Internet à medida que se movimentam por bilhões de páginas (número que continua aumentando) na selva cibernética. O Google atualmente é o líder do grupo, mas empresas como Yahoo! e Microsoft não vão se entregar.

A BUSCA

Do ponto de vista corporativo, a realidade é que não importa quão bem projetada e enfeitada seja a sua página na Internet; a menos que ela receba visitantes, não haverá perspectivas de vendas. Tudo é mera ornamentação, uma mistura de sons e animações variadas. Assim, faz-se necessário o uso de ferramentas avançadas de detecção na SEO (*search engine optimization* – otimização de mecanismo de busca).

O cliente visita a loja *online* uma vez que procure por direções digitando algumas palavras-chave. Seu *site*, então, tem de estar entre os três principais a serem clicados, porque há possibilidades de que uma simples solicitação de pesquisa resulte em centenas, talvez milhares, de páginas disponibilizadas. Em sua primeira e insegura busca na Internet, a pessoa tende a olhar diversas páginas, mas em sua próxima visita se sentirá mais confiante. Ela já terá uma idéia um pouco mais clara (ou pensará que tem) de aonde quer ir (ou de aonde não quer ir), e isso será além da primeira página de resultados do Google. A maior probabilidade é de que ela vá clicar e ler apenas as três primeiras páginas – no máximo, as cinco primeiras. Na segunda visita, a pessoa também começará a refinar a pesquisa, inserindo algumas palavras para focar no alvo. Quem se dedicar a essa filtragem ou refinamento terá maior probabilidade de comprar o produto quando o encontrar, ao contrário de alguém que simplesmente pesquisa de uma maneira geral e mal definida. Por exemplo, alguém que tecle "banco de madeira" tem uma probabilidade maior de comprar do que alguém que simplesmente digite "banco". Da mesma forma, "camisa masculina de mangas curtas" é melhor do que "camisa masculina". Isso é um resultado da psicologia. A primeira pessoa já se decidiu pela compra de um produto concreto. Ela pode até ter se visto comprando-o, recebendo-o e usando-o. A segunda não foi tão longe. Conseqüentemente, a propaganda no final da pesquisa, conhecida como propaganda por palavra-chave (geralmente na forma de um *banner* anexado à página de destino da pesquisa), realmente tem uma boa relação custo-benefício.

Essa tendência é mais acentuada nos Estados Unidos, mas está se tornando cada vez mais nítida no resto do mundo (ver Figura 7.1). As pessoas não respondem mais às propagandas em jornais e revistas. Elas tendem a ignorá-las, até mesmo excluí-las totalmente de sua percepção. Tenho diversos negócios no Japão. Todos ensinaram-me uma lição: as propagandas nos jornais não valem mais a pena. A resposta a um anúncio que informava ao leitor a abertura de minha escola, por exemplo, caiu em um fator de cinco nos últimos cinco anos. Felizmente, graças à Internet, novos alunos continuaram surgindo. Os alunos potenciais que vêm pela Web também têm um percentual muito maior de se tornarem reais.

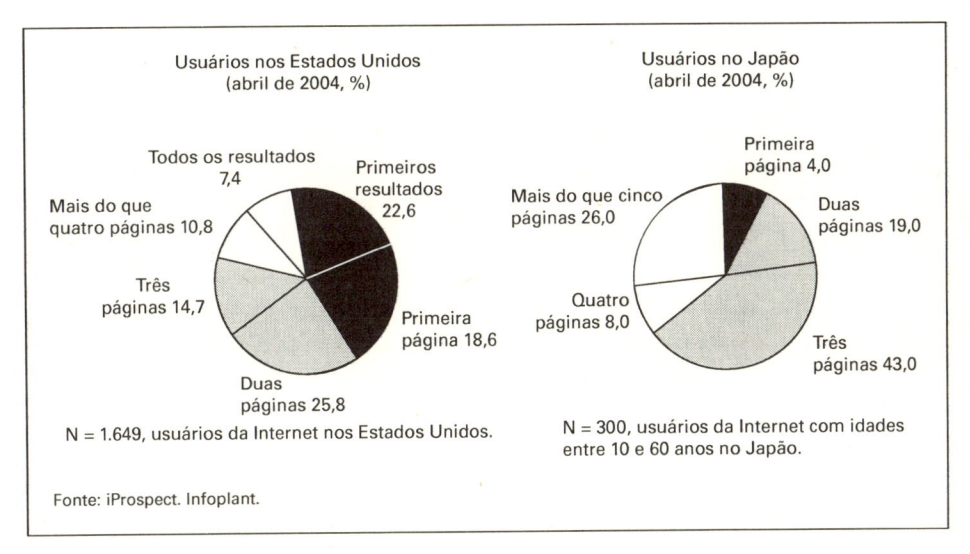

FIGURA 7.1 Atitudes dos usuários de mecanismos de busca: Quantas páginas você realmente precisa?

VOCÊ FOI *GOOGLEADO* RECENTEMENTE?

Também percebi outra coisa que é nova. Quando estive na Espanha recentemente, as pessoas que jantavam comigo me falavam com um certo grau de familiaridade. Era como se já nos conhecêssemos há anos. Poucas semanas depois, tive a mesma experiência na Nova Zelândia, com um grupo de pessoas de negócios. Os assuntos e os comentários foram muito semelhantes. Pareceu-me que eles tinham me *googleado* imediatamente antes do jantar – isto é, inseriram meu nome no mecanismo de busca do Google e leram todos os resultados. Realmente, esse tipo de experiência *déjà vu* (sensação de já ter visto e experimentado anteriormente algo que na verdade é novo) continua quase todas as semanas, à medida que viajo pelo mundo.

Estamos vivendo em uma comunidade global pequena e íntima, onde toda sorte de informações, até mesmos rumores, percorre sua população em questão de segundos. Mas, na realidade, essa aldeia não é nem um pouco pequena. Ela já tinha uma população de 800 milhões no fim de 2003 (o total de pessoas com endereço eletrônico URL) e, a cada dia, esse número está aumentando. Esses 800 milhões de pessoas poderiam ser tratados como uma única raça ou tribo. Em meu livro *Triad Power*, de 1985, chamei os 700 milhões de pessoas da JEU (Japão, Europa e Estados Unidos) de "triadianos". O comportamento delas como consumidores estava se tornando semelhante, porque tinham uma renda alta e de excedente arbitrário, além da aspiração e do comprometimento a uma boa vida.

Atualmente, podemos ver o surgimento dos *ciberitas* ou *netianos*, de constituição levemente diferente. Com certeza, a tribo espalhou-se para além da JEU e não está mais limitada ao clube dos com PIB *per capita* de mais de 10 mil dólares. A nova tribo inclui os iluminados e os curiosos dos países em desenvolvimento ou mesmo subdesenvolvidos. Eles têm uma tendência a seguir três regras de comportamento na Internet, as quais chamo, pelo menos no Japão, de teoremas de Ohmae:

- **Teorema 1:** Os ciberitas que usaram a Internet por cinco anos ou mais tendem a pensar, agir e comportar-se de maneira semelhante.
  Aqueles que estão vivendo e respirando no palco global tendem a compartilhar informações uns com os outros e, com o tempo, podem acabar pertencendo a uma cibercivilização separada de sua bitolada herança de estado-nação. Isso não é tão óbvio nos dois primeiros anos depois que entraram na Internet pela primeira vez. Por exemplo, os chineses e os americanos tendem a acessar *sites* diferentes. As interações nas quais eles se envolvem tendem a ser bastante localistas em natureza. Mas, do terceiro ano na Internet em diante, os ciberitas tornam-se mais aventureiros. Eles tendem a acessar a Amazon, por exemplo. Adquirem máquinas fotográficas digitais e começam a usá-las para compilar fotos em álbuns. Eles também fazem *download* de músicas e mexem com *softwares* do tipo Excel e PowerPoint.
  Em seu quinto ano de experiência *online*, eles mostram uma incrível mobilidade na selva cibernética e adquirem habilidades para se orientarem com qualquer "GPS" cibernético, como o Google. Conseqüentemente, desenvolvem confiança e começam a encomendar produtos de *sites online*, como o da Victoria's Secret. Eles então solicitam a entrega pelo correio e estão plenamente conscientes das idiossincrasias de seus governos nacionais e de mesquinhas tentativas de sufocar ou pelo menos dificultar o *e-commerce*. Por fim, eles talvez se tornem mais globais em seus pontos de vista do que os nacionalistas bitolados que podem ter sido no início. Eles querem comprar o melhor e o mais barato de qualquer lugar do mundo, pois estão confiantes de que podem viver bem sob o regime liberal de um ambiente verdadeiramente global.

- **Teorema 2:** (Idade − 10) ÷ 10 é o total de anos necessário para qualquer pessoa tornar-se um verdadeiro ciberita. Leva mais tempo para "desaprender" os conceitos e mitos acumulados do século XX, dependendo de quanto tempo você viveu naquele século e esteve exposto a eles. A nova geração, que começa a usar a Internet com cinco ou seis anos, não tem o mesmo problema. Ela tem menos a desaprender e menos dificuldade para aprender as regras e os jogos do mundo cibernético. Por exemplo, uma pessoa de 20 anos se tornará um perfeito ciberita em aproximadamente um ano [(20 – 10) ÷ 10 = 1], enquanto uma de 40 levará pelo menos três anos [(40 – 10) ÷ 10 = 3]. Essa é uma regra prática nada científica, mas está de acordo com minhas observações a respeito das pessoas que me cercam.

- **Teorema 3:** Os ciberitas são consumidores proativos. Isso tem implicações profundas para as estratégias de *marketing* e de mídia. As pessoas são basicamente passivas quando assistem TV. Elas querem divertir-se, seja com um programa de entretenimento ou não. Elas não querem fazer anotações nem agir sobre o que vêem, mesmo quando bons conselhos ou informações forem transmitidos. Nós nos lembramos de partes de dicas úteis, mas raramente as escrevemos ou registramos de outras formas. Essa é uma das razões pelas quais as propagandas na TV, embora eficazes, custam caro e freqüentemente não dão resultados comerciais adequados. O impacto geral pode ser um pouco melhor quando uma propaganda de jornal atrai a atenção do leitor: talvez ele arranque a página, guarde o recorte ou telefone para o número, se necessário. Mas tal reação raramente atinge 1 de 10 mil ou 100 respostas por 1 milhão de assinantes.
Mas, se um ciberita digitar as palavras em seu mecanismo de busca preferido, como "calças cintura grande", "queimadura de sol" ou "guru de gestão japonês", sua chance de realmente fazer a descoberta ou de comprar o produto é bastante alta.

Assim, os ciberitas que se tornaram os residentes *de facto* do ciberespaço adotam uma postura muito proativa, independentemente de suas nacionalidades, de seus antecedentes culturais ou da maneira como foram criados. Como resultado, colocar a propaganda na página-alvo dos achados do mecanismo de busca ou pesquisar propagandas nesses mecanismos são métodos promocionais muito mais eficazes do que a TV ou a mídia impressa tradicionais. No primeiro e no segundo ano na Web, os internautas não assumem uma atitude tão proativa com confiança, mas um ciberita verdadeiro, sim. É por isso que a SESA (*search engine synchronized advertising* – propaganda sincronizada por mecanismos de busca) é agora uma prática crucial para *marketing* e usar as últimas tecnologias de SEO é indispensável.

PAGANDO A CONTA: A REVOLUÇÃO NOS PAGAMENTOS

O sistema de pagamento é importante porque as compras pela Internet precisam ser acertadas de alguma maneira. No Japão, o pagamento em dinheiro na entrega ainda predomina porque as pessoas não gostam de liberar os detalhes de seu cartão de crédito no universo cibernético. Desde que o experimento sem dinheiro Mondex ocorreu em Swindon, no Reino Unido, em julho de 1995, praticamente todos aqueles que são importantes na comunidade cibernética tentaram lançar algum sistema de pagamento para o *e-commerce* ou carteira de dinheiro eletrônica. Mas, até o momento, não há nenhuma plataforma global estabelecida de acerto de contas. As empresas de cartão de crédito Visa e MasterCard ainda são os instrumentos de pagamento mais usados, embora não sejam feitos sob medida para pagamentos eletrônicos.

Um dos problemas é que, se você percorrer diferentes *sites* da Web, não vai querer digitar as mesmas informações várias vezes. No caso de *sites* de grandes portais, como MSN, Yahoo!, Amazon e AOL, as informações do cartão de crédito são levadas de *site* a *site* com uma simples assinatura habilitada por senha. Esse conceito aproxima-se da idéia de uma carteira eletrônica, mas ainda lhe falta a portabilidade de um portal a outro.

O EDY da Sony (euro-dólar-iene) é uma tecnologia IC baseada em cartão sem contato, na qual milhas aéreas e dinheiro real podem ser armazenados em um *chip* pré-pago. Um terminal de baixo custo pode ser conectado à porta USB de qualquer computador, e o pagamento é facilmente feito tal como com o Mondex. Vários pontos de venda de varejo no Japão já estão equipados para aceitá-lo. No entanto, como qualquer outro sistema, ele enfrenta um grande obstáculo, a menos que a leitora do cartão e os terminais de carregar dinheiro estejam instalados literalmente em todas as esquinas do Japão e, por fim, do mundo. A Sony tornou a tecnologia acessível para qualquer empresa. Conseqüentemente, mais de 50 empresas participam, incluindo-se bancos, empresas de cartão de crédito, fabricantes, fornecedores de serviços telefônicos e parques de diversões. Desde seu lançamento, em abril de 2002, a empresa operadora, bitWallet, conquistou 3,8 milhões de clientes e 3.700 pontos (dados de janeiro de 2004). Um avanço significativo foi conseguido quando a NTT DoCoMo e a KDDI, duas das três operadoras japonesas de telefonia móvel, associaram-se ao grupo. Ambas estão ansiosas para aumentar suas receitas em um campo que já está próximo da saturação. Uma maneira de conseguir isso que elas identificaram é pelo uso do conceito de "telefone inteligente", capaz de fazer muito mais do que simples ligações ou acesso à Internet.

No verão de 2004, a DoCoMo apresentou diversos telefones inteligentes que usam tecnologia EDY. O cliente paga pelos produtos usando o telefone inteligente, que, além de armazenar as informações de cartão de crédito, pode armazenar também "dinheiro" sob forma eletrônica em seu *chip*. Felizmente, os telefones móveis são mais populares do que o *e-commerce* baseado em PCs no Japão, devido à alta taxa de uso da Internet por meio de redes de pacotes. Como todos os telefones celulares japoneses são equipados com portas de infravermelho, eles podem fazer pagamentos por meio de PCs também. Naturalmente, se o PC não tiver uma porta de infravermelho, o telefone móvel pode realizar o pagamento acessando o *site* no modo de comunicação por Internet. A DoCoMo estabeleceu acordos com cerca de 40 varejistas, inclusive a All Nippon Airways e os operadores das lojas de conveniências AM-PM do Japão, que concordaram em aceitar os pagamentos por meio do telefone inteligente. Acredita-se que isso por fim irá funcionar e que a EDY pode se tornar uma plataforma para pagamentos do *e-commerce*.

NOS TRILHOS

As empresas japonesas de trens não estão de braços cruzados enquanto a Sony toma conta do campo de batalhas da carteira de dinheiro eletrônica *e-wallet*. A East Japan Railway Co. lançou um cartão de pagamentos baseado em IC sem contato para se passar nos portões de passageiros nas estações. Ele é conhecido como Suica (*Super Urban Intelligent Card*) e é semelhante ao cartão Octopus que agora é fornecido em Hong Kong e é usado por dezenas de milhões de passageiros que têm passagens da temporada. O Suica também pode ser usado para comprar bens e serviços dentro das estações de trens. Isso abre enormes possibilidades – estações como Shinjuku, em Tóquio, recebem mais de 5 milhões de pessoas diariamente. Acrescentem-se mais serviços, e ele ficará melhor ainda. Um cartão que permite aos passageiros passar pela plataforma é uma coisa, mas um que lhes permita não apenas fazer isso, como também, digamos, comprar um jornal ou um doce, tem uma outra conveniência adicional.

O Suica não tem a função de cartão de crédito, mas um cartão semelhante na área de Kansai, em Osaka, conhecido como Surutto Kansai, tem. Na verdade, o "Suru-Kan", como é conhecido, oferece três funções: a de cartão pré-pago (como o Suica), a de cartão de crédito e a de cartão pós-pago. É esta última que será a tendência principal dos futuros sistemas de pagamento. O que já ocorre é que a maioria das contas de utilização pública japonesas é automaticamente debitada das contas bancárias dos clientes no fim do mês ou poucos dias depois que eles recebem seu salário. Isso é um arranjo que inerentemente evita atritos, porque não há nenhuma empresa de cartão de crédito na posição de intermediário.

Se você der um passo no ciberespaço, verá pessoas conectadas em todos os lugares. Assim, se precisar conferir o crédito de alguém, poderá facilmente fazê-lo por meio de um telefone móvel, um PC ou um PDA (Personal Digital Assistent) acessando a conta de depósito da pessoa ou algum instrumento equivalente. Eu mesmo, por exemplo, patenteei um sistema, conhecido como "Debit with Float" (Débito com Flutuação), em conjunto com o Dr. Kazuma Tateishi, fundador da Omron, em 1982, tanto no Japão como nos Estados Unidos. Se a quantia em poupança excede em muito as compras, a pessoa pode obter uma linha de crédito pessoal se concordar em usar o depósito como garantia – na verdade, deixá-lo bloqueado – até que o pagamento seja feito. Em outras palavras, em uma sociedade onipresente, você consegue provar seu crédito não importa onde esteja, desde que o sistema tenha sido criado para verificar uma de suas contas. Esse é o sistema de acertos mais isento de atritos que pode ser usado nas compras e no *e-commerce* da vida real. Não precisamos mais de uma empresa de cartão de crédito para representar nossa credibilidade com relação ao comércio, a qual o compensaria em caso de não-pagamento.

O falecido Dr. Tateishi e eu passamos horas pensando nas implicações de uma sociedade sem dinheiro. Muitas das visões que tínhamos 20 anos atrás tornaram-se realidade, graças ao avanço da sociedade conectada em rede, mas muitas ainda estão no estágio embrionário devido às leis, às relutantes associações industriais e ao domínio setorial por empresas que não querem correr riscos.

ENTREGA: A REVOLUÇÃO NA LOGÍSTICA

A parte final da revolução está ocorrendo na área de logística, a distribuição física de produtos. Tradicionalmente, isso era pensado em termos de cadeias, as quais incluíam as cadeias de fornecimento, uma linha de processos discretos mas interconectados e interdependentes, indo desde a aquisição de matérias-primas até a entrega do produto acabado ao cliente, ao varejista ou a outro fabricante para processamento adicional. Na década de 1980, Michael Porter, da Harvard Business School, acrescentou a esse conceito sua teoria de cadeia de valor.

Por trás de tudo, ainda há uma cadeia física aparentemente determinando o que pode ser movido e de que maneira. Nos Estados Unidos, 68% das cargas ainda são transportados por estradas, 12% por trem e 7% por via marítima. Um século depois que os irmãos Wright voaram pela primeira vez, o transporte aéreo responde por menos de 0,1% dos produtos americanos transportados.

Uma vez mais, grande parte da revolução provém da disponibilidade de novas tecnologias. Essa revolução está adiantada. Ela é uma reação a uma reorganização importante de todo o ambiente comercial. A tradicional divisão entre atacadistas e varejistas, envolvendo tudo, desde empresas de bilhões de dólares até lojinhas familiares, é anacrônica. Os depósitos e os estoques ainda são importantes, mas os centros de distribuição são mais decisivos. A relação entre aquele que fornece o produto (que pode também ser o produtor) e o consumidor final foi simplificada, até mesmo eliminada, pelo *e-commerce*.

A necessidade de transportar componentes em processos industriais e de manufatura, bem como produtos acabados para o mercado, tem tido um impacto significativo tanto na própria indústria de logística como em algumas seções perspicazes e sensíveis do mundo dos negócios.

A Dell é uma das corporações que exemplifica bem a economia global. Ela percebeu a importância de uma logística otimizada em todas as suas operações. Ela fabrica computadores a partir de pedidos individuais, recebidos por tradicionais contatos por telefone ou em resposta a questionários pela Internet baseados em formulários. Ela usa sua própria plataforma para montar e processar os pedidos. Isso tem tido tanto êxito que um de seus maiores rivais no fornecimento de PCs para o mercado doméstico, a Gateway Computers, criou uma plataforma semelhante para a aquisição de pedidos. No caso da Dell, os pedidos são recebidos, mas então grande parte do restante do processo, tanto a entrega dos componentes para a linha de montagem final como seu despacho para o cliente, fica por conta de uma empresa de logística, a FedEx. Os pedidos chegam, independentemente da maneira, de todos os lugares. Nem todos seguem para um depósito central da Dell. Alguns vão para um depósito administrado pela FedEx, onde os componentes-chave dos computadores (processadores, placas-mãe, dispositivos de entrada, monitores, etc.) foram temporariamente montados em estoques JIT de empacotamento para clientes. O pessoal da FedEx trata com a expedição de módulos de acordo com as especificações da Dell e agilmente entrega o produto ao cliente em uma caixa. A UPS está estabelecendo um serviço sem emendas semelhante.

A Dell e a FedEx geraram um novo tipo de entidade comercial, a qual parece ser especialmente adequada à economia global. Podemos chamá-la de VSC (*virtual single company* – empresa única virtual).

No modelo da Dell, o gerente de relações com o cliente que recebe uma ligação do cliente executa diversas funções, desde a de tomador de pedidos e emissor de ordem de obtenção, até a de vendedor e terceirizador. Não há mais a cadeia de valor em um sistema como esse porque, na verdade, é uma fundamental interface de cliente que está disparando o processo produtivo e a entrega de componentes por JIT, enquanto alerta os parceiros de logística sobre a futura programação de entregas. O CRM, então, garante a entrega de produtos acabados, geralmente uma semana após receber o pedido, e faz o acompanhamento para incluir a venda de impressoras e outros sistemas periféricos.

Muitas empresas japonesas tentaram imitar a Dell, mas concluíram que é simplesmente impossível mudar seus sistemas de negócios existentes. De uma certa maneira, a Dell foi criada em um campo virgem em 1984. O fato de ela não estar presa a um legado de velhos pensamentos de cadeia de valor foi o que a tornou capaz de criar uma VSC sobre a plataforma ERP (*enterprise resource planning* – sistema de gestão empresarial). Se ela tivesse estabelecido uma longa cadeia de valor de distribuição, teria sido muito difícil deixar de lado os pontos de venda atacadistas e varejistas. O fato de mais de 70% das vendas da Dell serem para corporações também contribui para sua eficiência. Se ela estivesse se concentrando em consumidores (como fez a Gateway), necessitaria de uma função de suporte ao cliente muito mais pesada. Devido a sua afinidade com os clientes existentes, e vice-versa, os CRMs da Dell podem agora vender impressoras e outros dispositivos sem intermediários nem agentes de distribuição.

A Dell atingiu o topo com justiça, mas não está mais sozinha. Há outros revolucionários em logística. A Inditex, por exemplo, uma gigante de vestuário em La Coruña, Espanha, é outro exemplo de excepcional administração de cadeia de suprimentos *just-in-time*. Nesse caso, a maior marca global da empresa, Zara, recebe os pedidos, não diretamente dos clientes, mas de 2 mil gerentes de lojas, duas vezes por semana. O operador de CRM então entrega os produtos dentro de 48 horas para qualquer lugar do mundo. Seu processo de entrega utiliza caminhões dentro da Europa continental, mas, fora da Europa, a empresa usa a DHL como sua parceira. O centro de logística em La Coruña, sozinho, tem uma área de mais de 500.000 m², e seu sistema de classificação (aparentemente aprendido da FedEx) parece um trem expresso cuspindo itens para dentro das caixas destinadas a cada uma de suas lojas. Os produtos em cabides, tais como vestidos, vão em um contêiner com alças, de modo que não há necessidade de passá-los antes de colocá-los na vitrine da loja. As lojas da Zara não têm espaço para estoques, e nem precisam, porque os produtos são entregues à medida que são vendidos. Esse é um sistema de negócios bem diferente de qualquer outro na indústria, em que os pedidos são colocados em grandes quantidades com bastante antecedência. Eles freqüentemente erram o alvo em uma grande margem, e o excesso de estoque acaba nas cestas de barganhas.

Esses desenvolvimentos tiveram um impacto importante na indústria de logística em si. A Federal Express tornou-se muito mais do que um serviço de entregas: ela é agora uma importante parceira em logística da Dell. Nessas relações, os parceiros trabalham com tanta proximidade que parecem quase uma única entidade corporativa. As linhas de demarcação tradicionais tornaram-se indistintas.

A FedEx chama sua seção estratégica de divisão LEC (*Logistic and Electronic Commerce* – logística e comércio eletrônico). Embora ainda ganhe bastante de suas atividades "tradicionais" de entregas de pacotes, ela visa a ganhar dinheiro insinuando-se de maneira vital nas cadeias de fornecimento de outras empresas, não apenas da Dell. Utilizando novas plataformas técnicas, a FedEx pode oferecer todo um novo tipo de serviço a seus clientes. Um exemplo adicional do movimento da FedEx para fora de seu núcleo tradicional é fornecido por uma de suas subsidiárias, a FedEx Trade Networks, a qual coleta informações sobre assuntos que afetam os negócios que atravessam fronteiras, como taxas de alfândega e dados sobre impostos. Ela também pode identificar a localização de qualquer pacote em todo o trajeto, desde a aceitação do pedido, a montagem dos componentes e a entrega dos produtos acabados.

Empresas como a FedEx, a UPS e a DHL estão se tornando plataformas em si mesmas. Empresas menores e com menos recursos do que a Dell podem conectar-se à divisão LEC da FedEx e tornar-se tão competitivas quanto uma corporação maior.

O significado de tudo isso para os gerentes de primeiro escalão é que uma parte cada vez maior de sua função é determinar quais habilidades principais deverão manter e nutrir dentro da empresa, e quais serviços poderão ser obtidos de fora. A chave é manter uma forte interface com o cliente. Quando o serviço é entregue, este não sabe quantos estiveram envolvidos no processo.

A CHEGADA DA ETIQUETA INTELIGENTE

A questão de logística irá avançar com a etiqueta inteligente. Esta, também conhecida como microetiqueta (ou *mü*), tem em média apenas 0,5 mm². Ela pode ser inserida em produtos como livros, roupas ou qualquer coisa que não seja de ingerir. Em poucos anos, tudo, exceto talvez a comida fresca, terá microetiquetas. Ela representará a carteira de identidade do produto, com uma capacidade de radiofreqüência, de modo a poder ser detectada remotamente. Essa etiqueta será lida no ponto de venda pelo equipamento apropriado, o qual também terá condições de passar para o *chip* os detalhes da pessoa para a qual o item está sendo vendido.

Isso revolucionará a distribuição física e o *merchandising*, mudará o sistema de ponto de vendas e controle de estoques, e reduzirá o custo de reutilização (como no caso de capachos e roupas para lavar).

Por exemplo, o funcionário da lavanderia lerá o *chip* e então saberá imediatamente de quem é a camisa que está lavando. Muitas coisas irão mudar na publicação de livros, e não será mais necessário escrever o nome do dono nas páginas. O roubo em lojas será cada vez mais difícil, se não impossível. O livro, ou qualquer outra coisa que for roubada, se tornará um artigo marcado. Poucos tentarão revendê-lo, uma vez que será imediatamente identificado como produto roubado. Essa tecnologia também poderá ser aplicada ao aluguel de fitas de vídeo e DVDs.

Essas etiquetas inteligentes têm o potencial de mudar radicalmente o varejo, tanto na organização dos pontos de vendas como na administração dos estoques. Uma vez que alguém pegar um artigo da prateleira, isso será imediatamente gravado e alimentará o *software* de controle de estoque da loja. O comprador, então, só precisará passar por um caixa que tenha o equipamento de verificação. Não haverá necessidade de cada item ser registrado um por um. Como conseqüência, passar pelo caixa poderá se tornar tão simples como passar com o carrinho de compras. O pagamento poderá ser feito remotamente, de modo que seja automaticamente transferido da conta do comprador. Não haverá demoras nem longas filas. O ato de fazer compras se tornará mais rápido e menos estressante.

O uso das etiquetas inteligentes também revolucionará o *e-commerce*, porque permitirá que cada ítem individual possa ser monitorado. Isso há muito tem sido um problema no mundo da logística, o qual lida com o movimento de grandes volumes de produtos. Quanto maior o artigo individualmente, maior a possibilidade de se individualizarem seus dados relevantes; mas livros e roupas são pequenos e numerosos demais para serem monitorados individualmente. Com suas etiquetas inteligentes, cada livro e blusão, ou mesmo pequenos enlatados, pode ser monitorado. Uma vez que as etiquetas inteligentes são colocadas nos produtos, a empresa pode mais facilmente converter seu sistema de manufatura para *just-in-time*, pois sabe exatamente quais modelos, tamanhos e cores estão sendo vendidos, onde e quando. Isso reduz ainda mais a necessidade de grandes estoques.

Uma área que poderá resistir ao uso da tecnologia de etiquetas inteligentes é o setor de comida fresca. A etiqueta, por sua natureza, não é comestível, de modo que não pode ser diretamente inserida em nenhum item que vá ser totalmente consumido. Isso pode ser evitado em certos itens, como peixe fresco, onde a etiqueta pode ser colocada no rabo, ou em alguma outra parte que tradicionalmente não é consumida. A etiqueta também pode ser inserida na embalagem de alimentos semiprocessados.

Por fim, um *chip* menor pode ser desenvolvido e colado à etiqueta de preço ou ao rótulo. Essa é exatamente a área que o professor Ken Sakamara, da Universidade de Tóquio, está trabalhando com sua equipe, no projeto e-TRON. O setor de logística está muito entusiasmado com esses desenvolvimentos, embora a totalidade de suas implicações ainda esteja indefinida.

A etiqueta inteligente foi inventada pela empresa japonesa Hitachi e irá primeiramente impactar o Japão, onde, nos próximos três ou quatro anos, seu uso se espalhará. Sua primeira aplicação em larga escala será na Feira Expo em Nagoya, na Prefeitura de Aichi, quando o *chip* será montado no tíquete de entrada. Isso permitirá aos organizadores criar serviços sob medida para cada um dos 15 milhões de visitantes esperados para 2005.

ESTEIRAS FRIAS E COMIDA FRESCA

No palco global, grande parte do processo de logística é colocada em contêineres e padronizada em correias transportadoras homogêneas, dependendo do que será transportado. Essas correias podem ser climatizadas, com a temperatura dos contêineres mantida em 7°C onde quer que estejam. No caso de produtos perecíveis, como comida, há uma correia congelada e uma à temperatura normal. Isso garante um transporte contínuo do ponto A até o B.

Na costa sul do Mar Amarelo, na península de Shandong, há agricultores que cultivam vegetais frescos para serem entregues no mercado de Tóquio. Graças à logística, eles conseguem entregar sua produção ao mesmo tempo que os produtores suburbanos da área de Tóquio. A distância entre a península de Shandong e Tóquio, hoje, é equivalente à distância de Chiba aos mercados centrais de Tóquio.

Isso não é algo totalmente novo. Há anos ocorre o fenômeno do transporte aéreo para os quatro cantos do mundo dos primeiros vinhos da região de Beaujolais. Todo novembro, centenas de entusiastas de vários países descem ao leste da França para levar de avião engradados do vinho novo para serem entregues aos mais finos restaurantes, ou simplesmente para presentear um pequeno círculo de amigos. Isso sempre tem sido acompanhado de um elemento de ostentação e alarde na mídia, sem mencionar o perigo ocasional. Mas um fenômeno semelhante acontece diariamente entre Shandong e Tóquio, sem que ninguém se dê conta.

O que antes era um espetáculo, agora é comum. Veja-se, por exemplo, o caso dos frutos do mar frescos. Ostras cruas são trazidas de avião da Tasmânia e de Chesapeake Bay por meio de transporte de carga aérea de esteira fria para consumo nos restaurantes japoneses. Esse tipo de transporte de comida era antes considerado impossível. Mas, agora, é comum, usando-se as plataformas logísticas disponíveis. Nesse caso, uma das plataformas desenvolvidas pelo especialista em esteira fria Nichirei conseguiu trazer produtos de comida fresca por transporte aéreo para o Japão. Os produtos, agora, literalmente vêm dos sete mares. Os japoneses são os maiores consumidores mundiais de camarão e de peixe fresco. Agora, ficou fácil trazer ostras cruas de avião da Tasmânia para Tóquio, bem como de Atsukeshi, Hokkaido. A única restrição é que elas precisam ser entregues em 24 horas. Um restaurante de *sushi* em Taipei, Taiwan, importa peixe cru de Fukuoka, Japão, todas as manhãs, de modo que possa ter *nigiri* fresco para o almoço e para a janta no mesmo dia. O sucesso dessa rede está em convencer os agentes aduaneiros de Taipei a respeito da importância da entrega *just-in-time*.

Essas entregas, independentemente do que seja, são impossíveis sem uma plataforma muito boa e eficiente para pegar os pedidos e dar retorno ao cliente quanto ao progresso do produto. Além disso, no caso de transporte de comida, deve haver também um rigoroso controle da higiene ao longo de todo o sistema. Como o roteiro poderá cruzar muitas fronteiras e fusos horários, cadeias de distribuição fisicamente harmônicas têm sido estabelecidas por empresas de logística especializadas.

Isso provoca algumas mudanças de conceitos, inclusive de como vemos o mundo à nossa volta. Já existe, por exemplo, uma mudança na noção de arredores. Estes costumavam ser uma região na periferia de alguma grande cidade, como Tóquio. Só que eles cresceram junto com a expansão da cidade. Em cidades como Londres, os arredores são áreas residenciais. Isso também é verdade no caso de Tóquio, mas eles costumavam ser locais de cultivo de verduras frescas para a cidade. Havia também subúrbios marítimos, onde os pescadores pegavam e vendiam o "peixe do dia". Tal fenômeno não se restringe ao Japão, podendo ser encontrado em qualquer grande cidade costeira. Se nos mantivermos presos ao conceito de que um subúrbio é um cinturão de produção de comidas frescas para a cidade grande, as aplicações de logística significam que os subúrbios de Tóquio tornaram-se qualquer ponto do globo que esteja a 12 horas de avião. Desse modo, os restaurantes de Tóquio e de outras cidades grandes podem agora desfrutar de comida fresca de todas as partes do mundo. Se você visitar um restaurante de *sushi* em Tóquio, verá que menos de 10% dos peixes servidos vêm do Japão. A Índia, por exemplo, é o maior fornecedor de atum para o mercado japonês, o qual também é transportado por via aérea. Isso era impossível cinco anos atrás. Agora é uma realidade, graças ao desenvolvimento das plataformas harmônicas de logística. Essa é uma mudança real e básica nos estilos de vida.[1]

ENTREGAS

Outra área que será cada vez mais modificada pela revolução na logística são os correios. Estranhamente, os serviços postais tendiam a estar dissociados dos pensamentos logísticos. Afinal de contas, eles são dedicados à entrega de itens como: cartões postais, cartas e pacotes. Um serviço postal "nacional", com seus próprios selos de postagem, era mais um dos fetiches do estado-nação. Muitos reagiram à desregulamentação gerando empresas de logística e outros serviços, tais como opções de entrega rápida. Mas, por estarem ligados a lealdades ultrapassadas e fora de lugar, os serviços postais são uma área da logística que não tem mostrado melhorias revolucionárias.

É difícil ganhar dinheiro entregando pacotes e cartas dentro dos limites do estado-nação. Pode não haver pessoas suficientes, ou elas podem morar em lugares exóticos. Não importa quão remota seja a sua localização, elas geralmente exigem entrega personalizada, seja para um grande pacote, seja para uma única carta. As agências de correio têm de estar espalhadas por todo o território do país. Os triadores de correspondências e outros funcionários dos correios muitas vezes estão presos a práticas de trabalho antiquadas. E o correio tem de prover seus serviços a um preço que freqüentemente exige um pesado subsídio governamental.

No Japão, a taxa-padrão das cartas domésticas é de 80 ienes. Em termos reais, é possível enviar uma carta de Hong Kong para qualquer lugar do Japão, por correio aéreo, por apenas 13 ienes. Não é de surpreender que um grupo de empreendedores estabeleceu um negócio de transporte aéreo em massa dos itens postais do Japão para Hong Kong, postando-os de volta individualmente para o Japão. O governo japonês reagiu da maneira tradicional de um estado-nação: proibiu o negócio. Agora, as correspondências são enviadas por *e-mail* para Hong Kong, onde são impressas, envelopadas e então enviadas de volta ao Japão. Essa prática não pode ser proibida, pois a parte mais importante acontece usando o protocolo de *e-mail* da Internet.

Os serviços postais "tradicionais" enfrentam muitos desafios. O advento do *e-mail* obviamente é um deles. Mas ainda há uma tendência de se ver tais serviços como parte de uma matriz de comunicações. No Japão, o mesmo ministério que trata de questões de TI supervisiona o serviço postal. Isso remonta ao tempo em que os serviços postais estavam abarrotados com entregas de telefonia e de telégrafo como parte do único setor de comunicações. Entretanto, hoje essas são duas coisas distintas, quase pertencendo a universos diferentes. Os serviços postais têm de ser vistos muito mais em termos de logística e governados mais pelas tendências do processo logístico. O sucesso da Deutsche Poste (empresa alemã de correios) deve-se à visão de seu CEO,

Claus Zumwinkel, de dividir suas operações em três unidades distintas: correio, pacotes e banco. Enquanto a unidade bancária foi repassada para investidores externos a fim de gerar dinheiro, a Deutsche Post agora está focando em pacotes, de modo que sua subsidiária, a DHL, possa competir com gigantes de logística como a FedEx e a UPS.

USANDO A LOGÍSTICA PARA RESOLVER PROBLEMAS MAIORES

A revolução em logística e distribuição de comida pode ter um importante impacto na produção "doméstica" de alimentos, se nos permitirmos abandonar os estereótipos tradicionais do estado-nação e do que é constituída a produção "doméstica".

Podemos importar terra para a produção de comida. Isso não significa transportar grandes porções de terra com as plantas dentro (como se faz com grama), mas sim uma mudança na ênfase, saindo das fronteiras e de predisposições fixas.

No Japão, o arroz é produzido a um custo 10 vezes maior do que a produção em regiões da Austrália, da Califórnia e da Tailândia. Isso é antieconômico, mas, devido a uma densa quantidade de proteção e tarifas, torna-se possível que o produtor doméstico de arroz continue a colher a produção de seus campos antieconômicos e a vendê-la para consumidores que parecem prontos a consumi-la, apesar de seu alto preço.

Os agricultores japoneses são fanaticamente contra a importação de arroz, embora represente economia para os consumidores de lá. Uma solução poderia ser mudar a discussão para a importação de terra. O governo japonês paga bilhões de ienes em subsídios para os produtores de arroz. Esse dinheiro poderia ser dado a eles na condição de ser usado para a compra de terras, por exemplo, na Austrália, as quais poderiam então ser vendidas por *leasing* ou arrendadas para produtores locais para a produção de arroz adequado para os consumidores japoneses. Cerca de 20 milhões de dólares seriam suficientes para se comprar direitos de terras e águas na Austrália para produzir 300 mil toneladas de arroz, 3% da demanda no Japão. Os agricultores japoneses poderiam ir à Austrália e eles mesmos cultivarem o arroz, ou então contratarem gerentes locais. Um investimento de 1,2 bilhão, então, seria o bastante para adquirir terras o suficiente para satisfazer toda a demanda doméstica de arroz. Isso pode parecer muito, mas o governo japonês já subsidiou cerca de 400 bilhões de dólares a seus produtores de arroz nos últimos 10 anos. Ele poderia dizer que importou a terra porque ela foi comprada por agricultores japoneses, embora ainda faça parte do território soberano de outro país.

Não importa que as terras estejam longe. A segurança de comida, a grande preocupação dos que apóiam a proteção aos agricultores japoneses, está garantida. O arroz sempre estará garantido para os consumidores japoneses. Poderia haver preocupações quanto ao fato de se concentrar tanto da fonte alimentar do Japão em um único país, no caso, a Austrália, mas parte dela poderia ser produzida na Califórnia, no Arkansas, na Ucrânia ou na Tailândia. Assim, o Japão importaria 10 milhões de toneladas de arroz: seria o do tipo de grão pequeno, o preferido dos consumidores de lá. Como preciosas terras deixariam de ser usadas para o cultivo antieconômico de arroz, haveria um aumento na quantidade de terras disponíveis para a construção de casas. Atualmente, muitas pessoas não conseguem ter sua própria moradia porque os preços dos terrenos é alto demais. Conseqüentemente, estes iriam baixar e, não só haveria mais oportunidades de se construir mais casas, como também as casas poderiam ser maiores e mais confortáveis. O país teria importado terras e teria mais terras para usar.

É claro que haveria opositores a essas políticas tanto no Japão como no país-fonte das terras importadas. Eles iriam dizer que essa é uma forma de "colonialismo por meio do dinheiro". Mas esse processo já ocorre eficazmente com itens como minério de ferro, carvão e petróleo. Em vez de ser visto como colonialismo, isso deveria ser considerado uma maneira inteligente de se usar o dinheiro e os recursos disponíveis. Trata-se de processo natural de otimização em uma escala global. A extensão de terra do Japão não pode ser aumentada. O Japão não é como os Países Baixos, com possibilidades de conseguir tirar uma grande faixa de terra do mar. Mas pode ditar a qualidade da terra que importa.

Esse é um paradigma do século XXI para a solução de muitos problemas, como por exemplo: comida cara e escassez de recursos. Além disso, melhora a qualidade de vida de muitas pessoas. Isso é preferível a se tentar resolver o problema de um país por meio de "soluções" improvisadas que já se sabe que resultarão em fracasso. É isso o que quero dizer com economia global.

Essa é uma solução não apenas para os problemas japoneses, mas poderia ser útil também para países como a França e a Suíça. Se aceitarmos que a terra pode ser importada dessa forma para se cultivarem colheitas de forma mais barata do que podem ser da maneira doméstica, teremos uma solução na mão. Essa solução existe numa base global, não dentro dos limites estreitos de um estado-nação.

Essa é a *real* redistribuição de riquezas para o resto do mundo. O fornecimento de subsídios para setores ineficientes da economia de um estado-nação é um desperdício de riquezas, além de um uso egoísta das mesmas, uma vez que parte delas poderia ser usada para beneficiar outros países. Assim, o palco global pode ser expandido não apenas na manufatura e na BPO além-fronteiras, mas também no uso de terras para a agricultura e a piscicultura.

A revolução na logística teve um impacto em muitas áreas, deixando-as mais próximas umas das outras, derrubando barreiras tradicionais como o tempo e a distância. Ela obrigou muitas pessoas a olhar para conceitos como espaço e diferença, e perguntar: "Eles realmente são barreiras?". Mas ainda não é possível falar definitivamente sobre o impacto da revolução da logística porque ela ainda está em andamento. Ela tem o potencial de exercer alguns efeitos surpreendentes e positivos sobre o nosso mundo – e sobre a nossa psicologia. A extensão na qual esses potenciais serão cumpridos está nas pessoas. A tecnologia já deu as respostas. Seremos corajosos e criativos o suficiente para aplicá-las?

PARA O JANTAR

Para responder, basta olhar para sua mesa de jantar. Aí está o palco global, cheio de comidas dos quatro cantos do planeta. Talvez você não saiba, mas além do salmão chileno, da farinha canadense e do brócolis australiano, os molhos e temperos vêm de vários países – a pimenta do Brasil, o molho Worcestershire do Reino Unido (e seus ingredientes da China ou do sudeste asiático), e assim por diante.

A toalha de mesa vem da China, sua louça Herend favorita vem da Hungria, a prataria Christofle vem da França, e os copos boêmios da República Tcheca ou o cristal Waterford da Irlanda. Graças ao baixo custo da logística e à redução da rede de distribuição e das restrições alfandegárias, o preço de todos esses itens no Japão ou nos Estados Unidos não é muito diferente do preço no local onde eles foram produzidos. Se esse não for o caso, os ciberitas irão arbitrar e disciplinar os antigos responsáveis até que eles estejam adequados. Embora essa não seja uma boa desculpa para se comer e beber mais, é um dos benefícios da economia global.

NOTA

1. Um dos maiores restaurantes japoneses na área de Tribecca, Nova York, o MEGU, está fazendo o oposto. Ele importa peixe fresco e certos vegetais do Japão diariamente.

Parte III: O Roteiro

Capítulo 8:	Reinventando o governo	217
Capítulo 9:	Os diferentes eixos do mercado futuro	247
Capítulo 10:	O próximo palco	279
Capítulo 11:	Pós-escrito	293

Reinventando o governo 8

O palco global exige um novo roteiro. E esse novo roteiro exige que os principais atores mudem sua maneira de agir e de pensar. Isso se aplica tanto aos indivíduos como às instituições, sejam elas corporações, sindicatos, grupos de campanha, investidores, governos regionais ou governos nacionais.

O PODER DESVANECENTE

Em primeiro lugar, vamos considerar como os governos terão de mudar no palco global. Eles não poderão fugir da realidade de que no palco global seu papel é totalmente diferente. Eles têm se considerado como fontes de poder. Agora, no entanto, os governos centrais irão descobrir que muito do seu poder já não existe mais. Eles poderão até se sentir totalmente impotentes sem os poderes que antes consideravam vitais. Em um mundo sem fronteiras, o governo central forte e poderoso será coisa do passado. Alguns governos ainda poderão querer se agarrar à teimosa ilusão de tal poder, mas farão um papel cada vez mais ridículo. Quanto mais tentarem exercer pressão sobre os pedais do poder, que já não funcionam, mais patéticos e impotentes se mostrarão.

Os governos e os políticos precisam se perguntar:

- O governo costuma incentivar as pessoas a pensar de maneira positiva em termos de interação com o resto do mundo?

- Há burocracia demais impedindo que o governo e as regiões tenham iniciativas?
- Será que os incentivos certos estão ali para promover essas iniciativas?
- Será que o estado-nação está impedindo essas iniciativas?
- O resto do mundo está trazendo capital novo, novas tecnologias e empresas dinâmicas para as regiões porque estas são atraentes, comparadas com outras?
- Será que um número suficiente de empresas poderá ter sucesso aqui de modo a gerar um ímpeto?
- Existe uma cadeia de comando boa, clara, sem obstáculos e desimpedida?
- Existem "atravessadores" dando ordens diferentes e enviando mensagens contraditórias?
- Existem grupos com interesses específicos (tradicionalmente, sindicatos nacionais) ou *lobbies* políticos (grupos de agricultores e muitos outros) que se opõem às iniciativas das regiões?

Inevitavelmente, alguns governos têm mais respostas do que outros. Em alguns países, a relação entre o centro e as regiões é historicamente mais frouxa e mais adequada à economia global. Nos Estados Unidos, o presidente que quisesse dizer a um estado o que este deveria fazer seria considerado um mau presidente. Na verdade, ele seria inconstitucional. Os americanos não aceitariam esse tipo de interferência. Por outro lado, no Japão, desde a infância as pessoas são ensinadas a confiar na autoridade central e a respeitá-la. Essa é uma obediência condicionada. Ouvir Tóquio, fazer o que ela quer, não se opondo, dá melhores resultados no curto prazo. Dessa forma, mais recursos virão do centro. O cão obediente é recompensado com mais ossos e o cão desobediente é punido. Essa punição pode consistir num percentual menor dos impostos arrecadados ou na não-aprovação de novos projetos. Aproximadamente 40% dos impostos são coletados pelas regiões e 60% pelo governo central, mas este gasta apenas 40% dos impostos recolhidos e redistribui 20% às regiões. É aí que reside o poder da burocracia central. A redistribuição desses 20% está na mão desses burocratas. Essa fatia é, de maneira geral, suficientemente grande para fazer com que cada região obedeça ao governo central.

A estrutura de governo japonesa certamente precisa ser mudada. Há 47 distritos eleitorais de prefeituras. Com a exceção de Tóquio (que tem 13 milhões de habitantes), as prefeituras são pequenas demais. Algumas das menores têm apenas 600 mil habitantes. Elas são muito pequenas para ser autônomas e interagir com o resto do mundo. A união de algumas dessas prefeituras em regiões *Doshu* maiores geraria unidades regionais mais naturais de talvez 3 a 6 milhões de pessoas (com exceção de Kanto e Kansai). O Japão poderia ser dividido em 11 *Doshus*, com cada um tendo em média 10 milhões de habitantes. A região de Kanto (que engloba Tóquio) já tem um PIB que supera o da França, enquanto Kansai (em torno de Osaka) tem um PIB maior do que o do Canadá. Até mesmo a menor *Doshu*, a ilha de Shikoku, é do tamanho da Dinamarca. As menores da coorte são as ilhas Okinawa, com 1,2 milhão de pessoas. (Devido à suas ligações históricas com a China e à sua localização geográfica no Mar Oriental da China, acho que ela deveria ser uma *Doshu* autônoma, e não unida à ilha de Kyushu.)

Embora o forte controle central tenha contribuído para o rápido crescimento do Japão de 1945 a 1980, muitos dos problemas do país podem agora ser identificados como tendo sido causados pelo seu sistema *mão-de-ferro* de governo centralizado. É difícil imaginar como o Japão pode efetivamente emergir do abatimento econômico sem realizar significativas reformas em sua estrutura de governo. A taxa de empréstimos, comparada com o PIB, é de 140% – maior do que a de qualquer outra nação da OCDE (até mesmo maior do que a da Itália). Como o resto do mundo não investe no Japão e os contribuintes não querem carregar esse peso, o governo japonês permanece pegando emprestado do futuro ao emitir obrigações do tesouro nacional, contra as quais não há reclamações da geração atual. Assim, não é de se admirar que, de acordo com o *Moody's* (maio de 2002), a obrigação do tesouro nacional do Japão está cotada como A2. Esse é o menor nível para um país desenvolvido, igualando-se ao de Botswana. Com todo o respeito a Botswana (provavelmente o país mais estável da África), isso não é grande coisa para o Japão.

No Japão, como em outros lugares, há um apetite por mudanças. Mas, o que não surpreende, nenhuma vontade de mudar onde elas são mais necessárias: no centro. A atitude clássica de "se não está estragado, por que consertar?" prevalece.

As demandas por mudanças exigem uma *jogada* intelectual. Na ausência de uma declaração unilateral de autonomia ou de uma rebelião armada, deve haver diálogo entre o centro e as regiões. Quem vai iniciá-lo? O centro provavelmente não irá fazer nada que vá diminuir seu poder. Talvez, se algum partido político fizesse desse tipo de regionalização o palanque de seu manifesto eleitoral, haveria algum progresso. Mas, embora alguns políticos entendam a importância dessas reformas, geralmente lhes falta tanto a coragem como a criatividade intelectual para dar o necessário passo seguinte.

ALÉM DA DISTRIBUIÇÃO

A batalha intelectual hoje é entre o velho e o novo governo. Colocando de maneira simples, o papel tradicional do governo diz respeito à distribuição de riquezas. Os governos são *distribuidores e não promotores* de riquezas: eles não as criam. Essa riqueza é adquirida por meio de impostos, e é dessa maneira que muitas pessoas ficam conhecendo a intervenção governamental em suas vidas.

Em termos de impostos, creio que por fim o estado-região deveria ser a fonte dos aumentos deles; concomitantemente, os impostos arrecadados em uma área próspera deveriam permanecer ali, até o ponto permitido pela adequação política. Temos visto como os avanços e as novas plataformas tecnológicas têm o potencial de tornar a arrecadação de impostos mais simples e mais barata. Mas o fato é que alguns impostos ainda são necessários (embora, para que tenha êxito, a arrecadação deva se mostrar tão justa quanto possível).

A melhor maneira de se atingir isso é por meio da simplificação. Em todo o Ocidente, a cobrança de impostos dá aos contribuintes e às corporações a impressão de ser um campo minado de grande complexidade. É caótica, e seus segredos só são conhecidos pelos iniciados que controlam seu funcionamento. Muitos suspeitam de que eles ajeitam as regras no percurso, sendo que o resultado é que eles sempre ganham e o contribuinte sempre perde.

Reduzindo-se essa complexidade, os contribuintes ainda teriam de pagar sua parte, mas seria algo mais direto. Pode até ser possível que se consiga eliminar totalmente a necessidade do tributarista.

Como distribuidores de riquezas, os governos têm desenvolvido estados e economias de seguridade social. Eles vêem seu papel como o de proteger as empresas domésticas, sua população e certas regiões que são consideradas vulneráveis ou que têm certas desvantagens. Esses setores geralmente são fracos do ponto de vista global. Os governos intervencionistas preocupam-se com a proteção dos setores domesticamente desenvolvidos e usam o dinheiro do contribuinte para isso. Em nível global, as empresas mais fortes, seja da América, da Europa ou do Extremo Oriente, fortaleceram-se ainda mais, muitas vezes aproveitando as novas oportunidades disponibilizadas pela ausência de fronteiras. Os ciberitas são impacientes e sempre querem o melhor. Eles querem comprar do melhor e mais barato, onde quer que estejam no mundo.

Os esforços dos governos intervencionistas de atrair os ciberitas são tão infelizes quanto ineficazes. Por exemplo, em 2003, o Japão lançou uma campanha chamada "Invista no Japão", a qual tinha a bênção e o apoio ativo do primeiro-ministro Junichiro Koizumi. Esse programa foi uma ironia, uma vez que o governo de Koizumi (e o de seus predecessores) gastou uma fortuna para proteger os setores mais fracos da indústria e a economia em geral. Em 2003, o Japão, a segunda maior economia do mundo, recebeu apenas 6 bilhões de dólares de investimentos externos diretos (FDI). A China recebeu 54 bilhões (ver Figura 8.1). Do ponto de vista dos investidores globais, o Japão parece que deixou de existir. Hoje, a China é a maior receptora de investimentos diretos externos, uma posição que foi dos Estados Unidos quando Bill Clinton era presidente (ver Figura 8.2). Isso demonstra claramente que as políticas do presidente Bush, de cortes nos impostos e menores taxas de juros, não foram bem recebidas pela comunidade FDI global.

O TAMANHO É IMPORTANTE

Parte da mentalidade do estado distributivo é de que qualquer riqueza que for distribuída deve ser igualmente espalhada, e de maneira justa, por todo o país. Isso leva ao sonho do mínimo cívico, como no Japão, onde cada região tem, por estatuto, direito a um mínimo de serviços públicos, não importando quão remota e despovoada seja.

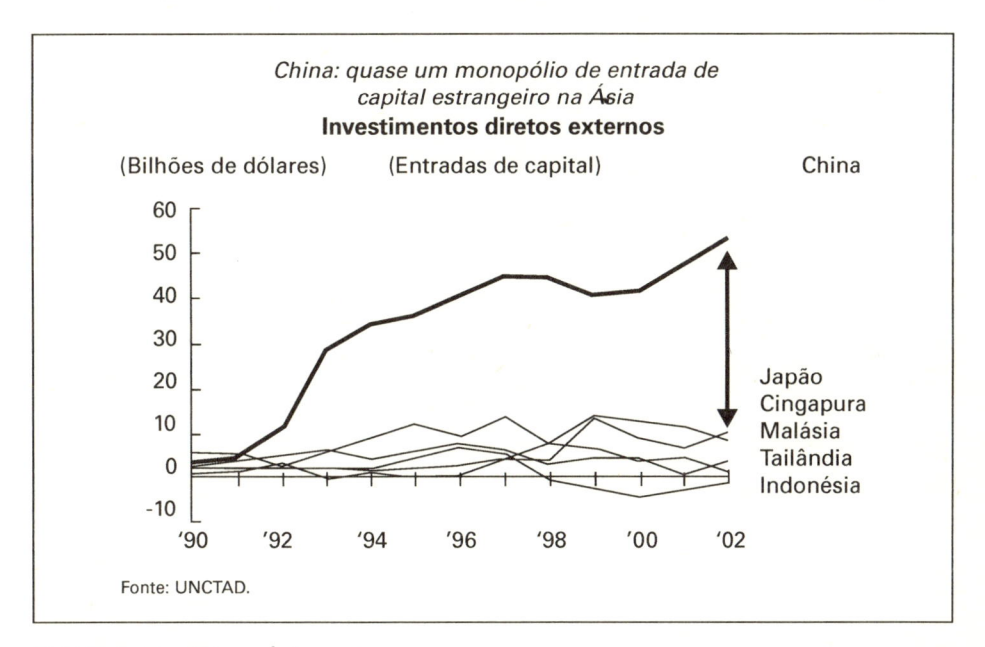

FIGURA 8.1 FDI na Ásia.

222 O NOVO PALCO DA ECONOMIA GLOBAL

Investimentos diretos externos

(Bilhões de dólares)

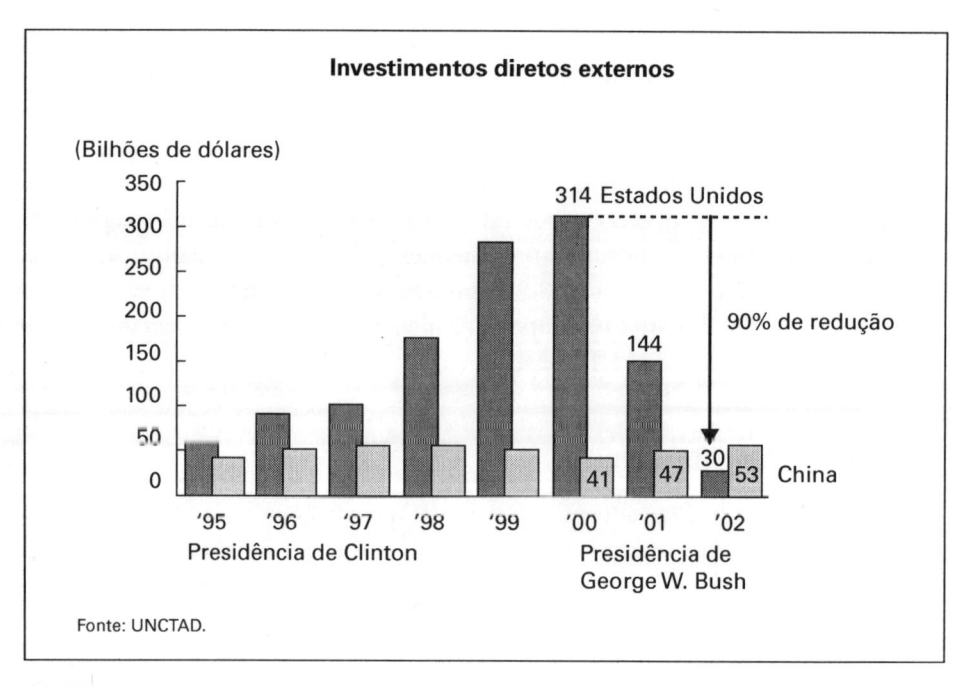

[Gráfico de barras mostrando FDI de 1995 a 2002. Estados Unidos atinge 314 em '00, caindo para 30 em '02 (90% de redução). China: 41 em '00, 47 em '01, 53 em '02.]

Presidência de Clinton ('95–'99) | Presidência de George W. Bush ('00–'02)

Fonte: UNCTAD.

FIGURA 8.2 O crescimento do FDI na China, em comparação com os Estados Unidos.

Uma parte integral – e talvez inevitável – do governo distributivo tradicional é a burocracia. As burocracias são ligadas a um governo central forte. Sem ele, sua razão de ser torna-se menos estável. Podemos olhar para a China e a esquizofrenia que freqüentemente reina em sua esfera reguladora. Por um lado, há as ordens de Pequim, o centro, as quais podem ser comparadas com as ações dos prefeitos e governadores em áreas como Qintao e Dalian, que freqüentemente fazem coisas que são contrárias à letra – e ao espírito – da política do governo (a qual pode, de alguma forma, ser bastante vaga). Alguns vêem isso como anarquia, como evidência de ilegalidade, não menos do que uma quebra no controle do governo. Outros o vêem como pragmatismo e flexibilidade nas ações.

Os governos do futuro que queiram permanecer atuantes e relevantes têm de aceitar algumas grandes mudanças no que fazem. Devem procurar facilitar, e não frustrar. Eles também precisam começar a examinar o tempo de uma maneira nova. O serviço público de qualquer país precisa estar preparado para trabalhar mais nos projetos de curto prazo com objetivos identificáveis, do que entrar em um regime de emprego permanente.

Grande parte da atividade governamental da China é pragmática, como já disse, e os governos ao redor do mundo devem aprender o valor da flexibilidade. Eles nunca devem ficar presos a ideologias ou a velhas maneiras de pensar. Esse pragmatismo precisa ser inserido nos atos dos próprios governos, de modo que pensem em novas maneiras de governar. Mas nenhum desses *brainstormings* deve ser deixado exclusivamente para os governos; outras agências e outras fontes precisam ser buscadas.

DOWNSIZING E ADEQUAÇÃO DO TAMANHO

Somente um anarquista defende a dissolução total do governo. Ainda há áreas nas quais os governos podem trabalhar eficazmente, às vezes contando com o envolvimento do setor privado, mas, mesmo nesse caso, eles precisam passar por uma grande mudança. A linha básica é que os governos não devem tentar fazer coisas para as empresas, mas deixá-las fazer por si próprias.

O ponto mais importante da reinvenção do governo é que suas dimensões têm de mudar. É um clichê da economia que o melhor governo é o que intervém menos. Isso é um clichê tão forte que sua verdadeira relevância para a economia global pode ser perdida.

O papel dos governos centrais na economia global é o oposto do que eles estão acostumados a fazer. O melhor serviço que eles podem prestar ao seu povo é conseguir atrair capital externo, de modo que não precisem usar o dinheiro dos contribuintes. Dar boas-vindas às corporações, de modo que elas tragam empregos e assumam empresas fracas, as quais então o governo não terá de subsidiar.

A razão mais importante que explica por que o *status* diminutivo importa é que ele é a maneira de se relacionar com o resto do mundo. As riquezas são abundantes no mundo atual. Os países desenvolvidos não conseguem usar todo o dinheiro acumulado em pensões e poupanças dentro de seu próprio território. Eles podem desperdiçar o dinheiro em obras públicas, como tem feito o governo japonês, mas o retorno é tão ruim que o próprio programa de pensões será sucateado, o que ensejará a revolta popular. O estado regional que aspira a ser próspero na economia global deve ser organizado de forma a atrair parte dessa riqueza do resto do mundo.

Quanto menos intervencionista e mais aberto for o governo para as riquezas e os investimentos externos, maior será o retorno para o estado regional. Também o povo será mais beneficiado. Na era do estado nacional tradicional, uma entidade política podia ser rica por ter herdado essa abundância de seus predecessores. O estado podia ser rico, com muitas terras férteis e recursos minerais. Alternativamente, podia roubar a riqueza dos outros, por meio de pirataria, colonização ou conquistas militares. Durante a Revolução Industrial, a riqueza foi aumentada por meio de trabalho árduo, e o advento e a propriedade da tecnologia permitiram que alguns estados, como a Alemanha, tornassem-se prósperos sem muitas apropiações indébitas.

Isso pode ser chamado de "a rota britânica para a prosperidade", a qual foi adotada e expandida nos Estados Unidos. Esse modelo de crescimento industrial dependia do comércio com outros países, porque nenhum deles tinha todos os recursos naturais exigidos para o complexo industrial doméstico.

Hoje a situação é diferente. Não importa mais se um país ou um estado regional tem ou não sua própria indústria doméstica bem estabelecida ou mercados domésticos. O importante é ter uma força de trabalho educada e motivada – no chão da fábrica, na sala de computadores ou no fornecimento de serviços profissionais. Isso atualmente é mais importante do que ter minas. Também é um pré-requisito para atrair riquezas do resto do mundo, o qual sempre irá buscar locais que sejam ótimos para investimentos dentro da economia global. Uma região também tem de ter uma boa infra-estrutura, tanto em tecnologia como em logística. Tradicionalmente, o papel de prover a infra-estrutura física era do governo. Nas duas últimas décadas, tem havido um aumento nas parcerias público-privadas (PPPs) como meio de injetar eficiência nesse tipo de fornecimento. Mas, por trás do planejamento e da tomada de decisões, tem de estar o objetivo de fornecer a melhor condição de soluções em infra-estrutura para ajudar a gerar prosperidade. Em especial, essas soluções devem facilitar o acesso por terra, mar e ar de quem vai à região, bem como de quem sai dela para os mercados. No entanto, muitos projetos de grande escala em infra-estrutura são de uso duvidoso e seus únicos "benefícios" custumam ser a promoção de empreiteiras locais e de outras partes interessadas.

UMA VISÃO PARA MUDANÇAS

A mudança para um formato menor e mais dinâmico exige que o governo faça várias coisas.

Primeiramente, ele precisa ter uma visão. O desenvolvimento de uma visão de longo prazo pode, e deve, ser uma das qualidades do governo. Creio que o fato de ter e de comunicar uma visão é a coisa mais importante que um governo pode fazer. Isso, sem dúvida, não deve ser um trabalho exclusivo dele. Uma visão não deve ter receio de olhar seriamente para o futuro. Ela também deve ser corajosa, até mesmo despreocupada, em seus objetivos. O futuro, na maioria das vezes, é um mar desconhecido.

Mas ele não deve ficar apenas na esfera do contemplativo. Tem de haver uma visão que contemple todos os níveis. Se avaliarmos o nível de estratégias e políticas de governo, a visão deve dizer como o governo lida com seu povo e com outros governos. Ela deve informar até mesmo a menor e aparentemente mais insignificante das atividades oficiais. Essa visão pode muito bem ter uma etiqueta de preço, como no fato de Cingapura tornar-se a verdadeira capital da ASEAN, ou do supercorredor de multimídia da Malásia. Uma visão pode ser construída em torno de um conceito, como a idéia irlandesa do *e-hub*. Às vezes, ela não precisa nem mesmo ser formalizada em uma política, um *slogan* ou um conjunto de documentos.

O responsável pela tarefa de implementar a visão não deve guardar as coisas em segredo. Ele deve ser aberto e transparente. Precisa educar todos os setores da sociedade no que eles podem e devem fazer para tornar realidade a percepção da visão, e por que devem fazê-lo. Ele precisa demonstrar às pessoas "o que está lá dentro".

Uma visão não deve ser uma mera coleção de palavras e aspirações. Ela deve conter objetivos claros e práticos que possam ser perseguidos. Somente com um comprometimento de longo prazo é que ela pode dar resultados. Ela exige uma abordagem visionária do governo, que olhe futuro adentro, além das próximas eleições.

Conseguir uma visão válida pode ser um desafio. Isso tornou-se mais difícil por três razões. Primeiramente, porque vivemos agora em um mundo sem fronteiras, e não podemos mais enfatizar em demasia o interesse nacional em primeiro plano. Em segundo lugar, estamos profundamente envolvidos com TI e vivemos em um labirinto do espaço cibernético. Em terceiro, a criação de riquezas está cada vez mais nivelada. Uma taxa de crescimento estável de poupanças não é mais suficiente para garantir uma aposentadoria segura no final de sua carreira. Fazer empréstimos nos bancos, como ocorreu no século passado, é uma má notícia para uma corporação. Os governos precisam gerar e divulgar uma visão que atraia muitos investidores globais, o que irá resultar em altos múltiplos.

A VISÃO JAPONESA

O milagre econômico do Japão após a Segunda Guerra Mundial foi resultado de uma visão chamada comércio de valor agregado (*kako boeki*). O Japão tem poucos minérios, de modo que tinha de importar os recursos naturais, agregar valor e então exportar. A diferença está em "agregar valor". Aqueles que não agregam valor não comem. O conceito é simples e sua direção é clara. Foi isso que o Japão fez por décadas, depois que o país foi transformado em cinzas. De fato, mesmo depois que o

Japão atingiu o segundo maior PIB *per capita* do mundo, ele manteve sua máquina de exportação a pleno vapor. Não reduziu em nada, para "dar ao povo uma vida melhor com um custo de vida menor" – uma frase que cunhei em meu movimento de cidadãos, a Reforma de Heisei. Isso não poderá ser alcançado a menos que realmente abramos nossas portas ao resto do mundo.

Se aspiramos a uma vida boa, precisamos, então, aumentar o crescimento econômico em um país como o Japão, onde há 14 trilhões de dólares em poupanças congelados em baixas taxas de juros. Se esse dinheiro fosse descongelado, o suprimento de moeda para o mercado certamente seria muito mais do que o governo consegue suprir, pegando emprestado das gerações futuras.

O MAPEAMENTO DO FUTURO

Embora não seja possível determinar exatamente o mapa do futuro, há maneiras de se desenvolver uma visão viável para um país, de acordo com os fundamentos já conhecidos do palco global:

1. **O país deve fortalecer os indivíduos,** como se faz na arte, na música e nos esportes. Embora o trabalho em equipe certamente continue sendo importante no futuro, está claro que a riqueza de uma nação, de uma região e de uma empresa depende mais de quantos "gigantes" podemos gerar. Como vimos, não somente a mudança de riquezas, mas economias básicas, desenvolvem-se em torno de indivíduos como Michael Dell, Bill Gates e Jorma Olilla. Também temos visto certas instituições de ensino produzirem mais empreendedores do que outras: Trinity College, em Cambridge; Stanford University; Helsinki Institute of Technology; University of Limerick, na Irlanda; e Qinhua University, em Pequim. A Figura 8.3 mostra como as universidades têm contribuído para a criação de novos empreendimentos. Aqui, novamente, a China, em cidades-chave, está alavancando as universidades para desenvolver setores que usam muito o conhecimento, por meio de parcerias com outras universidades de prestígio. Enquanto no Japão o setor privado é muito dinâmico para promover inovações e empreendedorismo, as universidades permanecem muito acadêmicas e ainda não despontaram como elementos importantes para os novos negócios.
2. **O país deve atrair capital do resto do mundo.** Uma região, não a nação, é o porto de entrada da prosperidade. Ela é a unidade de negócios estratégica para atrair e criar capital e corporações na nova economia global. Uma região tem de ser como um hotel cinco estrelas, de primeira classe. O primeiro-ministro de

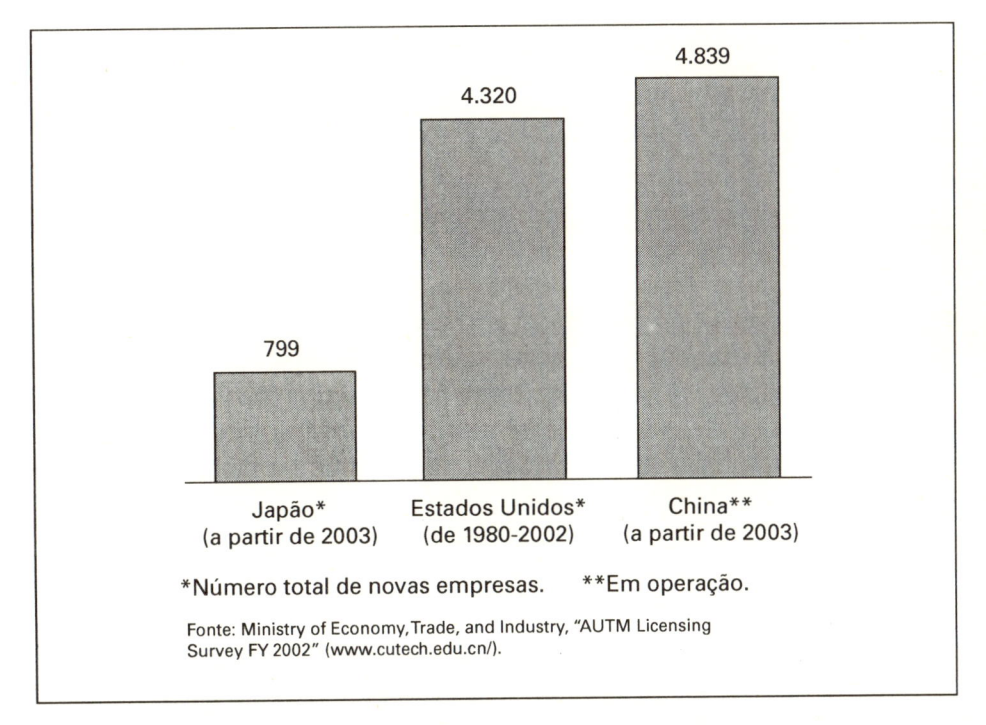

FIGURA 8.3 Empreendimentos criados pelas universidades.

Dados do gráfico:
- Japão* (a partir de 2003): 799
- Estados Unidos* (de 1980-2002): 4.320
- China** (a partir de 2003): 4.839

*Número total de novas empresas. **Em operação.

Fonte: Ministry of Economy, Trade, and Industry, "AUTM Licensing Survey FY 2002" (www.cutech.edu.cn/).

Cingapura, Lee Kwan Yew, disse-me, em uma entrevista em 1992, que a razão que ele tinha para disciplinar seus cidadãos era precisamente porque seu país queria ser o "hotel" mais desejado da Ásia para as corporações globais. Isso significa que os empregados do hotel tinham de ser treinados, habilidosos e disciplinados, de modo que os hóspedes pudessem fazer negócios, relaxar e desfrutar de sua estada. Ele se defendia das acusações de Francis Fukuyama, de que estaria operando uma "ditadura benevolente". Se seu povo fosse relaxado e displicente na recepção, os hóspedes iriam embora. Não há argumentos contra a importância de ser o melhor hospedeiro para as corporações e os consumidores globais quando uma região deseja prosperar atraindo capital e tecnologia do resto do mundo.

3. **Manter um rumo contínuo.** Claramente, um dos papéis do governo central é permitir que os indivíduos cresçam e brilhem, e que as regiões interajam com o resto do mundo. Assim, o papel mais importante para o centro é garantir que esse tipo de política continue. Depois dos atentados de 11 de setembro de 2001 em Nova York, o governo dos Estados Unidos dificultou a entrada de estrangeiros, exigindo diversas informações pessoais e biométricas. Embora exista muito

apoio e empatia com a luta daquele país contra o terrorismo, ele se tornou um lugar menos desejado para uma empresa multinacional operar. Os Estados Unidos já foram o melhor e mais confortável hotel do mundo moderno para se ficar e a partir do qual operar.

VISÕES *VERSUS* MIRAGENS

Muitos políticos dizem que têm uma visão. Essa é uma boa linha – perfeita para conseguir espaço nos noticiários. Isso lhes permite serem comparados a pessoas como Martin Luther King. Mas, na verdade, a visão deles muitas vezes é apenas de fachada e baseada em discursos enfadonhos. Uma visão exige coragem, porque demanda que tudo o que tradicionalmente fazia parte da economia e dos sistemas políticos seja visto com novos olhos e possa ser submetido a questionamentos pesados.

A VISÃO DO GOVERNO

Tanto o governo nacional como o regional podem fazer muitas coisas para ajudar a garantir a prosperidade. Suas visões serão diversas, com diferentes ênfases, mas eles devem lembrar que:

- **Eles serão os embaixadores da nova tecnologia.** Já vimos como, na Finlândia, os computadores com acesso à Internet foram introduzidos em muitos locais públicos. Na República da Irlanda, foi realizado um esforço concentrado, no início da década de 1990, para que todas as escolas de ensino fundamental tivessem computadores pessoais e para garantir que os professores soubessem transmitir os conhecimentos sobre o uso dos mesmos.
- **Eles irão diminuir os impedimentos para a entrada e saída de capital.** Grande parte do setor financeiro foi desregulamentado, mas sempre haverá a necessidade de se monitorar os fluxos de capital com vistas a lutar contra o crime organizado e a lavagem de dinheiro.
- **Eles irão eliminar os obstáculos para as empresas que atraem as melhores pessoas para trabalhar nelas, tanto em nível de operários habilidosos como de gerentes.** Essas pessoas podem ser contratadas de lugares distantes, e não deve haver dificuldades organizadas ou administrativas no caminho de sua relocação e absorção.
- **Eles irão minimizar a burocracia.** Desde meados do século XIX, os governos têm se envolvido na atividade econômica, criando regras e procedimentos para o estabelecimento de empresas e para avaliar as responsabilidades

em caso de fracasso do empreendimento. Isso pode, e deve, ser um processo simples, envolvendo não mais do que o preenchimento de um formulário e, talvez, o pagamento de uma taxa nominal, ou pode ser uma tarefa árdua, cercada de dificuldades e detalhes técnicos, e freqüentemente exigindo a assistência de um profissional. Se um país ou região já sofre desse último problema, então sabe bem as barreiras que existem para investimentos. Nesse caso, deveria removê-las antes mesmo de pensar em atrair investimentos do resto do mundo. Caso contrário, esse esforço não passará de uma perda de tempo para todos.
- **Eles irão se especializar.** O aspecto mais crítico para o governo é decidir qual especialização quer atrair e promover, seja no setor de serviços, na indústria manufatureira tradicional, ou mesmo no processamento, com valor agregado, de produtos agrícolas.

SER PERCEBIDO

A estratégia regional é hoje muito mais importante do que antes. Se for bem desenvolvida e bem comunicada, a região entrará nas listas pequenas dos investimentos corporativos e estará na mente dos CEOs quando eles forem tomar decisões a respeito de investimentos e localizações para sua próxima operação. Essa é uma mudança dramática em relação ao passado, especialmente quanto a atrair indústrias de manufatura, quando as diretorias recebiam lindas brochuras que louvavam uma região e até mesmo endeusavam suas paisagens. Eles muitas vezes eram convidados a fazer uma visita, sendo prodigamente hospedados. Hoje, empresas como a Dell podem produzir, mesmo para o mercado americano, usando métodos de produção *just-in-time* e arranjos logísticos com operadores como a FedEx. Corporações como a GE podem usar escritórios de apoio e centros de chamadas em qualquer parte do globo. No mundo cibernético sem fronteiras, é vital que as regiões estejam prontas para esse tipo de tomadores de decisão, os quais estão em busca dos melhores lugares para cada uma de suas funções, em nível global. Os governos protecionistas geralmente estão nas desagradáveis listinhas de lugares a serem evitados. E aqueles cujo comprometimento não for total também serão ignorados.

APENAS EDUCAR

Um governo verdadeiramente visionário dedica-se à educação. Realmente, esta é uma área na qual o envolvimento do governo na sociedade e na economia ainda é desejado. Mesmo em países como a Irlanda, onde muito da educação era fornecida por organizações religiosas, o governo pagava professores e tinha responsabilidade no desenvolvimento dos currículos.

No entanto, o papel do governo nessa área terá de mudar, uma vez que a identidade da educação muda de um processo pelo qual os cidadãos passam em um certo período de sua vida, para tornar-se um recurso muito menos centralizado ou mesmo institucionalizado, disponível aos cidadãos de todas as idades e adequado às suas necessidades individuais.

A educação tem benefícios bem tangíveis. Uma força de trabalho altamente educada é uma parte necessária de qualquer economia, porque agrega valor intelectual àquilo que produz ou fornece. Uma das maiores forças que qualquer economia, e aqueles que a compõem, pode possuir é a versatilidade. No Japão, a regra há muito aceita do "trabalho para a vida inteira" é reconhecida hoje como peça de museu. Até mesmo os indivíduos mais altamente treinados podem ser rígidos demais. Eles podem se recusar a reconhecer que sua especialidade vocacional tem um prazo de validade. O mundo sofre modificações e isso gera mudanças nos mercados de trabalho. Pode haver desenvolvimentos internos em determinadas habilidades ou disciplinas, bem como aplicações de novas tecnologias. As tradicionais barreiras impermeáveis entre ofícios podem começar a desaparecer. Assim como os desenvolvimentos podem levar à repentina morte de um setor, eles também podem levar ao fim repentino ou gradual de uma profissão. Um exemplo tosco, mas que deixa isso bem claro, é a antiga ocupação de taquígrafo, que se recusou a reconhecer que os processadores de texto estavam revolucionando sua tarefa. Mas, hoje, mesmo o mais hábil operador de processador de texto sabe que está competindo com operadores tão qualificados como ele do outro lado de uma linha de VoIP na Índia ou nas Filipinas. Está próximo o dia em que o *software* de reconhecimento de voz poderá converter a maioria das palavras faladas em frases digitais tão facilmente como os reconhecedores de caracteres ópticos (OCRs) podem digitalizar documentos escritos à mão.

Algumas áreas dos ofícios humanos por fim serão totalmente substituídas. Isso poderá ocorrer devido à eficiência ou ao custo. Por décadas, a ficção científica pouco sofisticada tem aterrorizado trabalhadores de produção e de escritório com uma visão de um futuro repleto de robôs. Os robôs têm sido uma figura que inspira ódio e desdém desde a primeira vez que apareceram nas páginas do dramaturgo tcheco Karel Capek, em 1920. O prognóstico da ficção científica não se realizou, mas as pesquisas para a aplicação da robótica em atividades altamente repetitivas ou perigosas continuam. Os robôs nunca irão governar o mundo, mas realizarão muito mais atividades antes imaginadas apenas para humanos. Ou, então, atividades perigosas demais para estes (como em ambientes altamente radioativos).

Os trabalhadores em todos os setores da economia, inclusive nos profissionais, deveriam ser ensinados a ser de mente aberta e versáteis. Eles precisam perceber que a educação não é um processo fechado e ministrado de uma única vez (que talvez demore muitos anos), o qual leva a um alvo de trabalho, mas um processo contínuo que dura a vida toda. Eles precisam estar preparados para fazer mudanças em suas carreiras em resposta às oscilações da demanda. Alguns podem ver isso como problemático; outros, como algo dinâmico.

Tenho visto pesquisas de pessoas que estudaram no MIT (onde também estudei) que mostram que, depois de cinco anos, pouco menos da metade dos formados em tecnologia está trabalhando em uma área diferente. A especialização sempre teve uma meia-vida curta. Saber usar processos de pensamento disciplinados e ter a habilidade de resolver problemas é sempre útil, porque a isso podem ser agregados outros conhecimentos e, juntos, podem ser aplicados em diversas áreas.

Os governos também podem ajudar facilitando o aprendizado por toda a vida, garantindo que a espinha dorsal tecnológica exista e estabelecendo um sistema de leis adequado para fornecedores de cursos. O que havia tradicionalmente era um padrão em que os governos só forneciam esse tipo de ajuda em períodos de crise. Como quando, de uma só vez, várias indústrias saíam de um setor. Somente então, pacotes de novos treinamentos eram fornecidos. Isso é como tentar apagar um incêndio numa floresta com baldes de água depois que o fogo já consumiu metade das árvores. Os governos podem fornecer incentivos financeiros e fiscais nessa área para motivar os empregados a buscar mais qualificações. Opções de treinamento deveriam estar disponíveis para todos o tempo todo. Na verdade, elas nem deveriam ser vistas como um novo treinamento, mas como a agregação e a consolidação de qualificações.

A educação adicional e a aquisição de qualificações deveriam ser facilitadas. Não estamos falando de redução de conteúdo dos cursos, o que jamais deve ser feito, mas deveria ser possível que alguém que desejasse freqüentar um curso de Direito ou de TI pudesse fazê-lo sem ter de abandonar seu emprego. O protocolo da Internet, e especialmente a tecnologia de banda larga, torna possível que uma pessoa participe de seminários e de módulos de ensino mesmo estando longe da escola.

APROXIMANDO DISTÂNCIAS

Sou um entusiasta do potencial do ensino a distância. Ele supre uma nova maneira de se adquirirem perspectivas e informações ao longo de toda a vida.

Um obstáculo que há muito prejudicava a aquisição de novas habilidades era que o fornecimento de atividades de ensino ou treinamento freqüentemente era inflexível. A pessoa muitas vezes tinha de deixar sua casa, ficando bastante tempo longe da família e do trabalho. Mas, com o surgimento da tecnologia de banda larga, pode-se suprir educação para as localizações mais remotas – desde que tenham o *hardware* e o *software* adequados. Como estes agora são bastante acessíveis, não há razão para os mestres permanecerem presos às salas das universidades, dos seminários ou dos laboratórios, os quais são muitas vezes inacessíveis àqueles que anseiam pelo conhecimento.

Estou envolvido com um curso de mestrado na Universidade de Bond, na Austrália, no qual os alunos não participam de aulas e seminários na universidade, mas estudam em casa. Utilizamos um sistema de educação a distância por nós desenvolvido, chamado de *Air Campus*. Trata-se de um curso de duração de um ano em Administração Estratégica que contém duas unidades das 12 exigidas para se obter um mestrado. Encontramo-nos com os alunos eletronicamente todos os dias. Todos os meses, damos a eles um vídeo que contém tanto gravações de texto como de imagens. Ele também pode conter citações de empreendedores sobre algum tópico, ou a apresentação de nossos próprios comentários. Esses vídeos são distribuídos pela Internet para alunos de todas as partes do mundo. Criamos 4 mil horas de conteúdo educacional televisivo de alta qualidade, parte dele em inglês.

Para nos comunicarmos com nossos alunos, usamos uma plataforma chamada também *Air Campus*, incrementada por uma ferramenta de discussão 1:N ao vivo, chamada *Interwise*, a qual foi originalmente desenvolvida em Israel. Podemos permanecer em contato com os alunos, discutir pontos com eles, responder suas perguntas e enviar-lhes apresentações de PowerPoint. Utilizando o método por nós inventado, é possível termos uma discussão profunda em aula. O curso termina com um exame. Porém, com uma diferença: não há um exame-padrão, mas 150 exames diferentes. Cada candidato recebe um papel personalizado. Isso nos permite desafiar aqueles que se mantiveram passivos durante o curso e verificar seus conhecimentos. Como cada aluno recebe perguntas individualizadas, é impossível haver "cola".

A qualquer momento, podemos ter de 130 a 150 alunos fazendo nosso curso de Administração Estratégica para ganhar créditos para seus mestrados. Os participantes são, em sua maioria, japoneses, uma vez que o japonês é a língua de 50% do conteúdo do curso (o restante é em inglês). Alguns alunos são de muito longe, como do Brasil. Em 2003, 50 alunos receberam seu mestrado. Esse tipo de ensino é muito superior a tudo que existe no Japão e mesmo nas melhores escolas de Administração de Empresas do mundo. Os participantes podem continuar a trabalhar em suas empresas e manter seus estilos de vida. Naturalmente, existe o sacrifício de tempo e dinheiro.

A cerimônia de formatura física na Austrália é acompanhada de uma formatura pela Internet para aqueles que não conseguirem participar pessoalmente. Cerca de 40 candidatos ao mestrado ficam diante de sua TV (via satélite) ou de seu computador, assistindo à cerimônia. Quando o aluno é chamado, uma foto dele em trajes de formatura é mostrada, enquanto ele pode estar em sua própria casa festejando.

Nas escolas de Administração de Empresas dos Estados Unidos, a rede de estudos de caso continua sendo popular. Mas, se olharmos os casos, metade deles já não é mais relevante, e a outra metade é composta de empresas que ou foram à falência, ou foram absorvidas por outra corporação. Nossa abordagem da educação *on-line* olha para exemplos estáveis, atuais e realistas.

Escolhemos a Universidade de Bond porque muitas universidades americanas acreditam firmemente que os cursos e o ensino devem ser ministrados no campus e que isso é inerentemente melhor do que o ensino a distância. Não concordo. O ensino no campus é bom, mas há muitas maneiras diferentes de melhorar a qualidade e o resultado do ensino. O ensino a distância pode reduzir os custos. Pode-se estruturar um programa para gerar uma qualidade de ensino muito mais elevada. Os benefícios são evidentes em todos os níveis. Nem todos podem ir aos Estados Unidos, pagar 200 mil dólares em taxas e deixar de trabalhar por dois anos. Os que podem, ou são muito ricos, ou muito privilegiados. Nossos candidatos ao mestrado almejam tanto o conhecimento como o sucesso. Eles pagam suas próprias taxas e dedicam parte de sua vida e experiência aos colegas e à família. Creio que são alunos bem melhores.

Para muitos tipos de dança sempre são necessárias duas pessoas. É preciso haver um grupo de alunos motivados, sedentos de conhecimento, bem como uma equipe de professores igualmente motivados, flexíveis e de mente aberta. Os sistemas devem ser desenvolvidos em conjunto. Desenvolvemos a plataforma *Air Campus* porque interagimos muito com nossos alunos. As plataformas existentes não serviam porque eram baseadas em servidores, ou seja, não poderíamos usá-las em aviões ou trens, por exemplo. A plataforma *Air Campus* é um sistema baseado no cliente, no qual todas as informações relevantes e protocolos de contato são armazenados no PC. Uma vez reconectado, ele se sincroniza com o servidor.

UM NOVO PAPEL PARA O GOVERNO

O governo tem sido visto como o fornecedor do ensino, mas sua função deve mudar para ser um membro do time. Embora ele ainda vá desempenhar um papel significativo na educação, não deve ter medo de abrir-se ao envolvimento do setor privado.

Na China, há um setor privado de educação crescente e muito atuante. O governo não deve suspeitar desses desenvolvimentos. Ele tem a responsabilidade de garantir altos padrões educacionais, especialmente em áreas como ciência da computação, mas não deve ter o peso de ter de fornecê-los.

Também não se deve entender que seu envolvimento na educação signifique ser um governo muito intervencionista. Muitas das mudanças na educação podem ser realizadas não por um estado-nação centralizado, mas por um estado-região. Em termos de educação, o estado-nação tem se mostrado lento e mal equipado para suprir as necessidades de uma sociedade e de uma economia em rápidas mudanças.

A educação e o sistema escolar representam uma das melhores maneiras pelas quais o governo pode ensinar aos futuros cidadãos sobre as mudanças nos papéis. Ele poderia tentar mudar a maneira pela qual as pessoas o vêem: não como um distribuidor, mas como um facilitador. As escolas também são um bom lugar para se começar a desenvolver habilidades pessoais ótimas que são necessárias em um ambiente em constantes mudanças. Uma delas é a autonomia. Em vez de buscar ajuda em uma fonte externa, as soluções para os problemas devem ser buscadas mais perto de casa.

Tradicionalmente, a abordagem tem sido de que essas escolas não conseguem ensinar tais habilidades, e que é melhor aprendê-las no "mundo real". Isso pode ser parcialmente verdade, mas os alunos devem receber as ferramentas para poderem aprender essas lições.

As questões são difíceis e o cenário pode parecer deprimente quando olhamos em volta no mundo e vemos países tentando enfrentar as realidades econômicas ouvindo filosofias ultrapassadas. Muitos deles ainda desperdiçam recursos tentando sustentar as barreiras da economia fechada. Eles não percebem, ou talvez se recusem a perceber, que essas barreiras são *parte* do problema, não a solução, e portanto o melhor é deixá-las cair.

A realidade da economia global, no entanto, foi percebida por alguns países e regiões. Alguns deles são bem diferentes. Vamos olhar novamente para a China e, permanecendo na Ásia, visitaremos a Malásia e Cingapura. Depois viajaremos para o norte da Europa, para analisar a Suécia, e então terminaremos nosso passeio na Irlanda.

CHINA: GOVERNANDO O INGOVERNÁVEL

Se analisarmos a China, veremos uma entidade que talvez não devesse mais se chamar República Popular da China, e sim Estados Unidos de Chunghua. A China começou a se abrir para o mundo ocidental em 1978. No início, os passos foram hesitantes e inseguros. Serviços menores, como corridas de táxi e fotografias, foram abertos para a iniciativa privada. No entanto, na década de 1990, ficou claro que essa abordagem cautelosa iria causar mais problemas do que evitá-los. Correndo em paralelo com o pensamento sobre as questões econômicas estava a necessidade de dissociar liberalização econômica de liberalização política. Ao mesmo tempo em que se permitia e incentivava a existência da iniciativa privada e da privatização de indústrias estatais, não deveria haver nenhum escorregão no "papel singular" do Partido Comunista Chinês na política chinesa, e nenhuma abertura de oportunidades para perspectivas políticas alternativas.

As ações de Zhu Rongji em 1998 tiveram um grande impacto – não apenas na China, mas no mundo como um todo. Essas ações foram codificadas em termos dos "Três Respeitos", um dos quais era pela propriedade particular, por tanto tempo a irritação ideológica do marxismo-leninismo. O marxismo-leninismo não foi abandonado, mas movido para um altar lateral em uma alcova iluminada por uma luz tênue, enquanto uma emenda foi feita na constituição chinesa dizendo que a propriedade privada era inviolável. Essas mudanças ideológicas foram acompanhadas da devolução maior e mais efetiva do poder de decisão para as regiões de sucesso comprovado. Estava claro que lugares como Dalian, Guangzhou e Qingtao estavam prosperando e que nada deveria ser colocado em seu caminho. Devia-se dar a essas regiões o poder de decisão, e dizer aos líderes locais para usá-lo como achassem adequado. Os que receberam essa real autonomia foram os governadores das províncias e os prefeitos das cidades. Isso foi importante porque, na hierarquia (de estilo bizantino) da administração chinesa, a posição deles era, tecnicamente, inferior à dos secretários locais do Partido Comunista. Entretanto, estes eram redundantes, e aos similares de Bo Xilai em Dalian e, mais tarde, na província de Liaoning foi dada a tarefa de atrair investimentos para suas regiões, sem se importar com o que o centro fosse pensar. Os prefeitos que se saem bem em promover o desenvolvimento econômico são promovidos. Tanto Jiang Zemin como o ex-primeiro-ministro Zhu Rongji foram prefeitos de Xangai, antes de se tornarem primeiro secretário do Partido e primeiro-ministro, respectivamente; Bo atualmente é Ministro do Comércio.

Como vimos, a economia deve remover as barreiras que existem para a entrada de capital. Também deve haver uma prontidão para atrair as melhores habilidades de qualquer parte do mundo, especialmente em administração. Recentemente, uma empresa chinesa indicou um americano para ser seu CEO. O desejo – na verdade, necessidade – de estabelecer *joint ventures* mostra como os chineses estão dispostos a aprender com os outros. Eles estão praticando a filosofia de Deng Xiaoping: "Não importa se o gato é preto ou branco, o que importa é que ele pegue o rato".

A China ainda não está inteiramente aberta. As atividades de empresas não-chinesas em áreas como bancos e transporte ferroviário ainda são restringidas. Também persistem preocupações sobre o papel do governo em financiar ex-estatais por razões políticas.

Mesmo assim, a China mostra um caminho para um futuro próspero. A economia do século XXI, exemplificada por ela, é caracterizada pelo desenvolvimento de TI, pelo crescimento e pela expansão do pensamento e de práticas sem fronteiras, e por movimentos de capital. No entanto, poucas pessoas de fora – sejam políticos, economistas ou jornalistas – vêem a China de forma realista. Eles continuam vendo-a como um estado-nação. Outros prevêem sua queda ou desintegração. Embora seja inteiramente possível que a China possa vir a se dividir em pedaços, creio que ela, no futuro, será mais forte coletivamente, porque já descobriu a fórmula da prosperidade do palco global. Não importa mais se é um país com dois sistemas, ou três países juntos, combinando Hong Kong e Taiwan de alguma maneira: ela é, na verdade, uma reunião de muitos estados regionais. Desde que seja permitido às regiões interagirem com o restante do mundo, seu poder coletivo se tornará mais forte à medida que seus prefeitos e governadores empreendedores fizerem o melhor para atrair capital e corporações de outros países. Esses prefeitos com mente voltada aos negócios (e já designados para isso) sabem como trabalhar com a economia global melhor do que a maioria de seus pares burocráticos e políticos do Ocidente.

Pela minha observação, o crescimento econômico da China irá continuar, mesmo que seja acompanhado de um aumento de dívidas devido ao excesso de investimentos e de fornecimento de empréstimos por parte dos bancos do governo. Já comentamos das muitas Cassandras entre os jornalistas de finanças que têm falado da eminente aterrissagem dura ou suave da economia chinesa. Entretanto, o investimento na China não mostra sinais de diminuição, seja por parte de grandes empresas, como a Microsoft, a Siemens ou a General Motors, seja pelos fornecedores de serviços de negócios, como a firma de contabilidade Deloitte Touche Tohmatsu. As medidas tomadas pelo governo chinês são interpretadas de forma keinesiana bitolada, tal como uma diminuição de uma economia superaquecida, e são apresentadas como "avisos antecipados". Existem ainda os americanos partidários de um novo Acordo do Hotel Plaza, que vêem o renminbi (RMB) de forma idêntica ao iene em meados da década de 1980: como uma moeda cuja cotação baixa torna as exportações desse país mais baratas e a de seus concorrentes, principalmente das indústrias americanas, menos competitivas. Se o RMB fosse valorizado, dizem eles, alguma forma de equilíbrio no comércio com a China seria alcançada.

No curto prazo, o RMB provavelmente iria se valorizar bastante, em cerca de 200%. Também é muito provável que isso seria acompanhado de muita volatilidade nos mercados internacionais de câmbio. Os beneficiários dessa apreciação poderiam não ser os Estados Unidos, mas economias muito mais próximas da China, como Hong Kong. Outros que se beneficiariam seriam pessoas como George Soros, que diria que a China na verdade tem sérios problemas estruturais e deveria vender RMB. Um dos resultados no médio prazo seria que a posição da China na tabela global do PIB, atualmente na sétima posição, inevitavelmente iria subir. Mas, no longo prazo, entre 10 a 15 anos, os efeitos desse tipo de reavaliação (o qual é almejada mais pelos políticos em busca de votos do que pelos economistas) sem dúvida repetiriam o que aconteceu no Japão depois do Acordo do Plaza. A indústria doméstica permaneceria à frente do jogo, pois se tornaria cada vez mais competitiva. Isso seria estimulado, em vez de obstruído, por uma moeda cara. As importações tornariam-se mais baratas, incluindo-se as *commodities* das quais a indústria manufatureira chinesa depende.

Mais uma vez, temos de acrescentar a advertência de que olhar para a China como uma totalidade gera uma visão errônea e preconceituosa do que está acontecendo e do que irá acontecer no futuro.

OS CORREDORES DE PODER DA MALÁSIA

A Malásia é um país que abraçou verdadeiramente bem o pensamento por trás da necessidade de o estado-nação abrir-se para o resto do mundo.

Ela tem uma economia variada, com empresas industriais, mas muita atividade agrícola tradicional também. Situada em uma localização estratégica entre a Índia e o Extremo Oriente, sua infra-estrutura é boa, e a riqueza é bem distribuída na sociedade. A abertura da Malásia para a economia global está centralizada em um projeto que foi idealizado pelo ex-primeiro-ministro Mahathir Mohamad.

O Supercorredor de Multimídia (MSC) é uma pequena parte da Malásia, próxima a Kuala Lumpur e seu aeroporto internacional. Ele é descrito como um "corredor de jardim": 15 km por 50 km, dedicados à criação de um ambiente ótimo para empresas engajadas em atividades de TI. Ele é totalmente equipado com a mais avançada tecnologia e cabos de fibra óptica, bem como acesso à comunicação via satélite. Em 1997, havia 94 empresas operando no corredor. Em abril de 2004, esse número pulou para 1.016; destas, 287 eram estrangeiras, incluindo-se gigantes da TI como Nokia, Ericsson, NTT, DHL, Fujitsu, Microsoft e Cisco Systems.

Mahathir estava consciente de que havia na Malásia aqueles que veriam com maus olhos a abertura desse país de maioria islâmica. A Malásia é um estado não-religioso, mas lá devem ser considerados os sentimentos islâmicos. Uma das preocupações que alguns conservadores religiosos tinham com a Internet era seu potencial de espalhar pornografia e material arrogante. Entretanto, o primeiro-ministro foi severo em sua dedicação à visão do supercorredor de multimídia, advertindo aqueles que temiam a introdução de nova tecnologia de que eles tinham a possibilidade de controlar essas inovações, o que lhes seria negado se escolhessem dar as costas a ela.

Mahathir foi uma figura controvertida porque falava livremente contra o Ocidente quando, por exemplo, seu país foi o alvo de especuladores cambiais em 1997. Sob muitos aspectos, ele foi um político tradicional, um funcionário de governo, mas também alguém que sabia o valor de uma intervenção governamental cuidadosamente elaborada sobre a economia, porém, vendo-a como inferior às ações do setor privado. Sua maior realização em seus 22 anos como primeiro-ministro foi que ele praticamente eliminou a pobreza de seu país sob todos os medidores, seja PIB *per capita* ou famílias com moradia. Isso ocorreu porque a riqueza vinha do resto do mundo para regiões como Johor, Penang e Selangor, enquanto o governo central se concentrava em desenvolver o resto do país para o qual era difícil atrair capital estrangeiro.

O APETITE DE CINGAPURA PELA REINVENÇÃO

Cingapura é um exemplo claro de uma nação que conseguiu riquezas sem ter sido abençoada pela natureza. Sua posição ao sul da Malásia é estratégica, mas lhe faltam recursos minerais e sua terra não é muito boa. Porém, ao longo de seus anos de independência, ela sempre foi governada por líderes que não tinham medo de adequar e, quando necessário, readequar as visões do seu país, embora nunca tenham sido muito tolerantes com aqueles que não concordavam com elas.

Na época de sua independência, em 1965, Cingapura era um estado-cidade bastante pobre, obtendo receitas por meio do comércio marítimo e do turismo. O pensamento econômico de seu primeiro-ministro, Lee Kuan Yew, foi moldado pelo keinesianismo dominante da época. Ele achava que o caminho do enriquecimento de Cingapura estava alicerçado pela indústria manufatureira. No final da década de 1970, tornou-se óbvio que essa estratégia não tinha trazido grandes melhorias para o padrão de vida do cidadão médio. Assim, em 1982, um plano ambicioso, chamado de TI 2000, foi revelado. Seu objetivo era usar a tecnologia de informática, quer fosse importada ou doméstica, para impulsionar a economia de Cingapura. Esse plano também se comprometeu a aumentar o nível do PIB *per capita* dos cingapurianos para mais de 10 mil dólares por ano até 2000, o que garantiria a entrada do país na OCDE. Para supervisionar o projeto, foi criado o Comitê Nacional de Informática e o aprendizado da utilização de computadores foi promovido em todos os níveis de educação e trabalho. Mais recentemente, a Internet lançou a visão de uma verdadeira *e-society*, cujos cidadãos obtêm informações e acesso aos serviços por meio de seus PCs e de quiosques eletrônicos espalhados pela cidade.

Cingapura atingiu o objetivo do TI 2000 cinco anos antes do previsto. O Comitê Nacional de Informática tinha feito seu trabalho. O que era algo inicialmente criado pelo governo, à medida que atingiu seus objetivos, não precisava mais permanecer como parte deste. Assim, ele foi privatizado. Desde então, tem recebido elogios e, o mais importante, novos negócios por meio de consultoria para muitos países em desenvolvimento, sobre a aplicação da tecnologia de informática na vida diária. Esse resultado é semelhante ao da Autoridade do Porto de Cingapura (PAS), a qual também era uma criação do governo. Ela não somente obteve um aumento no volume de negócios que passavam pelo porto, como também alguns sucessos logísticos importantes em reduzir os tempos de espera entre os navios que aportavam, e a entrega de cargas em terra e no navio. Ela também foi privatizada e desempenha um papel importante na melhoria das instalações dos portos em todo o leste da Ásia.

Em Cingapura, valoriza-se a atividade do governo, mas seu valor é limitado a um prazo curto e ao término de um projeto definido. Uma vez que o projeto tenha atingido seu objetivo, a justificativa para a agência do governo desaparece. Mas ele não é simplesmente descartado; seu valor e potencial são antes disponibilizados para o resto do mundo. Os funcionários estão conscientes de que seu trabalho não é para sempre e que, paradoxalmente, o fato de atingirem suas metas acelera uma mudança em seu *status* de emprego. Isso contrasta fortemente com os burocratas japoneses (e com aqueles da maioria dos países do mundo desenvolvido). Uma vez contratados, eles têm a garantia de um emprego para o resto da vida. Eles nem mesmo precisam ter seguro para seu emprego porque não podem ser demitidos (a menos que sejam condenados por graves acusações criminais). Essa é uma das razões pelas quais o Japão não consegue mudar – ao contrário de Cingapura. A capacidade de buscar novos caminhos e um genuíno apetite por mudanças são fatores-chave para o sucesso na economia global.

Juntamente com o sucesso do TI 2000, Cingapura reinventou-se pelo menos duas vezes com sucesso. O declínio da indústria manufatureira foi acompanhado de um impulso para atrair multinacionais a colocarem sua sede regional em Cingapura. Para facilitar o processo, foi construído um importante aeroporto internacional, em um terreno recuperado em Changi. O resultado foi o aparecimento de muito mais arranha-céus abrigando sedes de corporações, cada um representando emprego para uma grande quantidade de pessoas. No final da década de 1990, Cingapura procurou, outra vez com sucesso, tornar-se um foco de pesquisa tecnológica, especialmente na área de biotecnologia. Ela também se tornou uma base significativa de tecnologia local para empresas como a Flextronics, a fornecedora de Electronic Manufacturing Services (EMS).

O país concentra-se em problemas amplos. Sua visão nunca se fixa muito em questões corriqueiras. É notável que o debate anual sobre o orçamento no parlamento deve ser acompanhado de preocupações sobre a diminuição da taxa de natalidade. Será que Cingapura terá cidadãos em número suficiente para garantir seu contínuo sucesso? Lee Kuan Yew disse-nos certa vez que, mesmo que Cingapura perdesse sua concorrência para países como a China, ele e seus herdeiros precisavam alimentar seu povo. Quando ele se tornou presidente do Fundo de Providência Central de Cingapura (CPF), disse: "Temos agora algum dinheiro para investir. Se o investirmos inteligentemente, nossos 3 milhões de habitantes poderão viver bem do retorno que teremos. Assim, se a China se tornar poderosa demais, podemos investir lá e obter retornos atraentes. Se as empresas de alta tecnologia dos Estados Unidos se saírem bem, então também ganharemos os retornos delas".

Cingapura é um paradoxo. Ela é um porto e uma vitrine para os empreendimentos privados, mas o Estado tem desempenhado um papel muito direto e uma influência concreta em seu desenvolvimento econômico. O comprometimento para com seu próprio povo e seu dever de lhe proporcionar uma vida melhor está profundamente arraigado nas mentes de seus líderes. Eles sabem que as soluções de seus problemas não estão no país, assim, instintivamente procuram desenvolver um papel e um relacionamento com o resto do mundo. Mudar de ato no palco global é natural – e necessário.

A experiência de Cingapura pode redefinir o mantra sobre os governos. O melhor governo é o de curta duração. O envolvimento do governo na economia tem se focado em objetivos claros. Uma vez alcançados, ele deve sair de cena. É mais ou menos como a visita ideal, que sabe quando é a hora de ir embora.

A RAPSÓDIA SUECA

Antigamente parecia pouco provável que a Suécia um dia fosse se tornar uma candidata para estrelar a grande abertura para a economia global. Ela tem um governo estável. A maioria das administrações foram coalizões de mais de um partido, e ao longo do século XX o partido político que mais esteve no governo foi o Social-Democrata. Ele supervisionou a criação de um estado de seguridade social excelente, provendo generosos níveis de ajuda para cobrir a saúde e o bem-estar desde o nascimento até a morte. Os suecos não somente estavam numa situação confortável, mas também positivamente protegidos, e começaram a ver esse conforto e segurança como um direito inato. Só que isso tinha de ser pago com altas taxas de impostos, tanto em nível nacional como local. Os altos impostos, juntamente com leis incomodativas, fizeram com que algumas das melhores empresas suecas deixassem o país. A Astra, por exemplo, foi para o Reino Unido, acabando por se transformar, após uma fusão, na Astra Zeneca, enquanto a ASEA e a Tetra Lavall transferiram-se para a Suíça.

Mas, na década de 1990, essa dispensação mudou, em parte devido a choques da economia internacional. A Suécia também entrou na Comunidade Européia e, assim, teve de adotar um conjunto de políticas econômicas mais eficientes e ortodoxas. A seguridade social, com suas redes de segurança embutidas e seu comprometimento com a solidariedade social, começou a ser vista como um obstáculo ao individualismo. Surgiu, então, um novo interesse pelo indivíduo – e especialmente pelo esforço empreendedor. Muitas escolas de administração foram criadas. Eles perceberam que o mundo estava mudando. A mineração e a indústria tradicional, as bases da economia sueca, estavam em declínio, como acontecia em muitas outras sociedades de alto custo e maduras.

Exportações/PIB (2003)

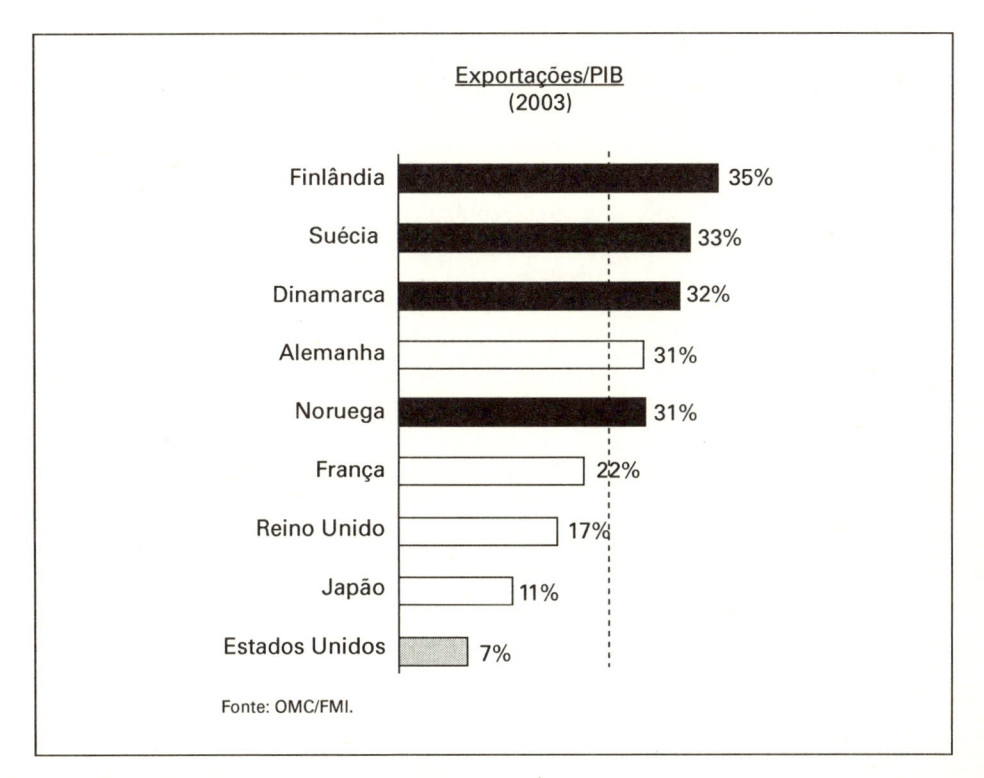

País	%
Finlândia	35%
Suécia	33%
Dinamarca	32%
Alemanha	31%
Noruega	31%
França	22%
Reino Unido	17%
Japão	11%
Estados Unidos	7%

Fonte: OMC/FMI.

FIGURA 8.4 Taxa de exportações/PIB.

Havia setores nos quais o país comparativamente ainda mantinha vantagem, como o de tecnologia. A Suécia foi o berço de muitas empresas globais, como a Electrolux, a ABB, a Astra, a Tetrapak, a IKEA, a Saab, a OM, a Volvo, a H&M (Hennes e Mauritz), a Scania e a Ericsson. Em especial, o envolvimento sueco em telecomunicações precisava ser expandido, mas isso só poderia ocorrer por meio de sua abertura para o resto do mundo. Ter sucesso no relativamente pequeno mercado sueco de cerca de 8 milhões de pessoas não era o suficiente, e se percebia que o mundo era o único mercado que valia a pena ser conquistado. Em 2003, de acordo com os números da OMC/FMI, as exportações suecas representaram 33% do PIB (ver Figura 8.4).

Isso foi acompanhado de uma reestruturação da economia nacional. Os impostos, sobretudo aqueles que afetavam o setor corporativo, foram reduzidos. A desregulamentação e a privatização, especialmente nas telecomunicações, foram perseguidas com muito mais vigor, resultando na formação de empresas como a Telia e a Tele2. O governo deu apoio às iniciativas do setor privado de estabelecer *clusters* tecnológicos, às vezes abraçando institutos técnicos e científicos especializados, os quais não apenas forneceram *insights* de pesquisa, mas também pessoal qualificado. Muitos institutos de pesquisa desenvolveram unidades incubadoras especiais, onde empresas iniciantes podem ganhar experiência e contatos. Mas a vaga nas incubadoras não está aberta a todos: ela é dada apenas àqueles que têm um verdadeiro potencial técnico e, principalmente, global.

Entre os *clusters* mais famosos encontra-se a Kista Science City, nas imediações de Estocolmo. Lá estão 250 empresas de alta tecnologia. Esse local de 2 milhões de metros quadrados criou 27 mil empregos até o final de 2003 e é uma Meca para a P&D em sistemas sem fios, comunicações de banda larga e móveis.

As empresas suecas continuam a dominar o mundo em áreas especializadas de engenharia de alta tecnologia. Aí se incluem a Autoliv (*airbags* e equipamentos de segurança), a Cardo (manufatura de portas industriais) e a Gambro (a segunda no mundo na fabricação de equipamentos para diálise).

No início desta década, a Suécia tinha alcançado alguns resultados admiráveis. Ela gastou 3,7% de seu PIB em P&D, sendo que dois terços disso no setor privado. Esse resultado foi mais alto do que em qualquer outro país, incluindo os Estados Unidos. A OCDE também calculou que a Suécia era uma das economias do mundo mais baseadas no conhecimento. Juntando o investimento em P&D, educação – pública e privada – e desenvolvimento de *software*, foi calculado que 6,6% do PIB da Suécia foram investidos na aquisição e no desenvolvimento de conhecimentos.

Os suecos têm muito orgulho de seu país, mas isso não os impede de ter um altíssimo nível de fluência em inglês. Tradicionalmente, os suecos sempre foram bons lingüistas, mas na primeira metade do século XX a segunda língua mais falada era o alemão. Porém, o crescente sucesso da cultura popular sueca no teatro internacional, além do fortalecimento dos laços com os descendentes de imigrantes suecos nos Estados Unidos, levou a um grande crescimento do aprendizado de inglês. Assim como nas vizinhas Finlândia e Dinamarca, cada vez mais se oferece educação em inglês, e uma alta percentagem da população não apenas é proficiente nessa língua, mas também fluente, às vezes quase sem sotaque. A honra e a liderança dos suecos foi exemplificada por Dag Hammerskjoeld (1905-1961), um vencedor do Prêmio Nobel e Secretário-Geral da ONU, e Hans Blix, que liderou a equipe de inspeção de armas da ONU no Iraque e não se curvou às pressões das superpotências. A tradição de gerar líderes de nível global é uma virtude importante para a Suécia no teatro global.

A Suécia ainda é uma economia de alto custo, porém consegue justificá-lo como o preço a ser pago por inovações de ponta, sobretudo em áreas como comunicação sem fios e biotecnologia. O governo levou esse desenvolvimento adiante ao decidir deixar de lado as intervenções profundas. Chama a atenção o fato de essa mudança de política do governo sueco não ter sido resultado de abalos sísmicos na paisagem política do país. A estabilidade sueca está tão calma como sempre, e o Social-Democrata continua sendo o maior partido no governo.

O *ESTALO* DOS IRLANDESES

Já falamos da experiência histórica da Irlanda. Anteriormente, ela era uma nação agrícola pobre na qual havia uma longa tradição de achar bodes expiatórios para os muitos problemas existentes. Alguns culpavam o mundo externo em vez de procurar melhorar a partir dele. O nacionalismo, de diversas formas, desenvolveu-se a ponto de se tornar uma ideologia dominante. A dificuldade que ocorre quando o nacionalismo se combina com a economia é que ele gera uma miopia prejudicial. Os problemas do país geralmente são considerados culpa dos outros. Porém, a solução deles existe internamente e pode vir apenas de seus cidadãos trabalhando juntos, sem ajuda externa. A política econômica da Irlanda nas décadas de 1930 e 1940 era dominada por princípios listiânicos que faziam com que a indústria local fosse levada adiante por trás de altos muros tarifários. A substituição de importações era o ideal. Desde que elas fossem substituídas por produtos produzidos localmente, não havia a necessidade de tentar exportá-los. Isso teria sido impossível de qualquer maneira, uma vez que as indústrias não eram competitivas. Era dito à população que não comprar os produtos locais, mais caros e freqüentemente inferiores em qualidade, era não-patriótico (ainda há muitos países nos quais os políticos continuam pregando esse dogma).

Quase todos que permaneceram na Irlanda viam o governo como uma fonte de ajuda. Os agricultores, os pequenos industrialistas, os homens de negócio, a Igreja Católica – todos eram clientes do auxílio oficial na forma de fundos e ajudas financeiras. O governo geralmente reagia repartindo os escassos recursos entre os diversos grupos de interesse que lhe solicitavam ajuda. O serviço público na Irlanda era muito semelhante ao da Inglaterra, do qual havia surgido em 1922. Havia algumas diferenças superficiais: os funcionários públicos irlandeses geralmente mudavam seu nome para a forma gaélica tradicional e, se esta não existisse, costumavam inventá-la.

Na década de 1960, surgiu uma nova percepção. *Havia*, realmente, um mundo externo, o qual podia ser uma fonte de prosperidade para a Irlanda. Naturalmente, foi uma agência governamental, a Autoridade para o Desenvolvimento Industrial (IDA), que estava encarregada de atrair investimentos. Inicialmente, no entanto, havia pouca percepção de como fazer isso de maneira eficaz, ou se era preciso mostrar razões financeiras sólidas para que os investidores investissem na Irlanda. Embora a mecanização de todos os setores da indústria estivesse crescendo rapidamente, a IDA parecia estar encalhada em um mundo dominado pelo antigo estilo de manufatura. Os políticos queriam o mérito de ter estabelecido uma fábrica em sua localidade que empregava *x* pessoas. Tudo que a IDA podia oferecer por meio de incentivos eram leis de impostos preferenciais e, após 1973, uma porta dos fundos para a União Européia. Nenhuma dessas duas vantagens podia superar as sérias falhas de infra-estrutura e os baixos níveis de competitividade e de produtividade. Algumas empresas japonesas, como a Hino (caminhões), a Fujitsu, a Noritake e a Yamanouchi (indústria farmacêutica), estabeleceram fábricas lá. Mas estas e algumas dúzias de empresas americanas não eram o suficiente para levantar toda a economia.

A partir de meados da década de 1980, a grande onda de tecnologia de computadores e de informação estourou com força cada vez maior nas praias irlandesas. A IDA (renomeada para *Agência* em vez de *Autoridade*) foi cada vez mais em busca de empresas de TI que eram atraídas para a Irlanda pela crescente oferta de trabalhadores de colarinho branco bem treinados. Em 1992, eles perceberam que a prosperidade da Irlanda viria desse tipo de tecnologia. O conceito de transformar o país em um *e-hub* da Europa cresceu a partir da velha IDA. Ele foi adotado como política de governo pela então *Tanaiste* (vice-primeira-ministra) e Ministra do Empreendimento Público Mary O'Rourke. Em 1992, a SIGNA, uma empresa de seguros de Nova Jersey, Estados Unidos, abriu uma operação de apoio na Irlanda, principalmente em função da diferença de fuso e para reduzir custos. Essa foi a primeira vez que os irlandeses viram o potencial que eles tinham de importar empregos na ponta de uma linha telefônica ou por meio da BPO além-fronteiras. O resto tornou-se história.

Esses países todos têm diferentes tradições históricas e sistemas políticos. Em todos eles havia uma tradição de ação governamental intervencionista, especialmente na esfera econômica. Em cada um, porém, essa filosofia foi deixada de lado, sendo substituída por outra que mostra que o governo pode fazer mais ao fazer menos – geralmente dando o impulso inicial e as condições de pano de fundo adequadas, para depois ficar na platéia do teatro.

9
Os diferentes eixos do mercado futuro

ESCOPO DAS MUDANÇAS

Os governos precisam mudar, mas no palco global as mudanças são necessárias e inevitáveis em três níveis fundamentais:

- **Tecnológico** – O futuro será bem diferente em termos tecnológicos. Realmente, o progresso tecnológico tem a capacidade de reestruturar e até mesmo tirar do mercado indústrias inteiras.
- **Pessoal** – No nível pessoal, o palco global significa que temos de ser mais adaptáveis e mais dispostos a participar proativamente em vez de apenas permanecer como espectadores.
- **Organizacional** – No nível organizacional, as novas corporações não terão mais uma sede, pelo menos não no sentido tradicional de uma base que possa ser chamada e vista como matriz. Elas precisarão ser rápidas em adaptar-se, focadas em inovação e não sobrecarregadas de hierarquias inúteis ou da bagagem psicológica do passado.

O FUTURO TECNOLÓGICO

A complacência é algo ruim e pernicioso. Não devemos nunca nos dar por satisfeitos, mas sempre procurar avançar cada vez mais. Uma das maneiras pelas quais podemos fazer isso com sucesso é sabendo nossos pontos fortes atuais e construindo em cima deles. Isso é ainda mais notório na tecnologia de computadores.

Vimos anteriormente que os primeiros computadores pessoais tinham muito pouca memória: 32 Kb de memória não era algo incomum. Temos agora unidades de disco rígido com 32 Mb como padrão. Isso é mais do que suficiente para a maioria das pessoas, mas muitos computadores têm discos com capacidade de armazenamento superior a 1 Gb. Provavelmente essa seja uma das razões pelas quais discos adicionais sejam tão baratos. Alguns especialistas afirmam que um disco de 240 Gb será necessário para se usar tecnologia de vídeo por *download*. Isso é o equivalente ao espaço necessário para armazenar cerca de uma dúzia de filmes de tamanho médio.

A verdade é que um sistema operacional como o Windows XP (ou mesmo o Windows 98) contém muito mais recursos do que a maioria dos usuários de computador alguma vez irá saber que existem. Eles simplesmente têm em casa um tesouro de recursos. Destes, a maioria eles nunca irão precisar, mas, caso precisem, poderão acessá-los sem muita dificuldade. Isso inclui as ferramentas de edição de vídeos do sistema operacional, as quais não são suficientemente sofisticadas para usuários profissionais ou semiprofissionais, porém fornecem um nível de entrada tecnológico para os iniciantes interessados e dedicados.

Os computadores estão tornando-se cada vez mais sofisticados. As lacunas de tecnologia tradicionais e que ainda existem estão começando a ficar mais estreitas. Uma delas é a tradicional diferença que muitos usuários acreditam existir entre seu computador navegando na Internet e os servidores de seu provedor da Web. Tudo indica que tal lacuna se estreitará nos próximos anos com o avanço na tecnologia de semicondutores. O primeiro beneficiado disso provavelmente será o setor corporativo. Ou seja, empresas de porte médio poderão administrar plenamente seus *sites*. Elas também poderão utilizar aplicativos de *software* de negócios como CRM/SCM baseados em ERP, usando servidores com preços equivalentes ao custo de um PC em meados da década de 1990.

O PROGRESSO TECNOLÓGICO SIGNIFICA QUE A MORTE É UM FATO DA VIDA NO MUNDO DOS NEGÓCIOS

Para os que estão no mundo corporativo, a tecnologia traz temores, bem como oportunidades. Isso significa que a morte industrial é cada vez mais um fato da vida, no mundo dos negócios.

A ascensão e a queda dos empreendimentos comerciais, anteriormente algo impressionante, dinâmico e mesmo dominante, mas levado à beira da falência (e além) em poucas décadas, é um fato do mundo dos negócios. Mais recentemente, temos também testemunhado mamutes como a Enron e a Worldcom serem derrubados em função de desobedecerem restrições legais e coisas que poderiam ser chamadas de inconsistências de contabilidade interna.

Nunca foi incomum o fato de vermos setores inteiros da indústria serem varridos do mercado pelo progresso tecnológico. Basta lembrarmos o impacto tecnológico causado pelo automóvel não somente na indústria de carroças, mas também nos fabricantes de selas e nos fornecedores de comida e de estábulos para cavalos. Cada nova onda tecnológica costuma causar suas vítimas, aqueles que foram incapazes de mudar em tempo hábil.

Mas agora o tempo foi reduzido. No passado, geralmente havia um espaço de tempo entre a descoberta de um novo processo ou processos e sua completa vitória sobre seus predecessores. A novidade quase sempre era bem melhor, mas raramente mais barata, e levava um longo tempo, talvez mais de uma geração, para que a nova invenção se estabelecesse à medida que o preço ia diminuindo. Avalie, no passado recente, por exemplo, quanto tempo levou para que as filmadoras de vídeo passassem de um luxo caro para um produto de mercado de massa. No mundo da economia global interconectada, esses períodos de tempo extensos são muito raros. Uma tecnologia pode tornar-se dominante no mundo já sabendo que não tardará a ser ultrapassada.

Como vimos, o elenco de atores do palco global inclui os ciberitas. Eles estão a postos para o novo roteiro, e sua prontidão e entusiasmo são os principais ingredientes para convencer o restante do elenco. Quando os atores que antes dominavam são colocados de lado por novos heróis e heroínas, é como se um diretor de teatro sensível mudasse a cena do Ato I para o Ato II num piscar de olhos.

Vejamos o caso do setor de máquinas fotográficas, por exemplo. Os dias da máquina tradicional de filme analógico estão contados, devido à popularização das máquinas digitais (ver Figura 9.1). Em 2004, os fabricantes japoneses entregaram cerca de 70 milhões de unidades para conquistar participação de mercado, reduzindo assim tanto o preço como a rentabilidade (ver Figura 9.2). Isso é semelhante ao que aconteceu no mercado de calculadoras de mão no final da década de 1970. Esse tipo de concorrência agressiva é familiar para os gigantes japoneses de eletrônica de consumo (ver Figura 9.3).

Quando a máquina fotográfica digital tornou-se acessível ao público em geral, em meados da década de 1990, ela ainda era relativamente rudimentar. A resolução era pobre e a quantidade de fotos que podia ser armazenada, antes de se fazer o *download*, era pequena. Uma vez no computador, elas permaneciam ali, talvez organizadas em álbuns de fotos digitais. Como os arquivos de fotos eram grandes, isso fazia com que

Entregas de máquinas fotográficas digitais e de máquinas fotográficas de filme
(milhões)

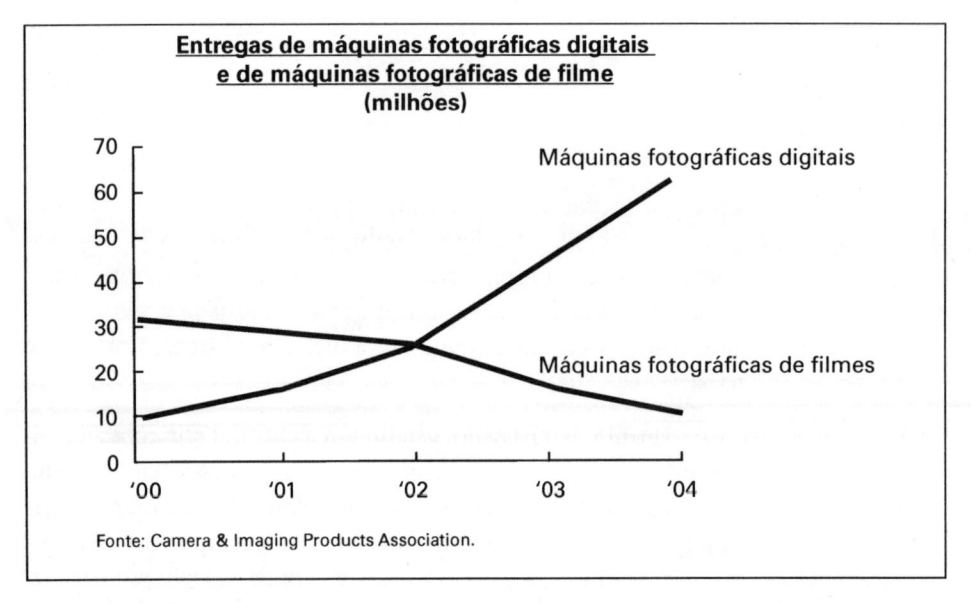

Fonte: Camera & Imaging Products Association.

FIGURA 9.1 Embarques de máquinas fotográficas digitais e de máquinas de filme no mundo.

Preço médio das máquinas fotográficas digitais
(10 mil ienes)

1999	2000	2001	2002	2003	2004 (1-6)
4,48	4,23	3,70	3,25	2,82	2,66

▲ 41%

Fonte: Associação das Indústrias Japonesas de Máquinas Fotográficas.

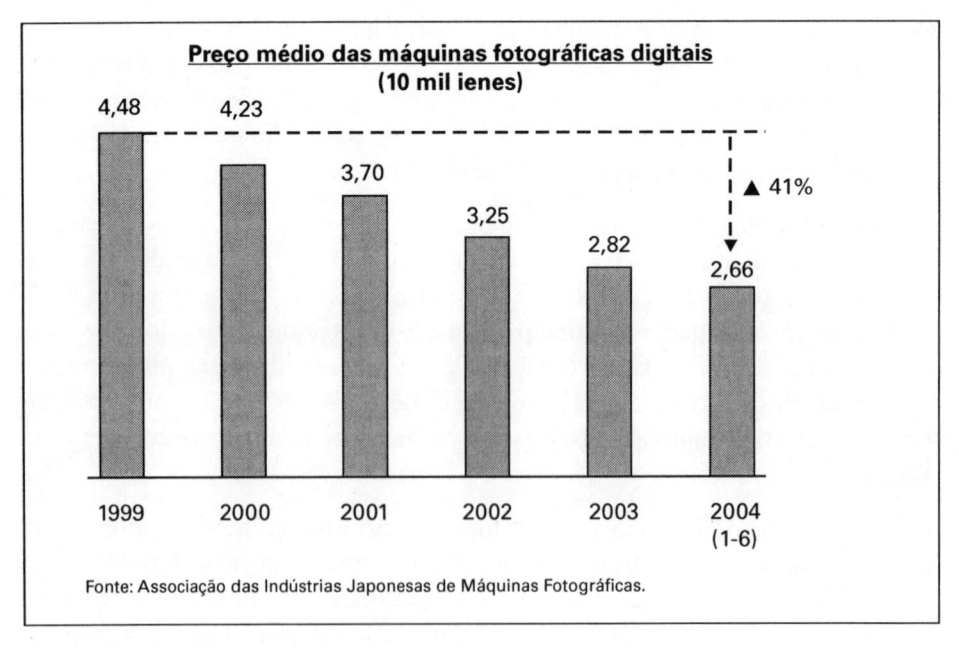

FIGURA 9.2 A erosão do preço.

Entregas de máquinas fotográficas digitais
(10 mil unidades)

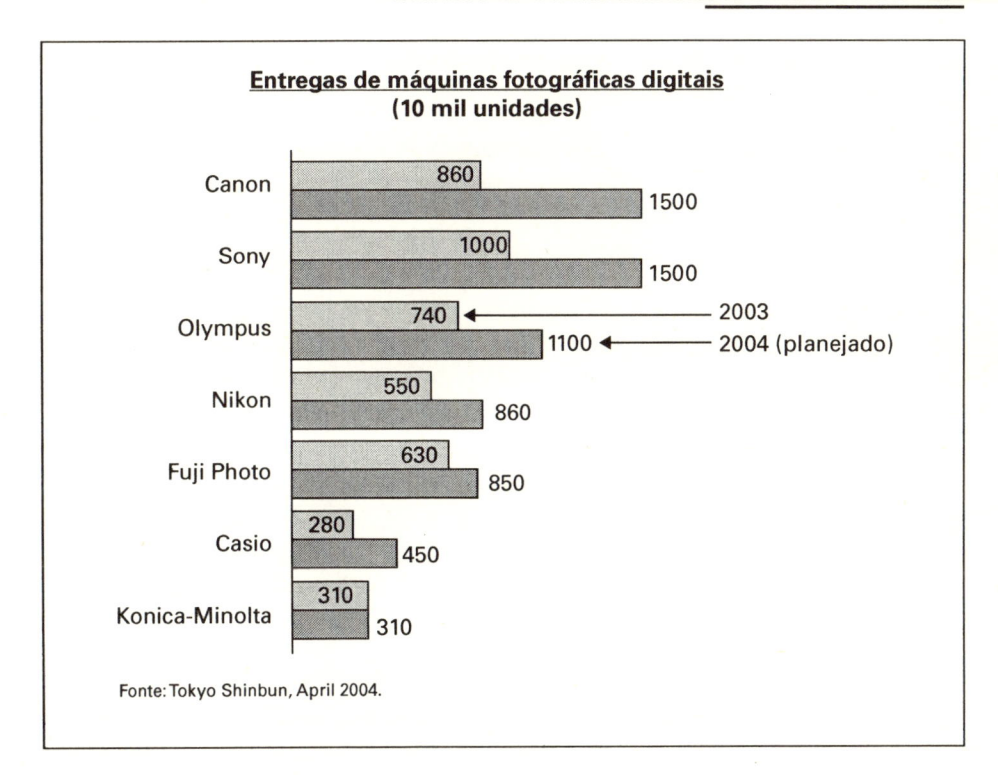

Fabricante	2003	2004 (planejado)
Canon	860	1500
Sony	1000	1500
Olympus	740	1100
Nikon	550	860
Fuji Photo	630	850
Casio	280	450
Konica-Minolta	310	310

Fonte: Tokyo Shinbun, April 2004.

FIGURA 9.3 A concorrência.

elas raramente fossem compartilhadas com outros usuários, a menos que sua resolução fosse ainda mais reduzida. Mas, agora, as máquinas digitais conseguem tirar fotos com até 8 milhões de *pixels* por centímetro, um nível de detalhe muito maior do que o visível ao olho humano. Essas fotos podem ser gravadas em CDs regraváveis e as melhorias na tecnologia das impressoras e no papel possibilitam que fotos de nível quase profissional sejam produzidas em casa.

A Canon atualmente é a maior fabricante do mundo de máquinas digitais. Ela lançou as máquinas digitais sofisticadas em 1995. Não aconteceu muita coisa nesse período, de modo que a empresa esperou até o ano 2000 para realmente apostar no mercado de máquinas digitais. Ela ampliou sua gama de produtos e diminuiu o preço. O preço médio de uma máquina era de 450 dólares, e o tamanho do mercado global era de 10 milhões de entregas em 2000. Em 2004, o mercado expandiu-se para 60 milhões de entregas, com as máquinas custando em média 280 dólares.

No fim de 2004, havia 150 milhões de máquinas digitais, ou seja, uma para cada quatro pessoas no mundo que tinham um PC. Em outras palavras, a penetração das máquinas digitais teve de esperar até que os usuários pudessem conectá-las ao PC, quase sempre via portas USB convencionais.

Isso teve muitas implicações. Em primeiro lugar, a indústria de máquinas tradicionais não existe mais. A máquina tornou-se um periférico do PC, ou seja, um dos dispositivos de entrada e saída deste.

Em segundo lugar, devido à mudança maciça para máquinas digitais, toda a cadeia de valor da indústria de máquinas analógicas está enfrentando problemas. Aí se incluem filmes, laboratórios, papel fotográfico, álbuns e empresas fabricantes de equipamento de laboratório fotográfico. O caso mais significativo é o do laboratório de revelação. As fotos tiradas pelos usuários de máquinas digitais, sejam eles profissionais ou amadores, são reveladas por eles mesmos, utilizando seus PCs, onde as fotos podem ser alteradas ou melhoradas usando um *software* relativamente barato e acessível. Daí elas são impressas em um papel fotográfico especial usando impressoras dedicadas, porém baratas. Alternativamente, as fotos podem ser armazenadas em dispositivos portáteis adequados.

Empresas como a Kodak e a Fuji enfrentam um desafio de reestruturação ao longo de todo o espectro de seu sistema de negócios. A Polaroid, criadora da fotografia instantânea, perdeu seu papel histórico. Depois de uma batalha global que durou um século, elas, juntamente com outros concorrentes menores (como a Konica e a Agfa), haviam estabelecido o domínio na indústria fotográfica. Bem entrincheiradas e com margens de lucro atraentes, tem sido difícil para elas refazerem-se diante da repentina mudança no setor. Nenhuma empresa consegue agüentar uma exigência de reestruturação de 15% ao ano por quatro anos consecutivos, ainda mais quando não sabe até onde precisará ir.

Mas, será que essa vitória do novo, acompanhada da rendição do velho, é meramente pírrica?* Até mesmo o setor de máquinas digitais pode não ter sucesso. No Japão, a verdadeira razão do crescimento explosivo nas vendas de máquinas digitais e no seu uso foi que a J-Phone (agora adquirida pela Vodafone) lançou uma máquina fotográfica no seu modelo de 2000 (a J-SHO4). Essa máquina tinha apenas 110 mil *pixels*, mas tornou-se muito popular devido a seu apelido: Sha-Meiru, que significa "correio de fotos". Moças jovens e casais trocavam mensagens não apenas de texto, mas também anexavam fotos. Logo em seguida, todas as operadoras de telefones móveis apressaram-se para entrar nesse promissor mercado, e em junho de 2002 mais da metade dos telefones móveis era vendida com uma máquina fotográfica de

---

* N. de R.: Vitória pírrica (*pyrrhic victory*): vitória obtida a altos custos

resolução de 310 mil *pixels*, em média. No fim de 2004, o modelo mais avançado tinha uma lente CCD com uma resolução superior a 2 milhões de *pixels*, comparável à das máquinas digitais vendidas só como máquinas. Nesse momento, a indústria de máquinas digitais sentiu a pressão e começou a perceber que poderia vir a se tornar também uma indústria de "componentes" de telefones móveis, deixando de lado a posição de dispositivo de entrada/saída de PCs. Pode-se prever que ela se tornará um componente de outro equipamento portátil, como o PDA ou a caneta esferográfica digital, ou mesmo parte de um cartão de crédito.

O recado é claro: a marcha da melhoria tecnológica torna todos os setores suscetíveis – até mesmo as indústrias novas correm esse risco. Se os ciberitas abraçarem uma nova tecnologia, a mensagem será clara.

Algo semelhante ocorreu com a substituição das fitas de vídeo pelos DVDs. As fitas eram baratas, mas grandes, e tendiam a decair muito em qualidade quanto mais eram usadas. Os DVDs ofereciam uma alta qualidade em cada cena. Além disso, podiam ser usados para armazenar muitos recursos adicionais, como *making offs* do conteúdo e entrevistas com o elenco, ou legendas em diversas línguas, sendo muito fácil navegar pelas opções na tela. Além disso, não havia mais a necessidade de rebobinamento ao término.

Os DVDs podem rodar em PCs com a tecnologia necessária, semelhante à de se ler dados de CDs. Embora os aparelhos de DVD separados do computador sejam muito mais populares como mecanismo de visualização no Reino Unido e nos Estados Unidos, no Japão prefere-se os que são periféricos do computador. O motivo parece ser que as famílias japonesas não gostam dos aparelhos de DVD, porque seus televisores geralmente já estão sobrecarregados com uma série de outros equipamentos, como receptores de satélite, por exemplo. A última esperança da fita de vídeo sumiu com o surgimento de gravadores de DVD relativamente baratos, juntamente com o *software* para edição de DVDs. As unidades de visualização dos DVDs também sofreram uma revolução, com a obsolescência da tecnologia dos monitores de tubos de raios catódicos (CRTs) em favor das unidades de tela plana, como as de painéis de plasma (PDP) e de cristal líquido (LCD), como podemos ver na Figura 9.4.

A história é antiga, embora o ritmo da trama esteja cada vez mais rápido. A capacidade da tecnologia para reestruturar as indústrias já havia sido vista no campo da música gravada. A substituição dos tradicionais discos de vinil pelos CDs é um estudo de caso de morte de indústria conhecido de qualquer aluno de Administração. Os CDs eram tão superiores em termos de tecnologia e de tamanho e transportabilidade que, para muitos fãs de música, sua chegada foi a resposta às suas orações. O disco, se bem cuidado, era quase indestrutível e gerava uma reprodução de som próxima

Embarques de TVs de tubo de imagem e de TVs de tela plana no Japão (milhões)

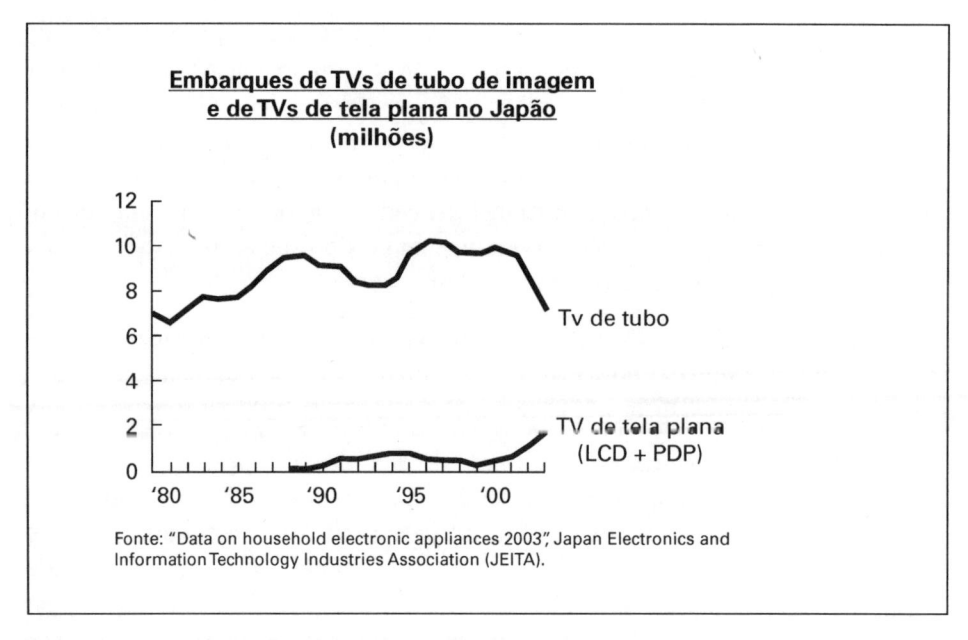

[Gráfico: TV de tubo sobe de ~7 em '80 para ~10 entre '90 e '95, caindo após '00. TV de tela plana (LCD + PDP) permanece próxima de zero, começando a subir após '00.]

Fonte: "Data on household electronic appliances 2003", Japan Electronics and Information Technology Industries Association (JEITA).

FIGURA 9.4 Embarques de TVs de tubo e de TVs de tela plana.

à perfeição. Embora alguns talvez tenham saudades de seus álbuns de vinil, devem lembrar-se do problema de ter de limpá-los do pó antes de tocá-los, sem mencionar que um deslize da agulha podia produzir arranhões e um ruído inaceitável.

Agora, até mesmo o CD está com suas vendas em declínio, à medida que novas plataformas de reprodução e distribuição de músicas aparecem (ver Figura 9.5).

O negócio de distribuição de músicas está sendo derrubado pela tecnologia. O ponto de partida foi o Napster. A tecnologia era chamada de P2P (*peer to peer*), e a idéia era acessar os álbuns de um amigo que estivessem armazenados em seu PC. Ao fazê-lo, o Napster concluiu que poderia evitar de pagar os direitos autorais para as gravadoras de discos. Embora isso não tenha transcorrido em paz (e o caso na Justiça parecia que nunca teria fim), Steve Jobs, da Apple, lançou o iPod em 2001 para transferir músicas de um PC para um aparelho portátil. Em seguida, em fevereiro de 2003, ele lançou um serviço chamado iTunes para fazer o *download* de músicas uma por uma, a um preço de 99 centavos de dólar cada. A sua popularidade não apenas revigorou a enfraquecida Apple, como também levou a MTS (proprietária da Tower Records) à concordata. Suas vendas baixaram pouco, mas o mercado de ações extrapolou as implicações que serviços como o da iTunes Music Store teriam sobre os vendedores

CAPÍTULO 9 ■ OS DIFERENTES EIXOS DO MERCADO FUTURO

Produção de equipamentos de áudio no Japão
(milhares)

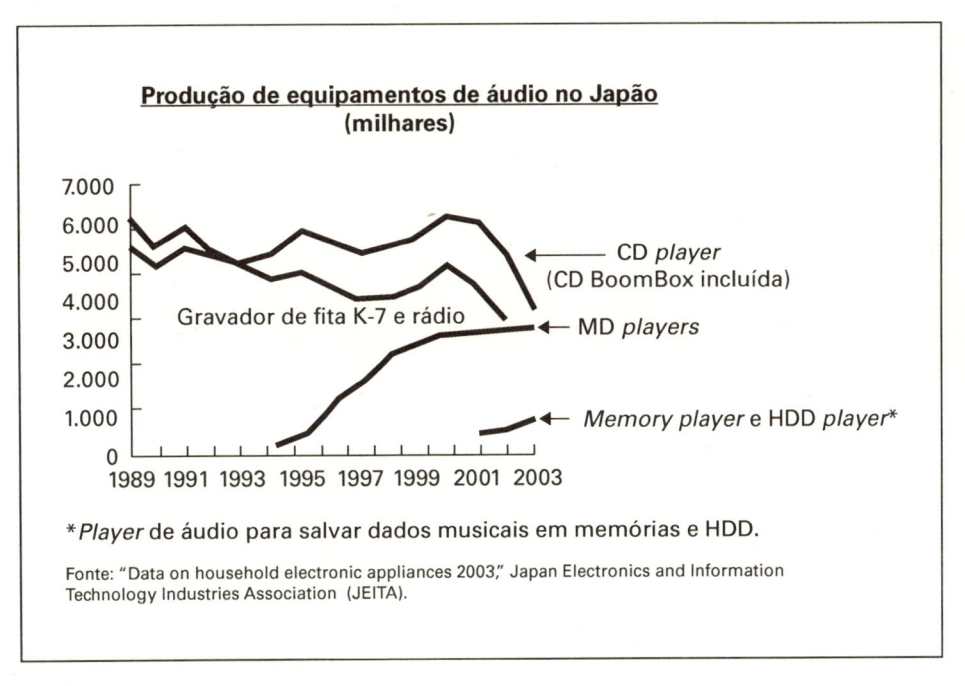

- CD *player* (CD BoomBox incluída)
- Gravador de fita K-7 e rádio
- MD *players*
- Memory player e HDD *player**

Player de áudio para salvar dados musicais em memórias e HDD.

Fonte: "Data on household electronic appliances 2003," Japan Electronics and Information Technology Industries Association (JEITA).

FIGURA 9.5 Produção de equipamentos de áudio no Japão.

tradicionais de músicas. Na verdade, já existem vários *sites* de *download* disponíveis, tais como o buymusic.com, o listen.com (Rhapsody), o Sony Music Entertainment e o Music Match Downloads.

A súbita morte de uma indústria acontece porque os 800 milhões de ciberitas (que não param de crescer) estão prontos para aceitar qualquer coisa nova que seja compatível com seus PCs conectados à Web, e o mercado de ações rapidamente interpreta as profundas implicações que isso traz.

O desenvolvimento de arquivos de música que se pode conseguir pela Internet tornou-se um pesadelo para a indústria tradicional de distribuição de músicas. Mesmo porque dificilmente haverá a necessidade de lojas que vendam CDs ou fitas cassete quando seu conteúdo pode ser adquirido na Internet. O fim dessas lojas foi anunciado quando os *sites* de *e-commerce* começaram a fornecer os mesmos itens com um considerável desconto. Com o declínio na venda de CDs, grande parte da indústria de gravações tradicional irá desaparecer. Simplesmente não haverá mais necessidade dela. Não é mais novidade que uma pequena banda ou grupo musical grave seu próprio álbum e então coloque algumas faixas na Web para ajudar na divulgação e no reconhecimento do nome. Isso pode soar como o presságio da morte para selos tradicionais com caçadores de novos talentos, estúdios de gravação cheios de empregados e grandes redes de distribuição. Alguns que são especializados em música clássica podem vir a sobreviver, porque os clientes desta tendem a ser mais conservadores em seus hábitos de compras e parecem não ter sido atraídos pelo Napster nem pelo iPod. Mas até isso pode mudar.

O destino da indústria de distribuição de músicas mostra quantos outros setores podem ser afetados pelo surgimento do fenômeno de "baixar da Internet". Se um produto ou serviço pode ser adquirido por um usuário comum de PC, com banda larga ou mesmo uma conexão de 28 ou 56 Kbps, é mais do que provável que ele esteja sendo vendido mais barato e, certamente, de forma mais conveniente. O *download* pode ser feito em qualquer lugar porque o mecanismo usado nao precisa mais ser o PC. Pode ser um telefone móvel. Além de poder ser usado para surfar na Internet, esse tipo de telefone celular pode servir como centro de informações e plataforma de comunicações portáteis. No Japão, o número de usuários de telefones móveis compatíveis com a Internet é maior do que o de usuários da Internet baseados em PCs (ver Figura 9.6). Essa é uma das razões pelas quais os fabricantes de eletrônica de

Usuários da Internet no Japão (milhões)

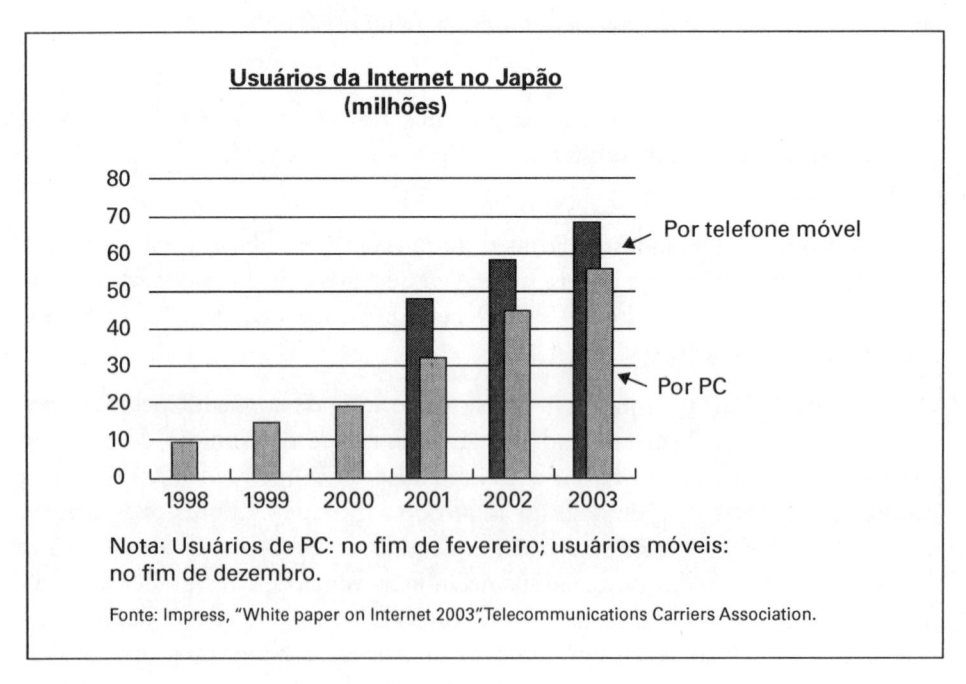

Ano	Por telefone móvel	Por PC
1998		10
1999		15
2000		19
2001	48	32
2002	58	45
2003	68	56

Nota: Usuários de PC: no fim de fevereiro; usuários móveis: no fim de dezembro.

Fonte: Impress, "White paper on Internet 2003", Telecommunications Carriers Association.

FIGURA 9.6 Usuários da Internet no Japão.

consumo japoneses estão consolidando todos os tipos de funções e serviços em um pequenino telefone celular: *chips* de pagamento, jogos, máquinas fotográficas, cartões de música do tipo iPod e códigos de barras bidimensionais para bilhetes e bloquetos de pagamento, entre outros.

O SURGIMENTO DO VoIP E SEU IMPACTO NAS EMPRESAS DE TELECOMUNICAÇÕES

O fornecimento de telefonia no estilo antigo, baseado em linhas fixas, parecia estar ligado aos monopólios alinhados com os estados-nações. Combinada com os comprometimentos com a condição social mínima – a disponibilidade de um telefone para qualquer pessoa do estado, não importando quão remotamente esteja localizada –, a tarefa parecia ser do tamanho e do tipo que somente uma organização muito grande poderia realizar. Assim, a superfície terrestre foi coberta por uma série de linhas telefônicas, e o fundo do oceano passou a ter cabos conectando fisicamente os continentes. Esse tipo de responsabilidade quase que deveria ser da esfera militar. Por um longo tempo, as ineficiências e as ligações caras foram aceitas como o preço que devia ser pago. Em alguns países, aplicam-se tarifas telefônicas de taxa uniforme fixa, enquanto em outros utiliza-se uma coleção ilógica e complexa de taxas. Se você morasse no lugar errado, acabaria pagando o mesmo valor para fazer uma ligação para um vizinho que morasse a 5 ou 10 km que uma ligação que passasse por uma linha-tronco.

As empresas de telecomunicações foram uma das áreas desregulamentadas na década de 1980 à medida que o monopólio do estado-nação foi revisado, mas não totalmente removido. Embora agora fosse permitida a entrada de novas empresas, era fácil perceber que elas ainda tinham um potencial a ser levado em conta, ainda mais que o aluguel e as taxas pelas linhas continuavam presentes. As tarifas telefônicas de fato tinham diminuído, mas não tanto quanto deveriam.

No fim da década de 1980 e início da de 1990, os telefones móveis e os celulares liberaram os usuários das linhas terrestres. Eles tornaram-se especialmente populares na Índia, na China, na África e na Escandinávia, onde às vezes era difícil, quando não impossível, colocar linhas terrestres cobrindo grandes distâncias. Em alguns países, o número de telefones móveis ultrapassou o número de linhas fixas. O aparelho de telefone móvel rapidamente foi visto como tendo um grande potencial, não apenas para fazer ligações telefônicas. Como já vimos, as operadoras de telefones móveis em mercados como o Japão foram compelidas a encontrar outras plataformas. Por exemplo, usá-los como televisores portáteis e desenvolver sua capacidade de "carteira eletrônica" (*e-wallet*). Os telefones móveis de terceira geração são capazes de acessar a

Internet, e é a partir daí que o próximo capítulo no desenvolvimento das telecomunicações surgiu: a utilização da comunicação de voz sobre o protocolo da Internet, ou VoIP.

Já existem muitos provedores de VoIP no Japão e nos Estados Unidos. Ele é o próximo passo não somente para os usuários de telecomunicações, mas também para os usuários da tecnologia de banda larga. Assim, não surpreende o fato de que essa seja a área da qual tenham surgido muitos dos fornecedores de VoIP. A contribuição imediata que ela traz é o preço. Uma ligação do Japão para os Estados Unidos não é mais cara do que uma ligação local dentro do Japão.

Tradicionalmente, as ligações dos telefones móveis costumam ser mais caras do que as ligações usando linhas terrestres tradicionais, mas essa diferença de preço será modificada com o uso da plataforma VoIP. Ela já está atraindo a atenção no Japão, onde o Ministério das Telecomunicações estimou que 7% das famílias já assinaram o VoIP.

Na área de usuários corporativos e de negócios, e daqueles que tradicionalmente fazem muitas ligações, o impacto do VoIP está se tornando significativo. Para as organizações, os custos de conseguir um servidor, *software* e telefones adequados para o IP são menores, comparados ao de se estabelecer um sistema de telefonia tradicional baseado em equipamento de comutação e aparelhos telefônicos. Os custos das ligações poderão, então, ser de metade a três quartos mais baratos. Grandes corporações, como a Mitsubishi Heavy, a Hitachi e o UFJ Bank, já estão usando o VoIP, enquanto outras empresas estão adotando uma abordagem por etapas, talvez esperando para ver quais problemas aparecerão com a nova plataforma. A empresa de pesquisas IDC estimou que a telefonia VoIP valia 46 bilhões de ienes (422 milhões de dólares) em 2003, mas esse valor irá aumentar por um fator maior do que 17 até 2008.[1]

A adoção dessa nova plataforma tem o potencial de revolucionar a indústria de telecomunicações. Assim como o advento do carro a motor teve um impacto desastroso sobre os fabricantes de selas e comida para cavalos, o VoIP promete períodos de testes para indústrias que forem contra a maré no setor de telecomunicações, mais notavelmente para os fabricantes de equipamento de chaveamento tradicional. No Japão, uma dessas empresas, a NEC (a qual tem mais de um terço do mercado de equipamento de chaveamento), não esperou ser jogada fora do mercado, mas ativamente buscou dominar o VoIP. Em abril de 2004, ela criou uma divisão separada, e seu pessoal de vendas agora promove seu equipamento com capacidade para IP (à custa do equipamento mais antigo) para os clientes atuais.

O VoIP é – e deveria ser considerado como – parte da comunidade de navegação da Internet. Muitas empresas de telefonia estão vendendo o *software* necessário para se iniciar uma conversa a partir da tela do computador de mesa. Nós desenvolvemos um sistema que é uma agenda de endereços que usa o navegador do PC. Como tal, se você quiser ligar para Joe Smith, você pesquisa Smith; seu telefone, na realidade, é ativado para ser chamado usando a interface de VoIP. Muitos são os benefícios e as comodidades de se fazer as coisas dessa forma. Em primeiro lugar, é possível utilizá-lo como um telefone móvel, no qual todos os registros anteriores de chamadas são mantidos. Também é possível enviar faxes clicando no número ativado de fax da agenda de endereços. Por fim, podem ser incluídos anexos, como mensagens de *e-mail*, as quais são impressas do outro lado (no fax do receptor). Conferências com várias pessoas também são possíveis, pela formação de grupos a partir da agenda de endereços. E até o envio de cartões de natal para mais de uma pessoa da agenda pode ser feito pela transmissão de informações (mensagem e modelo do cartão) para uma empresa terceirizada de serviços de correio. O mesmo procedimento pode ser utilizado para o envio de presentes. Essa é uma expansão e tanto das utilidades do *e-mail* atual e do uso do navegador dominado pela busca. Ele abre uma janela universal e possibilita o envio e o recebimento de cartas, faxes ou telefonemas de qualquer parte do mundo.

JUNTE-SE RAPIDAMENTE À MARCHA

Quando um setor tem de enfrentar seu término, mas a execução da sentença final é retardada, o que pode fazer? Terá opções realistas e alternativas diferentes de meramente resignar-se? Isso depende do setor, é claro, mas para alguns, como o de telecomunicações, uma boa saída pode ser tentar insinuar-se na marcha da nova tecnologia que está avançando.

Uma empresa de telefonia pode tentar se tornar um distribuidor de conteúdo. Em outras palavras, ela pode procurar vender e distribuir justamente os produtos e serviços que estão lhe puxando o tapete. Uma empresa tradicional de telefonia analógica, ao enfrentar a perspectiva da telefonia por VoIP, também poderia buscar se envolver na distribuição de banda larga e de conteúdos e serviços através da plataforma de banda larga. Ela poderia buscar desenvolver e oferecer soluções de comunicação diversificadas, tais como uma plataforma a partir da qual todos os meios de comunicação estariam disponíveis ao clique do mouse – *e-mail*, fax, VoIP, etc. Ela também poderia expandir-se para serviços de correio, presentes e outros tipos de *e-commerce*.

Repetindo um clichê: quem avisa amigo é. Nenhuma empresa deve tornar-se complacente e introspectiva. Pelo contrário, precisa estar sintonizada, buscando as potenciais tendências na sua área de atuação. Uma vez que uma ameaça em potencial tenha sido isolada, certas coisas podem ser feitas, mas raramente são indolores. Uma das mais cômodas é ignorar a ameaça, esperando que ela vá embora. Então, mais uma vez, é provável que seja inútil lutar contra ela em primeiro lugar. Mas uma abordagem mais positiva é adotar uma estratégia semelhante à de Jack Welch quando estabeleceu "antiunidades" em vários setores de sua organização. Esse tipo de unidade poderia ser parte da organização que tem o papel de "advogado do diabo" para com a tecnologia nova e potencialmente destrutiva. Essa antiunidade provavelmente atrairia os elementos mais jovens da estrutura da corporação, os quais poderiam ir em busca de desenvolvimentos na nova tecnologia predatória, sem medo de ofender as suscetibilidades dos partidários das tecnologias mais velhas, consideradas mais próximas das competências principais.

Uma empresa que adotou esse tipo de abordagem, e por isso provavelmente irá sobreviver na economia global, é a Fuji, que tem a vantagem de respirar o ar de Tóquio, a capital da eletrônica de consumo digital. Outro fabricante tradicional de máquinas fotográficas que não fez nada desse gênero e pagou um alto preço por isso foi a Kodak. Quando teve de enfrentar o surgimento da máquina digital, a Kodak adquiriu uma pequena empresa chamada Chinon para fabricá-las. Mas ela era muito pequena e já era tarde demais para alcançar a concorrência. Do ponto de vista da estrutura hierárquica, essa empresa era como uma terceirizada, embora a Kodak tenha elevado a posição da subsidiária para divisão em julho de 2004, chamando-a de Kodak Digital Products Center, ao mesmo tempo em que tirava o CEO japonês e introduzia de pára-quedas um gerente americano. O Japão domina o campo de componentes e sistemas de eletrônica de consumo. Um americano na distante montanha de Chino, na prefeitura de Nagano, dificilmente consegue formar a massa crítica necessária.

Para ser bem-sucedida na economia global, uma empresa precisa ser flexível. Se não consegue por si mesma solucionar todos os seus problemas, deve ser capaz de pelo menos copiar e adaptar as respostas de outro lugar. A empresa tem de estar apta a realizar desenvolvimentos tecnológicos, pois foi a tecnologia que tornou a economia global possível. Mas em hipótese alguma deve encará-la como a única fonte de melhorias de produtividade ou de ganhos competitivos. Às vezes, certas práticas de trabalho e procedimentos, de tão amadurecidos, encontram-se consagrados pelo uso. Porém, o velho ditado de que "não se deve mexer em time que está ganhando" pode levar à apatia e à indecisão, uma vez que as práticas consagradas pelo tempo começam a impedir inovações. Ninguém se dispõe a falar a verdade extrema e apontar o dedo acusador às práticas que são um desperdício, com medo de ofender àqueles que tradicionalmente as controlaram. Os funcionários da economia global não só devem se esforçar no trabalho, como também trabalhar inteligentemente. O valor agregado intelectual, não o valor de trabalho, determina sua capacidade de colocar preço na era da cibernética. Os preços costumam ser arbitrados no mundo cibernético. Na verdade, eles caíram nas mãos de consumidores em plataformas como o eBay.

O sucesso na economia global pode significar desafiar "limitações físicas" – ao menos, aquelas que acreditamos ter herdado. Temos de desenvolver uma visão ao longe muito apurada e uma habilidade para olhar o futuro e perceber claramente. Ao mesmo tempo, temos de desenvolver habilidades parecidas com a visão de 360°. Nossa capacidade de desenvolver inovações depende não apenas de olharmos de forma apurada em determainada direção, mas de sermos capazes de ver longe em muitas direções de uma só vez. A tecnologia tem de inovar continuamente e resolver problemas cada vez mais complexos. Isso irá envolver o crescimento e a expansão de novas especializações. À medida que estas se desenvolverem, não se pode permitir que se tornem autônomas demais em relação ao resto do desenvolvimento científico. As paredes que separam cada disciplina não devem ser altas demais, e onde quer que existam, precisam ser derrubadas ou pelo menos diminuídas.

Grande parte do sucesso tecnológico recente, e ainda mais para o roteiro de tecnologias do futuro, depende do trabalho em equipe eficaz. Parte disso envolve abordagens multidisciplinares que, apesar do título, vão contra a necessidade e a hipótese de divisões entre as disciplinas. Esse trabalho em equipe pode ser formal, embora nos melhores interesses, e segundo a história das pesquisas, tenha muito de informal também. Mas, seja qual for a forma que tome, deverá ser capaz de utilizar os avanços já conseguidos na tecnologia de comunicações para desafiar a distância física. Um cientista trabalhando na Costa Oeste dos Estados Unidos pode comunicar suas intuições, seus achados e os resultados de seus experimentos direta e instantaneamente de seu laboratório, ou local de pesquisa, para seus colegas na Europa e no Extremo Oriente, por exemplo. Essa abordagem, chamada de engenharia concorrente, não é incomum entre empresas de ponta como a Cisco, a Caterpillar e a maioria dos fabricantes japoneses de eletrônica de consumo e de automóveis.

A descoberta ainda terá um grande papel no desenvolvimento tecnológico, mas muitas das soluções já estão à mão, precisando apenas ser isoladas e aplicadas. Muito do trabalho mais duro já foi feito, e suas soluções estão em *hardware* que já existe ou em algum lugar no labirinto de sistemas armazenados na Internet. O trabalho em equipe é importante na solução de problemas, mas não é o único meio. Às vezes, uma equipe muito grande em uma empresa também grande pode ser um fator limitante, e tudo o que ela faz, se não mais, pode ser feito por um especialista trabalhando sozinho, talvez até em casa. A imaginação é a palavra-chave para uma nova combinação de soluções existentes, como afirmou Schumpeter, ou um forte desejo expresso por um cliente de ponta pode ser a origem de uma invenção, como no caso de Thomas Edison.

O FUTURO PESSOAL

Estejam onde estiverem, as pessoas precisam aprender a se adaptar. Isso, naturalmente, é mais fácil para os jovens do que para as pessoas de meia-idade ou já idosas.

Vários conceitos consagrados podem ter de ser descartados. Um deles é a noção de ter um emprego ou uma carreira para a vida inteira. A maioria das pessoas faz suas escolhas quanto a sua carreira no final da adolescência. Em muitos casos, essas escolhas têm enormes implicações. Elas dão origem a um processo ou treinamento, educação ou aprendizado, que irá levar a um emprego no campo escolhido ou próximo a ele. Embora as pessoas possam mudar de empresa e até mesmo se estabelecer por si próprias, o caminho de sua carreira está definido. Porém, na economia global do futuro, não haverá mais a obrigatoriedade de um caminho definido. A concorrência, aliada às mudanças tecnológicas, poderá não só impor uma substancial adaptação e mudanças nas práticas de trabalho, como também gerar uma completa mudança de carreira.

Outra alteração ocorrerá na regra, amplamente aceita, de que a vida sempre fica melhor e os trabalhadores, independentemente de seu nível de instrução, podem esperar uma ascensão profissional, que os levará a uma aposentadoria tranqüila, na qual todas, ou quase todas, as suas necessidades serão supridas.

As pessoas terão de aprender a gerenciar estilos de vida. Vamos colocar isso de outra maneira: elas terão de assumir mais responsabilidades sobre si mesmas se quiserem colher os benefícios da economia global. Elas terão muito mais acesso às informações do que em qualquer outra época da História. Sua capacidade de se comunicar com os outros, não importando onde estejam, foi aumentada.

Há muitas oportunidades de desenvolvimento pessoal dentro da economia global, mas elas não virão de graça. Isso não significa um retorno à tradição do trabalho árduo, uma vez que algumas noções, como a de trabalho, por exemplo, podem ser transformadas na economia global. A flexibilidade será fundamental para o sucesso, e a inflexibilidade em qualquer área, seja nas práticas do trabalho ou nas relações industriais, só levará a dificuldades, à falta da visão necessária para atravessar a floresta da economia global.

OCUPE A LIDERANÇA

O sucesso na nova economia global também irá depender de uma boa liderança, o que é verdade se estivermos falando de um estado-região, de um microestado ou de uma empresa. Há exemplos suficientes de maus líderes em nossa sociedade – pessoas que estão sempre olhando para trás, que em geral reagem tardiamente aos eventos e então tentam colocar a culpa de suas próprias deficiências cognitivas nos outros. Um bom líder necessita de coragem, o que não deve ser confundido com irresponsabilidade agressiva; coragem geralmente significa o oposto de timidez. Um mau líder pode ser definido como alguém que é temeroso de alguma coisa – ou talvez de tudo. Esses líderes podem ter medo de números de vendas baixos no fim do próximo trimestre, ou de perder a próxima eleição.

Em vez de nos atermos às más lideranças, vamos tentar isolar aquelas qualidades que a economia global fará os líderes adotarem, se quiserem vencer.

Já mencionamos alguns líderes eficazes, tanto do setor público como do privado. Eles têm algumas coisas em comum. Uma delas é não se prender a ideologias, mas buscar resultados práticos. Bo Xilai é oriundo de uma "boa" família comunista. Seu pai não poderia ser criticado como alguém que buscava o conforto. Ele havia sofrido perseguição nas mãos do governo nacionalista no início da década de 1930, seguido do horror da Longa Marcha, quando Mao Tsé-Tung liderou seus seguidores em uma migração forçada do sul para o norte da China, em terreno hostil e sob constantes ataques do governo. Privação era um lugar-comum. Sapatos e animais mortos eram comidos. A fé do pai de Bo em seus princípios não poderia, de maneira nenhuma, ser questionada. Um desses princípios era a propriedade comum das forças de produção. Na sua forma maoísta, ele ainda era tingido por uma certa xenofobia: o maoísmo pode diferir do comunismo "ortodoxo" por ser inerentemente chinês. No entanto, Bo Xilai não só abraçou publicamente a abertura da República Popular para o empreendimento no estilo ocidental, como também buscou fortemente investimentos externos para Dalian e, agora, para todo o país como Ministro do Comércio.

Lee Kuan-Yew, de Cingapura, formado em Direito na Universidade de Oxford, pode parecer bem diferente de Bo Xilai. Mas ambos falam chinês e inglês, ferramentas muito importantes para se entender o que está acontecendo no mundo. Lee era um líder que não tinha medo de formular uma visão e impô-la aos outros. Ele acreditava totalmente em suas visões a respeito de Cingapura – desde que tivessem sucesso. Uma vez que ficasse claro que não estavam mais funcionando de maneira eficaz, deviam ser descartadas. O pragmatismo devia ficar sempre acima da ideologia. Se fôssemos creditar algo semelhante a uma ideologia a Bo ou Lee, esta poderia ser a crença no sucesso e em se acumular a maior, e potencialmente mais duradoura, prosperidade para seu povo. As maneiras de se atingir isso podiam estar de acordo com a ideologia, mas se esta última se mostrasse defeituosa, outras maneiras seriam adotadas. A coisa mais importante que Bo e Lee compartilham é que deram as boas-vindas à prosperidade proveniente do resto do mundo; e fizeram isso com visão, intensidade e paixão pela ação.

Um bom líder, assim como um bom governo, precisa de visão. Isso não é algo novo. No mundo invisível do século XXI, a visão também deve ajudar a determinar a direção na qual devemos ir e a velocidade na qual o alvo pode ser atingido. Seja na floresta ou em meio à neblina, esse líder com uma visão clara ajuda os outros a se moverem para frente com menos medo e confusão. Isso também requer bravura. Ele tem de ter a coragem de se arriscar a olhar futuro adentro, de agir de acordo com escalas de tempo maiores do que o período contábil atual ou das próximas eleições. Uma visão não deve ser avaliada no curto prazo, sob pena de ridicularização e desprezo. Pode haver apelos para "arrumar os problemas do presente". Um bom líder deve ter a coragem de perseguir sua visão, de "pensar grande". Quanto mais pessoas dependem dele, seja como for, mais ampla tem de ser a sua visão.

Podemos dizer que os bons líderes devem ter visão, mas precisam se manter pragmáticos, nunca se tornando prisioneiros ou marionetes delas.

Os bons líderes, estejam no mundo corporativo ou no governo, não devem ser tímidos. A economia global é um fenômeno novo. Ela não tem as certezas do passado, as muletas mentais e psicológicas sobre as quais os líderes se sustentavam na velha economia. Parafraseando Shakespeare, talvez os temores atuais na economia global sejam menores do que as piores imaginações.[2] As incertezas, como as trevas, geram mais incertezas. Nesse tipo de ambiente, a necessidade de um líder forte, decisivo e corajoso é monumental. E ele tem de ser verdadeiramente destemido. Não basta apenas fazer de conta, porque o medo é contagioso.

VALORIZE INFORMAÇÕES E INOVAÇÕES

Uma das maneiras de se vencer a incerteza é pela obtenção de informações. Todo líder na economia global deve estar bem informado e exposto ao mundo. Para ser bem-sucedido, isso é imprescindível.

A cena global não deve ser vista com terror. Os líderes do futuro terão de entendê-la plenamente, além de ter uma empatia e uma familiaridade instintivas com a economia global. Como as coisas estão hoje, há muitos que a entendem apenas parcial e incompletamente. Outros ainda permanecem nas trevas. Ainda muito mais preocupante para o futuro é que muitos desse último grupo parecem se contentar com sua situação atual. Entender a economia global pode ser um desafio, para não dizer que é difícil, mas ela não pode ser simplesmente aprendida em um seminário de uma tarde, tampouco sem esforço e sem o desejo de ter sucesso e aprender. De muitas maneiras, ela precisa ser aprendida "no trabalho", mas nenhum aluno aprende nada a não ser que esteja aberto para isso e tenha uma mente inquisitiva.

Viajar é o primeiro passo para se aprender sobre o mundo e suas aparências. Também é essencial desenvolver um entendimento de como pensam, agem, reagem e se expressam as pessoas de fora de sua região. Somente então é possível funcionar como uma equipe. Embora a Internet possa nos ajudar a entender o mundo, ela é, na melhor das hipóteses, apenas uma sombra da realidade. O conhecimento, a experiência e o *input* mais profundos que os líderes devem adquirir antes de liderar outras pessoas não podem ser desenvolvidos na tela de um computador, nem em extensas visitas ao mundo com guias turísticos.

Certa vez, participei de um seminário da alta gerência de uma grande empresa de mineração australiana. Suas vendas espalhavam-se pelo globo, mas, na realidade, mais de 50% de sua produção era exportada para o Japão. Mas nenhum dos membros da alta gerência morava lá. Muitos moravam no Reino Unido, nos Estados Unidos, na Nova Zelândia, em Hong Kong e na Papua-Nova Guiné. Alguns tinham até visitado o Japão mais de cem vezes, mas nunca morado lá. Não havia nenhum japonês no grupo da alta gerência. Como eles podiam *conhecer o país*?

O líder deve ter um amor incondicional pela inovação. Isso pode ser na forma de pesquisar novos e melhores processos em determinado negócio, ou uma disposição por fazer as coisas de forma diferente; tentar novas abordagens e novas receitas para o sucesso. A indecisão em qualquer setor dos negócios é perigosa. Ela reduz as reações e as respostas. O fato de uma empresa estar indo bem *agora*, no trimestre *atual* ou no ano fiscal *corrente* não significa que seu sucesso possa ser extrapolado indefinidamente no futuro. Isso se aplica sobretudo ao ambiente da economia global, onde as velhas certezas podem se dissolver rapidamente.

O líder tem de ser capaz de liderar. Isso pode soar redundante, mas se ele for incapaz de estimular e provocar os outros e de comunicar sua visão e seus prognósticos para o futuro, estará destinado a ser, no mínimo, uma figura triste e patética de uma Cassandra, a qual emite profecias de desespero e pessimismo mas é incapaz de persuadir alguém a acreditar nelas.

Um bom líder não precisa ser uma figura visionária solitária e ascética. Ele pode ser um grupo bem definido e integrado cujos membros devem ter boas habilidades de comunicação. A menos que eles sejam capazes de interagir positivamente com outras pessoas, seu potencial de liderança pode ser desperdiçado. Nunca devemos esquecer que a liderança não precisa ser o monopólio de um indivíduo. Um grupo dedicado e integrado pode ter o mesmo impacto, embora isso seja mais difícil de se conseguir na prática.

Naturalmente, não há um modelo universal para a liderança eficaz. O papel do chefe de estado difere de um país para outro. Isso freqüentemente é uma função da História. Em alguns países, como nos Estados Unidos, o chefe de estado realmente é o chefe, o CEO. Em outros, o chefe de estado constitucional é apenas um testa-de-ferro que assina as leis que vão entrar em vigor, não fazendo muito mais do que isso.

Muitas dessas questões dependem do tamanho do país. Se ele for das mesmas dimensões do estado-região, a tarefa será mais fácil; mas, se for muito grande, como é o caso do Japão ou dos Estados Unidos, da China, da Rússia ou da Indonésia, o papel do chefe de governo deve ser o de garantir que o estado é uma efetiva unidade de combate na economia global. Um país deve ter estruturas de governo adequadas para permitir que suas unidades individuais interajam com o resto do mundo e para aumentar sua capacidade de fazê-lo. Eles precisam aprender a colocar marca em seus produtos e serviços, embora de preferência não usando fundos e impostos centrais. Antes, eles devem conseguir seu próprio dinheiro do restante do mundo.

O papel do chefe de governo aqui não é verdadeiramente ativo: não é de alguém que faz muitas coisas, mas de um catalisador, garantindo que aconteça essa interação suave das regiões com o resto do mundo.

SEJA FLEXÍVEL

Está claro que o papel do líder está mudando. Na velha economia, na qual a estrutura corporativa lembrava uma pirâmide, o papel do líder era definido por ele mesmo, no topo. Lá do alto, ele dirigia os que estavam abaixo. Cada um sabia onde estava em relação aos de cima e aos de baixo. Era um mundo bonito, geométrico e isolado. Mas a estrutura das empresas está mudando. Qual é o papel do líder em uma companhia como a Cisco Systems, onde a organização é amorfa, no estilo da Web e virtual, e onde há mais de cem "outras" empresas dentro da matriz da única empresa virtual?

Uma das mais importantes virtudes de um líder é *não* ter atitudes muito rígidas e preconcebidas sobre seu papel. Ele precisa ser flexível e intuitivo, capaz de sintonizar-se com a mudança.

Anteriormente, vimos como os que entram mais tarde em um setor da indústria ou dos negócios podem desfrutar de uma vantagem sobre os que já estavam no ramo. Isso pode ser verdade tanto para um estado-nação como para um negócio. O novato é capaz de beneficiar-se de todo o conhecimento adquirido por anos de erros, mas não precisa carregar os mesmos problemas nem desaprender legados obsoletos. Isso se aplica à liderança?

Se um CEO estiver na liderança de uma corporação relativamente nova como a Dell ou a Microsoft, será fácil otimizar a partir de uma base zerada, uma *tábula rasa*:

a inovação combina com o território. No entanto, uma empresa do velho mundo tem muitas décadas de história como organização, e a mudança é mais difícil. Pode muito bem haver interesses velados e padrões estabelecidos de se fazer negócios em determinado lugar. Michael Dell disse em uma entrevista, durante sua visita ao Japão em 2004, que se uma pessoa de fora da empresa entrasse numa reunião do conselho, pensaria que a empresa poderia ir à falência no dia seguinte. As discussões geralmente são sobre os problemas, e não sobre os sucessos; sobre as reclamações dos clientes, e não sobre a satisfação deles.

No nível do provável, uma empresa do "velho mundo" pode tentar transplantar determinado setor para o novo mundo. Mas é muito difícil que isso ocorra de maneira adequada, e o ideal de manter um pé no velho mundo e o outro tocando levemente o novo é algo impossível. Uma empresa como a General Electric (GE), por exemplo, pode ter alguns resultados surpreendentes. Ela é uma das maiores e mais antigas empresas americanas. Mas nunca se acomodou sobre os louros do passado. Pelo contrário, constante e consistentemente sempre desafiou seu *modus operandi*. A GE tem sido pioneira em terceirizar sua base de sustentação. Muito disso deve-se ao seu visionário e corajoso CEO, Jack Welch. Certa vez, ele pediu que todos na empresa colocassem a letra *e* na frente de todos os verbos usados internamente: e-projetar, e-distribuir, e-vender, etc. – em outras palavras, tentar energizar tudo por meio desse processo de aplicar o "e-", ou conceito de eletrônica, e ver o que acontece. Depois poderia perguntar: "Somos os melhores e-caras?".

Quando alguém do porte de Jack Welch faz esse tipo de afirmação, é levado a sério. Foi dessa forma que a GE conseguiu reencarnar nesse novo mundo. Seus negócios permanecem bastante convencionais – geração de energia, eletrônica médica, radiodifusão, linha branca de eletrodomésticos, etc. Eles não mudaram; sua maneira de *fazer negócios* mudou. O mais importante, seus produtos e serviços pertencem ao velho mundo. Você não precisa ser uma empresa iniciante em alta tecnologia, como o Google ou o Yahoo!. Há muitas maneiras diferentes de um líder dar a luz a si mesmo, ou talvez passar por um renascimento – mas somente se entender o que tal processo significa.

O FUTURO CORPORATIVO

A economia global é sinônimo de incerteza. Ela também gera oportunidades gigantescas para aqueles que são corajosos e suficientemente flexíveis para se adaptar. Ela é algo realmente novo, diferente de um livro de regras. Ninguém sabe o que vai dar certo. A única solução é tentar, e se de início você falhar...

As escolas de Administração deveriam parar de falar dos modelos de negócios do passado, os quais pertencem mais ao domínio da História e podem ensinar muito pouco a respeito do futuro. Muitos alunos crêem que os problemas dos negócios globais podem ser resolvidos por meio de modelos cognitivos e soluções "prontas" e estruturas. Eles podem ser ensinados a ver os negócios em termos de um jogo que é freqüentemente jogado, com um livro repleto de regras. Nesse tipo de jogo, o sucesso vem de se adotar um plano correto, talvez de acordo com as regras gastas e bem aprendidas do passado, porém jogando de forma mais inteligente do que o adversário. No entanto, essa na verdade é a receita do fracasso. Na economia global, os negócios também são um jogo. Todos superprotegem-se nele por diversas razões. Mas ninguém tem certeza de quais são as regras. Elas ainda precisam ser reduzidas a prescrições normativas. Esse processo provavelmente não vai acontecer tão cedo, uma vez que não há acordo nem mesmo nas coisas básicas do jogo – alguns ainda teimosamente tentam jogar as versões mais antigas dele, as quais só causam frustração e confusão. Quando aparecer um livro de regras ou um manual do usuário, a economia global, que é essencialmente dinâmica e fluida, terá mudado, e as "novas regras" já estarão obsoletas. Quem irá prestar atenção a alguém que diz que o segredo do sucesso é falhar muitas vezes?

A empresa bem-sucedida na economia global será – na verdade, terá de ser – um novo fenômeno, devendo pouco a seus antecessores. Se fôssemos compará-la a um ser vivo, este teria de deixar de lado seus parentes e ancestrais. Teria de ser geneticamente diferente deles. Já mencionamos em *The Invisible Continent*, e em outros textos, a necessidade que tem a nova empresa de ter um conjunto diferente de cromossomos. Essa diferença pode ser exibida de muitas formas, mas é toda envolvente.

Ela exige, por exemplo, um novo conceito de métodos de *marketing*. A abordagem tradicional de mercados era vê-los como unidades autocontidas, nas quais se podia entrar seqüencialmente. Isso tem de ser descartado em favor da penetração simultânea em todos os mercados de uma vez, combinada com um comprometimento com a necessidade de adaptação local.

As empresas também serão compelidas a fazer negócios de novas maneiras. As antigas noções de como tratar os clientes têm de ser reavaliadas à luz de um mundo em mudanças. Os clientes devem renascer como os agentes mais importantes do mundo dos negócios. Seja qual for a estrutura de negócios que se siga, os clientes precisam ser informados de que eles é que estão no controle. Tanto quanto possível, deve-se procurar o envolvimento deles. É um paradoxo que, em um mundo que se expande a horizontes mais longínquos e menos claros, um dos segredos do sucesso nos negócios seja uma maior atenção ao pessoal e uma aproximação nas relações com os clientes.

Essa é uma das razões pelas quais tenho sérias dúvidas quanto ao uso de estudos de caso nas escolas de Administração. Empresas surgem e somem mais rapidamente do que antes, e os alunos precisam aprender a dinâmica de dirigir uma empresa em oposição ao poder de equilíbrio estático. Os estudos de casos mostram apenas instantes de uma trajetória, como uma foto de um carro veloz que está passando. Você pode até aprender alguma coisa com essa foto, mas ela dificilmente será útil para um CEO, o qual precisa é aprender com um Michael Schumacher onde usar os freios, quanto pisar no acelerador, quando virar a direção e aonde focar os olhos. Meu amigo Yuichiro Miura já desceu o Monte Everest de esquis. Ele também é o homem mais velho a escalá-lo, aos 70 anos. Junto com sua família, ele treina as pessoas a esquiar com vendas nos olhos em descidas acentuadas. Ele me disse que essa é a melhor maneira de se desenvolver um sentido relacionado aos solavancos na superfície e aos declives. O objetivo é a pessoa conseguir "ver" a descida sentindo-a em seus esquis. Todo o seu sistema sensorial deve estar em sintonia com a montanha. Essa é uma metáfora a ser lembrada ao se administrar e liderar uma empresa no século XXI. Em vez de lógica, estatística, pesquisas de mercado, opiniões de especialistas da indústria, modelos das escolas de Administração e estudos de casos (para citar alguns), você realmente precisa desenvolver um sistema sensorial a respeito dos 800 milhões de *internautas* existentes, bem como dos 700 milhões de *triadianos*,* os quais se tornaram os principais impulsionadores e atores da economia e do palco global, respectivamente.

A CORPORAÇÃO SEM NACIONALIDADE

O sucesso primeiramente exige que as empresas aceitem que seu comprometimento com a economia global é total; não pode haver meias-medidas. É impossível agir delicadamente, sentar-se à beira da piscina e observar antes de se jogar na água. Se fizerem isso, as empresas se tornarão os vestígios do passado. O melhor que elas podem esperar nesse caso é serem absorvidas por outras.

Nunca é demais repetir: a economia global é inerentemente sem fronteiras e suas empresas podem muito bem não ter nacionalidade. A empresa tradicional parecia inseparável do estado-nação. Mesmo quando suas operações cobriam vários fusos horários e continentes diferentes, o relacionamento com o velho estado-nação continuou até mesmo ao ser considerada multinacional. Pode-se descobrir a origem de qualquer empreendimento comercial. Quando a origem se transformou em um negócio florescente, a empresa tradicional foi identificada com seu estado-nação original, ainda que a maior parte de suas receitas fosse resultante da exportação ou de

---

* N. do R.: Termo criado pelo autor. Ver página 200.

negócios conduzidos por subsidiárias em outros países. A terra natal era onde ficava a matriz, a partir da qual suas operações eram dirigidas e para a qual os gerentes regionais às vezes tinham de ir com devoção quase religiosa. Mesmo quando uma empresa migra e se desloca para outra jurisdição, como tem acontecido com muitas na Suécia, persiste a tendência de ser identificada como "ex-sueca", pois foi lá que se originou. Mas muitas empresas "suecas" já estão com sua matriz no Reino Unido, na Suíça e em outros lugares da Europa. Menos de 1% das vendas da Nokia são feitas na Finlândia. A Microsoft está em Seattle, uma porta para o Pacífico. Bill Gates disse-me certa vez que, nos primeiros 18 anos após estabelecer sua empresa, não precisou ir uma vez sequer a Washington, D.C. Ele e seus colegas tinham Seattle como o centro do mundo. Se ela estivesse estabelecida em Boston, talvez o contrato com o governo pudesse parecer mais importante (como a maioria das empresas na Rota 128 tendem a crer). Se estivesse em San Jose, os capitalistas de risco poderiam ter ditado o futuro de sua empresa.

Na empresa do futuro, o fato de a economia global não ter fronteiras torna necessário adequar os processos de raciocínio e os pontos de vista dos empregados. Não deve mais haver nenhum apego sentimental a um velho estado-nação só porque a empresa tem sua matriz nele. A própria noção de matriz está cedendo lugar à realidade de que o mercado nunca dorme, de que os negócios são realizados 24 horas todos os dias, todos os anos.

As velhas e preconceituosas divisões do mundo dos negócios em setores industriais também devem ser menos rígidas. A autodefinição pode ser uma atividade perigosa, impondo camisas-de-força e visões limitadas. A economia global pode levar uma empresa a áreas onde não esperava ir, onde realmente pode se sentir pouco confortável. Isso pode gerar uma abstinência corporativa, o que não é um conceito ruim em si mesmo. A empresa que confiar demais em seus lauréis corre o risco de tornar-se acomodada. O estado natural do *homo economicus* é o movimento.

INOVAÇÃO S/A

O pleno comprometimento com a economia global deve ser acompanhado do pleno comprometimento com a inovação. As empresas têm de se comprometer com a inovação como nunca o fizeram antes. Essa é uma verdade simples, mas que deve ser absorvida pelos sistemas de crenças corporativos. Muitas empresas que não estão diretamente envolvidas com tecnologia fazem de conta que se preocupam com inovações. Todos concordam que isso é uma coisa boa. Eles gostariam de realizar mais inovações, mas, ou não sabem como fazê-lo, ou têm medo de inovar. A inovação pode levá-los a zonas desconfortáveis.

Mas eles deveriam olhar à sua volta; aprender com a Escandinávia, por exemplo. Em especial, a abordagem da Suécia em relação à inovação é uma evocação das representações do deus romano Janus. Ele aparecia com dois rostos, um olhando para trás e o outro voltado para o futuro. A Suécia não se cansa de proclamar sua própria história e suas contribuições para com a inovação científica. Ela é a terra do Prêmio Nobel, e o mundo da botânica e da física devem muito a Lineu e a Celsius. Porém, ela não está acomodada nos sucessos do passado; pelo contrário, busca estar sempre na ponta da inovação tecnológica, especialmente nas áreas de plataformas de telecomunicações globais (como é o caso da Ericsson) e também nos mercados de ações (como é o caso da OM). Essa é uma parte importante da estratégia da Agência Invest na Suécia.

Muitos observadores talvez olhem com admiração para a República Popular da China, mas ela não é um modelo universal de sucesso no século XXI. Ela possui recursos negados a outros países: uma grande extensão de terras e um suprimento inexaurível de mão-de-obra barata. Sua história de sucesso, porém, ocorre em nível de regiões: os Estados Unidos de Chunghwa. Seu sucesso atual baseia-se em sua regionalização e na fomentação e propagação de unidades regionais de prosperidade.

As economias escandinavas provavelmente são exemplos melhores. Elas são bem menores do que a China. São caras, antigas e com burocracias muito bem arraigadas. Suas bandeiras nacionais estão embaraçadas com muitas formalidades, as quais os países desenvolvidos adotaram e em dado momento consideraram como características de desenvolvimento. Mas, nos últimos 10 a 15 anos, elas reavivaram suas economias e sua competitividade. É por isso que podemos aprender tanto com o sucesso escandinavo da última década. Mencionamos as duas faces de Janus como sendo um modelo da Suécia. Imaginemos uma variação de Janus, só que desta vez com uma face olhando para o estado-nação doméstico e a outra para fora, em direção ao mundo. Na Escandinávia, a face que olha para dentro é orgulhosa, mas ao mesmo tempo percebe que o mercado doméstico é pequeno demais, e que o sucesso só vem pela concorrência e pela vitória no palco global.

Como temos visto ao longo deste livro, a inovação e a concorrência na economia global devem acontecer especificamente em quatro áreas:

- **Sistemas de negócios** – As empresas devem procurar aliar-se aos melhores e mais baratos fornecedores de serviços de todo o espectro das funções corporativas: P&D, produção, vendas e serviços de pós-vendas, atividades de apoio, desenvolvimento e manutenção de sistemas. Isso pode tomar a forma de 3PL (*third-party logistics* – logística terceirizada), BPO, x-BPO, engenharia simultânea, EMS, *e-commerce* e *e-finance*). Seja no caso em que uma empresa se torna uma única empresa virtual (*virtual single company*, VSC), como a Cisco, ou no caso de CRM/SCM combinado com ERP, utilizado pela Dell, as empresas precisam buscar maneiras de se expandir. Dessa forma, haverá menos pressão quanto a crescer rápido. Elas precisam trazer parceiros de todos os cantos do mundo para trabalhar sobre sua plataforma. Talvez a interface com o cliente seja a única função que vale a pena não terceirizar, embora muito dela também possa ser deslocado para o mundo cibernético.

- **Produtos e serviços** – A necessidade de inovação nesse campo é óbvia, mas o desafio também é formidável. O que se pensava que seriam ilhas tecnológicas, tais como cartões de auditoria em *chips* de circuitos integrados, navegação GPS para carros, telefones móveis, PCs, máquinas fotográficas digitais, impressoras, CD *players*, *videogames* e IP/LAN/*wi-fi*, está convergindo para se tornar um imenso continente. Não podemos mais definir o campo de batalha no sentido tradicional, no entanto, precisamos cortar um pedaço de terra para que produza alimento para a empresa hoje. Embora amanhã seja uma jornada bem diferente, temos de definir o território de hoje e tirar o melhor proveito dele. Portanto, inovação é o processo de definir o território e surgir com o melhor equipamento a ser usado nele. São necessários novos produtos e novos serviços para garantir a compatibilidade dentro das novas fronteiras, mas eles também têm de refletir o potencial de utilidade que esse território ampliado e recentemente aberto tem no novo continente. A inovação é o *kit* de sobrevivência nesse mercado global.

- **Interface com o cliente** – A inovação é especialmente dinâmica nessa área. O surgimento dos telefones móveis no Japão, por exemplo, abriu formas de *marketing* totalmente novas por meio de propagandas enviadas periodicamente às telas dos telefones celulares. Usando funções *onboard* do tipo proteção de tela, a propaganda pode tornar-se um bilhete eletrônico, um cupom de desconto, ou um certificado/recibo. Essa é uma maneira barata e interativa de manter um canal de comunicações com um grande grupo de uma vez ou de enviar uma quantidade limitada de mensagens para um segmento-alvo. Da mesma forma, o Google e outros mecanismos de busca não são mais um guia simples para a selva cibernética. Mas, potencialmente, são os lugares das promoções de menor preço. Os clientes que estão interessados em seus produtos e serviços vêm bater à sua porta, e não o contrário. As chances de eles comprarem seu produto também são bem altas. Como explicamos no Capítulo 7, os teoremas de Ohmae apontam para a importância de se trabalhar com os ciberitas (em seu quinto ano de exposição à Internet). A inovação na interface do cliente é realmente um pré-requisito para a maioria das corporações mundiais. A propaganda na mídia tradicional, como TV, jornais e revistas, não só não tem um bom custo-benefício, como também é uma maneira inadequada de se manter os clientes interessados em seu serviço de forma contínua.

- **Empregados, gerentes e pessoal** – A inovação é necessária principalmente no recrutamento, treinamento, avaliação e recompensa das pessoas nas empresas. Como Jonas Ridderstrale e Kjell Nordstrom escreveram em seu livro *Karaoke Capitalism*, o poder está migrando dos que fazem as regras para aqueles que as quebram ou as reescrevem. Isso significa que as empresas precisam encontrar formas de recrutar pessoas que abandonaram a sociedade convencional, os delinqüentes de pequenos delitos (aqueles que tiveram a infelicidade de quebrar regras e leis antigas, não criminosos de verdade), crianças e aposentados.

As empresas precisam tornar sua plataforma corporativa mais heterogênea, ao contrário da homogeneidade do passado. A plataforma tem de ser global, participativa e interativa. Ao mesmo tempo, meios de se remunerar diferentemente do que com salário, dividendos e opções de estoque precisam ser criados. Como não há hierarquia no processo de se dar à luz idéias revolucionárias, é preciso ser criado um mecanismo novo de geração, detecção, avaliação e melhoria de idéias inovadoras. O próprio processo de administração dos elementos humanos de criatividade dentro de uma corporação é onde a inovação é mais necessária e, com certeza, abundante.

A CORPORAÇÃO ADAPTATIVA

Ao se falar das características das empresas bem-sucedidas no palco global, a mais evidente é que, para ter sucesso na economia global, qualquer empresa precisa ser adaptável, com um conjunto de antenas apuradas e sensíveis para captar e decodificar sinais, e ainda ser capaz de responder instantaneamente.

A economia global, especialmente a tecnologia, que é sua criada, modificou os prazos. O que está acontecendo do outro lado do mundo neste instante pode ter um impacto aqui não depois da abertura dos mercados, nem mesmo no momento seguinte, mas *neste instante* – isto é, agora. Não haverá nenhum tempo de folga intelectual. O café tem de ser consumido no trabalho, não em um lugar de descanso distante e seguro.

Sem essa capacidade de discernir os desenvolvimentos em seu setor, as empresas são como cegos andando para frente sem uma bengala ou outro suporte, até que chegam a um obstáculo que os pára abruptamente. Uma empresa assim é meramente imediatista, vítima das circunstâncias.

O passado pode ou não ser outro país, mas para muitas empresas de sucesso é uma zona de conforto, uma sala VIP à qual se pode ir em tempos de incertezas. O simples fato de uma empresa estar em uma certa linha de negócios há gerações não significa que ela irá, como se por algum elemento hereditário, permanecer ali e continuar a fazer as coisas da maneira antiga. As empresas precisam perceber que na economia global essas zonas de conforto são luxos. Elas precisam olhar para suas competências essenciais, não em termos de riquezas ou de habilidades herdadas, mas de flexibilidade e utilidade no futuro.

Aprender com os erros será uma qualidade importante para as corporações e para aqueles que as lideram. Não ter sucesso jamais será bom, mas não há alternativa. Uma solução que se apresenta é imitar aqueles que tiveram sucesso até o momento. Essa é uma abordagem inicial simplista. O fato de uma empresa, talvez do mesmo tamanho, ter tido sucesso não garante o sucesso das outras. Pode, ocasionalmente, haver um sucesso de curto prazo efêmero, mas isso inevitavelmente evaporará a menos que seja adotada uma abordagem adaptativa. Mesmo porque a economia global é realmente complexa, dependente de variáveis que não podem ser prontamente identificadas.

As empresas também precisam aprender a adaptar sua identidade. Talvez ocasionalmente elas precisem ser confrontadas com aonde o mercado as está levando. É preciso haver uma prontidão em engajar-se em uma auto-renúncia corporativa. O sucesso, seja no passado ou no presente, é bom e admirável: é isso que deveria impulsionar as empresas e seus funcionários. Mas ele tem uma semelhança com o mercúrio: escorrega muito facilmente das mãos daqueles que se tornam enfatuados demais ou que tentam segurá-lo por tempo demais mantendo a mesma postura. Mencionamos anteriormente as estruturas antiempresa criadas por Jack Welch na GE. Nenhuma empresa deveria ter medo de dar passos audaciosos. Isso pode significar uma reestruturação completa e uma reengenharia, ou, também, um renascimento doloroso. Mas freqüentemente é necessário. O simples fato de algo nunca ter sido tentado no passado não deve ser um obstáculo para sua adoção no futuro. Isso tem sido fundamental para o desenvolvimento humano.

INDO ALÉM DA HIERARQUIA

Todas as organizações tradicionais, consciente ou inconscientemente, espelham-se no exército. Há uma clara cadeia de comando baseada na hierarquia, no respeito para com os superiores e arrogância para com os inferiores. Atualmente, as empresas já não insistem no uso de uniformes, exceto para o pessoal menos qualificado; mas elas mantêm resquícios das organizações militares ao utilizar os nomes das funções terminando por *officer*. A hierarquia reflete-se na matriz da empresa. O escritório do CEO, e talvez a sala do conselho, está localizado no último andar, onde naturalmente há a melhor vista e de onde não se ouve o barulho do trânsito. Isso reflete a necessidade da chefia de comandar os altos e de ter uma boa visão do território à sua volta.

Esse modelo enfatiza o controle, especialmente por parte de um pequeno grupo, ou mesmo de uma pessoa. Ela pode gostar de sentir que tem o pleno controle, que com uma palavra pode conseguir obediência e implementação. O organismo inevitavelmente reage com indolência. Por um lado, o sistema é grande demais. Há muita inércia e fricção internas. Ele provavelmente irá se mover, mas apenas em resposta a mensagens imperativas simples "de cima". Assim, a menos que os membros da alta gerência estejam plenamente conscientes da necessidade de ação, a organização está sujeita a ser surpreendida pelos fatos.

Em um ambiente onde a resposta tem de ser inovadora e rápida, a situação na qual todas as iniciativas têm de circular, fluindo primeiro para a aprovação do topo, é cheia de desperdícios e ineficaz. A pirâmide precisa ser descartada.

Muitas empresas imitam esse sistema, mesmo sabendo que não deviam fazê-lo. É como se elas não pudessem fazer nada contra isso. A necessidade de inovação ainda enfrenta problemas com certos conceitos (talvez não verbalizados, mas nem por isso menos poderosos), como lealdade e obediência incondicional. Pode, também, haver falta de confiança. Muitas empresas internalizaram certas rotinas, atividades do dia-a-dia. Elas têm seus próprios departamentos de P&D, *marketing*, etc., nos quais a estrutura piramidal geral da organização é replicada. Há uma crença antiga de que as melhores pessoas para realizar tarefas para a organização são aquelas que estão na sua folha de pagamento. São elas que merecem a maior confiança. Pode-se contar com sua lealdade e também, espera-se, com sua habilidade para realizar as tarefas. Empresas terceirizadas podem ser utilizadas, e até ser muito boas, mas no final sua posição é semelhante à de um mercenário ao lado de um soldado profissional.

Vamos analisar brevemente algumas das melhores e mais avançadas empresas do mundo atual, aquelas que parecem realmente ter um conjunto diferente de cromossomos corporativos. Duas delas são americanas, e ambas estão envolvidas com TI, embora em níveis diferentes. Talvez por coincidência, ambas foram estabelecidas no mesmo ano: 1984 (a.G.).*

A Cisco Systems é uma fornecedora de roteadores e outros equipamentos internos vitais para o funcionamento da Internet. É um ponto positivo para a empresa o fato de que a maioria dos usuários da Web não tem o nome dela na ponta da língua. Ela

---

* N. de R.: Ver sistema de datação criado pelo autor (p. 37).

faz seu trabalho nos bastidores. Grande parte dele envolve pesquisa tradicional e o desenvolvimento de produtos, o teste, a manufatura e a entrega aos compradores. Mas muito do trabalho de cada departamento é realizado por terceiros, ou outros, cujo relacionamento com a Cisco Systems (embora próximo) não chega a ser de membros da folha de pagamento. Todos esses diversos setores da organização se unem, formando uma interface sem emendas. A estrutura de negócios da Cisco difere fundamentalmente do conceito de cadeia de valor de Michael Porter. Esta implica serialidade e seqüência de operações, enquanto a Cisco depende do que poderia ser melhor descrito como uma matriz de valor tridimensional.

A Dell Computers cresceu tornando-se um dos maiores e mais bem-sucedidos fabricantes de computadores do mundo. Ela integrou a Internet no pedido e na customização de computadores, permitindo que os usuários domésticos fizessem o pedido e especificassem sistemas e *softwares* do conforto de suas próprias casas, cortando assim os custos de revendedores intermediários e de armazenagem. (Os custos de estoque, dessa forma, também podem ser mantidos baixos.)

Vamos considerar ainda a General Electric (GE) e como ela encontrou novas formas de visualizar sua organização. Por muito tempo, falou-se bastante do valor humano da empresa, seu capital intelectual, mas pouco se fez para tirar proveito dele. A GE, em especial, voltou-se para seus funcionários para ver como eles, como detentores individuais de qualidades, poderiam contribuir para a empresa, individual ou coletivamente. A GE procurou promover a manutenção da individualidade de seus funcionários. Ela não tentou forçá-los para dentro de uma massa não diferenciada de operadores, cada um imbuído de uma cultura coletiva de empresa.

Concluindo, a empresa bem-sucedida na economia global e sem fronteiras tem de ter um sentimento intuitivo e uma empatia com ela. O ramo principal da GE continua sendo a engenharia, mas ela abraçou a TI com paixão e é uma das maiores usuárias de computadores e de outras soluções de TI no mundo. A tecnologia não pode ser vista como um adendo às estruturas corporativas de pensamento e tomada de decisões. Ela precisa estar no coração da corporação.

Muitas empresas terão de trilhar o caminho que veteranas como a GE percorreram nos últimos 20 anos. As empresas de ponta de hoje têm fundamentalmente uma estrutura corporativa diferente, como vimos nos exemplos da Cisco e da Dell. Elas são a combinação dos sistemas humanos e cibernéticos espalhados literalmente por todo o mundo.

NOTAS

1. Citado em "Three Cheers for Cheap Talk", *Far Eastern Economic Review*, 22 July 2004 (www.feer.com).
2. "Present fears are less than horrible imaginings", *Macbeth*, 1.3. p. 137-138.

O próximo palco   10

O FUTURO REGIONAL

Seria ótimo se pudéssemos prever as regiões do mundo que um dia irão substituir as Dalians e as Cingapuras de hoje, mas a futurologia é um negócio arriscado. Há tantos desenvolvimentos e forças escondidas como serpentes num capinzal, os quais podem aparecer repentinamente, seja para iniciar um período de prosperidade em uma região, seja para levar à ruína uma região antes rica e pujante. Esta última situação deveria acontecer cada vez menos no futuro, mas, como já comentamos, os velhos hábitos não desaparecem com facilidade.

Aqui estão determinadas regiões que atualmente têm alguns dos ingredientes para atingir o nível de um estado-região próspero. Em cada caso, mencionaremos quais são esses ingredientes, mas também aspectos que, se não forem tratados, poderão desacelerar ou até mesmo impedir o progresso. Em especial, a permanência e a integridade do(s) líder(es) da região é um elemento-chave. Mesmo no século XXI, a prosperidade depende dos indivíduos.

Veja-se, por exemplo, o caso de Bangalore, na Índia, que é uma cidade grande e dinâmica de 5 milhões de habitantes, mas cujos líderes não perderam sua visão original. A liderança deles no mundo da TI e da criação de marcas não teria sido possível se não fosse pelos pioneiros em empresas como a Infosys e a Wipro. A percepção do co-fundador da Infosys, Narayan Murti, era de que alguém tinha de primeiro criar riquezas, para então poder distribuí-las. Hoje, o ex-ativista comunista é um herói nacional.

Da mesma forma, o avanço de Hyderabad como a capital de TI em Andhra Pradesh pode ser atribuído (pelo menos em parte) ao seu carismático governador, Chandrababu Naidu; à sua empresa de ponta, a Satyam; e ao seu diretor e fundador, Ramalinga Raju. Se alguém visitar a Satyam nos ativos arredores de Hyderabad, poderá não acreditar que a empresa está na Índia. Em suas belas instalações, espalhadas por suaves colinas, há uma piscina e um campo de golfe de nove buracos.

Não é de se admirar que, na Índia, muitas empresas de *software* digam: "Se a Satyam pode, por que não podemos também?". A Satyam hoje tem 16 mil empregados em 300 escritórios espalhados em 45 países. Assim, ela e a Infosys são a ponta do icebergue do que pode vir da Índia. Bangalore e Hyderabad são modelos para outras cidades, como Pune e Chennai (anteriormente conhecida como Madras). Sucesso gera sucesso. A Índia ainda não é uma nação rica. O que é importante para o seu futuro é que há dinheiro suficiente para se educar as crianças. A Índia e seu vizinho, o Paquistão, certamente têm dinheiro para desenvolver bombas nucleares e mísseis, bem como para manter um grande exército. A melhoria das relações entre os dois países deve possibilitar uma diminuição nos gastos com defesa.

A esperança da economia global é que ela capacita as regiões a trazer riquezas do resto do mundo, e não a roubar de seus vizinhos. Isso exige que tenham um povo bem educado e disciplinado com um líder de visão que possa se comunicar com os outros países.

A ILHA DE HAINAN

A República Popular da China tem sido como uma placa de Petri* em uma experiência de laboratório. Ela tem mostrado ao mundo como os estados-regiões podem prosperar. É mais do que provável que novas regiões irão se desenvolver na China, mas não se pode prever com certeza onde estarão localizadas. A prosperidade irá transbordar da meia-dúzia de estados-regiões ao longo da Costa Leste para as áreas vizinhas, como Jilin e Heilongjiang, de Dalian, na província de Lianoning. Esse tipo de expansão pode ameaçar a viabilidade dos estados-regiões atuais, os quais poderão sofrer com aumentos de salários e pressões sobre os escassos recursos. Mas pode ser que eles respondam a isso por meio de um processo não muito diferente da divisão de uma célula na natureza. À medida que a célula fica maior, outro núcleo celular irá se desenvolver antes que a divisão aconteça.

Uma região potencial a ser observada é a da ilha de Hainan. Ela está localizada na província chinesa de Guangdong, entre o Golfo de Tonkin e o Mar do Sul da China,

---

* N. de R.: Recipiente de vidro ou plástico utilizado para a cultura de microrganismos.

e tem uma população de cerca de 8 milhões de pessoas. A vasta maioria de seus habitantes é fluente em chinês.

A economia de Hainan tradicionalmente se baseava em agricultura de subsistência. A oitava parte da população é composta de membros dos grupos étnicos Li e Miao, os quais ainda estão bem atrás dos demais quanto aos níveis de salário. Nas décadas de 1950 e 1960, dezenas de milhares de chineses do continente foram levados à ilha para estabelecerem plantações de borracha, uma campanha que causou enormes prejuízos ao meio ambiente local.

Ainda assim, Hainan tem muitas riquezas naturais na forma de depósitos minerais, como ouro e minério de ferro. Ela também está bem localizada para tirar proveito da exploração das reservas de petróleo e gás natural no Mar do Sul da China. Suas belezas naturais também atraem turistas, principalmente de Hong Kong e da China continental, mas também – e cada vez mais – de lugares mais distantes. Sua localização é semitropical: é a parte da China mais próxima do sudeste asiático. Suas praias e *resorts* de férias têm o mesmo tipo de instalações da Malásia, da Tailândia e das Filipinas. Sanya, na costa sul da ilha, foi o lugar escolhido para o concurso Miss Mundo de 2003, um evento significativo tanto para a ilha como para o país.

Apesar da relativa proximidade da ilha com regiões florescentes da China, como Guangzhou e o Delta do Rio Pérola, ela não decolou da mesma maneira que estas. Isso não se deve à falta de infra-estrutura. Wei Liucheng, o ex-diretor da Corporação Nacional Chinesa de Petróleo de Mar Aberto, foi designado governador e externou sua intenção de agir como o CEO da ilha, atraindo investimentos da China e do resto do mundo, e também dando assistência aos empreendimentos já existentes. A abertura da ilha para o resto do mundo já se mostra no estabelecimento de rotas aéreas tanto para destinos no sudeste asiático como para a Europa.

Como a província é uma ilha, isso a torna singularmente autônoma. Seu governo também está voltado para fora, no espírito de outros líderes de estados-regiões já bem estabelecidos da China. Ela também pode tirar proveito de sua distância de Pequim, que a considera afastada demais para merecer qualquer interferência.

PETROPAVLOSK-KAMCHATSILY, RÚSSIA

Nenhuma dessas regiões que estamos mencionando deve ser considerada uma aposta segura de prosperidade futura. É impossível olhar para o futuro com certeza. Entretanto, todas elas têm o potencial de se tornar focos de prosperidade. Uma das características da prosperidade na economia global é que uma região não precisa ser previamente rica para tornar-se rica. Na linguagem dos economistas, não é preciso que ela seja abundante ou mesmo moderadamente dotada de fatores. Na época da Revolução Industrial e nos primórdios da indústria manufatureira, fatores como riquezas minerais e vastos recursos de mercadorias, para não falar em capital, eram essenciais. Se eles não existissem, uma grande reserva de mão-de-obra barata podia compensar sua falta.

Em sua discussão sobre valor, Alfred Marshall escreveu a respeito do valor situacional. Esse conceito foi relacionado a um território em função de sua proximidade a uma grande concentração de população com mercados e fábricas. O advento dos meios eficientes de transporte de longa distância e de logística eficaz fez com que o valor situacional não mais dependa de estar às portas de um mercado potencial. No passado, se uma terra estivesse próxima a uma estrada-de-ferro sobre a qual os bens pudessem ser transportados, isso seria o suficiente para dar-lhe um elevado valor situacional.

Na economia global sem fronteiras, as noções do valor situacional foram radicalmente mudadas. Há lugares que desencorajariam a habitação, quanto mais o estabelecimento de um negócio. A Sibéria, o Ártico do Alasca e do Canadá e a Groenlândia são exemplos. Essas áreas têm uma desvantagem climática e geográfica: são muito frias e estão longe de ser grandes rotas de transporte.

Imagine um negociante de futuros ou de câmbio que não goste de companhia. Ele é um tipo "durão", muito reservado. Tem uma idéia que os outros, no mínimo, acham bizarra ou mesmo maluca. Ele quer estabelecer uma corretagem em um pequeno povoado no norte da Sibéria, ou na costa leste da Groenlândia. Mesmo que não goste do clima frio, talvez ele dê valor à solidão; assim, opta por estabelecer sua corretora (de um homem só) em um atol no meio do Pacífico Sul. Esse tipo de projeto faria com que muitos o considerassem mentalmente desequilibrado, o que até é possível. Suas necessidades de comunicação seriam atendidas, embora saíssem mais caras. No mundo atual, a World Wide Web une o planeta.

Esse homem idealista, inventivo e revolucionário poderia morar em Petropavlosk-Kamchatsily, a capital de Kamchatka. Embora ela pareça extrema em termos de clima e frio no inverno, na verdade está localizada ao sul do paralelo 55°N, o equivalente a Glasgow, no Reino Unido, ou à Dinamarca. Sua temperatura no inverno não é pior do que Kalamazu, no estado de Michigan, e certamente é comparável a Winnipeg, Manitoba. Como é em Kamchatka que o sol nasce primeiro todos os dias (menos no inverno), se você morasse lá, poderia atrair para os negócios recursos financeiros e obrigações de tesouro do resto do mundo. Se você não gosta do clima, poderia fazer o mesmo trabalho em Tuvalu, em Fidji, no Pacífico Sul.

VANCOUVER E BRITISH COLUMBIA

Três distâncias são usadas no setor de viagens: a física, a temporal e a em preço. Das três, o homem de negócios ocupado decide-se pela segunda: Qual é a maneira mais rápida de se viajar? Assim, as viagens aéreas ganharam dos carros e dos trens como modo padrão de viagens de negócios. Empresas de corretagem *online*, como a Expedia e a Travelocity, estão mudando isso. Elas tornaram a terceira opção muito mais atraente. Por exemplo, uma viagem de ida e volta de Tóquio a Kyushu é mais cara do que de Tóquio a Honolulu. Isso explica por que um desenvolvimento de bilhões de dólares chamado Gaia do Mar foi à falência. Ele recriava o Havaí em um enorme Auditório Oceânico. Mas daí as promoções reduziram a viagem de ida e volta Tóquio-Honolulu para menos de 300 dólares. O Havaí real ficou "mais perto". Muitos outros parques temáticos no Japão estão com problemas pelas mesmas razões. Tornou-se mais barato ir à Dinamarca do que ao Tivoli Park, Okayama; à Holanda do que a Hans Ten Vos, Nagasaki; a Los Angeles do que à Universal Studios, Osaka.

Semelhantemente, de uma perspectiva asiática, a área da grande Vancouver é cada vez mais atraente. Ela é uma extensão geográfica e comercial do noroeste do estado de Washington. A terra natal da Microsoft e da Starbucks (não nos esquecendo da Amazon) está no degrau de sua porta. As comunicações entre as duas áreas são fáceis. Alguns fornecedores de serviço, como empresas de propaganda, estão tirando vantagens dos custos mais baixos em British Columbia, pois as transmissões de satélite de qualquer maneira já cobrem essa área.

O custo de vida em British Columbia é tão alto como no estado de Washington. Os impostos são bem mais elevados, e a estrutura de leis para muitos ramos de negócios é rigorosa. Entretanto, há um novo desejo por parte do governo provincial de abrir-se para o resto do mundo. A área de Vancouver não está apenas em torno de Seattle, mas também na costa leste do Pacífico. De todas as províncias do Canadá, ela é uma das mais próximas da Ásia.

Tive uma casa de férias em British Columbia por muitos anos. Minha primeira casa foi na Ilha de Vancouver. A segunda, em Whistler Creek (suas rampas de esqui tornaram-se populares na década de 1980). Daí, mudei-me para Blackcomb quando a Village Whistler foi em direção ao leste, tornando-se a melhor estação de esqui da América do Norte. Basicamente, mudei minhas propriedades como as pessoas de lá o fariam. E a melhor época para sair da estação deve ser antes que as Olimpíadas de Inverno de 2010 sejam realizadas lá. O preço da passagem aérea de Tóquio para Vancouver ou Whistler é quase igual ao de Tóquio para Sapporo, no entanto, as rampas e as instalações são de primeira classe.

ESTÔNIA

A Estônia está situada no lado sul do Golfo da Finlândia de Helsinque. A Finlândia e a Estônia estão separadas por não mais do que 120 km. Os habitantes dos dois países são etnicamente próximos. O estoniano é um dos poucos idiomas da Europa relacionado ao finlandês, e ambos são mutuamente inteligíveis. Apesar de sua proximidade geográfica, na segunda metade do século XX houve uma tentativa determinada de isolar a Estônia da Finlândia. Em 1939, como resultado do vergonhoso Pacto de Molotov-Ribbentrop, a Estônia (juntamente com suas duas vizinhas ao sul) foi realocada para a esfera de influência da União Soviética. Isso permitiu a ocupação soviética das três repúblicas no ano seguinte e a consolidação de seu poderio ao longo do Báltico. Os líderes políticos, religiosos e de negócios foram executados ou exilados nos gélidos desertos da Sibéria. Esse processo foi interrompido quando os nazistas invadiram a União Soviética em 1941, mas foi retomado com maior vigor depois do fim da guerra. Dezenas de milhares de colonizadores de etnia russa foram levados para as áreas urbanas.

Mas, mesmo nos piores dias da ocupação soviética, os estonianos eram conscientes de não estarem isolados. A Finlândia estava ali do lado, e, apesar da "finlandização",* era um farol da liberdade no estilo ocidental: programas de rádio e televisão podiam ser captados na capital da Estônia, Talim. Os estonianos sempre buscaram seus modelos no norte e no ocidente, em vez de fazê-lo no leste, na Rússia. Esse processo foi ajudado, embora acidentalmente, pela política do governo soviético, que permitiu que certos itens da literatura ocidental "decadente" fossem traduzidos para o estoniano, na razoável presunção de que nem mesmo o mais dedicado dissidente russo iria aprender estoniano para lê-los. Nas décadas de 1970 e 1980, houve uma resistência silenciosa à divulgação do idioma russo. Isso tomou a forma de um aumento na fluência do inglês. O surgimento da *Perestroika* fez nascer na Estônia e nos outros países do Báltico um desejo cada vez maior de readquirir sua independência. Mesmo antes de a Estônia tê-la readquirido formalmente, as iniciativas de negócios do setor privado já haviam sido estabelecidas, incluindo-se um mercado informal nas terras agrícolas.

Uma vez que a Estônia estava independente de novo, era natural que fosse buscar orientações com seus vizinhos do norte, a Finlândia e a Suécia. Foi nessa época que a própria Finlândia estava entrando em um novo período de abertura para o mundo externo e de atração de investimentos estrangeiros diretos. Conseqüentemente,

---

* N. de R.: Para entender esse termo, ver p. 40.

a Estônia seguiu o modelo finlandês – não aquele velho modelo de um governo intervencionista e de altos impostos, mas de uma economia baseada na inovação e na desregulamentação. Assim, o país conseguiu estabelecer uma economia de impostos baixos. Essa ainda é uma das vantagens mais permanentes da Estônia, juntamente com uma considerável reserva de trabalhadores bem instruídos e dispostos a trabalhar por salários menores do que os de seus colegas finlandeses. A Estônia também se beneficiou com o retorno de emigrantes e de seus descendentes dos Estados Unidos e do Canadá, muitos dos quais equipados com um bom *know-how* comercial e técnico.

Um dos maiores problemas da Estônia é o *status* da grande minoria russa, cerca de um terço de sua população de 1,4 milhão de habitantes (inclusive ucranianos e bielorrussos). Desde a independência, eles têm sofrido vários tipos de discriminação, inclusive o impedimento de empregos públicos, em certos casos. Essa reação aos russos, embora injusta, é parcialmente devida às décadas de opressão sofridas pelos estonianos. Alguns desses russos são descendentes de famílias que residiam no país há mais de cem anos, os quais também sofreram perseguição religiosa durante a era soviética. Espera-se que a integração da Estônia na Comunidade Européia ajude a acabar com toda e qualquer forma de discriminação.

Atualmente, a rápida recuperação econômica da Estônia é apenas superficial, porque se baseia nos turistas finlandeses. Talim está a apenas 85 km ao sul de Helsinque – 90 minutos de viagem em barca de alta velocidade. Em 2003, a Estônia recebeu 5 milhões de visitantes da Finlândia, o equivalente a toda a população daquele país. Os finlandeses visitam a bela parte antiga de Talim, mas gastam o grosso de seu tempo e dinheiro nos muitos cassinos da cidade. Se a Estônia poderá se desenvolver como uma região industrial séria ou se permanecerá simplesmente como a Las Vegas nórdica, é algo que só o futuro dirá.

O CANTO BÁLTICO

O Báltico está mais para lago do que para mar, embora tenha uma saída estreita e pouco substancial para o mar no Canal Dinamarquês. Ele não tem ondas, e durante os meses de inverno congela, o que permitiu que viajantes mais intrépidos do passado caminhassem de Helsinque para Estocolmo ou São Petersburgo.

O Báltico tem uma longa história como área de comércio. Nos dias anteriores à industrialização, as terras ao longo da costa eram ricas em madeira, trigo e peles. No período medieval, foi dominado por um grupo de cidades mercantis alemãs, a Hansa, que estabeleceu as primeiras infra-estruturas comerciais em cidades como Riga, Me-

mel (atual Klaipeda) e Talim. O papel da Hansa alemã foi tomado pelos suecos, mas a influência germânica nunca foi totalmente apagada. Até 1918, boa parte do canto sudeste do Báltico, a área que vai da cidade de Danzig (atual Gdansk) até a Lituânia e a Látvia, era parte da província alemã da Prússia Oriental.

O século XX testemunhou a destruição e a expulsão dos habitantes da região. No período da Guerra Fria, ela estava bem inserida na esfera de influência soviética, abrigando bases navais e outras parafernálias de conflitos de massa.

A queda do comunismo e o rompimento da União Soviética geraram um tabuleiro de xadrez político. A Polônia foi unida como um estado independente pela Lituânia e pela Látvia, enquanto as vizinhanças da antiga cidade de Koenigsberg, agora conhecida como Kaliningrado, tornaram-se uma sociedade fechada particularmente incompatível da Federação Russa e excluída da União Européia expandida de 25 membros.

A faixa costeira entre Gdansk e Riga e suas adjacências imediatas tem o potencial de tornar-se um estado-região próspero na economia global. Ela já abriga muitas empresas, especialmente alemãs, dinamarquesas e suecas, enquanto operações de BPO foram estabelecidas na área de Gdansk, embora a Polônia tenha relações mais fortes com os Estados Unidos e com a França. Ela está aprendendo que o resto do mundo pode trazer prosperidade, como aconteceu na época da Liga Hanseática.

Os "Três do Báltico" irão se desenvolver individual e conjuntamente. Individualmente, os laços são claros. No caso da Lituânia, com a Dinamarca e a Alemanha; no da Látvia, com a Suécia; e, no da Estônia, com a Finlândia. Seu membro do extremo sul, Kaliningrado, está inserido entre a Polônia e a Lituânia e não escapará da UE-ização geral da região báltica.

O enclave de Kaliningrado era antigamente o território que circundava a cidade prussiana de Koenigsberg, um próspero centro urbano com uma vida cultural variada e uma famosa universidade. Koenigsberg é a terra de expoentes intelectuais, como o filósofo Emanuel Kant e o matemático Leonardo Euler. No fim da Segunda Guerra Mundial, Koenigsberg estava em ruínas e sua população alemã foi expulsa pelo Exército Vermelho. O nome da cidade foi mudado para Kaliningrado, em homenagem ao presidente honorário da União Soviética durante o governo de Stálin. A população da região foi substituída por imigrantes russos. Mesmo quando os demais estados bálticos recuperaram sua independência, Kaliningrado permaneceu presa a sua identidade russa. Houve rumores consistentes sobre investimentos alemães – até mesmo uma conversa a respeito de uma nova auto-estrada de várias vias indo de Berlim a Gdansk –, mas os interesses germânicos na área foram totalmente rejeitados pelas autoridades locais e seus aliados do Kremlin, os quais temiam que essas ações fossem o prelúdio de exigências de restituições de propriedades. Como resultado, Kaliningrado hoje não passa de um ponto histórico, um parque temático da Guerra Fria com maquinaria industrial enferrujada e canos que vazam esgoto para dentro dos cursos de água. Se a situação dos vistos de entrada melhorar, a região tem potencial para o desenvolvimento de turismo, mas nadar nas águas ao longo da costa ainda não é aconselhável. Kaliningrado tem vários superlativos. Por exemplo, o maior índice de infecções de HIV/AIDS da Rússia. A máfia, onipresente e de vários líderes, é muito atuante ali, enriquecendo-se de tudo que é ilegal, desde tráfico de pessoas até contrabando de âmbar.

A região tem um significado estratégico importante em termos econômicos, estando situada numa posição central entre grande parte da Europa Oriental e do Oriente, de um lado, e a Escandinávia, do outro.

A CIDADE DE HO CHI MINH, VIETNÃ

A cidade de Ho Chi Minh (antiga Saigon) sofreu todas as vicissitudes da Guerra do Vietnã. Quando esta terminou, ela era a recebedora indesejada de muita "atenção" oficial dos nortistas vitoriosos. De todas as regiões do agora unido Vietnã, Ho Chi Minh foi considerada a mais afetada pelos "vícios" do capitalismo. Assim, juntamente com a mudança de nome, tentou-se varrer dali o passado permissivo da cidade. Mas isso só alcançou um êxito parcial.

Em 1986, sob a influência distante de seus recém empossados conselheiros reformadores de Moscou, o Vietnã lançou uma política chamada de *Doi Moi* (renovação). Inicialmente, ela era cautelosa, porque muitos intelectuais contrários que ofereciam resistência tinham de ir sendo gradualmente abafados. Na década de 1990, a cidade floresceu por meio do estabelecimento de *joint-ventures* com empresas não-vietnamitas e com a tolerância para com o empreendimento privado local. Em Ho Chi Minh, as sementes do livre-comércio, que estavam adormecidas havia duas décadas, não demoraram a crescer novamente. Taiwan tornou-se o maior investidor no Vietnã, seguido da Coréia, do Japão, de Cingapura e da Tailândia, durante a década passada. No entanto, depois de 1998, quando as reformas de Zhu Rongji causaram grande impacto na China, a atenção de Taiwan voltou-se do Vietnã para lá. O mesmo sucedeu com os demais países da ASEAN. O Vietnã agora sabe que seu maior concorrente quanto a investimentos externos é a China, e que é preciso oferecer algo melhor do que o ofertado por ela para atrair capital.

Até o momento, Ho Chi Minh ainda não tirou proveito de sua localização no centro dos mercados asiáticos. Ao norte e ao nordeste estão a China e o Japão, enquanto ao oeste e ao sudoeste estão a Malásia e a Tailândia. O Vietnã já está tentando penetrar no mundo da BPO, embora isso seja dificultado por uma falta de fluência em inglês (ou em outro idioma importante para essa questão). Algumas pessoas costumavam falar idiomas estrangeiros fluentemente quando o país hospedava o exército francês e, depois, o americano. Após a vitória dos vietcongues, falar inglês era visto com suspeita e raramente era divulgado, porém, agora, o que era um perigo que as pessoas ocultavam transformou-se em uma vantagem. Embora as lembranças do envolvimento americano no Vietnã freqüentemente sejam desagradáveis, isso não dissuadiu o investimento direto americano.

O Vietnã é politicamente estável. Embora esteja tentando melhorar sua infra-estrutura de comunicações, isso ainda está ocorrendo em um ritmo bastante lento. O uso da Internet e de telefones móveis é baixo, um reflexo da falta de infra-estrutura. O Vietnã também é um estado de um partido só, e embora isso não tenha impedido os esforços, no caso da República Popular da China, de abraçar o resto do mundo, no Vietnã muitos homens de negócios, tanto estrangeiros como locais, reclamam dos obstáculos burocráticos, bem como dos políticos corruptos. Apesar disso, o país tem uma força de trabalho muito ativa, pronta para trabalhar por níveis salariais da metade do valor da maioria das regiões da China. Muitas empresas tratam o Vietnã como uma estratégia alternativa caso a China venha a decepcionar.

O país como um todo sofre de dois problemas principais: falta de infra-estrutura e tomada de decisões centralizada demais. Os portos do Vietnã, incluindo o de Ho Chi Minh, estão caindo aos pedaços se comparados aos demais do sudeste asiático. Ho Chi Minh não é capaz de manipular grandes volumes, de modo que freqüentemente o porto fica congestionado, seja pelo descarregamento de matérias-primas, seja pela exportação de produtos. Os portos vietnamitas também não conseguem trabalhar 24 horas por dia, sete dias por semana, parcialmente devido às leis trabalhistas. Isso pode não ser um problema para fabricantes como a Nike, cujos parceiros de produção investiram bastante nos arredores da cidade. Eles fazem um produto não-perecível que não necessita ser rapidamente entregue no mercado-alvo. Enquanto o transporte marítimo de materiais e produtos é difícil, o uso das pontes terrestres do país é ainda mais problemático. As estradas de rodagem e de ferro no Vietnã estão em péssimas condições. Esses são problemas críticos, mas é possível que, com o tempo, venham a ser superados. O estado dos portos vietnamitas pode ser melhorado por meio de assessoria e assistência de empresas, como a privatizada Autoridade Portuária de Cingapura.

No Vietnã, o partido comunista detém o monopólio do poder político. Ele não se importa nem em fazer de conta que há alguma transparência e abertura por lá. Na primavera de 2004, o governo anunciou que não estava mais interessado na assistência financeira do FMI porque este tinha exigido a inspeção de alguns aspectos do sistema nacional de contabilidade do país.

A indulgência política corrente no Vietnã não é diferente daquela na República Popular da China, mas enquanto esta abraçou não só o capitalismo, como também uma descentralização da tomada de decisões, as autoridades comunistas vietnamitas ainda não querem permitir que decisões importantes escapem de um círculo fechado. Isso não significa que será assim para sempre. As batalhas internas podem muito bem acabar com a vitória dos elementos mais reformistas. Os acontecimentos na República Popular da China, com a qual os comunistas vietnamitas têm tido relações oscilantes, podem ser significativos, pois, se a elite vietnamita perceber que a descentralização da tomada de decisões não leva à perda de poder e privilégio, mas, antes, a um crescimento das oportunidades comerciais, poderá tender a adotar os modelos chineses. O Vietnã está ansioso para se abrir mais ao mundo externo, especialmente por meio do *status* de membro da OMC. Os problemas de infra-estrutura podem ser superados com os devidos investimentos, mas esses devem vir de fora. Enquanto o governo vietnamita não estiver disposto a adotar uma estrutura governamental mais descentralizada, é pouco provável que isso ocorra. Entretanto, com um líder carismático, uma cidade como Ho Chi Minh poderia mudar rapidamente, sobretudo porque o Vietnã tem todos os ingredientes para ser bem-sucedido no mercado global.

KHABAROVSK, PROVÍNCIA MARÍTIMA (PRIMORYE) E ILHA DE SAKHALIN, RÚSSIA

Essa é uma vasta região de baixa densidade populacional que durante séculos, atraiu exploradores que procuravam metais preciosos. No governo dos czares, Sakhalin foi um local de encarceramento de prisioneiros políticos, tendência que persistiu durante o período soviético.

A província de Khabarovsk situa-se imediatamente ao norte da China. Durante a época da Guerra Fria, essa foi uma região de conflitos e de erupções ocasionais de violência. Agora, o movimento entre a China e a Rússia está muito mais fácil e todos os dias milhares de comerciantes chineses cruzam a fronteira, indo para cidades como Khabarovsk para vender mercadorias.

Em termos de infra-estrutura, a região do continente é atravessada pela estrada-de-ferro transiberiana, possibilitando acesso terrestre à Europa. O acesso também é facilitado pelo rio Amur, o qual torna cidades como Khabarovsk acessíveis a barcos oceânicos. Há também um porto de águas profundas em Vladivostok, a capital da Província Marítima (Primorye) da Rússia. A ilha de Sakhalin fica a menos de 50 km da ilha japonesa de Hokkaido, e é agora uma das regiões mais dinâmicas da Sibéria graças à bem-sucedida exploração de petróleo e gás.

Por décadas, essa região, situada na porta da Ásia Oriental, esteve isolada do resto mundo por causa da Guerra Fria. Grande parte de sua infra-estrutura técnica necessita de significativos investimentos e melhorias. Mas lá, agora, existe uma chance de ver que se voltar para o resto do mundo pode trazer uma melhoria nos padrões de vida.

Moscou terá de adotar uma política não-intervencionista para deixar essas regiões e sub-regiões interagirem livremente com o restante do mundo. Atualmente, elas são como a China do início da década de 1990, e todas as decisões críticas são tomadas centralmente. Uma estrutura federal com o conceito de regiões autônomas irá incentivar a entrada de capital e de tecnologia de toda a Ásia. Uma vez que isso venha a acontecer, como a maioria das cidades-chave está a poucas horas de avião de Tóquio, Osaka, Sapporo, Seul, etc., o leste siberiano pode tornar-se uma região de crescimento dinâmico.

SÃO PAULO, BRASIL

São Paulo e arredores, uma megalópole com altíssima densidade populacional, parece encapsular a totalidade do Brasil em um só lugar: uma opulência fabulosa e uma pobreza gritante. Tradicionalmente, São Paulo tem sido o centro financeiro do Brasil. Foi a base de poder dos cultivadores de café brasileiros e muitos dos governantes do país vieram desse estado.

Na década de 1990 e no início do século XXI, a região de São Paulo parece que decolou, deixando para trás o restante do país, desfrutando taxas de crescimento muito maiores do que a média nacional. Parte disso deve-se ao seu sucesso em atrair empresas de TI, bem como *call centers* e instalações de apoio para empresas que negociam não só com o Brasil, mas também com Portugal.

Os estados brasileiros já são razoavelmente autônomos. O problema tem sido a instabilidade política e econômica do país.

São Paulo e Paraná, o estado vizinho, podem negociar diretamente com o resto do mundo, sobretudo com a América do Norte, a Europa e o Japão, para não mencionar a Argentina e o Chile. Entretanto, os políticos da capital, Brasília, sempre tentam equilibrar as coisas, primeiramente com o velho rival dos paulistas, o Rio de Janeiro, e, depois com o Nordeste, que é menos desenvolvido. Se a região de São Paulo sair do rígido controle central, o estado-região irá ingressar imediatamente na OCDE. Uma das alavancas poderia ser a formação de uma moeda comum entre os membros do Mercosul, ou mesmo a adoção do dólar americano como moeda comum das Américas. Quando isso acontecer, São Paulo não sofrerá mais a volatilidade da moeda brasileira. Tradicionalmente, o real e a moeda anterior, o cruzeiro, flutuavam (quase sempre para baixo) tanto que fazer negócios com o Brasil continha um risco maior do que o médio para as empresas globais. Mas a capacidade de competitividade intrínseca da região, juntamente com seus recursos naturais e humanos, é bastante alta, e ela pode ser a primeira a demonstrar que não há razão para a América Latina não concorrer com as regiões asiáticas em busca de investidores globais.

KYUSHU, JAPÃO

A ilha japonesa de Kyushu poderia ser um estado-região de muito sucesso se o Japão se organizasse em 10 ou 11 *doshus*. Um *doshu*, como Hokkaido ou Kyushu, é uma região maior, consistindo em diversas prefeituras. No movimento dos cidadãos que organizei em 1989, chamado Heisei Ishin, propus que o Japão adotasse formalmente uma estrutura de governo de república federal com 11 *doshus*. Kyushu é a ilha mais para o sudeste, com sete prefeituras, excluindo as ilhas de Okinawa, a qual, pela minha proposta, é um *doshu* autônomo com sua população de 1,25 milhão de pessoas.

Kyushu é rodeada pelo Mar Amarelo a oeste, pelo Mar do leste da China ao sul, pelo Oceano Pacífico e pelo Mar do Japão a leste e pelo Mar do Japão em sua costa norte. Ela tem uma população de 13,5 milhões de pessoas e seu PIB em 2003 ultrapassou os 500 bilhões de dólares. Se fosse um país, economicamente estaria entre os 15 maiores do mundo – aproximadamente igual ao Brasil e à Coréia. Ela é chamada de Ilha do Silício porque empresas como a NEC, a Toshiba, a Oki e a Sony têm fábricas de circuitos integrados de larga escala lá. Nos últimos anos, todas as empresas de automóveis importantes do Japão expandiram suas capacidades de produção em Kyushu.

Se, em vez de olhar para o leste (para Tóquio), Kyushu olhasse para o oeste (China e Coréia do Norte) e para o sul (Taiwan), poderia tornar-se o lugar ideal para empresas multinacionais colocarem operações de suporte de engenharia para cuidar das fábricas no leste asiático. Neste momento, Kyushu não tem essa função porque o tráfego aéreo está dividido entre as sete pequenas prefeituras, atendendo principalmente os passageiros domésticos que vão para Tóquio e Osaka. Um aeroporto do tipo "eixo-e-raio" em Tosu, o centro logístico de Kyushu, tornaria possível que ela se tornasse uma meca do leste asiático, não apenas para homens de negócios, mas também para turistas. Kyushu tem muitos vulcões, fontes termais e centenas de lindas pequenas ilhas com verduras e peixe frescos. Um Japão descentralizado produziria várias regiões prósperas como Kyushu e Hokkaido. Além disso, elas não teriam de ser dependentes da distribuição dos contribuintes de Tóquio.

O que vimos em Hainan, na British Columbia, no Canto Báltico, na Cidade de Ho Chi Minh, na Sibéria, em São Paulo e em Kyushu não é nada além de uma pequena amostragem do potencial global. Se essas regiões forem abençoadas com lideranças cuja visão seja certa, e se o centro entender os fatores-chave do sucesso no século XXI, que consistem em deixar as regiões interagirem com o resto do mundo, então não apenas elas, mas muitas outras ainda irão participar do teatro global.

A fórmula do sucesso não é tão complicada. O que é complexo é abandonar os legados do estado-nação e adquirir novas habilidades para trabalhar com o negócio global.

Do ponto de vista dos investidores, a lista de regiões atraentes está se tornando cada vez maior. Mas, como já vimos em outro capítulo, a chave é entrar na lista pequena ou *preferencial*. E isso só é possível quando a região puder demonstrar seu princípio subjacente em uma palavra. O que ela tem para oferecer no palco global? O que nela é diferente? Assim como acontece com as marcas globais, como Coca-Cola, IBM, Nike e Disney, cada região precisa ser reconhecida, pelo menos entre os investidores, com seu ponto forte claramente distinguível dos demais concorrentes.

11 Pós-escrito

ABRINDO A MENTE DO ESTRATEGISTA

Escrevi *The Mind of the Strategist* em 1975. Em 1982, ele foi traduzido e publicado em inglês. Muitas pessoas me pediram que o revisasse, a fim de atualizá-lo. No Japão, sua versão ainda é a original. A intenção de mantê-lo assim é porque foi escrito quando eu tinha entre 29 e 31 anos de idade, e reflete meu pensamento e minhas observações nesse período.

Embora muitos comentários sobre o pensamento estratégico e as abordagens e ferramentas que propus no livro ainda sejam úteis, a definição de estratégia usando os "3 Cs" (empresa, concorrência e clientes) não é mais válida. Usando os "3 Cs", defini uma boa estratégia para atender as necessidades dos clientes de forma a utilizar da melhor maneira a vantagem relativa da empresa sobre suas concorrentes, de modo sustentável.

O problema é que, no atual palco global, não podemos mais definir os concorrentes, a empresa e os clientes de uma forma direta. Por exemplo, no Capítulo 9, vimos que a concorrente da Kodak não é mais a Fuji nem a Agfa. Na verdade, nem a Kodak consegue definir o que ela própria é. Se ela quer estar no mercado de máquinas fotográficas digitais, será que está disposta a entrar no de telefones móveis? Se quiser manter seus laboratórios, será que entrará em cartões de memória e em impressoras jato-de-tinta? Quando e onde ela está concorrendo, e em que base?

Responder essas perguntas é o próprio processo básico de desenvolvimento estratégico para uma empresa como a Kodak. Mas este não é um problema exclusivo dessa empresa. Veja-se o caso da Dell, por exemplo. Enquanto na década de 1990 ela concorria com a IBM e a Gateway, parece que agora sua maior concorrente é a HP. A entrada da Dell em impressoras sugere que ela está bem consciente disso e vice-versa. No entanto, se a Dell é uma empresa de vendas diretas baseada em CRM, não deveria se limitar a PCs e impressoras. Ela poderia expandir-se para eletrônica digital de consumo e automação de escritórios sem realizar muitas modificações nos sistemas existentes. Na verdade, a Dell não precisa fabricar os produtos em suas próprias fábricas, como no passado. Ela pode se unir, como faz a Cisco, ao EMS e acrescentar várias linhas de produtos. No final, a Dell poderia tornar-se a empresa número um do mundo a produzir dispositivos eletrônicos sob medida pelas especificações dos clientes, como seus computadores são atualmente. Para uma empresa como a Dell, o domínio de negócios é o espectro e a ambição de sua estratégia. Ela é menos dependente das concorrentes, e mais da interface cliente-empresa. Desde que mantenha as linhas diretas de comunicação com milhões de clientes, não haverá muito espaço para as concorrentes.

Para uma empresa como a Sony, também é difícil definir clientes e concorrentes. A Microsoft tornou-se a maior concorrente da Sony com sua Playstation 2 (PS2) porque essa plataforma tem o potencial de se tornar um PC na sala de estar. A Microsoft não estará satisfeita simplesmente em ser a campeã do *desktop*. Ela provavelmente quer ser a campeã (ou fornecedora do sistema operacional) de tudo, incluindo aparelhos e equipamentos domésticos, de escritório e equipamentos móveis.

Entretanto, os PCs também são uma plataforma para jogos. A primeira tarefa da Sony é discernir, dentro de suas atividades corporativas, o que precisa desenvolver internamente para manter sua posição atual no setor de jogos. Ela tenta produzir seus próprios equipamentos (em uma *joint venture* com a Toshiba), um sistema operacional para jogos e ainda diferentes *games* para seus clientes. Mas isso não será sustentável, uma vez que os jogos já estão presentes em telefones móveis (com a Ericsson), PCs, TVs de tela plana, Discos de Alta Densidade (HDD), máquinas fotográficas, DVDs Blue-Ray e equipamentos de transmissão, para não mencionar o equipamento tradicional de áudio e vídeo, que ainda mantém as empresas de filmes e de discos. Cada um desses negócios está passando por enormes mudanças individual e coletivamente. Assim, definir a empresa, para a Sony, está na raiz da estratégia; sem essa definição não é possível identificar nem concorrência nem os clientes.

A maioria das empresas defronta-se com situações mais ou menos semelhantes às da Sony e da Dell. À medida que avançarmos mais no século XXI, e ao tentarmos subir no palco global, ficará claro que a própria definição dos "3 Cs" se tornará um desafio, e a estratégia se desenvolverá primeiramente tentando-se defini-los de maneira clara. Na década de 1980, desenvolvia-se a estratégia para definir o relacionamento entre os

"3 Cs", mas agora isso diz respeito a definir cada um deles e, então, tentar definir seus relacionamentos de forma dinâmica e sua seqüência temporal.

Esse processo leva a outro problema. Ou seja, quando você tenta definir a si mesmo (sua empresa), precisa analisar quais são suas habilidades básicas e definir outras habilidades que possa terceirizar. Você pode definir os clientes e a concorrência tanto como residentes de ilhas isoladas quanto como habitantes dos continentes combinados e emergentes. Como esse processo depende muito de quem o faz, acaba por ser específico para cada pessoa.

Como estamos lidando com o continente invisível na ciberfloresta sem fronteiras, o domínio de negócios que alguém estabelecer é específico para si. Assim, em vez da definição tradicional de desenvolvimento estratégico, usando os "3 Cs" de Ohmae, as cadeias de valor de Porter ou a ênfase baseada em recursos de Barney, precisamos aceitar que ela, na realidade, depende de como o estrategista a vê e cria seu domínio de negócios como seu campo de batalha.

ALÉM DA FANTASIA

Há uma frase muito boa em japonês, *kosoryoku*, que define o que você precisa para desenvolver estratégias. *Kosoryoku* significa algo como "visão", mas também carrega a noção de "conceito" e "imaginação". No entanto, diferentemente desta última, a qual às vezes tem a conotação de fantasia, *kosoryoku* é uma habilidade de ver o que é invisível e de dar forma ao que é amorfo. É a capacidade de surgir com uma visão necessária e, ao mesmo tempo, implementá-la até dar resultado. É um produto da imaginação baseado no entendimento realista da forma que o mundo futuro terá e, pragmaticamente, das áreas de negócios nas quais você poderá ter sucesso à medida que possuir os meios de tornar a visão real.

Depois de descrever sua visão, utilizando plenamente a imaginação (mas de forma realista, como a *kosoryoku* exige), você poderá clarificar sua estratégia. De posse desta, poderá desenvolver um plano de negócios que deixe clara a alocação de recursos humanos e de capital, e um prazo para a implementação dos planos. Portanto, é extremamente importante que você não aplique os modelos tradicionais nas etapas iniciais do desenvolvimento da estratégia. Você precisará ter a mente aberta quanto ao domínio do negócio no qual irá travar suas batalhas, e sobre quanto e quão rapidamente vai querer ocupá-lo. Esse processo mental exige um rompimento com o desenvolvimento de estratégias tradicional ensinado nas escolas de Administração.

Para desenvolver esse tipo de talento, precisamos nutrir os futuros líderes de negócios da mesma maneira que desenvolvemos atletas e artistas de nível internacional. Precisamos começar cedo, expondo-os a bons instrutores e treinadores. Muita reciprocidade ajudará a pessoa a formar a visão do mundo que virá. Não é possível traçar um perfil exato desse universo, mas nós o conhecemos e sabemos com que velocidade está se movendo e se desenvolvendo. É como descrever a forma de uma grande nuvem no céu, soprada por um vento forte. Só que conhecemos sua forma e sabemos onde ela está porque a vemos e sentimos. Embora não seja inteiramente possível descrevê-la de maneira estática, um empreendedor de nível internacional poderá descrevê-la e até mesmo agarrar um grande pedaço dela, para convertê-lo em gotas de chuva ou em lucro.

Espero que este livro tenha lhe ajudado a desenvolver algum sentimento em relação à nova economia global, identificando as formas que estão surgindo a partir dos mapas geopolíticos do futuro, conhecendo os principais botões que as corporações podem acionar e os domínios de negócios dinâmicos que podemos tocar. Agora, é a sua vez de subir no palco global e atuar.

Índice

A

ABB, 240-242
abertura para o mundo externo (características dos estados-regiões), 117-118
Acordo de Cotonou, 145-146
Acordo do Plaza, 53-57, 89-90
acordos bilaterais de livre-comércio, 144-145
adaptabilidade. *Ver* flexibilidade
administração da cadeia de fornecimento JIT, 204-208
África, efeito negativo dos estados-nações, 111-112, 115-116
Agfa, 251-252, 293-294
agricultura, subsídios no Japão, 90-95
Air Campus, 231-233
Alemanha Ocidental, Acordo do Plaza, 53-54
alfabetização na Índia, 177-179
alianças além-fronteiras, 12-14
All Nippon Airways, 203-204
AM-PM Japão, 203-204
Amazon, 67, 150-151, 167, 202, 282-283
América Central, BPO na, 179-180
América Latina
  organizações de estados-regiões, 144-145
  surgimento dos estados-nações, 108-109
analogia científica (nova economia *versus* velha economia), 81-85
analogia da física (nova economia *versus* velha economia), 81-85
anúncios de jornal, 198-199
AOL, 197, 202
APEC, 142-144
Apple, 67, 254-255
aprendizado. *Ver* educação
áreas de livre-comércio
  APEC, 142-144
  Comunidade Européia, 138-143
  na América Latina, 144-145
  União Africana, 143-144
arquitetos, BPO de, 209-210
ASEA, 240-242
ASEAN, 142-143
Ásia. *Ver também nomes de países específicos*
  poder econômico da China na, 123-124
  surgimento dos estados-nações, 108-110
Astra, 240-242
Astra Zeneca, 240-242
ATM, como plataforma, 162-163
atrativos (características dos estados-regiões), 118-119
Austrália, influência do dólar americano na, 80-81
Autoliv, 242-243
automóveis, estatísticas de produção, 190-191
autonomia dos estados-regiões na China, 125-127
Autoridade para o Desenvolvimento Industrial (IDA) (Irlanda), 36-37, 243-244
Autoridade Portuária de Cingapura (PAS), 238-239

B

Báltico, região do (exemplo da economia global), 285-287
Bangalore (Índia), exemplo, 279
Barclays' Bank, 191-192
Barnum, P. T., 94-95
Bentsen, Lloyd, 188-189
Berners-Lee, Timothy, 65-66
Bezos, Jeff, 150-151
Bhattacharjee, Buddhabev, 175-176
bitWallet, 226
BJP (Partido Bharatiya Janata), 198-199
Blix, Hans, 242-243
Bloomberg, Michael, 32-33
Bodin, Jean, 105-106
Bohr, Niels, 81-82
Bo Xilai, 32-34, 234-235, 262-263
BPO (*business process outsourcing*), 167-170
    como plataforma, 207-210
    na América Central, 179-180
    na China, 179-181
    na Europa, 181
    na Índia, 171-180
    na Irlanda, 181
    nas Filipinas, 179-180
    no Brasil, 179-180
    no mundo sem fronteiras, 194-195
    nos Países Baixos, 181
    preocupações sobre a, 186-193
    telecomunicações, importância das, 170-172
    trabalho realizado em casa, 209-210
    vantagens da, 192-194
BPO legal, 183-184
BPO na área médica, 183-184
Brasil
    BPO no, 179-180
    exemplo de São Paulo, 289-291
Bretton Woods, acordo de, 158-159
Brezhnev, Leonid, 52-53
BRIC (Brasil, Rússia, Índia, China), 69
British Columbia (Canadá), exemplo, 282-284
burocracia
    e distribuição de riquezas pelos governos, 219-221
    na China, 62
Bush, George H. W., 58-59, 190-191
Bush, George W., 97-98
Butler, Jeanne, 30
buymusic.com, 254-255

C

Cable News Network (CNN), 155-156
cadeias de suprimento, 204-205
cadeias de valor, 204-205
calendários, sistemas de datas, 51-52
call centers
    BPO
        na China, 180-181
        na Índia, 171-173
        nas Filipinas, 180
    trabalhadores de, que trabalham em casa, 209-210
Canadá, Vancouver (cidade de), exemplo, 282-284
Canon, 249, 251
caos, teoria do. *Ver* teoria da complexidade
Capek, Karel, 230-231
capital e a sociedade sem fronteiras, 46-47
capitalismo na China, 64-66
Cardin, Pierre, 128-130
Cardo, 242-243
carreira, mudando de, 261-262
cartão Surutto Kansai, 203-204
Carter, Jimmy, 125-126
cartões de crédito, como plataforma, 163-164
cartões inteligentes, como plataforma, 185-186
Caterpillar, 261-262
causalidade e modelos econômicos, 69-71
CFA (Comunidade Financeira Africana), 164-165
chamarizes. *Ver* poupanças, efeito das taxas de juros sobre as
China
    apresentação do *Riverdance* na, 29-31
    aulas em inglês, 156-158
    BPO na, 179-181
    comércio com a Coréia, 109-110
    comparação com a Índia, 174-175
    Dalian (cidade de), exemplo, 31-36
    características dos estados-regiões, 119-120
    estados-regiões na, 121-127
    estatística dos rendimentos *per capita*, 122-123
    estatística econômica, 34-35
    Hainan Island, exemplo, 279-281
    microrregiões na, 126-128
    PIB, 65-65, 112-113
    políticas de governo, 234-237
    reformas econômicas na, 60-66
    versão chinesa do Windows, 60

Chinon, 258-259
Choi Joon Kyung, 87-88
ciberitas, regras de comportamento na Internet, 198-201
Cidade de Ho Chi Minh (Vietnã), exemplo, 286-289
Cingapura
  como estado-nação, 120-121
  ensino no idioma inglês, 157-158
  flexibilidade dos estados-regiões, 136-137
  políticas de governo, 237-242
Cisco Systems, 58, 237-238, 261-262, 266-267, 271-272, 275-276
Citibank, 20-21, 167
clientes, definição, 293-295
Clinton, Bill, 69-70, 94-97, 125-126
clusters. *Ver* microrregiões
CNN (Cable News Network), 155-156
Coca-Cola, 291-292
comércio com valor agregado (Japão), 225-226
Comitê Nacional de Computação (Cingapura), 238-239
comunicações e sociedade sem fronteiras, 45-47. *Ver também* telecomunicações
Comunidade Econômica Européia (EEC), 138-139
Comunidade Européia, 138-145
Comunidade Financeira Africana (CFA), 143-144
comunismo, colapso da União Soviética, 51-54
concorrência entre as microrregiões, 130-133
concorrentes, definição, 293-295
conectada ciberneticamente (característica da economia global), 71-72
confidencialidade de dados (preocupações com BPO), 192-193
conhecimento, importância do, 27. *Ver também* educação
consumidores e a sociedade sem fronteiras, 47-48
Convenção Lomé, 167
Coréia
  comércio com a China, 109-110
  instrução no idioma inglês na, 157-158
  surgimento dos estados-nações, 108-110
corporações e a sociedade sem fronteiras, 46-48
corrupção governamental na China, 62
CPI-M (Partido Comunista da Índia [marxista]), 175-176

crédito, verificação de, 204-205
cultura global de negócios, como plataforma, 160-163
curva de oferta/preços, 113-114
Curva de Philips, 85-86

D

Dalian (China), exemplo, 31-36
  características dos estados-regiões, 119-120
Danisco, 100-101
déficit do orçamento, lei Gramm-Rudman, 80-82
déficits comerciais e moedas, 53-57
deflação
  e deflatores do PIB, 79-80
  inflação como solução para a, 78-79
Dell, Michael, 68, 100-101, 121-122, 226, 266-267
Dell Computers, 58, 70-71, 121-122, 188-189, 205-207, 228-229, 266-267, 271-272, 275-276, 293-295
Deloitte Touche Tohmatsu, 236-237
demanda agregada. *Ver* PIB
Deng Xiaoping, 32-33, 60-61, 235-236
descentralização na China, 64
desemprego e inflação, 85-86
Deutsche Post, 211-112
DHL, 47-48, 206-207, 211-112
diminuição dos governos, 223-224
dinheiro, efeito da tecnologia de transferência de dados sobre, 24-25. *Ver também* moedas
"dinheiro falso" e modelos econômicos, 70-72
Disney, 291-292
distribuição, indústria de logística
  administração de cadeia de suprimentos JIT, 204-208
  entrega de comida fresca, 209-210
  microetiquetas ou etiquetas inteligentes (*mü*), 207-210
distribuição da riqueza pelos governos
  burocracia, 221-223
  reduzir o governo, 223-224
  tributação, 219-221
distribuição de músicas, 254-256
Dobbs, Lou, 190-191
DoCoMo, 202
dois idiomas, saber, 157-158

dólar (EUA)
  como plataforma monetária, 158-160
  valor em relação ao iene, 53-57
  versus euro, 141-143
doshu, 290-291
dumping, medidas *antidumping* (Comunidade Européia), 145-146

E

e-commerce
  comportamento na Internet. *Ver* Internet, regras de comportamento
  mecanismos de busca. *Ver* mecanismos de busca
  sistemas de pagamento, 202-205
  surgimento do, 65-68
e-wallets. *Ver* sistemas de pagamento
East Japan Railway Co., 203-204
eBay, 67, 260-261
ebookers (empresa de viagens), 167-168
economia global
  características da
    conectada ciberneticamente, 71-72
    invisível, 47-49
    medida em múltiplos, 48-50
    sem fronteiras, 45-48
  cidade de Ho Chi Minh (Vietnã), exemplo, 286-289
  comparação com a nova economia, 43-44
  Dalian (China), exemplo, 31-36
  definição, 43-46
  Estônia, exemplo, 283-285
  exemplo da região do Mar Báltico, 285-287
  Finlândia, exemplo, 38-43
  Ilha de Hainan (China), exemplo, 279-281
  Índia, exemplo, 279-280
  Irlanda, exemplo, 35-39
  Kyushu (Japão), exemplo, 290-292
  metáfora do palco, 30-32
  Petropavlosk-Kamchatsily (Rússia), exemplo, 281-283
  São Paulo (Brasil), exemplo, 289-291
  Sibéria Oriental (Rússia), exemplo, 289-290
  Vancouver (British Columbia), exemplo, 282-284
economia política, 105-106
educação
  ensino a distância, 231-234
  importância para líderes, 264-267
  na Índia, 177-179
  papel do governo, 229-234
EDY (euro-dólar-iene), tecnologia do, 202-204
EEC (Comunidade Econômica Européia), 138-139
Einstein, Albert, 81-82
Electrolux, 240-242
Emirados Árabes Unidos, diversidade nos, 114-115
empregos, perda de (preocupações com a BPO), 186-193
empresa, definição, 293-295
empresas de propriedade do Estado (SOEs) na China, 62-63
empresa única virtual (VSC), 205-206
endereços URL, estatísticas sobre, 198-199
Engels, Friedrich, 65
engenharia concorrente, 261-262
Enron, 248-249
ensino a distância, 231-234
entrega de comida, 209-210
entrega de comida fresca, 209-210
equilíbrio. *Ver* teoria do equilíbrio financeiro
Ericsson, 43-44, 237-238, 240-242, 271-272, 293-294
especialização
  de microrregiões, 129-132
  dos estados-regiões, 134-136
estados-nações
  curva oferta/preços, 113-114
  economia global: sem fronteiras, 269-271
  efeito negativo dos, 110-116
  e finanças, 105-106
  enfraquecimento causado pelos estados-regiões, 115-116
  estatísticas do PIB e do PNB, 111-114
  o relacionamento dos estados-regiões com, 133-135
  surgimento dos, 105-110
estados-regiões
  analogia com o palco, 105-106
  auto-suficiência dos, 120-122
  características dos, 116-120
  importância dos, 24-25
  microrregiões, 126-133
  na China, 121-127
  nações federalizadas, vantagens das, 125-126
  na Índia, 119-121
  organizações dos. *Ver* organizações dos estados-regiões

perspectivas futuras dos, 279-280
reconhecimento dos, 132-134
relacionamento com os estados-nações, 133-135
requisitos para o sucesso
  especialização, 134-136
  flexibilidade, 136-137
  marketing, 136-138
  motivação para ser bem-sucedido, 137-139
surgimento dos, 115-117
estados. *Ver* estados-nações
Estados Unidos. *Ver também* dólar (EUA)
  Acordo do Plaza, 53-57
  lei Gramm-Rudman, 56-59
  poder do governo central, 117-118
  políticas econômicas, 94-99
  preocupações com a BPO, 186-193
  vantagens das nações federalizadas como estados-regiões, 125-126
estatística. *Ver também* estatísticas econômicas
  endereços de URL, 198-199
  FDI (investimentos externos diretos), 244-245
  frete, 204-205
  produção de automóveis nos Estados Unidos, 190-191
  reservas externas, 71-72
  uso da Internet, 67
  uso de tecnologia na Finlândia, 41-43
  VoIP, 257-258
estatísticas de renda *per capita*, China, 122-123
estatísticas de reservas estrangeiras, 71-72
estatísticas econômicas
  China, 34-35, 65-66, 122-123
  curva oferta/preço, 113-114
  estados-regiões japoneses, 116-117
  PIB e PNB dos estados-nações, 111-114
esteiras frias (entrega de comida fresca), 232-234
estilo de vida, melhorar, 261-262
Estônia (exemplo da economia global), 283-285
estoque e os modelos econômicos, 78-79
estratégia e visão e imaginação, 294-296
estratégia regional
  como parte da visão para mudanças, 228-230
  na China, 235-236
estrutura de governo, efeito na economia global, 44-45

estudos de casos, uso dos, 268-269
etiquetas inteligentes. *Ver* microetiquetas
Euler, Leonhard, 286-287
euro, 140-143
Europa. *Ver também nomes de países específicos*
  BPO na, 181
  surgimento dos estados-nações, 106-107
exemplo da ilha de Sakhalin (Rússia), 289-290
Expedia, 282-283
exploração (preocupações com a BPO), 186-187
exportações. *Ver* importações e exportações

F

FDI (investimento direto externo), estatísticas, 120-121
Federal Express, 47-48, 205-207, 211-212
FedEx Trade Networks, 207-208
Feigenbaum, Mitchell, 82-83
Fiat, 131-132
Filipinas, BPO nas, 179-180
finanças do século XX *versus* modelos da economia global, 69-73
finanças e os estados-nações, 105-106
Finlândia
  exemplo da economia global, 38-43
  vontade de ser bem-sucedida, 137-138
"finlandização", 39-40
Flatley, Michael, 30
flexibilidade
  das microrregiões, 129-131
  dos estados-regiões, 136-137
  importância
    para as corporações, 273-274
    para os líderes, 266-268
  no governo, 221-222
Flextronics, 239-240
fluência em idiomas, 157-158
Foimamco, 189-190
França, Acordo do Plaza, 53-54
fretes, estatísticas de, 227-228
Friedman, Milton, 69-70
Fuji, 251-252, 258-259, 293-294
Fujitsu, 237-238, 267-268
Fukuyama, Francis, 226-227
Fundo Quantum, 58
futuro das organizações, 247, 267-270
  adaptabilidade, importância da, 273-274

economia global sem fronteiras, 269-271
hierarquia, falta de, 274-277
inovação, importância da, 270-273
futuro pessoal, 247, 261-263
    liderança, 262-265
        conhecimento e inovação, 264-267
        flexibilidade, 266-268
futuro tecnológico, 247-248
    morte de indústrias, 248-256
    sucesso no, 258-262
    VoIP e telecomunicações, 256-259

G

Gaia do Mar, 282-283
Gambro, 242-243
Gates, Bill, 58-61, 65-66, 226, 270-271
Gateway Computers, 205-206, 293-294
General Electric (GE), 167, 174-175, 190-191, 228-229, 267-268, 274-277
General Motors, 235-236
geografia. *Ver* estados-nações; estados-regiões
glasnost, 51-52
globalização, definição, 145-146
glocalização, 21
Google, 198-199, 267-268, 271-273
Gorbachev, Mikhail, 51-54
governo corrupto. *Ver* corrupção no governo
governos
    China, 234-237
    Cingapura, 237-242
    distribuição de riquezas, 119-223
    downsizing, 223-224
    Índia, 174-178
    Irlanda, 243-245
    Malásia, 236-238
    poder dos, 217-220
    Suécia, 240-244
    visão para mudar. *Ver* visão para as mudanças
governos distributivos. *Ver* distribuição da riqueza pelos governos
Go West (programa de televisão), 156-157
GPS, como plataforma, 163-166
Gramm, Phil, 56-57
Grande Salão do Povo (China), *Riverdance* apresentado no, 29-31
Greenspan, Alan, 69-70, 94-98
Grupo dos Cinco, Acordo do Plaza, 53-54

H

H&M (Hennes and Mauritz), 240-242
Haier, 62-63, 160-162
Hammerskjoeld, Dag, 242-243
Hans Ten Vos, 282-283
Hayek, Friedrich, 69-70
Hayes, Conor, 30
HCL, 48-49
Heisenberg, Werner, 81-82
hierarquia nas corporações, 274-277
Hino, 267-268
Hitachi, 209-210, 257-258
Hitler, Adolf, 74-75
Hollings, Ernest, 57-58
Honda, 190-191
HP, 190-191, 293-294
Hudgins, Zach, 187-188
Hyderabad (Índia), exemplo, 279-280
Hyundai, 109-110

I

i-Tunes, 254-255
Iacocca, Lee, 54-55
IBM, 190-191, 291-294
IDA (Autoridade do Desenvolvimento Industrial) (Irlanda), 36-37, 243-244
idioma
    como plataforma, 154-158
    Finlândia, 40-41
    Irlanda, 37-38
idioma russo, ensinado na Europa Oriental, 155
iene, valor em relação ao dólar (EUA), 176-80
IKEA, 240-242
ilha de Hainan (China), exemplo, 279-281
imaginação e estratégia, 294-296
importações e exportações, Acordo do Plaza, 53-57
importar terra para a produção de comida, 211-214
impostos e distribuição de riquezas pelos governos, 219-221
Índia
    BPO na, 171-180
    comparação com a China, 174-175
    estados-regiões na, 119-121
    exemplo da economia global, 279-280
    infra-estrutura de telecomunicações, 170-172

índices, BPO de, 207-208
Inditex, 70-71, 129-132, 206-207
indivíduos, dar poder aos, 226
Indonésia, leis sobre propriedade intelectual, 147-148
indústria da moda, estados-regiões italianos, 129-131
indústria de DVDs, 253
indústria de gravação de músicas, 253-256
indústria de logística
    administração da cadeia de suprimento JIT, 204-208
    entrega de comida fresca, 209-210
    etiquetas inteligentes, 207-210
    importação de terra para a produção de comida, 211-214
    serviços postais, 211-212
indústria de máquinas fotográficas digitais, 248-252
indústrias farmacêuticas
    alianças além-fronteiras, 12-14
    BPO nas, 183-184
indústria têxtil, estados-regiões da Itália, 129-131
inflação
    como solução para a deflação, 78-79
    e desemprego, 85-86
Infosys, 48-49, 279-280
infra-estrutura política da Índia e a economia global, 174-178
inglês (idioma), como plataforma, 154-158
inovação, importância da
    para corporações, 270-273
    para os líderes, 264-267
inovações tecnológicas, 13-15
    importância das, 23-25
instalações educacionais, características dos estados-regiões, 117-118
interface com o cliente, inovações na, 271-273
Internet
    como plataforma tecnológica, 149-152
    estatística de uso, 67
    regras de comportamento, 198-201
    surgimento do *e-commerce*, 65-58
Internet Explorer, surgimento do, 60
Interwise, 231-232
investimentos externos diretos (FDI), estatísticas, 244-245

invisível (característica da economia global), 47-49
Irlanda
    BPO na, 181
    comparação com a Nova Zelândia, 38-39
    exemplo da economia global, 35-39
    infra-estrutura de telecomunicações, 171-172
    políticas do governo da, 243-245
Ishihara, Shintaro, 32-33
Itália, microrregiões na, 127-131
Iugoslávia, efeitos negativos dos estados-nações, 134-135
Ivrea, 131-132

J

J-Phone, 251-252
Japão
    Acordo do Plaza, 53-57
    comércio de valor agregado, 225-226
    estatística econômica dos estados-regiões, 116-117
    Kyushu, exemplo, 290-292
    poder do governo central, 217-220
    produção de arroz, 211-213
    subsídios agrícolas, 90-95
Jesus Cristo, 51
Jiang Zemin, 235-236
Jobs, Steve, 67, 254-255

K

Kaliningrado (exemplo da economia global), 286-287
Kant, Emanuel, 286-287
Karaoke Capitalism (Ridderstrale e Nordstrom), 273
KDDI, 202
Keynes, John Maynard, 69-70, 73-77, 80-81, 84-85, 107-108
Khabarovsk (Rússia), exemplo, 289-290
Khrushchev, Nikita, 52-53
King, Martin Luther, 227-228
Kodak, 251-252, 258-259, 293-294
Koizumi, Junichiro, 91-92, 220-221
Komica, 251-252
kosoryoku, 294-296

Krugman, Paul, 78-79
Kyushu (Japão), exemplo, 290-292

L

LEC (Logística e Comércio Eletrônico), divisão de, 207-208
Lee Kuan Yew, 226-227, 238-240, 263-264
Legend, 62-63, 160-162
Lehman Brothers, 189-190
Lei da Comunidade Européia, 138-139
lei Gramm-Rudman, 80-82
leis de propriedade intelectual, 147-148
Lênin, Vladimir, 52-53
Lenovo, 62-63, 160-162
leste da Sibéria (Rússia), exemplo, 289-290
Lewinsky, Monica, 95-96
liderança, 262-265
　conhecimento e inovação, importância da, 264-267
　flexibilidade, importância da, 266-268
Linux, 39-40
Li Peng, 62
List, Friedrich, 107-108
lister.com, 254-255
Livingstone, Ken, 32-33
livre-comércio *versus* restrições ao comércio, 144-146
Li Yang, 156-157
Lufthansa, 183

M

Mahathir Mohamad, 237-238
Malásia
　leis de propriedade intelectual, 147-148
　políticas governamentais, 236-238
Mango, 129-130
Maomé (profeta), 51
Mao Tsé-Tung, 29-30, 62, 262-263
marcas. *Ver também marketing* dos estados-regiões
　como plataformas, 159-162
　em nichos de mercado, 128-130
marco alemão, valor em relação ao dólar (EUA), 54-55
marketing dos estados-regiões, 136-138
Marshall, Alfred, 78-79, 84-85, 281-282

material de pesquisa, BPO de, 183-184
mecânica quântica, 82-83
mecanismos de busca, 24-25, 198-201
medida em múltiplos (característica da economia global), 48-50
medidas *antidumping* (Comunidade Européia), 145-146
MEQRs (Equivalente de Medidas para Restrições Quantitativas), 161, 162
metáfora do palco representando a economia global, 30-32
microetiquetas, 207-210
microrregiões, 126-130
　concorrência, 130-133
　flexibilidade das, 129-131
Microsoft, 198-199, 235-238, 266-267, 270-271, 282-283, 293-294. *Ver também* Windows, sistema operacional
1984 (Orwell), 58
Mitsubishi, indústria pesada, 257-258
Miura, Yuichiro, 269-270
modelos econômicos
　características da nova economia, 98-101
　do século XX *versus* modelos econômicos da economia global, 69-73
　e deflatores do PIB, 79-80
　efeito da tecnologia sobre os, 76-78
　e suprimento de dinheiro, 77-80, 84-86
　e taxas de juros, 80-82
　Keynes, John Maynard, 73-77
　políticas econômicas dos Estados Unidos, 94-99
　Ricardo, David, 73-74
　Smith, Adam, 72-74
　subsídios agrícolas no Japão, 90-95
　taxas de câmbio. *Ver* taxas de câmbio
moeda forte, 113-114
moedas. *Ver também* taxas de câmbio
　da América Latina, 144-145
　das nações da ASEAN, 142-143
　das nações do Caribe, 143-144
　da União Africana, 143-144
　e déficits comerciais, 53-57
　euro, 140-143
　força das, 113-114
moedas nacionais. *Ver* moedas
Mondex, 202
Morgan-Stanley, 44-45
Morita, Akio, 21

morte industrial e o futuro tecnológico, 248-256
motivação dos estados-regiões, 137-139
Motorola, 174-175, 190-191
movimentação de capitais, efeito da tecnologia de transferência de dados sobre a, 24-25
MS-DOS, sistema operacional, 60
MSC (Supercorredor de Multimídia), 237-238
MSN, 197, 202
MTS, 254-255
mudança. *Ver* futuro das organizações; futuro pessoal; futuro tecnológico; visão para as mudanças
mudanças políticas, reconhecimento dos estados-regiões, 132-134
Murti, Narayan, 279-280
Music Match Downloads, 254-255

N

nacionalismo, 108-109
nações do Caribe, moedas das, 143-144
nações federalizadas
    autonomia na economia global, 44-45
    vantagens como estados-regiões, 125-126
Naidu, Chandrababu, 176-177, 279-280
Napster, 254-255
NEC, 258-259, 291-292
NEG-Micon, 100-101
negócios de varejo *online*. *Ver e-commerce*
netianos. *Ver* ciberitas, regras de comportamento na Internet
Newton, Isaac, 81-82
nichos de mercado, marcas nos, 128-130
Nike, 288-289, 291-292
Nokia, 39-43, 100-101, 155-156, 237-238, 270-271
Nordstrom, Kjell, 273
Noritake, 267-268
nova economia
    características da, 98-101
    versus economia global, 43-44
    versus velha economia, 69-73, 76-78, 81-85
Nova Escola Oriental de Idiomas, 156-157
Nova Zelândia, comparação com a Irlanda, 38-39
NTT, 237-238
NTT DoCoMo, 202

O

O'Rourke, Mary, 267-268
obrigações do Tesouro e modelos econômicos, 71-72
OCDE (Organização para a Cooperação e o Desenvolvimento Econômicos), 111-112
oferta de dinheiro e modelos econômicos, 77-80, 84-86
Oki, 291-292
Olilla, Jorma, 226
Olivetti, 131-132
Ollila, Jorma, 41-43
OM, 40-41, 240-242, 271-272
Omron, 204-205
Organização da Unidade Africana, 143-144
Organização para a Cooperação e o Desenvolvimento Econômicos (OCDE), 111-112
organizações de estados-regiões
    APEC, 142-144
    Comunidade Européia, 138-143
    livre-comércio *versus* restrições ao comércio, 144-146
    na América Latina, 144-145
    União Africana, 143-144
Orwell, George (*1984*), 58
"Os Três Respeitos" (*The Three Respects*) (reformas econômicas na China), 62-63
otimização de mecanismo de busca (SEO), 198-199

P

Padrão Ouro, 158-159
Países Baixos, BPO nos, 181
paradigmas dos negociantes e taxas de câmbio, 89-91
paradigmas políticos e taxas de câmbio, 88-90
paraestatais na China, 62-63
paridade do poder de compra (PPP), 85-89
Partido Bharatiya Janata (BJP), 175-176
Partido Comunista da Índia (marxista), 175-176
Partido do Congresso Nacional (Índia), 176-177
PAS (Autoridade Portuária de Cingapura), 238-239

Petropavlosk-Kamchatsily (Rússia), exemplo, 281-283
Philips, Jack, 85-86
PIB (produto interno bruto), 111-114
 China, 65-66
 deflatores, 79-80
pirataria de *software*, 147-149
plataforma
 ATM como, 162-163
 BPO como, 183-186
 cartões de crédito como, 163-164
 cultura global de negócios como, 160-163
 GPS como, 163-166
 idioma como, 154-158
 marcas como, 159-162
 monetária, dólar (EUA) como, 158-160
 tecnológica, 148-154
PNB (Produto Nacional Bruto), 111-114
pobreza na Índia, 174-178
poder dos governos, 217-220
Política Agrícola Comum, 165-166
política monetária. *Ver* modelos econômicos
Pol Pot, 51
pontos de vista compartilhados, 11
população (características dos estados-regiões), 116-117
Porter, Michael, 204-205, 275-276
posicionamento global por satélite. *Ver* GPS, como plataforma
poupanças, efeito das taxas de juros sobre as, 80-82
PPP (paridade do poder de compra), 85-89
pragmatismo no governo, 221-222
práticas empregatícias, inovação nas, 273
preocupações a respeito de BPO, 186-193
produção de arroz no Japão, 211-213
produção de comida, importar terra para, 211-214
produção para nichos. *Ver* microrregiões
produto interno bruto. *Ver* PIB
produto nacional bruto. *Ver* PNB
produtos e serviços, inovação nos, 271-273
projetistas, BPO de, 209-210
propaganda
 em jornais, 198-199
 nos mecanismos de busca, 198-201
propaganda sincronizada por mecanismos de busca (SESA), 200-201
protecionismo, 75-76, 107-108, 188-191

Província Marítima (Primorye) (Rússia), exemplo, 289-290
psicologia, papel nas finanças, 83-85

R

Raja, Ramalinga, 279-280
Reagan, Ronald, 51-52, 56-57
reformas econômicas na China, 60-66
Regan, Donald, 57-58
regiões. *Ver* estados-regiões
Reid, John, 21
Reino Unido
 Acordo do Plaza, 53-54
 preocupações com a BPO, 191-192
relações com o cliente, importância das, 268-269
relocação de assentos (empresas aéreas), BPO de, 183
República Popular da China. *Ver* China
restrições comerciais. *Ver também* áreas de livre-comércio
 Comunidade Européia, 139-140
 versus livre-comércio, 144-146
resumos, BPO de, 207-208
Ricardo, David, 56-57, 73-77, 85-89
Ridderstrale, Jonas, 273
Riverdance, 29-31
robótica, como plataforma tecnológica, 152-153
Rubin, Robert, 94-95, 97-98
Rudman, Warren, 56-57
Rússia
 exemplo da Sibéria Oriental, 289-290
 exemplo de Petropavlosk-Kamchatsily (cidade), 281-283

S

Saab, 240-242
Sakemara, Ken, 208-209
Samsung, 109-110
San Jose (Califórnia), como estado-região, 120-121
Santo Império Romano, 106-107
São Paulo (Brasil), exemplo, 289-291
Satyam, 279-280
Scania, 240-242
Schumacher, Michael, 269-270

sem fronteiras (característica da economia global), 45-48, 269-271
SEO (otimização de mecanismo de busca), 198-199
serviços contábeis, BPO de, 209-210
serviços e produtos, inovação nos, 271-273
serviços especializados, BPO na Índia, 173-174
serviços postais, 211-212
SESA (propaganda sincronizada por mecanismos de busca), 200-201
setor bancário, inovações tecnológicas, 13-15
Shakespeare, William, 30-31, 264-265
Sheffield, 152-153
Sibéria. *Ver* leste da Sibéria (Rússia), exemplo
Siemens, 235-236
SIGNA, 267-268
sistema "Debit with Float", 204-205
sistema mercantilista, 106-108
sistemas de datas, 51-52
sistemas de negócios, inovação nos, 271-272
sistemas de pagamento, 202-205
sistemas operacionais
   MS-DOS, 60
   Windows, 58-61, 152-153
sites de portais, 197
Smith, Adam, 69-70, 72-76, 156-157
Smith Kline Beecham, 12-13
sociedade sem dinheiro. *Ver* sistemas de pagamento
SOEs (empresas de propriedade do Estado) na China, 62-63
Solingen, 152-153
Sonera, 39-40
Sony, tecnologia EDY (euro-dólar-iene), 202-204
Sony, 21, 291-295
Sony Music Entertainment, 254-255
Soros, George, 58
SSH, 39-40
Stalin, Joseph, 52-53
Starbucks, 282-283
subsídios agrícolas no Japão, 90-95
subúrbios, conceito de, 210
Suécia, políticas do governo, 240-244
Suica (Super Urban Intelligent Card), 203-204
Summers, Larry, 97-98
Supercorredor de Multimídia (MSC), 237-238

T

Tata Information Services, 48-49
Tateishi, Kazuma, 204-205
taxas de câmbio
   China, 236-237
   paradigma do negociante, 113-124
   paradigma político, 88-90
   PPP (paridade do poder de compra), 85-89
   teoria do equilíbrio financeiro, 88-89
taxas de juros
   e as políticas econômicas dos Estados Unidos, 94-99
   e causalidade, 69-71
   efeito sobre as poupanças, 80-82
tecnologia
   crescimento da, 147-148
   efeito sobre os modelos econômicos, 76-78
   estatística de uso, Finlândia, 41-43
   pirataria de *software*, 147-149
   telecomunicações, importância para a BPO, 170-172
tecnologia da informação, avanços na, 23-25
tecnologia de transferência de dados, efeito sobre o dinheiro, 24-25
Tele2, 241-242
telecomunicações
   e VoIP, 256-259
   importância para a BPO, 170-172
Telefonica, 46-47
Telia, 241-242
TeliaSonera, 39-40, 46-47
teoremas sobre o comportamento dos internautas, 198-201
teoria da complexidade, 105-109
teoria do equilíbrio financeiro, 112-113
terceirização. *Ver* BPO (*business process outsourcing*)
terra, importar para a produção de alimentos, 211-214
Tetra Lavall, 240-242
Tetrapak, 240-242
The Mind of the Strategist, 293-294
Tivoli Park, 282-283
Tokyo Tsushin Kogyo (TTK), 14-15
Toshiba, 291-294
Totsuko (TTK), 14-15
Tower Records, 67, 254-255

Toyota, 70-71, 190-191
transportes (características dos estados-regiões), 117-118
Tratado de Roma, 138-139
Travelocity, 282-283
triadianos. *Ver* ciberitas
TTK (Tokyo Tsushin Kogyo), 14-15

U

UFJ Bank, 257-258
União Africana, 143-144
União Soviética
 colapso da, 51-54
 efeito negativo dos estados-nações, 110-112
Universal Studios, 282-283
Universidade de Bond (Austrália), 231-232
UPS, 47-48, 205-206, 211-212
URSS. *Ver* União Soviética
uso de computadores, surgimento do sistema operacional Windows, 58-61

V

valor situacional, 281-282
Vancouver (British Columbia), exemplo, 282-284
Van Gend en Loos, 138-139
velha economia *versus* nova economia, 69, 72-73, 76-78, 81-85
verificação do crédito, 204-205
Vestas, 100-101
Victoria's Secret, 67
Vidro da Boêmia, 152-153
Vietnã, Cidade de Ho Chi Minh, exemplo, 286-289
visão e estratégia, 294-296
visão para as mudanças, 224-225
 como qualidade dos bons líderes, 263-264
 estratégia regional, 228-230
 Japão, 225-226
 mapa da, 226-229
 papel educacional do governo, 229-234

visitar os lugares, importância de se, 11-12
Vodafone, 46-47, 251-252
VoIP e telecomunicações, 256-259
Volcker, Paul, 55-56
Volvo, 240-242
vontade dos estados-regiões de serem bem-sucedidos, 137-139
VSC (empresa única virtual), 228-229

W

Waterford Glass, 131-132
Wei Liucheng, 280-281
Welch, Jack, 258-259, 267-268, 274
Wendt, Henry, 12-13
Whelan, Bill, 30-31
Whitman, Meg, 67
William Demant, 100-101
Windows, sistema operacional
 como plataforma tecnológica, 152-153
 surgimento do, 58-61
WiPro, 48-49, 174-175, 279-280
Worldcom, 248-249
Wriston, Walter, 13-14
Wu, David, 156-157

X

x-BPO. *Ver* BPO (*business process outsourcing*)
Xia Deren, 57-58

Y

Yahoo!, 220-221, 226, 290-291
Yamanouchi, 267-268

Z

Zara, 229-230
Zhu Rongji, 53-54, 56-57, 69, 83-88, 122-123, 147-148, 258-259, 287
Zumwinkel, Claus, 235-236

Conheça os lançamentos e promoções da Bookman

Faça agora seu cadastro com a Bookman Editora informando suas áreas de interesse para receber na sua casa ou no seu computador as novidades da Bookman.

Nome: _____

Escolaridade: _____

Data de nascimento: _____

Endereço residencial: _____

Bairro: _____ Cidade: _____ Estado: _____

CEP: _____ Telefone: _____ Fax: _____

Empresa: _____

CNPJ/CPF: _____ e-mail: _____

Costuma comprar livros através de:
- ☐ Livrarias
- ☐ Feiras e eventos
- ☐ Mala-direta
- ☐ Internet

Sua área de interesse é:
- ☐ Estratégia
- ☐ Marketing
- ☐ Finanças
- ☐ Operações
- ☐ Gestão de empresas/empreendedorismo
- ☐ Gestão da informação e do conhecimento
- ☐ Gestão de pessoas/organizações
- ☐ Logística

www.bookman.com.br

Bookman

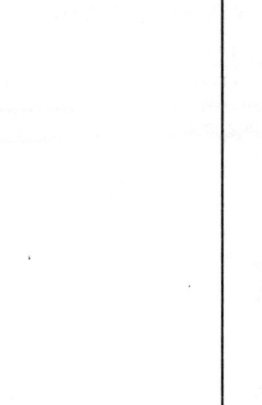

Carta Resposta
1733/2003-DR/RS/
AC/BOM FIM
Artmed Editora SA

CORREIOS

CARTÃO RESPOSTA
NÃO É NECESSÁRIO SELAR

O SELO SERÁ PAGO POR
BOOKMAN EDITORA

AC BOM FIM
90041-970 – PORTO ALEGRE – RS

Bookman®

Gráfica
METRÓPOLE

www.graficametropole.com.br
comercial@graficametropole.com.br
tel./fax + 55 (51) 3318.6355